U0152874

千華 **50**th 築夢踏實

千華數位文化

郵局外勤法規何時改版呢？

我在思考要考三等還是四等？

請問我要買教師資格檢定考試的套書，可以去哪裡買得到？

沒問題…知道您們的回覆很即時，無疑是對購買書籍的消費者最大的回饋。

請問監獄管理員有哪些書呢？

別擔心，讓我來幫您解答！

前往官網　考試日程表　即將報名

千華數位文化

折價券　當期促銷　棒

選單▾

真人客服·最佳學習小幫手

- 真人線上諮詢服務
- 提供您專業即時的一對一問答
- 報考疑問、考情資訊、產品、
  優惠、職涯諮詢

盡在 **千華LINE@**

加入好友
千華為您線上服務

千華數位文化
Chien Hua Learning Resources Network

國外匯兌業務	進出口外匯業務
1. 國外匯兌業務的範圍	1. 外匯業務概述
2. 匯出匯款處理程序	2. 信用狀介紹
3. 匯入匯款處理程序	3. 進口信用狀業務
4. 買賣外幣現鈔與旅行支票	4. 進出口託收
5. 光票買入及託收	5. 外幣保證
6. 外匯存款	6. 信用狀通知及相關業務
7. 其他衍生之外匯業務	7. 出口押匯
8. 國外匯兌相關法規	8. 遠期信用狀賣斷
	9. 出口應收帳款承購
	10.進出口外匯業務相關法規

◈ **合格標準**

本項測驗以每科成績均達70分為合格。

測驗合格者，由本院發給測驗合格證明書。

◈ **應考注意事項**

1. 一律採網路報名方式辦理，請於本院網頁（http://www.tabf.org.tw/Exam）按照網路報名程序確實填寫必要報名資訊，以免影響權益。

2. 應考人須持貼有照片之身分證件正本（限新式國民身分證、駕照、護照、健保IC卡、外僑永久居留證或長期居留證件，擇一攜帶）入場應試，未攜帶者，一律不得入場參加測驗。

   > 重要證件千萬不要忘記帶！

3. 測驗合格人員，不得要求本院分發至金融機構服務或向各金融機構推介。

～以上資訊僅供參考，詳細內容請參閱招考簡章～

 千華數位文化股份有限公司

■新北市中和區中山路三段136巷10弄17號
■TEL: 02-22289070　FAX: 02-22289076

目次

Part 1 國外匯兌業務

Part 2 進出口外匯業務

Part 3 歷屆試題及解析

高分準備方法

初階外匯人員為從事銀行職務的入門證照之一，其考點著重於國際貿易業務、進出口外匯作業，以及外匯實務與理論。

考綱主要分為「國外匯兌業務」及「進出口外匯業務」兩大科目，滿分各100分，皆須達70分以上為合格。

「國外匯兌業務」中，「匯出/匯入匯款處理程序」章節為最大考點所在，建議考前首應著重複習；另在閱讀「光票買入及託收」時，應熟稔內容之概念，因其與「進出口外匯業務」科目之內容亦有相通之處；「國外匯兌相關法規」為主管機關配合經濟現況、開放腳步而修訂之法規，亦為考試重點之一。其他章節雖佔出題比率較低，惟歷屆考試題型皆制式，故熟做歷屆試題為取得高分之秘訣。

「進出口外匯業務」中，「信用狀內容與審核」為進口信用狀業務及出口押匯之共通考點，其內含UCP600「跟單信用證統一慣例」的單據審核要點，請讀者務必熟記；「進出口託收」為本科第二大的考點，若理解託收之概念，即易取得高分、對於考點的記憶要求較低，故為讀起來C/P值較高之章節；「遠期信用狀賣斷」與「出口應收帳款承

購」於近幾屆試題中出題比率有上升之趨勢;「貿易條件」雖較繁瑣,但於每屆測驗中固定出現2～3題,追求高分之讀者亦可於考前衝刺時再次溫習記憶。

「信心來自於實力,實力來自於勤奮」,鼓勵大家於熟稔「國外匯兌業務」及「進出口外匯業務」兩大部分後,亦勤做歷屆試題以增加記憶及培養手感,祝各位皆能一次高分考過初階外匯證照!

參考資料

1. 「跟單信用證統一慣例」UCP600 中英文全文
   來源:國際貿易法律網
   http://www.tradelawchina.com/falvfagui/HTML/142.html
2. 外匯法規
   來源:中華民國中央銀行全球資訊網
   https://www.cbc.gov.tw/lp.asp?ctNode=378&CtUnit=124&BaseDSD=7&mp=1
3. MBA 智庫百科,全球專業中文經管百科 https://wiki.mbalib.com
4. eUCP 2.0
   https://iccwbo.org/content/uploads/sites/3/2019/07/icc-commentary-on-eucp-2-0-and-eurc-1-0-article-by-article-analysis.pdf

第一章 國外匯兌業務的範圍

依據出題頻率區分，屬：**A** 頻率高

重點1 國外匯兌業務範圍

國內一般銀行辦理的「國外匯兌業務」包括：匯款分為匯出匯款與匯入匯款、外幣現鈔收兌、外幣旅行支票結匯、光票買入及託收、外匯存款、其他衍生外匯業務，以下分項說明：

一、匯款

(一)匯款可分為匯出匯款與匯入匯款。

　1. **匯出匯款（結購外匯）：**

　　(1)客戶至銀行**將外幣匯出境外**，故為賣臺幣**買外幣**，屬**結購外匯**。

　　(2)匯出款項以新臺幣結購者，應掣發**賣匯水單**；其未以新臺幣結購者，應掣發**其他交易憑證**。

　2. **匯入匯款（結售外匯）：**

　　(1)客戶至銀行**將外幣匯入境內**，故為**賣外幣**買臺幣，屬**結售外匯**。

　　(2)匯入款項結售為新臺幣者，應掣發**買匯水單**；其未結售為新臺幣者，應掣發其他交易憑證。

(二)**不論是匯出匯款與匯入匯款，其傳遞形式可分為：**

　1. **電匯（Telegraphic Transfer, T/T）**：電匯是匯出行應匯款人之申請，拍發加押電報或電傳（Tested Cable / Telex）或者通過SWIFT予國外匯入行，指示其解付款項給收款人（指定收款人）的一種匯款結算方式。

　2. **信匯（Mail Transfer, M/T）**：信匯是指匯款人向當地銀行交付本國貨幣，由銀行開具付款委託書，以郵寄交付國外分行或代理行，辦理付出外匯業務。

　3. **票匯（Demand Draft, D/D）**：銀行收匯款人申請，代匯款人開立以其分行或代理行為解付行的銀行即期匯票（Banker's Demand Draft），支付一定金額給收款人的匯款方式。

二、外幣現鈔結匯

(一)現鈔：

1. 結匯金額達**新臺幣五十萬元以上時**，需填報「**外匯收支或交易申報書**」，並依主管機關規定辦理。

2. 自然人每次**買賣人民幣，不得超過人民幣二萬元**；非自然人（含法人、行號及團體）則無限額規範。惟若結匯達新臺幣五十萬元，仍應依「外匯收支或交易申報辦法」規定辦理。

3. 各銀行如發現外幣偽鈔應遵照「偽造變造外國幣券處理辦法」辦理。**偽鈔金額若小於二百美金**，持兌人經**釋明後應蓋戳章作廢**，原件留存，掣給收據。偽鈔金額若達**二百美金以上**，銀行應記下持兌人姓名等基本資料，並**報請警察機關偵辦**。

(二)外幣提款機：

1. 持外幣金融卡提領外幣現鈔每人每日累積金額，應以一萬美元或其等值外幣為限。

2. 外幣提款機提領人民幣現鈔業務，每人每次提領之金額，不得逾人民幣二萬元。

三、外幣旅行支票結匯

旅行支票是一種定額本票，其與銀行匯票的不同之處在於旅行支票沒有指定的付款地點和銀行，也不受日期限制，是一種全球被普遍接受的票據，亦可在旅行地兌換為當地貨幣使用。銀行辦理旅行支票業務，主要分兩大項：

(一)旅行支票代售。

(二)將旅行支票兌換為現金。

四、光票買入及託收

(一)光票（Clean Bill）係指未附隨任何跟單文件之國外付款票據。

(二)光票買入：針對客戶提示的票據，**銀行從核定額度內先行墊付**，待該筆款項收妥後，再核銷先前墊付之金額。

(三)光票託收：針對客戶提示的票據，銀行代替客戶向付款行收取，**待收妥款項後再撥款予客戶**。

> **考點速攻**
>
> 光票是包括旅行支票、國庫支票、小額匯票、郵政匯票、私人支票（Personal Check）及銀行簽發以自己為付款人之銀行支票等。

五、外匯存款

(一)以新臺幣結購存入外匯存款及自外匯存款提出結售為新臺幣，其結購及結售金額達新臺幣五十萬元等值外幣者，均應依申報辦法及應注意事項辦理。

(二)掣發單證：存入款項以新臺幣結購存入者，掣發賣匯水單；其未以新臺幣結購存入者，掣發其他交易憑證。自外匯存款提出結售為新臺幣者，掣發買匯水單；其未結售為新臺幣者，掣發其他交易憑證。

六、其他衍生外匯業務

外匯衍生商品包含涉及外匯，且其價值由利率、匯率、商品、指數等所衍生之交易契約。

重點2　國際匯兌金流

匯兌業務可依資金流向，區分為「順匯」與「逆匯」。

一、順匯

(一)**定義**：由「債務人（匯款人）」發動，委託銀行以信用工具（如匯票）通過其國外分行或代理行，將款項付給「債權人（收款人）」。

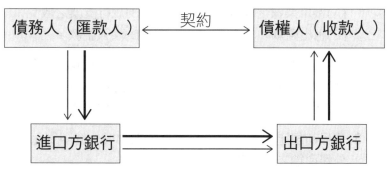

（粗箭頭是信用工具方向，細箭頭是資金方向）

(二)**解釋**：因匯兌工具與資金流向一致，故稱為「順匯」。

(三)**順匯付款方式**：電匯、信匯、票匯。

二、逆匯

(一)**定義**：由「債權人（收款人）」發動，委託銀行透過其國外分行或代理行向「債務人（匯款人）」收取匯票上所列金額。

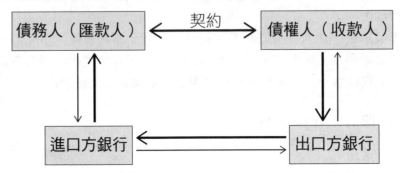

（粗箭頭是信用工具方向，細箭頭是資金方向）

(二)**解釋**：因匯兌工具與資金流向方向相反，故稱為「逆匯」。

(三)**逆匯付款方式**：信用狀、託收。

精選試題

(　　) **1** 下列哪一項不屬於國外匯兌業務之範圍？
(A)跟單票據之託收　　　　　　(B)旅行支票之收兌
(C)匯出匯款　　　　　　　　　(D)匯入匯款。

(　　) **2** 銀行須簽發賣匯水單給客戶的是下列哪一項結購／售外匯業務？
(A)出口押匯　　　　　　　　　(B)進口結匯
(C)匯入匯款　　　　　　　　　(D)匯出匯款。

(　　) **3** 依目前規定，指定銀行設置外幣提款機，應限制每帳戶每日提領外幣現鈔之上限為何？
(A)等值三千美元　　　　　　　(B)等值五千美元
(C)等值一萬美元　　　　　　　(D)等值新臺幣五十萬元。

(　)　**4** 客戶提領外匯存款5萬美元匯往國外，銀行應掣發何種單證向央行申報？

(A)買匯水單　　　　　　　　　(B)賣匯水單

(C)其他交易憑證　　　　　　　(D)結匯證實書。

(　)　**5** 依據央行對於國外匯兌業務之規定，下列敘述何者錯誤？

(A)結購外幣現鈔屬於匯出匯款

(B)光票買入屬於匯入匯款

(C)大陸匯款之幣別不得為新臺幣

(D)匯款行為國內同業之匯入匯款，其付款幣別得為新臺幣。

(　)　**6** 以新臺幣結購外匯辦理匯出，銀行需掣發？

(A)買匯水單　　　　　　　　　(B)賣匯水單

(C)其他交易憑證　　　　　　　(D)結匯證實書。

解答與解析

1 (A)。託收按是否附商業單據分為「光票託收」和「跟單託收」兩種。光票託收（僅有財務單據，未跟隨著商業單據）屬於國外匯兌業務；而跟單託收（附隨著商業單據之匯票）屬於進出口業務。

2 (D)。「賣匯」水單是站在銀行角度來看，銀行賣外幣，相對的客戶即是買外幣，客戶買外幣的目的為匯出匯款，由此推理邏輯可得答案為(D)。

3 (C)。根據銀行業辦理外匯業務作業規範，國內銀行發卡之持卡人於國內外幣提款機提領外幣現鈔每人每日累積金額，應以1萬美元或等值外幣為限。

4 (C)。因客戶之匯出匯款並未以新臺幣結購，故應掣發其他交易憑證。

5 (D)。若付款幣別為新臺幣，則不屬於國外匯兌業務。

6 (B)。客戶以新臺幣換外幣辦理匯出換款，故客戶是賣新臺幣買外幣，相對而言銀行是買新臺幣賣外幣，站在銀行觀點其是「賣匯」，故應掣發賣匯水單。

第二章 匯出匯款處理程序

依據出題頻率區分，屬：**A** 頻率高

重點1 匯出匯款（結購外匯）

一、基本名詞介紹

(一) **匯款行**：匯出款項之銀行。

(二) **解款行**：與匯款行為相對關係，收取款項的銀行，又稱「受款行（Beneficiary Bank）」。

二、解款行與匯款行之關係，可分為「通匯行」或「存匯行」。

(一) **通匯行**：

1. Correspondent Bank，該行與匯款行之間有電報協定，電報可以互相加解密，不必透過第三方銀行。

2. 通匯行的匯款方式，匯款人臺灣甲銀行帳戶→臺灣甲銀行→國外A銀行→國外B銀行→受款人國外B銀行帳戶。

3. 匯款人於臺灣之甲銀行，將發送電報向國外B銀行，表示其透過A銀行匯入款項。

(二) **存匯行**：

1. 該行與匯款行之間有存款往來。

2. 存匯行的匯款方式，匯款人臺灣甲銀行帳戶→臺灣甲銀行→國外A銀行→受款人國外A銀行帳戶。

3. 因為甲銀行在A銀行有外幣存款，故甲銀行收取匯款人款項後，直接請A銀行將甲銀行的錢轉到受款人國外帳戶即可。

   通匯行不一定可以直接入帳，只要有電報協定即稱「通匯行」；能夠直接入帳的是「存匯行」。

三、匯出匯款的意義

匯款人委託匯款行將現金或其存戶內之款項,利用跨行通匯系統通知解款行將款項轉入收款人帳戶之交易,稱之為「匯出匯款」。

四、匯出匯款形式可分為:信匯、電匯、票匯。

(一)**信匯(Mail Transfer,簡稱M/T)**:信匯是指匯款人向當地銀行交付本國貨幣,由銀行開具付款委託書,用航空郵寄**信匯憑證**交予國外通匯行,經該通匯行核驗簽樣無誤後,憑以解付款項予指定之受款人。

信匯憑證是信匯付款委託書(Payment Order),其內容與電報委託書內容相同,只是匯出行在信匯委託書上不加註密押,而以負責人簽字代替。

採用信匯方式,由於郵程需要的時間比電匯長,銀行有機會利用這筆資金,所以信匯匯率低於電匯匯率,其差額相當於郵程利息。

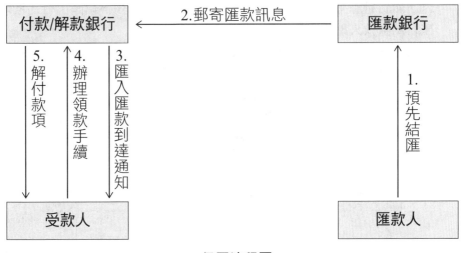

信匯流程圖

(二)**電匯(Telegraphic Transfer,簡稱T/T)**:係指匯款行應匯款人的申請,以電傳方式(SWIFT MT103)或加密碼電報(Telex, Cable)等電信方式將電匯付款委託書給國外通匯行,經該通匯行核對密碼無誤後,憑以解付款項予指定之受款人。電匯方式的優點是收款人可迅速收到匯款,但費用較高。

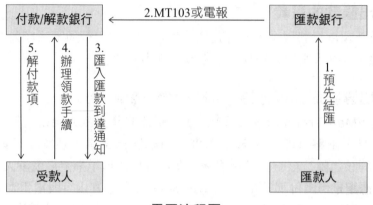

電匯流程圖

匯款人電匯申請書並交款付費給匯出行，再由匯出行拍加押電報或電傳給解款行，解款行給收款人電匯通知書，收款人接到通知後去銀行兌付，銀行進行解付，解付完畢匯入行發出借記通知書給匯出行，同時匯出行給匯款人電匯回執。

(三)**票匯（Demand Draft，簡稱D/D）**：係指匯款行簽發以國外通匯行為解款行之匯票，由申請人逕寄國外受款人，由受款人提示匯票至國外通匯行，經核對其簽章無誤且經受款人背書後，憑以解款。

票匯有兩個特點：**一是解款行無須通知收款人取款**，而由收款人上門自取；**二是收款人通過背書可以轉讓匯票**，因而到銀行領取匯款的，有可能並不是匯票上列明的收款人本人，而是其他人。

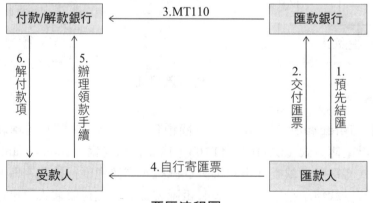

票匯流程圖

註：MT110用於票匯業務，係匯款銀行於開發匯票後，同時通知付款行簽發匯票明細之電文。

知識補給站

信匯、電匯、票匯比較表

	匯款手續之結算工具	匯費	速度
票匯	以銀行**即期匯票**	較低	最慢
信匯	以信匯委託書或支付委託書	較低	慢
電匯	以電報或電傳	較高	最快

牛刀小試

( ) 解款行收到匯款行郵寄之書面付款委託書，經核驗簽章無誤後，再通知受款人來行洽領者，稱之為： (A)T/T (B)D/D (C)M/T (D)IRBC。

[解答與解析]

(C)。關鍵字「郵寄書面」，故選擇信匯，Mail Transfer，簡稱M/T。

重點2 SWIFT電文系統

承上所述，電匯為常見的匯出匯款形式。而電匯方式又分：SWIFT、電傳（TELEX）、電報（CABLE,TELEGRAM）等，現行實務上最廣為使用的為SWIFT電文系統。

一、SWIFT之介紹

(一)SWIFT中文稱之為「環球銀行金融電信協會（Society for Worldwide Interbank Financial Telecommunication）」，是銀行間非營利的國際合作組織，總部在比利時布魯塞爾，為國際金融業務提供快捷、準確、優良的服務。

(二)在1970年代，金融交易所依賴的技術十分簡陋，支付與訊息確認是通過Telex網路來實現，格式鬆散、既慢又不安全，因此大大增加了自動接收報文的難度。為了尋求新的解決方案，在1974年，7家主要的國際性銀行

　　舉行了會談，最終導致了SWIFT的成立。而至今，SWIFT的服務已經遍及200多個國家，服務的金融機構超過11,000家。

(三)SWIFT運營著世界級的金融電文網路，銀行和其他金融機構通過它與同業交換電文，從而完成金融交易。SWIFT電文根據銀行的實際業務運作分類，其中如第一類格式代碼為MT1XX，用於客戶匯款與支票業務。

二、SWIFT電文的分類

SWIFT電文根據銀行的實際業務運作分為九大類，電文格式的名稱以MT（Message Type之縮寫）再加上三個阿拉伯個數字來表示。電文中的欄位名稱以數字表示，各有其特定的含意，使用時只要依規定填入相關資料即可，無需以文字敘述。

第一類	MT1XX	Customer Payment &Cheques，用於客戶匯款及支票。
第二類	MT2XX	Financial Institution Transfer，用於金融機構之匯款。
第三類	MT3XX	Financial Trading，用於金融交易。
第四類	MT4XX	Collection & Cash Letters，用於託收及光票業務。
第五類	MT5XX	Securities，用於證券交易。
第六類	MT6XX	Precious Metals & Syndications，用於貴金屬及聯合貸款。
第七類	MT7XX	Documentary Credit & Guarantees，用於跟單信用狀及保證。
第八類	MT8XX	Travelers Checks，用於旅行支票。
第九類	MT9XX	Cash Management & Customer Status，用於資金及客戶帳務處理。

三、實務上常用的SWIFT電文

(一)MT103：供銀行承做個人或公司匯款之用。

(二)MT110：用於票匯業務。

(三)MT191：**由一金融機構發給另一金融機構，索取手續費費用、利息或其他原先不知的費用**。

(四)MT202：**供銀行與銀行間匯款之用**。

(五)MT700/MT701：用於開立跟單信用狀。

(六)MT740：補償授權書之電文格式。

(七)MT400：用於託收付款通知之用。

牛刀小試

( ) **1** 解款行接獲SWIFT MT103電文，其中71A欄位註記"OUR"時，則應拍發下列何種電文向匯款行洽收匯入匯款手續費？
(A)MT110　(B)MT191　(C)MT202　(D)MT900。

( ) **2** 下列何者不應視為匯入匯款付款委託？　(A)MT110　(B)MT103　(C)MT950　(D)PAYMENT ORDER。

[解答與解析]

1 (B)。MT191是由一金融機構發給另一金融機構，索取手續費費用、利息或其他的費用。

2 (C)。MT950是EndodDayElectronicSwiftStatementSummary，為對帳單，非匯入匯款付款委託。

四、常用SWIFT電文之介紹

(一)MT103：**匯款人或受款人一方，或兩者為非金融機構**之匯款電文。

1. MT 103電文格式

說明：M=Mandatory，必要欄位；O=Optional，選填欄位。

項目性質	欄位代號	Field Name	Content/Options	欄位名稱
M	20	Sender's Reference	16x	發訊行號碼
O	13C	Time Indication	/8c/4!n1!s4!n	時間指示
M	23B	Bank Operation Code	4!c	銀行作業代號
O	23E	Instruction Code	4!c[/30x]	指示代號
O	26T	Transaction Type Code	3!c	交易型態代號

項目性質	欄位代號	Field Name	Content/Options	欄位名稱
M	32A	Value Date/Currency/Interbank Settled Amount	6!n3!a15d	生效日、幣別碼、金額、銀行間清算金額
O	33B	Currency/Instructed Amount	3!a15d	幣別代碼、指示之金額
O	36	Exchange Rate	12d	匯率
M	**50a**	**Ordering Customer**	**A, K or F**	**匯款申請人**
O	51A	Sending Institution	[/x]c	發訊銀行機構
O	**52a**	**Ordering Institution**	**A or D**	**匯款申請機構**
O	**53a**	**Sender's Correspondent**	**A, B or D**	**發訊行之通匯行**
O	**54a**	**Receiver's Correspondent**	**A, B or D**	**收訊行之通匯行**
O	55a	Third Reimbursement Institution	A, B or D	第三補償機構
O	56a	Intermediary Institution	A, C or D	中間銀行
O	**57a**	**Account With Institution**	**A, B, C or D**	**設帳銀行**
M	59a	**Beneficiary Customer**	**A or** 不填列字母	**受益顧客**
O	**70**	**Remittance Information**	**4*35x**	**付款明細**
M	**71A**	**Details of Charges**	**3!a**	**費用明細**
O	71F	Sender's Charges	3!a15d	發訊行之費用
O	71G	Receiver's Charges	3!a15d	收訊行之費用
O	72	Sender to Receiver Information	6*35x	發訊行予收訊行之訊息
O	77B	Regulatory Reporting	3*35x	申報之規定
O	77T	Envelope Contents	9000z	封套內容

24x：24個字符　　6!n：6個數字　　4*35x：4行35個字符

2. **欄位50a、52a、53a、54a、57a、59a、70、71A為考試重點，務必記住（是否為必要欄位、意義、對應代號）**。

3. 必要欄位32A指定生效日，其日期表示<u>為西元年／月／日，如110506，則2011年5月6日</u>方可解付款項。

4. MT103的57欄位，其清算代碼參見下表：

國家	清算號名稱	格式
美國	**FW、ABA**	9位數字
加拿大	TRANSIT NO.即CC	9位數字（4位銀行號＋5位分行號）
英國	**SORT CODE即SC**	6位數字
澳大利亞	BSB、AU	6位數字

5. MT103電文結尾若有<u>PDE</u>（Possible Duplicate Emission）、<u>PDM</u>（Possible Duplicate Message）字句時，**解款行應注意避免重複付款**。

(二) MT202：**銀行與銀行間**之匯款電文。

常用於開狀銀行對押匯銀行的付款（L/C）、代收銀行對託收銀行進口託收的付款（D/A、D/P）、交易調撥資金、外匯交易時之轉帳付款及匯款電文中MT103之補償銀行。

1. **MT202電文格式：**

項目性質	欄位代號	Field Name	Content/Options	欄位名稱
M	20	Transaction Reference Number	16x	交易編號
M	21	Related Reference	16x	相關參照
O	13C	Time Indicator	/8c/4!n1!s4!n	時間指示
M	32A	Value Date, Currency Code,Amount	6!n3!a15d	生效日、幣別碼、金額
O	52a	Ordering Institution	A or D	匯款機構
O	53a	Sender's Correspondent	A, B or D	發訊行之通匯行

項目 性質	欄位 代號	Field Name	Content/ Options	欄位名稱
O	54a	Receiver's Correspondent	A, B or D	收訊行之通匯行
O	56a	Intermediary	A or D	中間銀行
O	57a	Account With Institution	A, B or D	設帳銀行
M	58a	Beneficiary Institution	A or D	受益機構
O	72	Sender to Receiver Information	6*35x	發訊銀行給收訊銀行之訊息

2. MT202電文中未設置71欄位（DETAILS OF CHARGES）之原因為：費用一概由發電銀行負擔，故無須設置。

(三) MT110：匯款銀行開發匯票後，通知付款行簽發匯票明細之電文。

MT110電文格式如下：

項目 性質	欄位 代號	Field Name	Content/ Options	欄位名稱
M	20	Transaction Reference Number	16x	交易編號
O	53A	Sender's Correspondent	A, B or D	發訊銀行之通匯銀行
O	54A	Receiver's Correspondent	A, B or D	收訊銀行之通匯銀行
O	72	Sender to Receiver Information	6*35x	發訊銀行給收訊銀行之訊息
M	21	Cheque Number	16x	票據號碼
M	30	Date of Issue	6!n	簽發日期
M	32	Amount	A or B	金額
O	52a	Drawer Bank	A, B or D	簽發銀行
M	59	Payee	[/34x]4*35x	抬頭人

牛刀小試

( ) **1** 匯款行簽發以解款行為付款行之匯票須拍發下列何項SWIFT電文至解款行？ (A)MT110 (B)MT103 (C)MT700 (D)MT701。

( ) **2** 受款人提示匯票要求解款行解付時，解款行應將匯票內容與下列何者電文核對無誤後始得付款？ (A)MT110 (B)MT103 (C)MT195 (D)MT202。

[解答與解析]

1 (A)。看到題目關鍵字「匯票」選MT110，因其為匯款銀行開發匯票後，通知付款行簽發匯票明細之電文。

2 (A)。看到題目關鍵字「匯票」選MT110，因其為匯款銀行開發匯票後，通知付款行簽發匯票明細之電文。

重點3 匯出匯款流程

一、國際匯款流程

(一) **概念**：匯款行（國內）→中轉行（國外）→解款行（國外）→入帳。

(二) **具體流程可分為**：Serial Payment與Cover Payment。

　1. Serial Payment（**僅發1通電報，MT103**）流程：
　　匯款銀行發MT103電報給匯款銀行的存匯行→匯款銀行的存匯行再發出訊息給解款銀行的存匯行→解款銀行的存匯行再發出訊息給解款行→完成匯款程序。

　2. Cover Payment（**發2通電報，MT103+MT202**）流程：
　　匯款銀行直接發MT103電報給解款銀行，另外再發一封MT202電報給匯款行之存匯行→完成匯款程序。

考點速攻

不論是Serial Payment或Cover Payment，看到解款行選MT103。

牛刀小試 ....

（　　）**1** 電匯匯出匯款其電文之繕製，若以匯款行之通匯行（非存匯行）為解款行，則應如何辦理？　(A)分別發送電文MT103予存匯行及MT202（或MT202CVR）予解款行　(B)分別發送電文MT103予解款行及MT202（或MT202CVR）予存匯行　(C)僅需以MT103發送電文至通匯行　(D)僅需以MT202（或MT202CVR）發送電文至通匯行。

（　　）**2** COVER PAYMENT是指匯款行直接拍發MT103給受款人之設帳銀行，另拍MT202（或MT202CVR）給下列何者？　(A)匯款行之存匯行　(B)受款人設帳行之存匯行　(C)中介銀行　(D)中介銀行之存匯行。

[解答與解析]

1 (B)。 題目之匯款流程描述為COVERPAYMENT，故由匯款行直接拍發MT103給受款人之設帳銀行，另拍發MT202給匯款行之存匯行。

2 (A)。COVERPAYMENT是指匯款行直接拍發MT103給受款人之設帳銀行，另拍發MT202給匯款行之存匯行。

二、國際匯款費用

匯款到國外銀行的過程中，匯款行、中轉行、解款行這三家銀行都可能收取國際匯款費用。因為匯款行的費用是外扣，而中轉行與解款行的費用是內扣，故實際入帳的金額會減少。

(一)**匯款手續費：**

  1.**匯費（又稱手續費）**：銀行收取的匯款費用，通常以匯款金額比例計算。

  2.**郵電費（又稱電報費）**：發送給中轉行電報的費用（通常發送MT103或MT202）。

(二)**中轉行手續費**：中轉行收到匯款行的電報與資金後，需再發一通電報給解款行，此時中轉行會再收取一次中轉行手續費。若匯款人未選擇全額到匯，則會從原資金中內扣這筆費用。

(三)**解款行手續費**：解款行收到中轉行的資金後，需要「解款入帳」。

1. 一般情況下，**如果不需「全額到帳」的功能，填寫匯款單時可選擇「SHA」**，SHA為share之縮寫，意即費用由雙方各自負擔。
2. 如果希望將全額匯到解款行，不希望本金被中轉行內扣手續費，可採用「**全額到戶／全額到帳**」的方式，**填寫匯款單時可選擇「OUR」，費用全由匯款人負擔**。

知識補給站

1.SHA即一般的匯款方法，由雙方各自負擔。匯款人負擔發電銀行（即匯款行）費用，受款人負擔中間轉匯行及解款行之費用。
2.BEN，BENEFICIARY受益人，費用全由受款人負擔OUR費用全由匯款人負擔。
3.如客戶未填寫71A欄位，則默認為SHA。

牛刀小試

(　　) SWIFT MT103 匯款電文中，71A 欄位若為「SHA」，表示匯出匯款手續費應由下列何者負擔？　(A)受益人　(B)匯款人　(C)匯款行　(D)解款行。

[解答與解析]

(B)。SHA，share，指費用由雙方各自負擔，故匯出匯款手續費係由匯款人負擔。

重點4　匯出匯款業務申辦

一、申辦流程

(一)**填寫「匯出匯款申請書」**：

1. 匯款人向匯出行提交匯出匯款申請書。
2. 如遇結購金額達**新臺幣五十萬元**等值外幣者，應填報「**外匯收支或交易申報書**」，並依央行「外匯收支或交易申報辦法」辦理。

(二)**繳納款項：**
1. 匯款人以新臺幣結構外匯者，適用銀行掛牌的「**賣出**」匯率（站在銀行角度，是銀行賣外幣給客戶，故為「賣出」匯價）。
2. 另須配合各銀行規定繳納手續費及郵電費。

(三)**簽章及查驗身分文件：**
1. 銀行檢核顧客填具之有關文件及查驗身分文件後始得辦理。
2. 如遇公司、有限合夥、行號者，應查詢經濟部全國商工行政服務入口網站之「公司登記查詢」、「有限合夥登記查詢」、「商業登記查詢」。

(四)**掣發單證：**匯出款項以**新臺幣結購者**，應掣發**賣匯水單**；其**未以新臺幣結購者**，應掣發**其他交易憑證**。

二、其他注意事項

(一)根據外匯收支或交易申報辦法，下列外匯收支或交易，申報義務人得於填妥申報書後，**逕行辦理新臺幣結匯：**
1. 公司、行號、團體及個人出口貨品或對非居住民提供服務收入之匯款。
2. 公司、行號、團體及個人進口貨品或償付非居住民提供服務支出之匯款。
3. **公司、行號每年累積**結購或結售金額**未超過五千萬美元**之匯款；**團體、個人每年累積結購**或結售金額未超過**五百萬美元**之匯款。
4. 辦事處或事務所結售在臺無營運收入辦公費用之匯款。
5. **非居住民每筆結購或結售金額未超過十萬美元**之匯款。但境外非中華民國金融機構不得以匯入款項辦理結售。

(二)下列外匯收支或交易，申報義務人應檢附與該筆外匯收支或交易有關合約、核准函等證明文件，**經銀行業確認與申報書記載事項相符後，始得辦理**新臺幣結匯：
1. **公司、行號每筆**結匯金額達**一百萬美元以上**之匯款。
2. **團體、個人每筆**結匯金額達**五十萬美元以上**之匯款。
3. 經有關主管機關核准直接投資、證券投資及期貨交易之匯款。
4. 於中華民國境內之交易，其交易標的涉及中華民國境外之貨品或服務之匯款。

(三)下列外匯收支或交易，申報義務人應於檢附所填申報書及相關證明文件，經由銀行業**向中央行申請核准後，始得辦理**新臺幣結匯：

1. **公司、行號每年**累積結購或結售金額**超過五千萬美元**之必要性匯款；**團體、個人每年**累積結購或結售金額**超過五百萬美元**之必要性匯款。

2. **未滿十八歲領有中華民國國民身分證**、臺灣地區相關居留證或外僑**居留證證載有效期限一年以上之自然人**，每筆結匯金額達**新臺幣五十萬元以上**之匯款。

3. 下列**非居住民每筆結匯金額超過十萬美元**之匯款：

   (1)於中華民國境內承包工程之工程款。

   (2)於中華民國境內因法律案件應提存之擔保金及仲裁費。

   (3)經主管機關許可或依法取得自用之中華民國境內不動產等之相關款項。

   (4)於中華民國境內依法取得之遺產、保險金及撫卹金。

(四)**非居住民之結匯申報**：

1. 非居住民自然人：除央行另有規定外，應由本人親自辦理。

2. 非居住民法人：除央行另有規定外，應出具授權書，**授權其在中華民國境內之代表人或代理人**，以該代表人或代理人之名義代為辦理申報。

(五)**對外及僑外直接投資結匯案件之確認**：

1. 對外直接投資有主管機關核准函：不計入每年累積結匯金額（個人仍應計入其當年累積結匯金額）。

2. 對外直接投資無主管機關核准函：得利用當年累積結匯金額逕行匯出，公司或行號每筆結匯金額達一百萬美元以上，團體或個人每筆結匯金額達五十萬美元以上時，應確認具體對外投資計畫或相關證明文件。

3. **透過第三地區公司再間接投資大陸地區者**：匯出之投資款以個案**累計投資金額未逾一百萬美元為限，逾一百萬美元者，應確認經濟部核准對大陸地區投資文件**。

(六)匯款至受美國經濟制裁或凍結資產國家，如古巴、伊朗、北韓、緬甸、蘇丹等國時，勿透過美系銀行申辦，避免資金遭凍結而無法取回。

牛刀小試

( ) **1** 非中華民國金融機構於辦理匯出匯款時，應授權下列何者為申報人？ (A)外國自然人 (B)中華民國國民 (C)中華民國境內金融機構 (D)中華民國境外金融機構。

(　　) **2** 中央銀行規定，國內公司、行號及團體、個人每年累積結購或結售金額分別未超過多少金額之匯款，申請義務人得於填妥申請書後，逕行辦理新臺幣結匯？　(A)二千萬美元及五百萬美元　(B)三千萬美元及五百萬美元　(C)四千萬美元及五百萬美元　(D)五千萬美元及五百萬美元。

(　　) **3** 目前匯往下列哪一個國家之匯款可經由美系銀行清算或轉匯？　(A)古巴　(B)北韓　(C)伊朗　(D)越南。

[解答與解析]

　1 (C)。指定銀行受理境外金融機構辦理匯出匯款時，應授權中華民國境內金融機構為申報義務人。

　2 (D)。題目是寫每「年」，故公司、行號不逾五千萬美元，團體、個人不逾五百萬美元之匯款，於填妥申請書後逕行辦理結匯。

　3 (D)。古巴、北韓、伊朗皆遭美國進行經濟制裁，若透過美系銀行辦理清算或轉匯，資金恐遭凍結而無法取回。

精選試題

(　　) **1** 銀行同業間資金撥付，可使用下列何種電文？　(A)MT202　(B)MT100　(C)MT103　(D)MT199。

(　　) **2** 指定銀行得逕行辦理下列何項之新臺幣結匯？　(A)公司、行號每年累積結購或結售金額超過五千萬美元之必要性匯款　(B)個人、團體每年累積結購或結售金額超過五百萬美元之必要性匯款　(C)非居住民每筆超過十萬美元之結匯　(D)民營事業逕自向國外引進中長期資金，並持有央行核章之「民營事業中長期外債申報表」者，於每年得逕行結匯金額用罄後，銀行仍得受理其還本付息之結購外匯。

(　　) **3** 在MT103電文中，下列何者為必要欄位？
(A)70：REMITTANCE INFORMATION
(B)71A：DETAILS OF CHARGES
(C)52a：ORDERING INSTITUTION
(D)57a：ACCOUNT WITH INSTITUTION。

（　）**4** 匯出匯款電文MT103的57欄位帳號處註記有57D：//SC609371 表示該電文係匯往何處？　(A)澳洲　(B)紐西蘭　(C)德國 (D)英國。

（　）**5** 匯入匯款作業之其他應注意事項，下列敘述何者錯誤？
(A)公司行號辦理外國人來華直接投資結匯案件，金額在壹百萬美 元以上始須確認相關主管機關核准函
(B)境外外國金融機構不得以匯入款項辦理結售
(C)銀行業得受理大陸地區之匯入款
(D)僑外投資結匯案件，除依相關規定得免申請核准外，應確認主 管機關相關核准文件。

（　）**6** 解款行於102年6月17日收到一筆MT103之匯入匯款電文，其中 32A欄位表示130620USD10,000，下列敘述何者錯誤？
(A)本筆解款日期有誤請匯款行修改
(B)本筆匯款金額為10,000美元
(C)本筆匯款須等到102年6月20日始得付款
(D)本筆是電匯匯款方式。

（　）**7** 匯入匯款電文MT103其中欄位為52a：MRITFIHH，53a： CITIUS33，54a：BKTRUS33，57a：ICBCTWTP，請問解款行 補償款項入帳之存匯行為何？　(A)MRITFIHH　(B)CITIUS33 (C)BKTRUS33　(D)ICBCTWTP。

（　）**8** 某甲銀行拍發MT103電文給匯豐銀行香港分行，其中MT103之電 文相關內容為，50：TONY CHEN、53A：MRMDUS33、59： HO HO CO LTD.，次日接獲匯豐銀行通知尚未收到補償款項， 請問某甲銀行忘了拍發下列何種電文？　(A)MT103　(B)MT110 (C)MT195　(D)MT202。

（　）**9** MT103部份電文內容為53A：CITIUS33，57A：SCBLHKHH， 71ASHA，請問本筆匯款採何種方式？
(A)Serial payment　　　　　　(B)Cover payment
(C)Deferred Payment　　　　 (D)Hold payment。

（　）**10** 有關MT103與MT202之欄位比較，下列敘述何者錯誤？
(A)MT202有21（RELATED REFERENCE）欄位，而MT103沒有
(B)MT103有50a（ORDERING CUSTOMER）及59a
（BENEFICIARY CUSTOMER）欄位，而MT202沒有
(C)MT202有58a（BENEFICIARY INSTITUTION）欄位，而
MT103沒有
(D)MT103、MT202均有71A（DETAILS OF CHARGES）欄位。

（　）**11** 匯入匯款電文MT103所含內容為32A010626TWD100,000，
50aDAVID WANG，59aGIGA KING CO,LTD，表示：　(A)受款
人為GIGA KING CO,LTD　(B)受款人為DAVID WANG　(C)匯
款金額為新臺幣故不得承作，退回匯款行　(D)匯款人為GIGA
KING CO,LTD。

（　）**12** 有關SWIFT MT103欄位，下列敘述何者錯誤？　(A)59a欄位為受
益顧客　(B)50a 欄位為匯款人名稱　(C)53a 欄位為匯款行之存
匯行　(D)57a欄位為受款人的帳號及戶名。

（　）**13** 以COVER PAYMENT匯款，匯款銀行拍發予存匯銀行指示其轉
帳給另一銀行以完成匯款清算業務，是拍發哪一種SWIFT電文？
(A)MT100　(B)MT103　(C)MT200　(D)MT202。

（　）**14** 美國聯邦政府準備銀行的交換系統為 FED WIRE其ABA NO.為多
少碼？　(A)8碼　(B)6碼　(C)7碼　(D)9碼。

（　）**15** 匯款行（A銀行）欲透過通匯行（B銀行）代解付電匯一筆，並請
存匯行（C銀行）撥款補償B銀行代解匯款之款項，下列敘述何
者正確？　(A)A銀行拍發MT202電文之收訊行（RECEIVER）
為B銀行　(B)A銀行拍發MT103電文之收訊行（RECEIVER）為
B銀行　(C)A銀行拍發MT202電文中欄位58a（受款銀行）為C銀
行　(D)MT202電文中欄位71A表示此通電文費用之負擔歸屬。

（　）**16** 請問SWIFT MT103電文結尾若有下列何者字句，解款行應注意避
免重覆付款？　(A)PDE　(B)CHK　(C)MAC　(D)DLM。

( ) **17** 解款銀行（ICBCTWTP）於民國100年6月15日收到匯款行HASEHKHH拍發之MT103電文，其電文相關欄位為53a：CITIUS33、54a：CITIUS33、57a：BKTWTWTP、59a：ABC CO LTD.，下列敘述何者正確？ (A)54欄（收電銀行之存匯行）縱然與53欄（發電銀行之存匯行）相同，仍不得省略 (B)匯款行係以SERIAL PAYMENT方式匯出 (C)ABC CO LTD.非解款行之客戶，解款行應退回給匯款行 (D)解款行須先查詢該筆之前是否已承作過，以避免重複承作。

( ) **18** 下列何種SWIFT MESSAGE TYPE為SINGLE CUSTOMER CREDIT TRANSFER專用？ (A)MT202 (B)MT199 (C)MT103 (D)MT400。

( ) **19** 有關判讀MT103匯入匯款電文欄位之應注意事項，下列敘述何者正確？ (A)32A欄位之日期不須理會，而以收電日為解款日 (B)50a欄位匯款人名稱須為銀行 (C)70欄位為給收電行之訊息 (D)59a欄位為受益顧客（Beneficiary Customer），為必填欄位。

( ) **20** 倘A銀行收到發電行（TACBTWTP）之MT103電文，電文中52欄位為SOGEHKHH，53欄位為BKTRUS33，54欄位為CITIUS33，A銀行該筆匯入匯款之清算款係匯往： (A)TACBTWTP (B)SOGEHKHH (C)BKTRUS33 (D)CITIUS33。

( ) **21** 受款人持匯票要求兌付，除驗對簽發人之簽樣外，並須與何種電文核對？ (A)MT103 (B)MT110 (C)MT700 (D)MT950。

( ) **22** 匯出匯款MT103電文，其中部分內容為RECEIVER：HNBKKRSE、32A：050512USD5000、53A：SCBLUS33、54A：CITIUS33，請問本筆係用何種方式匯出？ (A)Serial Payment (B)Straight Payment (C)Direct Payment (D)Cover Payment。

( ) **23** 客戶欲辦理匯出50萬美元至北韓，應選擇下列何者作為清算或轉匯銀行才不至於資金遭受凍結？ (A)CITIUS33 (B)IRVTUS3N (C)BOFAUS6S (D)BOTKJPJT。

解答與解析

1 (A)。MT202為銀行間之匯款電文，可用於Cover Payment之清算。

2 (D)。根據外匯收支或交易申報辦法，公司、行號每年累積結購或結售金額超過五千萬美元；個人、團體每年累積結購或結售金額超過五百萬美元、非居住民每筆超過十萬美元之結匯；均需申報義務人檢附與該筆外匯收支或交易有關合約等證明文件，經銀行業確認與申報書記載事項相符後，始得辦理新臺幣結匯。

3 (B)。MT103中，僅欄位20、23、32、50、59、71為必填欄位，其中最常考者為59與71。

4 (D)。匯往英國之清算代碼為SC；另匯往美國之清算代碼亦常考，為FW或ABA。

5 (A)。公司行號辦理外國人來華直接投資結匯案件，除依「華僑回國投資條例」與「外國人投資條例」得免申請核准投資之案件外，其餘應確認主管機關相關核准文件。

6 (A)。130620USD10,000表示2013年6月20日，僅表示解款日期，不一定要與收文日期相同。

7 (C)。53a：Sender's Correspondent，即受款人之設帳銀行；54a：Receiver's Correspondent，即匯款行之存匯行。依題目所述，故選擇BKTRUS33。

8 (D)。甲銀行拍發MT103電文給匯豐銀行香港分行，應於MT103的52欄位加註受益人之設帳行，另同時拍發MT202，由受益人之設帳行負責通知並解款予受益人。

9 (B)。本試題觀念結合MT103常考欄位，以及匯款方式。53A為Sender's Correspondent，57A為Account With Institution；Cover payment是匯款行直接拍發MT103予受款人之設帳銀行（57A，Account With Institution），另拍發MT202予匯款行之存款行（53A，Sender's Correspondent），故本筆付款為採用Cover payment。

10 (D)。僅MT103有71A（DETAILS OF CHARGES）欄位，MT202無。71A為常考之欄位。

11 (A)。匯款人為50a的DAVID WANG，受款人為59a的GIGA KING CO, LT(D)。

12 (D)。57a欄位為給受款人的設帳銀行。

13 (D)。COVER PAYMENT是指匯款行直接拍發MT103給受款人之設帳銀行，另拍發MT202給匯款行之存匯行。

14 (D)。匯往美國之格式為9位數字。

15 (B)。A銀行拍發MT103予B銀行，A銀行拍發MT202予C

銀行。故MT103電文之收訊行（RECEIVER）為B銀行，MT202電文之收訊行（RECEIVER）為C銀行。又MT202中無71A欄位，故本題選(B)。

16 **(A)**。MT103電文結尾若有PDE（Possible Duplicate Emission）、PDM（Possible Duplicate Message）字句時，解款行應注意避免重複付款。

17 **(D)**。收電銀行與發電銀行之存匯行相同時，可以省略；題目同時存在53及54欄位，為COVER PAYMENT；ABC CO. LTD.為解款行之客戶。

18 **(C)**。MT103 SINGLE CUSTOMER CREDIT TRANSFER，其為顧客匯款，匯款人或受款人一方、或兩者為非金融機構之匯款電文。

19 **(D)**。(A)32A 欄位之日期為解款日；(B)50a欄位應為匯款人；(C)70欄位為付款明細。

20 **(D)**。52欄位為Ordering Institution，53欄位為Sender's Correspondent，54欄位為Receiver's Correspondent。

21 **(B)**。看到題目關鍵字「匯票」選MT110，因其為匯款銀行開發匯票後，通知付款行簽發匯票明細之電文。

22 **(D)**。COVER PAYMENT是指匯款行直接拍發MT103給受款人之設帳銀行（53a：Sender's Correspondent），另拍發MT202給匯款行之存匯行（54a：Receiver's Correspondent）。故題目係採Cover Payment方式匯出款項。

23 **(D)**。從選項中可看出，CITI「US」33、IRVT「US」3N、BOFA「US」6S、BOTK「JP」JT，只有(D)為非美國體系之銀行，其款項不致遭凍結。

第三章　匯入匯款處理程序

匯入匯款是解款行依海外匯款行的委託，將外幣款項解付給收款人的業務。

重點1　匯入匯款業務流程

匯入匯款業務流程約有七個步驟如下：

Step1	銀行收到匯入匯款之委託。
Step2	銀行核對押碼或簽章方式，來辨別匯入匯款委託之真偽。
Step3	銀行逐件依序編號登記，以供日後追蹤查詢。
Step4	銀行繕製匯入匯款通知書。
Step5	銀行通知受款人或設帳銀行。
Step6	受款人提示文件，向銀行申請辦理匯入匯款業務。
Step7	解付款項予受款人。

並依下列匯入匯款步驟，分別詳細敘明之。

一、銀行收到匯入匯款之委託

解款行收到匯款行付款委託的形式可分為：(一)信匯、(二)電匯、(三)票匯。

(一)信匯（Mail Transfer, M/T）

　1.若匯款行以信匯方式進行付款委託，匯款行會郵寄信匯委託書（Payment Order）予解款行。信匯付款委託書內容與電報委託書內容相同，只是匯款行在信匯委託書上不加註密押，而以負責人簽字代替。

　2.信匯費用較低廉，但因郵遞故速度較慢，現行實務上較少用。

(二)電匯（Telegraphic Transfer，T/T）：

1. 若匯款行以電匯方式進行付款委託，則解款行會收到**MT103**或加密碼電報（Telex, Cable）等電匯付款委託書。

2. 電匯的優點是速度快，缺點是費用較高。

3. 匯款銀行處理電匯作業時，有兩種方式，分別為Serial Payment與Cover Payment。

考點速攻

1. 存匯行：銀行間彼此有帳戶的銀行。
2. 通匯行：銀行間沒有戶頭，只有通匯往來的銀行。
3. 解款行：付款給客戶的銀行。

(1)Serial Payment：

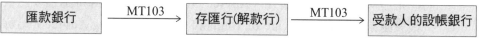

A.**解款行即為存匯行**。

B.匯款銀行**僅發送一封**MTI03即可完成匯款動作。優點為可簡化銀行間的作業，但會發生中間銀行費用。

(2)Cover Payment：

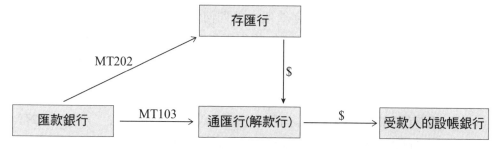

A.原解款行並非存匯行，故需請另外一家通匯行作為解款行。

B.方式為：匯款銀行對一筆匯款發出兩通電文。

  a. **一通MTI03給解款行**（通匯行），告知款項會由存匯行撥付給它，並請其先代將款項解付予受款人。

  b. **一通MT202給存匯行**，指示其將資金匯給通匯行。

C.MT103重要欄位

  50a匯款人／52a匯款申請機構／53a**匯款銀行的存匯行**。

  54a**解款行的通匯行**／57a受款人的設帳行／59a受益顧客。

D.MT202中指示MT103的53a付款給54a；MT202未設71a欄是因費用一概由發電銀行負擔無須設置，為確保能全額入帳之故。

E. Cover Payment優點為可使通匯行直接收到匯款電文，減少延遲或錯誤的機會，亦可確保匯出款項全額到款，無中間銀行費用。

F. 有些匯款只能採用Cover Payment，例如由臺灣匯到瑞士的歐元，必須發一通MT103給瑞士的通匯行，再發另一通MT202給歐元的存匯行。

(三)**票匯（Demand Draft, D/D）**

(1)若匯款行以票匯方式進行付款委託，匯款行會在交付票匯給客戶的同時，拍發MT110（匯款通知，Advice Of Cheques）或郵寄匯票委託書／簽發匯票通知書（Advice of Demand Draft /Drawing Advice）給解款行。

(2)**故解款行未來在收到受款人提示之匯票時，除核對匯票式樣外，應確認已接獲MT110電文通知。**

牛刀小試

(　　) **1** 有關匯入匯款電匯之敘述，下列何者錯誤？　(A)為無條件之付款委託　(B)解款行與付款行得為不同之銀行　(C)收到電文日即為解款日　(D)電文結尾若有PDE或PDM字句時，應查詢並注意避免重複。

(　　) **2** 有關MT103與MT202之欄位比較，下列敘述何者錯誤？　(A)MT202有21（RELATED REFERENCE）欄位，而MT103沒有　(B)MT103有50a（ORDERING CUSTOMER）及59a（BENEFICIARY CUSTOMER）欄位，而MT202沒有　(C)MT202有58a（BENEFICIARY INSTITUTION）欄位，而MT103沒有　(D)MT103、MT202均有71A（DETAILS OF CHARGES）欄位。

(　　) **3** 匯款行發送之付款委託書，英文通稱為：
(A)DEMAND DRAFT　　(B)DRAWING ADVICE
(C)MAIL TRANSFER　　(D)PAYMENT ORDER。

[解答與解析]

1 (C)。解款日為生效日，為特定時日進行解款，不一定與收到電文日相同。

2 (D)。MT202沒有71A欄位。

3 (D)。付款委託書英文為PAYMENT ORDER。

二、銀行核對押碼或簽章方式，來辨別匯入匯款委託之真偽

解款行根據收到不同形式（信匯／電匯／票匯）的付款委託，而有不同的審核方式。

(一)解款行收到**信匯**付款委託時，應注意的審核事項：

1. 應注意信匯委託書（Payment Order）之簽章樣式是否相符。

2. 若Payment Order上有**Duplicate Payment Instruction、Cable等字句時，不得視為付款委託書。**

(二)解款行收到**電匯**付款委託時，應注意的審核事項：

1. **若收到SWIFT MT103之電匯**

(1)應先核對電文MT103之押碼是否相符。

(2)MT103各欄位審核要點

A.32欄位：指定解款日（Value Date）、幣別與金額。若解款日早於通知日，則應注意是否之前已繕發通知書，避免重複，若解款日在通知日之後，則須至解款日始可付款。

B.50欄位：限定匯款人之名稱。此欄不應為銀行；若是銀行則應查明是否為出口押匯或託收款項，避免重複。

C.53&54欄位：53欄為匯款行之存匯行，54欄為解款行之存匯行。

D.57：受款人之設帳銀行。

E.59：受款人之帳號與戶名。

F.70：付款明細欄。若有信用狀號碼或出口託收編號，應查明是否為出口押匯或託收款項。

G.71：表示該筆匯款手續費負擔情形。

H.72：付款條件。如徵提Invoice,B/L影本等，請匯款行予以修改刪除後，始可繕發匯款通知。（因匯入匯款是無附任何條件之付款委託）。

I. **電文結尾若有PDE（Possible Duplicate Emisson）或PDM（Possible Duplicate Message）等字句時，應留意避免重複。**

　　J. 當受款行只有收到MT202、未收到MT103時，儘管有註明受款人帳號與名稱，仍應確認是否為顧客間之匯款，避免重複。

2. **若收到Telex之電匯：**

(1)應先核對押碼是否相符。

(2)電文中須含Advise and Pay或Please Transfer或Credit and advise 等類似付款委託字眼。

(3)電文中須載有F/O（In favor of，指受款人）。

(4)電文中須載有B/O（By order of，指匯款人）。

(5)匯款行若非存匯行，電文中應表明補償方式及解款行之存匯行。

(6)電文中若有Avoid Duplicate Payment等字句時，應留意避免重複。

(三)解款行收到**票匯**付款委託時，應注意的審核事項

1. 核對匯款行之簽章樣式是否相符。

2. **確認有收到MT110電文，或郵寄的匯票委託書／簽發匯票通知書（Advice of Demand Draft /Drawing Advice）。**

牛刀小試 ∙∙

(　　) **1** 收到匯款行之付款委託TELEX，下列敘述何者錯誤？　(A)電文中應有ADVISE AND PAY或PLEASE TRANSFER TO等類似委託付款字眼　(B)與MT103相同，均透過收電電報機自動化處理，無須另經相關部門核押　(C)文中應有匯款人、受款人之表示　(D)匯款行若非存匯行，電文中應表明補償方式及解款行之存匯行。

(　　) **2** 當收到匯款行之付款委託電文加押之TELEX，作匯款通知時，下列敘述何者錯誤？　(A)押碼需符合　(B)匯款行一定要是解款行之存匯行　(C)文中若有AVOID DUPLICATION應注意避免重覆　(D)電文中必須要有ADVISE AND PAY或類似之委託付款字眼。

[解答與解析]

　1 (B)。付款委託若係經由Telex電文者，押碼必須符合方可進行解付。

　2 (B)。匯款行可以不是存匯行（Cover Bank），惟電文應先敘明補償方式及解款行之存匯行。

三、銀行逐件依序編號登記，以供日後追蹤查詢。

四、銀行繕製匯入匯款通知書。

五、銀行通知受款人或設帳銀行。

六、受款人提示文件，向銀行申請辦理匯入匯款業務。

受款人在匯款通知書之「領取收據聯」簽章後，向解款行洽領；解款行應請客戶提示身分證明以茲核對。

(一)若受款人為免於通知書之「領取收據聯」簽章，可事先簽發授權書；銀行於確認受款人帳號與戶名無誤後，即得將款項存入受款人帳戶。

(二)受款人的名稱與帳號不符時，應請受款人通知匯款人更正，若為明顯的繕打錯誤、遺漏等小差異，得視客戶往來之信用，憑受款人簽結之切結書予以受理。

七、解付款項予受款人

(一)若受款人選擇將款項兌換為新臺幣

1.解款行掣發「匯入匯款買匯水單」。

2.若金額超過五十萬元需另外填寫「外匯收支或交易申報書」。

(二)若受款人選擇領取原外幣款項

1.解款行掣發「匯入匯款交易憑證」。

2.須依規定計收手續費。

解款行一經解付款項予受款人後，應立即向匯款行發出付款通知書，並依約定方法收回代墊款項。若解款行於超過合理期限後尚未獲得匯款行之償付時，應詢問匯款行，必要時得收取逾期利息。

重點2　解款行非受款人之設帳銀行

若解款行非受款人之設帳銀行，而為國內銀行同業時，依銀行同業公會「**銀行同業間加速解付國外匯入匯款作業要點**」處理。

一、受款人之設帳行為SWIFT會員

(一)解款行轉拍MT103及MT202給其設帳銀行，由其負責通知及解款。

(二)國外原匯款行須加註於電文MT103之52欄位，相關費用可逕自原匯款金額內扣取。

二、收到以未加入SWIFT會員之金融機構為受益人之設帳銀行時，或以新台幣為解款條件之匯入匯款案件，因涉及向國外匯款行求償外幣，則依下列作業方式辦理：

(一)收電銀行收到匯款行電文依本要點第三條進行洗錢防制姓名名稱檢核後，應掣發「匯入匯款通知書」，經由設帳銀行通知受益人，並應檢附收電銀行「外匯收支或交易申報書」、暨「跨行匯款申請書」，俾受益人申報中央銀行及指示（新台幣）匯款入戶之用。凡未檢附該「外匯收支或交易申報書」者，得以設帳銀行之「外匯收支或交易申報書」代替之，惟解款銀行（即收電銀行）應將具設帳銀行名稱之「外匯收支或交易申報書」更改為解款銀行名稱；另「跨行匯款申請書」得由解款銀行代為填寫。

(二)設帳銀行依「匯入匯款通知書」指示解款銀行撥付新台幣時，解款銀行（有參加財金資訊股份有限公司跨行通匯系統者）得將應解付之金額（依買匯水單所列金額）扣除「跨行匯款」費用後以「跨行匯款」匯入受益人之帳戶內。

(三)設帳銀行應協助輔導受益人據實填報「外匯收支或交易申報書」，以避免發生填報不清或遺漏疏忽之情事，導致解款行延遲或無法匯款，並由解款銀行負責辦理新台幣結匯及中央銀行申報事宜。

(四)「匯入匯款通知書」經受益人簽章填妥相關資訊後，設帳銀行應負責核對所載之收款人帳號、中文戶名無誤後確認。如因「匯入匯款通知書」

填列不清、錯誤，或「外匯收支或交易申報書」填報不清、疏漏，致解款銀行遲延、無法匯款或誤匯時，解款銀行應儘速通知設帳銀行，俾聯繫受益人辦理相關事宜。

(五)匯入電文為匯款銀行之付款指示，受益人不得要求設帳銀行或解款銀行將款項移轉第三者或轉存受益人其他非「匯入匯款通知書」指定之帳戶。解款銀行應確保匯入受益人之帳戶與原始匯入匯款電文指示之帳戶相符。

(六)解款銀行辦理解款作業時，應依洗錢防制及打擊資恐相關法令進行姓名名稱檢核作業，並依主管機關外匯業務作業規範辦理。若匯/受款人疑似涉及洗錢、資恐、規避制裁、武擴等非法活動，或為國內外政府機關公告之制裁名單或關注名單、或外國政府、國際洗錢防制組織認定或追查之恐怖分子或團體，設帳銀行得拒絕受理，解款銀行得逕行退匯。

重點3 退匯（Refund）處理

若欲匯款行發錯電文、或基於匯款人之要求，則解款行會接獲匯款行之退匯請求。退匯流程可依下列情況處理：

一、匯入匯款尚未解付

(一)**解款行尚未發通知書予受款人**：解款行應註銷通知書、沖銷帳戶、並確認該款項確實入帳後，始可退還款項給匯款行。

(二)**解款行已發通知書予受款人**：解款行應通知受款人於通知書簽章並註明同意退匯，解款行於退回款項前應再次確認該項確實已入帳；若受款人不同意退匯，應立即通知匯款行。

二、匯入匯款已經解付

(一) 若受款人同意退匯，解款行於收到退回之款項後，將款項退回匯款行。

(二)若受款人拒絕退匯，解款行應通知匯款行該筆款項已解付，並告知受款人不同意退匯之狀況。

重點4　匯入匯款之其他應注意事項

一、境外金融機構不得以匯入匯款方式辦理結售新臺幣。

二、公司、行號或國內股份轉讓人，在辦理華僑或外國人來華直接投資之結匯案件，無論金額大小均應確認主管機關有掣發相關核准函。

三、銀行於受理經主管機關核准之直接投資及證券投資之新臺幣結匯案件，應注意：

(一)**對第三地區投資案件，免計入每年結匯額度者**：當其匯入轉讓、減資時，應確認主管機關所核准之相關文件及原始賣匯水單。

(二)**對僑外投資結匯案件**：除依「華僑回國投資條例」及「外國人投資條例」規定，得免申請核准投資之案件以外，應確認主管機關所核准之相關文件。

(三)**對大陸地區投資案件**：個案累計投資金額在一百萬美元（含）以下者，得逕行受理投資人匯出投資款至大陸地區，不須確認經濟部核准投資文件；惟投資人以新臺幣結匯匯出者，結匯金額應計入其當年累積結匯金額，公司、行號結匯（或匯出）金額達一百萬美元（或等值外幣）或個人、團體結匯（或匯出）金額達五十萬美元（或等值外幣）者，應依申報辦法第五條規定，確認相關證明文件。

重點5　銀行同業間加速解付國外匯入匯款作業要點

一、為提昇銀行服務品質、便利受益人儘速取得國外匯入匯款「設帳銀行（Account With Bank）為其它同業」款項，特訂定本要點。

二、銀行應儘量提供受益人其國外通匯銀行名稱資料，俾受益人將該名稱資料告知匯款申請人辦理匯款，以便受益人能儘速獲得款項。

三、收電銀行（即收到國外匯入匯款電文之銀行）於收到電文並確認國外匯入款項已入收電銀行帳戶者，除應確認電文內容資訊之完整性（包含必要之匯款人及受款人資訊），並應進行電文內容未涉及洗錢防制及打擊資恐相關法令指定制裁名單，以及外國政府或國際組織認定或追查之恐怖分子或團體之姓名名稱檢核後，始得透過環球銀行金融電信協會

（Society for Worldwide Interbank Financial Telecommunication 下稱 SWIFT）轉發匯款電文予設帳銀行，並於匯款電文中揭露原始匯款銀行之資訊，由受益人之設帳銀行負責通知並解款予受益人。

收電銀行應確保轉匯過程中，所有附隨該匯款電文之匯款人及受款人資訊完整保留於轉匯出之電文中；設帳銀行對匯款人或受款人資訊不足者，得拒絕或暫停缺少必要之匯款人或受款人資訊之匯款。

四、收電銀行轉匯、由收電銀行致電國外匯款銀行查詢或辦理退匯時，相關作業費用除依原匯款電文指示得自原匯款人處取得補償外，均得逕自原匯入款金額內扣取，或透過受益人之設帳行向受益人補收。

五、收電銀行依本要點第三條作業方式轉發匯款電文予受益人之設帳銀行，則逕由受益人之設帳銀行依實際匯款性質及國別向中央銀行辦理申報，收電銀行免向中央銀行辦理匯出、入款之申報作業。

六、倘1.收到以未加入SWIFT會員之金融機構為受益人之設帳銀行時，或2.以新台幣為解款條件之匯入匯款案件，因涉及向國外匯款行求償外幣，則依下列作業方式辦理：

(一)收電銀行收到匯款行電文依本要點第三條進行洗錢防制姓名名稱檢核後，應掣發「匯入匯款通知書」，經由設帳銀行通知受益人，並應檢附收電銀行「外匯收支或交易申報書」、暨「跨行匯款申請書」，俾受益人申報中央銀行及指示（新台幣）匯款入戶之用。凡未檢附該「外匯收支或交易申報書」者，得以設帳銀行之「外匯收支或交易申報書」代替之，惟解款銀行(即收電銀行)應將具設帳銀行名稱之「外匯收支或交易申報書」更改為解款銀行名稱；另「跨行匯款申請書」得由解款銀行代為填寫。

(二)設帳銀行依「匯入匯款通知書」指示解款銀行撥付新台幣時，解款銀行（有參加財金資訊股份有限公司跨行通匯系統者）得將應解付之金額（依買匯水單所列金額）扣除「跨行匯款」費用後以「跨行匯款」匯入受益人之帳戶內。

(三)設帳銀行應協助輔導受益人據實填報「外匯收支或交易申報書」，以避免發生填報不清或遺漏疏忽之情事，導致解款行延遲或無法匯款，並由解款銀行負責辦理新台幣結匯及中央銀行申報事宜。

(四)「匯入匯款通知書」**經受益人簽章填妥相關資訊**後，**設帳銀行應負責核對所載之收款人帳號、中文戶名無誤後確認**。如因「匯入匯款通知書」填列不清、錯誤，或「外匯收支或交易申報書」填報不清、疏漏，致解款銀行遲延、無法匯款或誤匯時，**解款銀行應儘速通知設帳銀行**，俾聯繫受益人辦理相關事宜。

(五)匯入電文為匯款銀行之付款指示，受益人**不得**要求設帳銀行或解款銀行將款項移轉第三者或轉存受益人其他非「匯入匯款通知書」指定之帳戶。解款銀行應確保匯入受益人之帳戶與原始匯入匯款電文指示之帳戶相符。

(六)解款銀行辦理解款作業時，應依洗錢防制及打擊資恐相關法令進行姓名名稱檢核作業，並依主管機關外匯業務作業規範辦理。若匯／受款人疑似涉及洗錢、資恐、規避制裁、武擴等非法活動，或為國內外政府機關公告之制裁名單或關注名單、或外國政府、國際洗錢防制組織認定或追查之恐怖分子或團體，設帳銀行得拒絕受理，解款銀行得逕行退匯。

七、本要點係供作銀行同業間加速解付國外匯入匯款之作業依據，惟收電銀行與受益人之設帳銀行對加速解付國外匯入匯款之作業方式另有議定者，得從其約定。

八、本要點經本會理事會通過後實施，修改時亦同。

精選試題

( )　**1** 下列有關匯入匯款之敘述，何者錯誤？

(A)TELEX電文中需有PLS ADVISE BENEFICIARY始可認定為匯款電文

(B)如僅收到MT202而未收到MT103，雖註明受益人帳號及名稱，應詳加確認是否為顧客間之匯款避免重複

(C)匯入匯款電文，若有附條件如徵提B/L影本等，宜請匯款行修改刪除後始可做匯入匯款通知

(D)付款明細，若有L/C NO.或出口託收編號應查明是否為出口押匯或託收款項，避免重複。

( )　**2** 匯入TELEX電文中之B/O 為 ABC CO.，F/O 為 XYZ CO.，下列敘述何者正確？　(A)受款人為ABC CO.　(B)解款行為XYZ CO.　(C)匯款人為ABC CO.　(D)匯款行為XYZ CO.。

( )　**3** 有關各種申報義務人辦理結匯申報，下列敘述何者錯誤？

(A)持護照外國自然人應由本人親自辦理

(B)未經我國政府認許之外國法人應授權國內代理人

(C)外國金融機構應授權國內金融機構

(D)委託他人辦理結匯應以受託人名義辦理申報。

( )　**4** 下列何者視為付款之委託？

(A)Credit and Advise

(B)Duplicate Payment Instruction

(C)Cable Confirmation

(D)Advise of Check Issued。

( )　**5** 匯入匯款受款人要求解款行將匯入匯款存入新臺幣存款時，應採用下列何種兌換匯率？　(A)現鈔賣出匯率　(B)現鈔買入匯率　(C)即期賣出匯率　(D)即期買入匯率。

( )　**6** 匯入匯款受款人為同業之客戶，依「銀行同業間加速解付國外匯入匯款作業要點」規定，匯入匯款通知書之受益人簽章聯須經何者背書？　(A)解款銀行　(B)設帳銀行　(C)匯款銀行　(D)通知銀行。

(　　) **7** 解款行ICBCTWTP收到SWIFT MT103之電文，其部份電文如下：32A欄位為「050706USD25000」；53a欄位為「CITIUS33」；54a欄位為「CHASUS33」；57a欄位為「ICBCTWTP」，則下列何者正確？　甲.發電行之存匯行為「CHASUS33」；乙.收電行之存匯行為「CITIUS33」；丙.受款人之設帳行為「ICBCTWTP」；丁.該筆匯款之生效日為西元2006年5月7日。　(A)僅丙　(B)僅丙、丁　(C)僅甲、丙、丁　(D)甲、乙、丙、丁。

(　　) **8** 匯入匯款作業之其他應注意事項，下列敘述何者錯誤？　(A)公司行號辦理外國人來華直接投資結匯案件，金額在壹百萬美元以上始須確認相關主管機關核准函　(B)境外外國金融機構不得以匯入款項辦理結售　(C)銀行業得受理大陸地區之匯入款　(D)僑外投資結匯案件，除依相關規定得免申請核准外，應確認主管機關相關核准文件。

(　　) **9** 匯入匯款TELEX電文中，下列何者具有委託付款之文義？(A)BY ORDER OF　(B)IN FAVOR OF　(C)AVOID DUPLICATION(D)PLEASE TRANSFER TO。

(　　) **10** 匯出匯款MT103電文其中部分內容為RECEIVER：CITIUS33、23E：TELE、32A：050512USD15000、56A：SOGEUS33、57A：SOGEHKHH，請問本筆匯款係用何種方式匯出？(A)SERIAL PAYMENT　　　(B)COVER PAYMENT(C)DEFERRED PAYMENT　　(D)DOWN PAYMENT。

(　　) **11** 解款行於通知受款人匯入款後尚未解付，匯款行要求退回時，下列敘述何者錯誤？　(A)將帳務沖轉後，該筆款項隨即退還匯款行　(B)應通知受款人請其於通知書簽章並註明同意退匯　(C)應查明該筆款項確實已收妥入帳始可退還匯款行　(D)若受款人不同意退匯，應即通知匯款行。

(　　) **12** 受理客戶憑匯款行簽發之匯票洽領匯入匯款時，應查核下列何者？　(A)押碼是否符合　(B)內容是否與DRAWING ADVICE 一致　(C)內容是否有匯款人名稱　(D)匯款行是否為存匯行。

( ) **13** COVER PAYMENT是指匯款行直接拍發MT103給受款人之設帳銀行，另拍發MT202（或MT202CVR）給下列何者？ (A)匯款行之存匯行 (B)受款人設帳行之存匯行 (C)中介銀行 (D)中介銀行之存匯行。

( ) **14** 依「銀行同業間加速解付國外匯入匯款作業要點」內容，下列敘述何者錯誤？ (A)「ACCOUNT WITH BANK」為其它同業 (B)收電銀行應拍MT103電文並於53欄加註國外原匯款銀行給受益人之設帳行 (C)收電銀行應於拍發MT103時，另拍發MT202（或MT202CVR）轉匯 (D)收電銀行免向央行辦理匯出、入款之申報作業。

( ) **15** 境外外國金融機構得辦理匯入款項之每筆結匯金額為若干？ (A)未達新臺幣五十萬元 (B)未達五十萬美元 (C)未達一百萬美元 (D)不得以匯入款項辦理結售。

解答與解析

1 (A)。PLS ADVISE BENEFICIARY為通知受益人，無授權付款之意思。

2 (C)。B/O 指By order of，為匯款人；F/O 指In favor of，為受款人。故匯款人為ABC CO.、受款人為XYZ CO.。

3 (D)。申報義務人委託他人辦理新臺幣結匯申報時，應簽署委託書，並以「委託人名義」辦理申報，就申報事項負責。

4 (A)。若電文中載有Advise and Pay 或Please Transfer或Credit and advise 等字樣，則為委託付款之意。

5 (D)。受款人若欲將外幣款項存入新臺幣帳戶，適用銀行「即期」

（因並非領現鈔）「買入」之掛牌匯率，賣出或買入係以銀行角度來看，客戶賣外幣買臺幣，相當於銀行「買外幣」賣臺幣。

6 (B)。「匯入匯款通知書」受益人簽章聯須經設帳銀行背書。

7 (A)。「050706USD25000」日期代表2005年7月6日；匯款行（發電行）的存匯行為53a「CITIUS33」；解款行（收電行）的存匯行為54a「CHASUS33」；受款人的設帳銀行為57a「ICBCTWTP」。

8 (A)。對僑外投資結匯案除依「華僑回國投資條例」及「外國人投資

條例」規定，得免申請核准投資之案件以外，應確認主管機關所核准之相關文件。

9 (D)。若電文中載有Advise and Pay或Please Transfer或Credit and advise等字樣，則為委託付款之意。

10 (A)。因未見53A、54A，僅單獨拍發一通MT103電文至解款行，故為Serial Payment。

11 (A)。解款行應註銷通知書、沖銷帳戶、並確認該款項確實入帳後，始可退還款項給匯款行。

12 (A)。從題目敘述可見是以票匯方式進行匯入匯款委託，解款行在受理客戶提示匯款行簽發匯票之時，應檢查是否收到MT110電文，或郵寄的匯票委託書／簽發匯票通知書（Advice of Demand Draft /Drawing Advice）。

13 (A)。COVER PAYMENT會拍發兩封電文，一封MT103給解款行（通匯行），告知款項會由存匯行撥付給它，並請其先代將款項解付予受款人；一通MT202給存匯行，指示其將資金匯給通匯行。

14 (B)。收電銀行於收到電文並確認國外匯入款項已入收電銀行帳戶者，應即轉拍匯款電文MT103並於52欄位加註國外原匯款銀行給受益人之設帳行，同時另拍發MT202方式轉匯，由受益人之設帳行負責通知並解款予受益人。

15 (D)。境外金融機構不得辦理匯入款項結售。

第四章 買賣外幣現鈔與旅行支票

依據出題頻率區分,屬:**B** 頻率中

重點1 外幣現鈔買賣

一、國際匯兌常用的幣別

全球約有180種貨幣,流通於193個聯合國會員國、2個聯合國觀察員國、12個有限承認的國家和地區,以及34個屬地(或自治區、特別行政區)。雖然貨幣種類繁多,但實務上真正被認可、作為國際結算貨幣的卻僅有幾種,以下就國際上常使用貨幣之貨幣作介紹。

(一)**美元:**

1. **表示代碼與符號:** USD/$
2. **簡介:** 美國作為全球政經地位最雄厚之國家,其發行貨幣—美元,穩居全球第一大,目前約占總支付貨幣的40.33%。

(二)**歐元:**

1. **表示代碼與符號:** EUR/€
2. **簡介:** 歐元是歐元區20個國家的官方貨幣,由歐元區內各國央行或歐洲中央銀行(ECB)發行,20個國家包括:德國、法國、義大利、荷蘭、比利時、盧森堡、愛爾蘭、西班牙、葡萄牙、奧地利、芬蘭、立陶宛、拉托維亞、愛沙尼亞、斯洛伐克、斯洛維尼亞、希臘、馬爾他、賽普勒斯、克羅埃西亞。

(三)**日圓:**

1. **表示代碼與符號:** JPY/¥
2. **簡介:** 日圓在儲備貨幣的國際構成比例僅次於美元、歐元、英磅,列第四位,其亦被視為避險貨幣。

(四)**人民幣:**

1. **表示代碼與符號:** CNY/RMB¥
2. **簡介:** 隨著中國加快金融改革與開放,人民幣在國際上的地位越顯重要,2015年國際貨幣基金組織(IMF)宣佈人民幣成為SDR國際儲備貨幣,

2018年起亦陸續有中東國家將石油採人民幣定價，雖目前比例尚不高，但對推動人民幣國際化可謂一大助力。

(五)**其他常用貨幣及代碼：**

貨幣	代碼	符號
英鎊	GBP	£
澳元	AUD	A$
紐西蘭元	NZD	NZ$
新加坡幣	SGD	S$
新臺幣	TWD	NTD
韓圜	KRW	₩

二、外匯牌告利率

(一)在交易外匯時，我們常可在網路銀行或實體銀行的看板上，看到「現金買入」、「現金賣出」、「即期買入」、「即期賣出」四種匯價。

(二)在思考要用何種匯率時，記住要從「銀行」的角度來看。

1. 「買入」代表銀行買入外幣、客戶賣出外幣；反之，「賣出」代表銀行賣出外幣、客戶買入外幣。

2. 至於該用「現金」匯率或「即期」匯率，「現金匯率」代表交易係以現鈔進行，「即期匯率」則看不到實際貨幣，一般是指帳戶交易。

幣別	現金匯率		即期匯率	
	本行買入	本行賣出	本行買入	本行賣出
美金	30.455	31.145	30.825	30.925

以上表為例，若今日：

1. 客戶要向銀行買1萬美金的現鈔：適用「現金匯—本行賣出」，31.145元，1萬美金相當於需311,450臺幣。

2. 客戶要用外幣帳戶的1萬美金，換成臺幣存到帳戶：適用「即期匯率—本行買入」30.825元，1萬美金可換成308,250臺幣。

三、外幣現鈔訂購

(一)**填寫訂購單**：填寫欲訂購之幣別、金額、面額等，經銀行主管簽核後送代理訂購的外商銀行。

(二)**訂購時間**：每週三到週五期間。

(三)**費率計算**：因訂購的金額多寡、幣別、新舊鈔等因素會適用不同費率。

(四)**交付價款**：交付時間於訂購後的隔週二，銀行若與代理訂購的外商銀行有設帳往來，則憑訂購單授權扣帳；若未設帳則以匯款給付。

(五)**提貨**：提貨時間於訂購後的隔週三，由保全公司協助送至指定地點。

四、外幣現鈔之出售

(一)銀行需向國外訂購外幣現鈔，方能供國民隨時到行換匯。惟銀行進口時需先撥付價款、擔運費、保險費等，且尚須承受匯率波動的風險，以及庫存而生的資金成本。是故，現鈔賣出的匯率較旅行支票較高（旅行支票適用「即期」賣出匯率）。

(二)結匯人每筆結匯金額未達新臺幣五十萬元等值外幣者，免填申報書，且無須計入其當年累積結匯金額。銀行業應注意並預防結匯人將大額匯款化整為零，以規避應辦理之申報及當年累積結匯金額之查詢。

五、遇偽造或變造外國幣券之處理

(一)**若持兌之偽（變）造外國幣券非人民幣**：

　1. 偽（變）造外國幣券總值<u>小於美金200元者</u>，金融機構應當面向持兌人說明，<u>並於應幣券上加蓋「偽（變）造作廢」章，硬幣應剪角作廢</u>。

　2. 偽（變）造外國幣券<u>大於美金200元者</u>，應立刻記明持兌人之真實姓名、國籍、職業及住址，<u>並報請警察機關偵辦</u>。

(二)**若持兌之偽（變）造外國幣券為人民幣**：

　1. 偽（變）造外國幣券總值<u>小於人民幣1,000元者</u>，金融機構應當面向持兌人說明，<u>並於應幣券上加蓋「偽（變）造作廢」章，硬幣應剪角作廢</u>。

　2. 偽（變）造外國幣券<u>大於人民幣1,000元者</u>，應立刻記明持兌人之真實姓名、國籍、職業及住址，<u>並報請警察機關偵辦</u>。

(三)經辦機構截留之偽（變）造外國幣券，除於必要時，得轉送法務部調查局或國際刑警組織外，應建檔保管至少五年，逾五年者得會同會計部門辦理銷毀，即列冊存查。

六、外幣收兌處

外幣收兌處設置及管理辦法摘要如下：

(一)位處偏遠地區之旅館、商店，得向臺灣銀行申請設置外幣收兌處。

(二)**外幣收兌處應於每季終了次月「十五日」前，向臺灣銀行列報該季收兌金額，臺灣銀行彙總後**，於當**月底前，列報中央銀行外匯局**。

(三)連續兩季無收兌業務或連續四季收兌總額未達等值五千美元，臺灣銀行得予撤銷或廢止核准。

(四)外幣收兌處辦理外幣收兌業務，**每人每次收兌金額以等值三千美元為限**。

(五)外幣收兌處辦理收兌業務應有專設帳簿及會計報表等，**詳實記錄交易事實，並至少保存十年**；相關之外匯水單、申報疑似洗錢紀錄及資恐通報資料等憑證，應自其憑證作成時起，至少保存五年。

(六)外幣收兌處辦理外幣收兌業務，應逐筆確認係由客戶本人親自辦理，並詳驗其護照或入出境許可證正本及將其基本資料、交易金額記錄於外匯水單，並經客戶親簽後，始得辦理交易。

七、外幣提款機

外幣提款機業務需指定銀行經中央銀行許可辦理，指定銀行設置自動化服務設備，應限制每帳戶每日累積提領外幣金額，以等值**一萬美元**為限。

八、旅客入出境應依法申報之現鈔限額

(一) **新臺幣**：十萬元為限，超過應先申報，超過部分未經核准不准攜出入。

案例：旅客出入境，攜帶五十萬元新臺幣現鈔。

情況一：如實申報五十萬元者→十萬元可攜帶出入境＋四十萬元禁止攜帶出境。

情況二：未申報者→十萬元可攜帶出入境＋四十萬元沒入。

情況三：申報不實者（如僅申報三十五萬元）→十萬元可攜帶出入境＋二十五萬元禁止攜帶出境＋十五萬元沒入。

(二) **外幣**：**總值美金一萬元為限**，超過應向海關申報登記，未經申報依法沒入。

(三) **人民幣**：**以人民幣二萬元為限**，超過應自動向海關申報，超過部分旅客封存於海關再出境時准予攜出。如出境所帶之人民幣超過限額雖向海關申報，仍僅能於限額內攜出；如申報不實者，其超過二萬元部分，依法沒入。

前述所訂攜帶人民幣入出境限額，不計入攜帶入出境外幣之額度內。

牛刀小試

(　) **1** 依據「偽造變造外國幣券處理辦法」之規定,銀行受理某外籍旅客持現鈔500美元兌換為新臺幣,發現其中100美元係偽鈔,銀行除兌付400美元外,對於該偽鈔之處理方式,下列何者錯誤?(A)銀行應立即記明持兌人之相關資料,並報請警察機關偵辦 (B)外籍旅客持兌偽造外國幣券者,適用本辦法之規定　(C)銀行查明持兌人確非惡意使用者,得向其釋明後當面予以蓋戳章作廢,並將原件留存掣給收據　(D)銀行必要時應將該偽鈔核轉法務部調查局或國際刑警組織鑑查。

(　) **2** 客戶欲將一萬美元之國外匯入匯款結售為新臺幣,其金額為多少?(不考慮銀行手續費,當日美金牌告-即期買入匯率34.7,即期賣出匯率34.8,現鈔買入匯率34.5,現鈔賣出匯率35)　(A)345,000 (B)347,000　(C)348,000　(D)350,000。

[解答與解析]

1 (A)。偽鈔金額大於美金200元者,方需報請警察機關偵辦;小於本金額即當場蓋章作廢,並留存檔案即可。

2 (B)。客戶將美金換作新臺幣,相當於銀行買入美金、賣出新臺幣,故試用即期買入匯率。10,000×34.7=347,000元。

重點2 旅行支票

一、旅行支票定義

旅行支票,簡稱旅支(Traveler's Cheque,TC)是一種由銀行發行,**預先印刷、載有固定面額的票據**,持有人需預先支付給發出者(通常為銀行)相對應金額,其後即可於商家消費使用。

二、旅行支票的代售

(一)因銀行代售旅支,是向購買人收取與旅支相對應金額,並交付其旅支,再將款項付予原發行機構,故係屬匯出匯款業務。

(二)購買流程:

1. 提供護照與簽證。

2. 繳交購買旅行支票所需費用:

    (1)外匯款項:**購買旅支時,適用即期賣出匯率**(購買外幣現鈔時,採用現金賣出匯率;故使用旅支之費用相對較低)。

    (2)手續費:每家銀行計費方式不同。

3. 客戶填寫購買合約,寫其姓名、護照號碼、地址。旅行支票購買合約書一式三聯,分別由旅支發行機構、代售銀行及購買人各執一聯;另購買人應將**旅行支票與購買合約書分開保管,避免旅支遺失或被竊時,無法即時申報及申請退款**。

4. 銀行掣發賣匯水單給客戶。

5. 客戶**拿到旅行支票後,必須立刻在頂端橫線上簽名(稱「初簽」)**,並且**切勿**在兌付前複簽。

6. 旅行支票售出後,銀行應於每日營業終了結算時,填妥Remittance Summary或Daily Settlement Form,連同合約書第一聯交付各發行機構。

知識補給站

旅行支票樣式

客戶購買時立即簽上方,稱上簽或初簽;使用時立即簽下方,稱下簽或複簽。

三、旅行支票的使用

(一)旅支的使用方式大致與現金相同，在付帳時候交予結帳人員即可，亦可同現金一樣找零。

(二)**消費時**，使用者須於收受者（店員）面前，**在底端橫線上簽名（稱「複簽」）**。收受者核對兩個簽名相符核後，方收受旅支以兌現。

四、旅行支票的兌付

(一)銀行兌付旅支，是向購買人收取旅支，並交付其款項；再將票據交予國外原發行機構拿回墊款，係屬匯入匯款業務。

(二)**兌付流程**

1. 客戶提供護照與購買契約。

2. 客戶當面在支票指定的位置複簽，**惟若有下列情況，銀行不予辦理兌付：**

   (1)**沒有初簽的旅行支票**。

   (2)**轉讓的旅行支票**。

   (3)**規定有有效期但已逾期的旅行支票**。

3. 銀行扣除兌付之手續費用後，將款項發予客戶。

五、旅行支票遺失

(一)如遇旅支遺失，原持有者應出示購買合約書及身分證或護照，到銀行辦理掛失手續。

(二)**如有下列情況則不能辦理補償：**

1. 客戶無法提供原購買合約。

2. 申請超過票據限額。

3. 遺失之旅支未初簽或遺失前已複簽。

六、旅行支票之退匯

(一)銀行所售出之旅行支票，當申請人求退匯時，若非旅支發行機構無法兌付，銀行應於核對申請人提示之賣匯水單或旅支合約書無誤後，辦理全額退匯。

(二)退匯若是以旅行支票存入外匯存款帳戶，適用銀行「即期買入」匯率；若是以旅行支票換取現鈔，則銀行會加收匯差（現金賣出匯率－即期賣出匯率）。

七、有關旅支之其他應注意事項

(一)**銀行經辦及覆核旅行支票業務人員，應有一週（五個營業日）以上之相關外匯業務經驗。**

(二)旅行支票沒有期限限制，未使用的旅支可以永久保存。

(三)**辦理買賣外幣及旅行支票業務之銀行業，得持有：**

　1. 央行核准之限額的外匯買超部位。

　2. 限額為零的外匯賣超部位。

牛刀小試 ┈┈┈┈┈┈┈┈┈┈┈┈┈┈┈┈┈┈┈┈┈┈┈┈┈┈┈┈┈┈┈┈┈┈┈┈┈

(　　) **1** 旅行支票之所以在世界各地流通，其重要關鍵下列何者錯誤？
(A)簡單的使用程序，使收受雙方感覺較現金方便　(B)旅行支票具有高於現金之安全性　(C)不似塑膠貨幣之使用須受限於電子設備　(D)具發行機構之兌現保證。

(　　) **2** 有關旅行支票之收兌程序，下列敘述何者錯誤？　(A)請持票人當著銀行承辦人員面前，在每一張支票上副署　(B)持票人提示之支票號碼不連續且差距甚大時，宜謹慎處理　(C)旅行支票未經購買人簽名者，應拒絕收兌　(D)如持票人在提示支票前已完成副署，只要其簽名與支票上購買人簽名相同即可。

(　　) **3** 旅行支票遺失時之退款補償，下列何者非屬必要條件？　(A)所遺失之旅行支票業經購買人留下簽樣　(B)申報人未涉賭博、不法交易且未悉旅行支票目前由何人持有　(C)遺失之旅行支票尚未遭人偽冒副署並予兌領　(D)所遺失之旅行支票未經購買人副署且未轉讓予他人。

[解答與解析]

　1 (A)。旅行支票之使用須於消費當下再次副署，雖無現鈔方便，但因其安全性較現鈔高（若遺失可以申請退款補償）、具發行機構兌現保證等因素，使旅行支票於全球廣為使用。

　2 (D)。副署行為應於消費者使用旅支付款的當下方為之，並應於旅支收受者面前簽署。

3 (C)。如遇旅支遺失，原持有者應出示購買合約書及身分證或護照，到銀行辦理掛失手續。且應核對申報人之身分、簽樣、並所填寫之Refund Applicatoin應敘明所遺失之票據未經本人副署、未轉讓他人。

精選試題

(　　) **1** 有關旅行支票之敘述，下列何者錯誤？　(A)日期空白則視為法定要項不全，不得收受　(B)金額先已印定非由執票人填寫　(C)應以CASH LETTER取款指示書求償款項　(D)無限期付款。

(　　) **2** 本國外匯指定銀行應依相關規定，於營業場所揭示至少哪五種貨幣之存款利率？　(A)美元、日圓、歐元、英鎊、新加坡幣　(B)美元、日圓、歐元、英鎊、瑞士法郎　(C)美元、日圓、歐元、英鎊、港幣　(D)美元、日圓、歐元、英鎊、加拿大幣。

(　　) **3** 銀行收兌旅行支票雖有限制，但若發行機構無不能兌付之危機，銀行在何種情況下仍應全額受理？　(A)提示原賣匯水單及購買合約書申請退匯者　(B)外國人提示護照及購買合約書經查核無誤者　(C)以承作業務收受之旅行支票存入帳戶者　(D)觀光客申請收兌巨額旅行支票。

(　　) **4** 銀行受理旅行支票掛失應有步驟，下列何者錯誤？　(A)核對申報人之身分　(B)請申報人填寫REFUND APPLICATION及親簽　(C)申請人REFUND APPLICATION上的親簽，需與購買合約的簽名相符　(D)REFUND APPLICATION應敘明所遺失支票已經購買人副署。

(　　) **5** 未經中央銀行許可辦理外匯業務之銀行、信用合作社、農漁會信用部辦理買賣外幣現鈔及旅行支票業務時，下列敘述何者正確？(A)得於外匯指定銀行開設外匯存款戶，亦得與國外銀行建立通匯往來關係　(B)所需外匯營運資金，得依申報辦法逐向外匯指定銀行結購（售），全年累積金額上限為一千萬美元　(C)所需

外匯營運資金，得依申報辦法逕向外匯指定銀行結購（售），無須填報申報書　(D)在符合行政院金管會規定金融機構外幣風險上限之前提下，外匯賣超部位限額為零。

( )　**6** 依「外幣收兌處設置及管理辦法」規定，下列敘述何者正確？(A)外幣收兌處辦理外幣收兌業務，每筆收兌金額以等值二萬美元為限　(B)便利商店具收兌外幣需要，得向財政部申請設置外幣收兌處　(C)外幣收兌處應於每月十五日前，向臺灣銀行列報上個月之收兌金額　(D)外幣收兌處相關之兌換水單及申報疑似洗錢紀錄等憑證須至少保存五年。

( )　**7** 銀行對於旅行支票的收兌，下列何者錯誤？　(A)旅行支票之日期欄空白者應拒絕收兌　(B)旅行支票之收兌屬匯入匯款性質(C)收兌旅行支票最重要者，在於必須順利收回票款　(D)收兌旅行支票之求償作業與票據之買入或託收相同。

( )　**8** 王先生提領外匯存款2萬美元辦理幣別轉換兌換成220萬日圓時，銀行應掣發下列何種憑證？　(A)買匯水單　(B)賣匯水單　(C)其他交易憑證　(D)不必掣發任何憑證。

( )　**9** 指定銀行將旅行支票與購買人收執聯交付購買人時，應囑咐購買人之注意事項中，下列敘述何者錯誤？

　(A)請購買人將旅行支票與購買合約書一起保管，以降低遺失風險

　(B)請購買人當面點清旅行支票後，立即在每張旅行支票上指定簽名處簽名

　(C)購買人如有未用完旅行支票須結售或存入銀行時，請其攜帶賣匯水單及／或購買合約書憑辦

　(D)請購買人僅於使用旅行支票付款時，始可在旅行支票上副署。

( )　**10** 有關旅行支票使用時之持票人副署，下列何項說明錯誤？　(A)應當著收受者面前逐張副署　(B)使用時應於Purchaser's Signature處簽名　(C)副署簽名宜與護照上之簽名樣式一致　(D)副署簽名須與購買時於旅行支票上簽名之樣式一致。

( ) **11** 有關買賣外幣現鈔業務，下列敘述何者錯誤？ (A)銀行牌告賣出匯率外幣現鈔較旅行支票為高 (B)銀行出售外幣現鈔每次以等值USD10,000為限 (C)辦理買賣外幣現鈔之銀行業有依牌告價格收兌外幣現鈔之義務 (D)外幣現鈔之收兌需核驗客戶之身分證件。

( ) **12** 銀行對所代售之旅行支票，在何種情形下無法依購買人申請辦理退匯？ (A)持票人未提示旅行支票購買合約書正本 (B)該旅行支票發行機構因故已無法履行兌付責任 (C)持票人未提示賣匯水單 (D)本行已暫停代售該機構旅行支票。

( ) **13** 有關銀行辦理外匯存款之處理重點，下列敘述何者錯誤？ (A)存入來源得為外幣貸款及外幣票據 (B)得辦理支票存款，但不得辦理綜合存款 (C)得以外匯存款來辦理新臺幣放款之質押 (D)存款利率由銀行自行訂定公告或與客戶議定。

解答與解析

1 (A)。旅支的日期欄未特別規定須填寫。

2 (B)。外匯指定銀行應於營業場所揭示至少五種貨幣之存款利率：美元、日圓、歐元、英鎊、瑞士法郎。

3 (A)。若非旅支發行機構無法兌付，銀行應於核對申請人提示之賣匯水單或旅支合約書無誤後，辦理全額退匯。

4 (D)。應敘明遺失的支票尚未經購買人副署、亦未讓予他人。

5 (D)。根據銀行業辦理外匯業務作業規範，未經本行許可辦理外匯業務之銀行、信用合作社、農（漁）會信用部辦理買賣外幣現鈔及旅行支票業務時，應依下列規定：

(1) 得於指定銀行開設外匯存款戶，但不得與國外銀行構建立通匯往來關係。

(2) 在符合目的事業主管機關規定金融機構外幣風險上限之前提下，得持有之最高外地買超部位以本行核給之額度為限，外匯賣超部位限額為零。

(3) 辦理本項業務所需外匯資金，得依申報辦法逕向指定銀行結購（售），結匯金額毋須查詢且不計入業者當年累積結匯金額，惟應於申報書註明該項業務名稱及本行許可函文號。

(4) 報送資料：應於承作之次營業
　　日，將交易日報及相關明細資料
　　傳送至金融資料網路申報系統。

6 (D)。外幣收兌處每筆收兌金額以
等值3千美元為限；商店具收兌外
幣需要時，得向臺灣銀行申請；外
幣收兌處應於每季終了次月十五日
前，向臺灣銀行列報。

7 (A)。旅支的日期欄無特別規定，
因旅行支票並無使用期限。

8 (C)。自外匯存款提出結售為新臺
幣者，掣發買匯水單；未結匯成新
臺幣者，掣發其他交易憑證。

9 (A)。購買旅行支票時，會取得購
買合約書共一式三聯，分別由旅支
發行機構、代售銀行及購買人各執
一聯；購買人應將旅支與購買合約
書分開保管，避免遺失時無法掛失
之風險。

10 (B)。Purchaser's Signature為購買
人購買旅支當下，即須立即初簽。

11 (B)。外幣提款機業務需指定銀行
經中央銀行許可辦理，民眾持外幣
金融卡提領外幣現鈔每人每日累積
金額，應以一萬美元或其等值外幣
為限，其等值新臺幣金額並應與同
一持卡人該日於自動櫃員機提領新
臺幣現鈔之金額合併計算，不得超
過該銀行新臺幣現鈔每日累積提領
上限。

12 (B)。銀行僅為代售旅支，故當發
行機構無法履行對負責任時，銀行
無法依購買人之申請而辦理退匯。

13 (B)。得辦理外匯活存、外匯定存、
外匯綜合存款。

第五章　光票買入及託收

依據出題頻率區分，屬：**B** 頻率中

根據金融研訓院初階外匯人員專業之命題大綱，其中一章節為「光票買入及託收」，惟光票係屬匯票之特定形式，為使有全盤認識，將由匯票介紹起，進而導入何謂光票、光票買入及託收業務。

重點1　我國票據種類

根據我國之票據法，票據共有三種，即：匯票、本票及支票。各票據因付款人不同而有所區隔，茲說明如下。

一、匯票

票據法第2條明定：稱匯票者，謂發票人簽發一定之金額，委託**付款人於指定之到期日，無條件支付與受款人或執票人**之票據。

二、本票

票據法第3條明定：稱本票者，謂發票人簽發一定之金額，於指定之到期日，由**自己無條件支付與受款人或執票人**之票據。

三、支票

票據法第4條明定：稱支票者，謂發票人簽發一定之金額，委託**金融業者於見票時，無條件支付與受款人或執票人**之票據。所稱金融業者，係指經財政部核准辦理支票存款業務之銀行、信用合作社、農會及漁會。

重點2　匯票

國際貿易因買賣雙方國家距離遙遠、使用貨幣不同，故實務上多採非現金之結算方式，而使用以支付金錢為目的，並可流通轉讓的債權憑證做為主要的結算工具，這也是——匯票（Bill of Exchange）的發展由來。

一、匯票的定義

根據我國票據法第2條：「稱匯票者，謂發票人簽發一定之金額，委託付款人於指定之到期日，無條件支付與受款人或執票人之票據」。

二、匯票的關係人

由上述定義可知，匯票為一種委託付款之票據，其關係人有三：

(一)發票人（Drawer）。

(二)付款人（Payer），又稱為被發票人（Drawee），在國際貿易中，通常是進口方或其指定銀行。

(三)受款人（Payee）或執票人（Bearer），在國際貿易中，通常是出口方或其指定銀行。

三、匯票種類

(一)**依發票主體而分：**

　1.**商業匯票（Commercial Draft）**：發票人為企業、公司等法人或者個人，因一般商業行為所簽發的匯票。

　2.**銀行匯票（Banker's Draft）**：發票人為銀行簽發的匯票。

(二)**依承兌人而分：**

　1.**銀行承兌匯票（Banker's Acceptance Bill）**：承兌人係銀行為主體的匯票。

　2.**商業承兌匯票（Commercial Acceptance Bill）**：承兌人係銀行以外任何主體的匯票。

(三)**依是否跟隨商業單據而分：**

　1.**光票（Clean Bill）**：<u>僅有財務單據，未跟隨著商業單據者</u>。

　2.**跟單匯票（Documentary Bill）**：<u>又稱信用匯票、押匯匯票，係附隨著商業單據之匯票</u>。

(四)**依付款期限不同而分**

　1.**即期匯票（Sight Bill, Demand Bill）**：持票人向付款人提示後，付款人立即付款。

　2.**遠期匯票（Time Bill, Usance Bill）**：付款人於未來特定日期方付款之匯票。

> **考點速攻**
>
> 1.財務單據（Financial Documents）：匯票、本票、支票、付款收據或其他用以收取款項之類似文書。
>
> 2.商業單據（Commercial Documents）：貨運單據（Shipping Documents）或其他非屬財務單據之任何單據。

(五)**依簽發份數而分：**
1. **全套匯票**：匯票簽發兩張或三張，每張均係正本，分別稱為Original、Duplicate及Triplicate。惟其中任一張一經使用，其餘則失效。若其中一份遺失時，他份仍可提示使用，降低遺失風險。國際貿易上所簽發的匯票都是全套匯票。
2. **單張匯票**：只簽發一張、無複本之匯票。一般匯款用匯票均採單張，故又稱為匯款匯票（Bill of Remittance）。

四、匯票應記載事項

匯票應記載事項可分為 <u>絕對應記載事項</u> 及 <u>相對應記載事項</u> 兩種，以下分別說明：**絕對應記載事項**（未記載者，票據無效）

(一)表明匯票之文字。

(二)金額：須載明金額，且須註明幣別種類，金額之最後須加「only」（整）。

(三)付款人：匯票上應載明付款人之名稱、地址，以方便提示兌付；信用狀下之匯票一般以開狀銀行為付款人，在保兌情形下以保兌銀行為付款人。信用狀之簽發，不可要求以申請人（進口商）為匯票之付款人；在其他的付款方式下，匯票的付款人一般均為進口商。

(四)受款人：受款人的表示方法有四種：
1. 無記名式：執票人為受款人。如pay to the bearer。
2. 記名式：受款人為指定之人。
3. 選擇無記名式：以指定人或執票人為受款人。如pay to ABC Co. or the bearer，表示受款人為ABC Co.或執票人。
4. 指示式：受款人由指定人指示之。如pay to the order of ABC Co.，表受款人由ABC Co.指示。

(五)無條件支付之委託：匯票是發票人簽發，委託付款人於指定期日「無條件支付」與受款人之票據。發票人委託付款人支付匯票金額是不附帶任何條件的，若匯票上加註條件（如收貨後付款），則會造成匯票失效。

(六)發票地。

(七)發票年、月、日。

(八)付款地。

(九)到期日。

五、相對應記載事項

(一)發票及編號條款。

(二)避免重複條款：實務上匯票的簽發是一套二份的，任何一份均可請求兌付，其中一份一經兌付後，另外一份即自動失其效力，此為避免重複條款。

(三)擔當付款人：發票人得於付款人外，記載一人為擔當付款人。

(四)預備付款人：發票人亦得於付款人外，記載在付款地之一人為預備付款人。

(五)付款處所。

(六)利息與利率。

(七)免除擔保承兌。

(八)禁止背書轉讓。

(九)指定承兌日期。

(十)免除作成拒絕證書。

重點3　光票買入

一、定義

(一)客戶持票據到銀行申請「光票買入」，**銀行收受票據並先墊付資金與客戶，待國外代理銀行款項收妥後，再行核銷。**

(二)光票泛指「不隨附任何商業單據的財務單據」，種類包括：

1.匯票、支票、本票。	2.銀行撥款單。
3.旅行支票。	4.旅行信用狀下之匯票。
5.外國郵政匯票。	7.到期國外公債及息票。

二、光票買入應注意事項

(一)因銀行承做光票買入係**屬授信行為**，風險較高，故應僅對核有額度之顧客承做。

(二)旅行支票之買入必須請申請人於櫃檯複簽，若遇不能複簽者宜以託收方式辦理。

三、業務流程

(一)填寫「光票買入申請書」。

(二)客戶於票據上背書。

(三)銀行視情況徵提連帶保證人。

(四)銀行檢查票據之要式是否齊全（如發票日、金額、付款銀行、其他記載事項）。

(五)銀行依付款地區別收取相對應天數之利息及手續費。

(六)銀行依牌告匯率換算新臺幣之金額，解付款項予客戶。

(七)銀行將該票據寄送付款地，委託代收銀行向付款銀行提示。

(八)銀行收到款項入，沖抵原先之墊款，銷帳結案。

重點4 光票託收

一、定義

(一)**客戶持票據到銀行，委託其向國外付款行提示，待款項收妥後再撥付給客戶**。

(二)承辦光票託收之銀行，於票據寄往國外代收銀行時須在票據上背書，保證先前所有背書均屬正確，且執票人為正當執票人，故銀行承辦光票託收需十分謹慎。

(三)**光票託收係Final Payment，故在票款入帳後，付款銀行不得以一般理由退票（然付款行對票據偽造仍保有追索權）**。

(四)銀行託收業務之責任、義務歸屬，皆根據國際商會所訂之「託收統一規則」規範。

二、業務流程

(一)填寫「光票託收申請書」。

(二)客戶於票據上背書。

(三)銀行檢查票據之要式是否齊全（如發票日、金額、付款銀行、其他記載事項）。

(四)託收銀行寄發COLLECTION LETTER給國外代收行。

(五)指示付款銀行將款項匯到指定之存匯銀行帳戶內。

(六)票款收妥後存入顧客外匯／新臺幣帳戶。

重點5　光票買入及託收注意事項

一、光票買入係先墊付款項與客戶，故風險較光票託收高。

二、若遇不適合銀行買入之光票，宜以託收方式處理。例如下列狀況：

　　(一)超過授權額度、或銀行沒有把握的國外付款票據。

　　(二)票據所載貨幣非付款地貨幣，例如：新加坡付款的美元支票，因為
　　　　涉及付款行的外匯及資金調撥，致使收費不確定，故應避免光票買
　　　　入，宜採託收方式進行。

重點6　光票審核注意要點

一、票據要件（發票人、抬頭人、幣別與發票日）是否齊全。

二、除金額不得改寫外，其他票據記載事項如經改寫、塗銷，是否合有蓋發
　　票人之簽章。

三、應查明匯票有無經受款人背書，且應確認背書真偽。

四、有無禁止背書轉讓之字樣？若載有Acount Payee Only、Non Negotiable
　　等，則限存入票據抬頭人之帳戶。

五、如遇背書轉讓票據應審慎處理，提示行對於背書負有認定之責任、亦須
　　加蓋擔保背書章。

六、不得受理票據日期與提示日期逾6個月以上之票據。

七、不得受理禁止流通之票據。

八、非洲等欠缺外匯地區付款之票據，應採託收方式。戰亂地區之票據原則
　　上不予受理。

九、若票據之發票行或付款行為大陸金融機構，應透過第三地區銀行收款。

十、未註明幣別之票據，原則上係指付款地當地之通貨幣別。因此，票據代
　　收行應以付款地之通匯行或存匯行為首選；若幣別非付款行當地之通貨
　　幣別時，代收行應在收妥款項後，將款項匯往該幣別之存匯行。

十一、票據抬頭人若為A C/O B（C/O為Care Of），即由後者B轉交給前者
　　　A。必須雙方皆背書，最後撥入A之帳戶。此種票據易生**糾紛**，故以不
　　　收為原則。

重點7 取款指示書

無論光票買入或光票託收業務，銀行於受理票據後應加蓋「擔保背書」章，並連同取款指示書一齊寄往代收行求償票款。取款指示書分為：Cash Letter 與 Collection Letter 兩種方式，分別詳述如下：

一、光票取款指示書（Cash Letter）

提示銀行提示光票至票據交換中心，當票據交換所收到票據影像後，即將款項撥入該行帳戶，期間並未經過儀器鑑定真偽，亦未經原發票人及付款行確認。此方式之優點為入帳速度快、又是全額撥付。**惟因付款銀行未見票據正本，僅憑影像即付款，故保有該票據之「追索權」，若該票據因存款不足、帳戶關閉、票據偽造而退票，提示銀行須即退回該款項。**

Cash Letter多適用於以光票買入承做之票據（小額支票或旅行支票）。

美、加地區的國庫支票，政府為保有追索權規定，故只以Cash Letter 方式代收，唯破損或過期者可用Collection Letter 方式處理。

二、支票兌換指示書（Check Collection）

提示銀行不透過票據交換體系，而是將支票直接寄至付款銀行，並指示付款銀行依Cover Letter之指示，將款項匯到指定存匯銀行帳戶。當付款行收到票據後，會與帳戶持有人聯絡，於確認該票據確係其簽發後，扣帳戶持有人帳戶，並將款項匯付提示行，此為最終付款（Final Payment）。因已經過開票人確認，故此後票據不會因存款不足、帳務關閉或票據偽造等因素被追索票款。**Check Collection多適用於以光票託收**承做之票據。

重點8 退票

退票之處理

(一)銀行於票據遭退票後應通知客戶領回，並取消擔保背書。

(二)退還票據與客戶時，應敘明退票理由並收取款項及費用。

(三)常見退票理由如下：

　1. Refer to drawer：請與發票人接洽。

　2. Not arranged for：未經接洽。

3. Drawn against uncollected funds, please present again：託收款項尚未收到，請再提示入帳。

4. Account closed：此戶已結清。

5. Insufficient funds：**存款不足**。

6. Out of date：支票業已過期。

7. Post dated：**票非即期**。

8. Payment countermanded by the drawer：**此票業經止付**。

9. Words and figures difffer：大寫金額與數碼不符。

10. Amount in words required/ incomplete / illegible：英文大寫金額未寫／不全／不清。

11. Alteration requires drawer full chop / signature：塗改處須發票人蓋章／簽字。

12. Drawer's chop / signature differs from specimen in our possession：發票人圖章／簽字與本行存底不符。

13. Drawer's chop / signature required：發票人未蓋章／簽字。

14. Drawer's chop / signature incompleted：發票人圖章／簽字不完全。

15. Date incomplete / illegible：發票日期不全／不明。

16. Mutilated cheques require drawer' s confirmation：此票破裂處須經發票人簽章證明。

17. No advice received：**未接通知**。

18. Payee's / Banker's endorsement required：未經受款人／貴銀行背書。

19. Endorsement irregular illegible/missing/unknown：背書不妥／不清楚／漏失／不詳。

20. "Cash or Order" cheques require drawer's endorsement：須發票人背書。

21. Please confirm payee's account credited：請證實已入指定受款人帳戶。

22. Cheque crossed not payable by cash：劃線支票不能以現金支付。

23. Irregularly drawn-payee's name omitted：**支票填寫未完整，漏填抬頭人姓名**。

24. Banker's dealing / crossing chop required：貴銀行未蓋交換圖章／橫線圖章。

25. Incorrect exchange rate：匯價錯誤。

26. Not drawn on this bank：非本行付款。

精選試題

( ) **1** 下列何者為光票取款指示書CASH LETTER之特點？ (A)有條件性入帳且全額撥付 (B)入帳係最終付款且全額撥付 (C)有條件性入帳但非全額撥付 (D)入帳係最終付款但非全額撥付。

( ) **2** 下列退票理由何者有「支票填寫未完整」之意義？ (A)OUT OF DATE (B)POST DATED (C)INSUFFICIENT FUNDS (D)IRREGULARLY DRAWN。

( ) **3** 使用外商加拿大豐業銀行「光票託收收兌快遞服務」（Scotia Collect Service）之光票託收業務，下列敘述何者錯誤？ (A)交換入帳後約定日期撥入委託銀行帳內 (B)一旦入帳，尚保證票據正面及背面偽造之責任 (C)一旦入帳，不保證票據正面及背面偽造之責任 (D)該項服務不能擴及美國地區。

( ) **4** 外匯銀行得受理下列何種票據的買入或託收？ (A)銀行匯票未指明付款銀行 (B)美國郵政匯票 (C)日本小切手 (D)美國國庫支票。

( ) **5** 託收銀行接獲國外代收銀行之退票理由書上註記有"PAYMENT COUNTERMANDED BY THE DRAWER"，其所代表意義為何？ (A)此票已停止支付 (B)非我行付款 (C)此戶已結清 (D)存款不足。

( ) **6** 指定銀行買入之光票如係以泰國地區銀行為付款行之歐元票據，下列何種處理方式最佳？
(A)寄往倫敦地區代收行請求收妥後，匯入指定銀行之歐元存匯行
(B)寄往泰國地區代收行請求收妥後，匯入指定銀行之歐元存匯行
(C)寄往倫敦地區代收行請求收妥後，匯入等值泰銖於指定銀行之泰國存匯行
(D)寄往泰國地區代收行請求收妥後，匯入等值泰銖於指定銀行之泰國存匯行。

(　　) **7** 美加地區的國庫支票，政府為保有追索權，除破損與過期外，原則上以何種取款指示書代收？　(A)COLLECTION LETTER (B)CASH LETTER　(C)CREDIT LETTER　(D)CONFIRMING LETTER。

(　　) **8** 下列哪一種票據，本國銀行不得以買入光票或光票託收辦理？ (A)Treasury Check　(B)US Postal Money Order　(C)Money Order　(D)Personal Check。

(　　) **9** 退票理由為post dated，其意思為下列何者？　(A)已過期　(B)未接郵局通知　(C)票非即期　(D)此戶已結清。

(　　) **10** 如果有一張光票抬頭人是C/O例如Lily care of Mary，其意義何者錯誤？
(A)已表明抬頭人
(B)由Mary轉交Lily，存入Mary帳內
(C)由Mary轉交 Lily，存入Lily帳內
(D)Lily和Mary都要背書。

(　　) **11** 所謂光票的定義，下列何項敘述不是屬於其必備的要項？　(A)是指無跟單的票據　(B)是指美金的票據　(C)沒有任何條件及文件的票據　(D)指付款地在國外的票據。

(　　) **12** 有關光票有效期限之敘述，下列何者正確？
(A)旅行支票之使用為無限期付款
(B)美國國庫支票之兌領並無期限之限制
(C)美國私人或公司簽發的私人支票，有效期限一律為一年
(D)美國郵政匯票有效期限為二年。

(　　) **13** 如果託收銀行於受理託收後，在寄給付款行，請求付款時，不慎遺失該託收票據，下列何種方法是最正確有效的方法？
(A)請客戶簽切結書或保證書，拍電文要求付款行付款
(B)由託收行電文指示票據內容給付款銀行要求付款
(C)以票據正、反面影本及客戶切結書給付款行要求付款
(D)以票據正、反面影本及銀行擔保書給付款行要求付款。

解答與解析

1 (A)。Cash Letter入帳速度快、全額撥付。惟因付款銀行未見票據正本，僅憑影像即付款，故保有該票據之「追索權」。

2 (D)。
(1) Out of date：支票業已過期。
(2) Post dated：票非即期。
(3) Insufficient funds：存款不足。
(4) Irregularly drawn支票填寫未完整。

3 (B)。光票託收在票款入帳後，僅保證票據正面的偽造責任。

4 (D)。外匯銀行得受理銀行匯票／支票、商業支票、外國國庫支票與旅行支票。

5 (A)。
PAYMENT COUNTERMANDED BY THE DRAWER係指此票已停止支付。

6 (B)。因付款行位於泰國，故應寄往泰國地區代收行；因票據付款貨幣為歐元，故應匯入指定銀行之歐元存匯行。

7 (B)。美、加地區的國庫支票，政府為保有追索權規定，故原則上Cash Letter方式代收。

8 (B)。因應防制洗錢，國內禁止光票買入或光票託收外國的郵政匯票（Postal Money Order）。

9 (C)。post dated係指票非即期。

10 (B)。票據抬頭人若為Lily C/O Mary（C/O為Care Of），即由後者Mary轉交給前者Lily；必須雙方皆背書，最後撥入Lily之帳戶。

11 (B)。光票所載付款貨幣不侷限於美金。

12 (A)。旅行支票無提示期限。美國國庫支票票面均有「Void After One Year」字樣，提示期限為一年；美國地區付款之支票（無論係銀行、公司或個人簽發），有效提示期亦為六個月；美國郵政匯票無提示期限。

13 (D)。如果託收銀行於受理託收後，不慎遺失該託收票據，應以票據正、反面影本及銀行擔保書給付款行要求付款。

第六章 外匯存款

依據出題頻率區分，屬：**C** 頻率低

臺幣的定存利率長期處於低檔，過去十年以來，年利率僅在1%上下；相對的，常可見到銀行主打短期特定外幣的高利定存，故外匯存款業務在臺灣亦越發盛行，因此將就本項業務整理與介紹。

重點1 定義

如同一般臺幣存款概念，外匯存款與之差異僅在係以外幣為標的，且存入利率根據幣別而有所不同（通常會與該外幣國家利率連動）；實務上會因不同外幣幣別與存款期間，會有相對應的存款門檻要求。

重點2 開戶

以下開戶對象，本人（含負責人）除提示下列證明文件正本外，另應提供第二身分證明文件正本，始可受理開戶。

本國自然人	身分證。
外國自然人	居留證或護照及統一證號基本資料表；大陸人士：居留證或入出境許可證及統一證號基本資料表。
本國公司、行號、機關團體	主管機關核准公司登記證明文件、公司設立登記表、最近公司變更登記表及負責人身分證。
外國法人	中華民國政府認許之文件或法人登記證明文件、負責人身分證明文件、法人出具在臺代表人或代理人之授權書及各地區稅捐稽徵機關所核發之扣繳統一編號。

重點3 外匯存款種類

一、外匯活期存款

本人得持身分證與第二身分證明文件辦理外匯活期存款開戶，實務中我國多數銀行皆有設開戶最低金額（等值USD100元）。若以新臺幣結匯存入／提領：不收手續費。若以外幣現鈔存入／提領：按即期匯率與現鈔匯率之匯差計收手續費。

二、外匯定期存款

外匯定存和臺幣定存一樣，會提供多種存款天期供客戶選擇，常見的定存期間包含1、3、6、9、12個月期等。與臺幣定存不同的則是，不同天期的外幣定存利率通常會有較大的差異，尤其是短期定存常有機會獲得較高的利息。

三、外匯綜合存款

將外匯活期存款、外匯定期存款與外匯短期擔保放款綜合於同一帳戶內，可隨時存取與質押借款。

重點4 利息計算

一、外匯定存通常可選擇「每月領息」或「到期領取本息」，利息是以外幣支付。若選擇每月領息，銀行會每月將利息轉入活儲帳號。

二、舉例：存1萬美元1年，年利率2.4%，每月支付利息。

月利率＝2.4%／12＝0.2%，故銀行每月會付10,000×0.2%＝20美元的利息，一年後銀行會還1萬美元本金，一年共收入美元利息240元。

重點5 外匯存款的風險

風險類型	敘述
流動性風險	外幣定存和臺幣定存為一定期間之契約，若中途解約會有利息損失，故資金會被鎖住一段時間。

風險類型	敘述
信用風險	進行外幣存款可能面臨銀行之信用風險，惟現行外幣存款已納入中央存保之300萬保障範圍內。
利率風險	銀行之利率會隨時間調整，若客戶選擇定存一年紐幣，利率是6%，三個月後，紐幣利率提高到6.1%，則客戶相對而言損失了利息，故若預期近期會升息，則定存期間不宜鎖定長期。
匯率風險	**外幣定存最大的風險是匯價波動，常有「賺了利差，賠了匯差」案例。** 舉例：紐幣兌臺幣的匯率1：23.3，紐幣定存一年利率6.8%，現小明存入一萬元紐幣，一年到期紐幣兌臺幣的匯率1：21.5，則： 1.成本：10,000×23.3＝233,000臺幣 2.一年到期領回10,000×（1＋6.8%）＝10,680紐幣，可換成　10,680×21.5＝229,620臺幣 3.總損益：229,620－233,000＝－3,380新臺幣（賠）

重點6　存入方式

申請人得憑其**本人為受款人**之匯入匯款、出口押匯款、出口託收、外國票據、外幣貸款、外幣現鈔、以新臺幣結購之外匯款項儲存。

一、匯入匯款
憑已辦妥之解付手續的匯入匯款通知書辦理存入。

二、出口押匯款
出口押匯的所得於銀行完成押匯程序並辦理撥款後，存入外匯存款。

三、出口託收
出口託收的所得於國外代收銀行收妥並確認款項已入帳後，始辦理存入。

四、外國票據

如銀行同意以買入光票辦理，銀行完成買入光票相關程序並扣取利息及手續費後辦理存入款項；若以光票託收方式辦理時，外匯存款須等到收到國外代收銀行收妥並確認票款入帳時，始得辦理。

五、外幣貸款

依外幣貸款規定，辦妥撥貸手續後辦理存入。

六、外幣現鈔

銀行點清其同意接受之外幣現鈔，確認金額無誤後辦理存入。

七、新臺幣結購之外匯

以新臺幣結購外匯存款者，應依匯出匯款結匯之規定辦理，凡結購金額達新臺幣五十萬元以上者，應請存戶填寫「外匯收支或交易申報書」。

以上以新臺幣結購存入者，銀行應掣發賣匯水單；未以新臺幣結購存入者，銀行應製發**其他交易憑證**。

重點7 提領方式

存戶提領外匯存款之方式包括匯出匯款、提領旅行支票、提領外幣現鈔及外幣結售為新臺幣。

一、匯出匯款

客戶委託匯款行將其存戶內之款項，利用跨行通匯系統通知解款行將款項轉入收款人帳戶之交易，稱之為匯出匯款。

二、提領旅行支票

銀行於辦妥外匯提領手續後，再依旅行支票代售程序支付客戶旅支。

三、外幣現鈔

銀行點清外幣現鈔，確認金額無誤後辦理提領。

四、外幣結售為新臺幣

若結購金額達新臺幣五十萬元以上者，應請存戶填寫「外匯收支或交易申報書」。

以上以新臺幣結售者，銀行應掣發**買匯水單**；提領**未以新臺幣結售者**，銀行應製發**其他交易憑證**。

重點8　中途解約

若欲提前解約外匯定存，會損失部份利息，一般規定是利息打八折，未滿一個月則不予計息。但實務上各家銀行規定不一，須與原承辦銀行確認。

重點9　質借辦法

所謂定存質借，係以定存為擔保品向原銀行貸款，融資利息通常為定存利率＋1.5%～2%，可融資額度為定存的八到九成。惟每家銀行承作範圍不盡相同，須與原承辦銀行確認。

重點10　外匯存款準備金

所謂存款準備金，是指中央銀行要求銀行提列存款一定比例的金額，並存放在中央銀行，剩下餘額方能從事投資或放款，是以防存戶擠兌的時候有基本的保障。

外匯存款提存準備金相關規定如下：

一、應提存準備金之範圍：外匯活期存款總餘額及外匯定期存款總餘額。

二、提存幣別：美元、歐元及日圓得以原幣提存，其他幣別以美元提存。以美元提存者，美元以外其他幣別之外匯存款，依照計算期當月月底結帳匯率折算為美元後計算其法定準備額。

三、指定銀行實際繳存之外匯存款準備金，得隨時存取，但不予計息。

四、準備金繳存之作業方式：
　　(一)準備金收付指令均以SWIFT拍發。
　　(二)準備金之提存以MT210通知中央銀行收款，準備金之撥付以MT200
　　　　通知中央銀行收款。

重點11 其他規定

一、本國外匯指定銀行應依相關規定，於營業場所揭示至少五種貨幣之存款利率：美元、日圓、歐元、英鎊、瑞士法郎。

二、若本業務服務對象為本國國民時，應遵守下列規定

(一)當日結匯金額如逾新臺幣五十萬元者，須另填報「外匯收支或交易申報書」。

(二)當日結匯如逾美金五十萬元者，除須填報「外匯收支或交易申報書」外，且須另提示與該筆匯入匯款有關之證明文件方得辦理結匯。

(三)未滿二十歲之本國國民，僅可辦理每筆結匯金額未達新臺幣五十萬元等值外幣之匯入匯款結匯。

　　註：本國國民係指年滿二十歲領有中華民國國民身分證、臺灣地區居留證或外僑居留證證載有效期限一年以上之個人。

三、若本業務服務對象非本國國民時，應遵守下列規定

(一)僅可於等值美金十萬元以內金額結匯辦理

(二)當日結匯金額如逾新臺幣五十萬元者，須另填報「外匯收支或交易申報書」。

　　註：非本國國民係指未領有臺灣地區居留證或外僑居留證，或領有相關居留證但證載有效期限未滿一年之非中華民國國民。

精選試題

(　　) **1** 有關銀行辦理外匯存款之處理重點，下列敘述何者錯誤？
(A)存入來源得為外幣貸款及外幣票據
(B)得辦理支票存款，但不得辦理綜合存款
(C)得以外匯存款來辦理新臺幣放款之質押
(D)存款利率由銀行自行訂定公告或與客戶議定。

(　　) **2** 有關外匯存款之敘述，下列何者正確？　(A)存入來源可為國外匯入匯款、外幣票據、外幣現鈔或以新臺幣結購之外匯等　(B)承作金融機構不必徵提準備金　(C)銀行得發行外幣可轉讓定存單 (D)外匯指定銀行應於營業場所揭示至少美元、日圓、歐元、英鎊及港幣五種貨幣之存款利率。

(　　) **3** 依現行法令規定，有關指定銀行辦理外匯存款，下列敘述何者正確？　(A)不得開辦電話轉帳服務　(B)辦理活期存款，不得以對帳單代替存摺　(C)得憑國內存戶以其持有本人之外匯定存單受理質借外幣　(D)實際繳存之外匯存款準備金不得隨時存取，且不予計息。

(　　) **4** 同一銀行內某甲提領美金外匯存款轉讓入某乙美金外匯存款，其匯款分類應為何？　(A)692外匯存款結售　(B)693由本行轉往國內他行之外匯　(C)694外幣互換兌出　(D)695未有資金流動之交易。

(　　) **5** 依央行規定，辦理外匯存款時，下列有關種類及期限之敘述何者正確？　(A)得以外匯綜合存款方式為之　(B)得以可轉讓定期存單方式為之　(C)不得以對帳單代替存摺　(D)外匯定期存款之期限至少應在一個月以上。

(　　) **6** 辦理外匯存款之存入，下列敘述何者錯誤？
(A)以新臺幣結購外匯存入者，凡結購金額達新臺幣50萬元以上者，應請存戶填寫「外匯收支或交易申報書」
(B)持外幣現鈔存入者，銀行不得拒絕，均須受理
(C)以外幣貸款撥貸存入者，銀行應掣發其他交易憑證
(D)以新臺幣結購存入者，銀行應掣發賣匯水單。

( ) **7** 銀行辦理外匯存款業務時，下列敘述何者正確？ (A)得以支票存款、活期存款、定期存款方式辦理 (B)存入款項以新臺幣結購外匯存入者，應掣發買匯水單 (C)以外幣貸款存入者，應掣發其他交易憑證 (D)檢送列報中央銀行之文件以書面為限。

( ) **8** 有關外匯定期存款，下列敘述何者錯誤？ (A)應發予存戶存單或其他替代憑證（例如：對帳單或存摺） (B)不受新臺幣定期存款期限至少在一個月以上之限制 (C)為保護存戶權益，銀行對每筆定期存款不得有最低金額之限制 (D)得辦理指定到期日之外匯定期存款。

解答與解析

1 (B)。 與承作新臺幣存款相同，銀行得以辦理外匯活期存款、外匯定期存款、外匯綜合存款。

2 (A)。 承作外匯存款之金融機構，必須提存準備金；銀行不得發行外幣可轉讓定存單；外匯指定銀行應於營業場所揭示至少五種貨幣之存款利率：美元、日圓、歐元、英鎊、瑞士法郎。

3 (C)。 指定銀行辦理外匯存得開辦電話轉帳服務、以對帳單代替存摺；外匯存款準備金雖不予計息，但可隨時存取。

4 (D)。 因題目敘述為「同一銀行內部」，故無涉及跨行外匯資金轉出。

5 (A)。 (B)指定銀行辦理外匯存款時，不得以支票存款及可轉讓定存單方式；且(C)外匯活期存款得以對帳單代替存摺；(D)外匯定期存款與新臺幣存款不同，不受至少一個月以上之限制。

6 (B)。 遇客戶辦理外幣現鈔存入者，以銀行同意接受之外幣為限。

7 (C)。 銀行不得以支票存款或可轉讓定期存單辦理外匯存款業務；存入款項以新臺幣結購外匯存入者，銀行應掣發賣匯水單；可以以書面或其他媒體形式檢送列報中央銀行。

8 (C)。 各家銀行可對外匯定期存款設有最低金額門檻。

第七章 其他衍生之外匯業務

傳統現貨（基礎）金融市場商品，主要分成股票、利率、外匯、大宗商品四大類。而衍生性金融商品便是由其衍生而出。

重點1 衍生性金融商品

<u>「衍生性」金融商品，即是指衍生自傳統現貨金融資產的商品</u>。由現貨商品衍生出來的，又可分為**期貨（Futures）、遠期（Forwards）、選擇權（Options）、交換（Swap）四大類**。

一、期貨

(一)期貨是買賣雙方同意未來按指定的時間、價格、數量等其他交易條件，交收現貨的合約。

(二)期貨合約的商品品種、質量、數量、交貨地點等條款都是標準化的，通常由期貨交易所設計。

二、遠期

(一)遠期合約是買賣雙方同意未來按約定的時間、價格、數量等其他交易條件，購入或賣出資產的合約。

(二)遠期合約和期貨合約有緊密的關聯，差異在於遠期合約非標準化、可根據買賣方的需求來定製；亦不在交易所進行交易，而是屬於場外交易合約。

三、選擇權

買方付出權利金後，有權利在未來特定期間，以事先商定之履約價格，向賣方買入或賣出資產的合約。

四、交換

交易雙方同意在未來某一特定期間內，互換不同現金流量之合約。

重點2 外匯衍生性金融商品

一、若該種衍生性金融商品原始標的涉及外幣，均稱為外匯衍生性金融商品。

二、例如：外匯期貨、外匯選擇權、遠期外匯、外匯交換等。

重點3 外匯期貨

一、外匯期貨是指買賣雙方承諾於未來特定時間，以約定價格交付特定標準數量的外匯之交易。簡而言之，是以匯率為標的的期貨合約，用來規避匯率風險。

二、外匯期貨是金融期貨中最早出現的品種。1972年5月芝加哥商品交易所（CME）推出第一張外匯期貨合約後，隨著國際貿易的發展加快，外匯期貨交易一直保持著旺盛的發展勢頭。它不僅為廣大投資者和金融機構等經濟主體提供了有效的套期保值的工具，而且也為套利者和投機者提供了新的獲利手段。

三、外匯期貨交易的特徵

(一)**標準化契約**：

1. **基本交易數量**：契約的單位交易數量稱為「口」。

2. **交割月份、日期及最後交易日期**：每年3月、6月、9月及12月，交割日為交割月份的第三個星期三。

3. **報價方式**：外幣1單位＝多少單位美元；歐元1單位＝多少單位外幣

4. **價格跳動幅度**：契約價格跳動最小變動幅度，稱為跳動點（Tick）。如IMM英鎊期貨最小變動幅度USD0.0002，每一口英鎊期貨契約金額為GBP62,500，則每一口英鎊期貨契約最小變動金額如下：（USD0.0002/GBP）×GBP62,500＝USD12.50

(二)**集中交易制度**：期貨都在集中市場交易，必須透過經紀商交易。

(三)**保證金制度**：進行買賣期貨須先繳存保證金（margin）方可下單，稱原始保證金。期貨契約是即時計算盈虧，應予維持最低水準的保證金，稱為維持保證金（Maintenance Margin）。補繳的保證金稱為變動保證金（Variation Margin）。

四、外匯期貨的功能

(一)**避險**：進出口商或投資人在外匯期貨上，建立相反於外匯現貨之部位，可避免現貨價格變動造成損失。

(二)**價格發現**：期貨交易成本較低、期貨市場的投機功能、期貨市場對於放空之數量限制較寬等三大因素，使期貨價格往往領先現貨。期貨價格成為市場上之指標，可以及早發現商品的價格。

(三)**促進商品交易**：現貨交易者若透過期貨避險，使價格波動得以有效控制，進而無需囤積現貨，可以增加現貨操作之靈活度。

(四)**投機**：因期貨與現貨有時間的差異，彼此存在著正常的理論價位關係，若價格產生偏離則投機者交易會介入套利，故具有投機功能。

重點4　遠期外匯交易

一、遠期外匯交易的交易雙方在成交後不立即辦理交割，而是先約定金額、匯率、交割時間等條件，到期才進行交割。

二、遠期外匯交易的特徵

(一)交易雙方簽訂合約後，無需立即支付款項，而是延至將來某個時間。

(二)買賣規模較大。

(三)實務上遠期外匯交易目的，主要是為了保值、避免匯率漲跌風險。

三、遠期外匯交易的功能

(一)**避免匯率變動風險**：國際貿易中，從簽訂合約到交貨、付款往往需要相當長的時間，時間越長，進出口商承受由匯率變動所帶來的風險也就越大。進出口商為避免匯率波動的風險，可承作遠期外匯交易，按成交時的匯率辦理交割。

(二)**平衡其外匯持有額**：承上所述，若進出口商為避免外匯風險而進行遠期外匯交易，其會把匯率變動的風險轉嫁給外匯銀行。外匯銀行在與客戶進行多種遠期外匯交易後，會出現現匯和遠匯的超買或超賣現象。導致外匯銀行本身處於匯率變動的風險之中，是故，外匯銀行將其外匯部位予以平衡，即須對不同期限、不同貨幣的餘缺進行拋補。

(三)**套利**：進出口廠商或投資人可將現有利率較低的幣種，轉換為利率較高的幣種，再存入利率較高的幣別存款帳戶，同時進行高利率幣種的預購或預售，如此一來能賺取利差。

四、遠期外匯交割日的決定規則如下

(一)**一般遠期交割日**：
  1. **以星期或月數計算者**：以即期交割日加上星期或月數。
  2. **以天數計算者**：以即期交割日，加上遠期日曆天數。
(二)遠期交割日若非營業日，則順延至次一營業日；若順延後，跨月為下個月份的營業日，則必須選當月份最後一個營業日交割。
(三)**任選到期日的遠期外匯交割日**：**為前一檔期到期日之次日起，至後一檔期到期日止，均為交割日**。

重點5 外匯衍生性商品業務相關法規

根據銀行業辦理外匯業務管理辦法，有關外匯衍生性商品法規如下：

第31條 指定銀行辦理**涉及新臺幣匯率之外匯衍生性商品業務**，應依下列規定辦理：

一、新臺幣與外幣間遠期外匯交易（DF）：
  (一)**以有實際外匯收支需要者為限**，同筆外匯收支需要不得重複簽約。
  (二)與顧客訂約及交割時，均應查核其相關實際外匯收支需要之交易文件，或主管機關核准文件。
  (三)期限：依實際外匯收支需要訂定。
  (四)展期時應依當時市場匯率重訂價格，**不得依原價格展期**。

二、新臺幣與外幣間換匯交易（FX SWAP）：
  (一)換匯交易係指同時辦理兩筆相等金額、不同方向及不同到期日之外匯交易。
  (二)承作對象及文件：國內法人無須檢附文件；對國外法人及自然人應查驗主管機關核准文件。
  (三)換匯交易結匯時，應查驗顧客是否依申報辦法填報申報書，其「外匯收支或交易性質」是否依照實際匯款性質

　　填寫及註明「換匯交易」，並於外匯水單上註明本行外
　　匯局訂定之「匯款分類及編號」，連同申報書填報「交
　　易日報」。

(四)本項交易得**不計入申報辦法第4條第1項第3款所訂之當年
　　累積結匯金**。

(五)展期時應依當時市場匯率重訂價格，**不得依原價格展期**。

三、無本金交割新臺幣遠期外匯交易（NDF）：

(一)**承作對象以國內指定銀行及指定銀行本身之海外分行、總
　　（母）行及其分行為限**。

(二)契約形式、內容及帳務處理應與遠期外匯交易（DF）有
　　所區隔。

(三)**承作本項交易不得展期、不得提前解約**。

(四)**到期結清時，一律採現金差價交割**。

(五)**不得以保證金交易（Margin Trading）槓桿方式為之**。

(六)非經本行許可，不得與其他衍生性商品、新臺幣或外幣本
　　金或其他業務、產品組合。

(七)無本金交割新臺幣遠期外匯交易，**每筆金額達五百萬美元
　　以上者，應立即電告本行外匯局**。

四、新臺幣匯率選擇權交易：

(一)**承作對象以國內外法人為限**。

(二)到期履約時得以差額或總額交割，且應於契約中訂明。

(三)權利金及履約交割之幣別，得以所承作交易之外幣或新臺
　　幣為之，且應於契約中訂明。

(四)**僅得辦理陽春型（Plain Vanilla）選擇權**。且非經本行許
　　可，不得就本項交易自行組合或與其他衍生性商品、新臺
　　幣或外幣本金或其他業務、產品組合。

五、新臺幣與外幣間換匯換利交易（CCS）：

(一)**承作對象以國內外法人為限**。

(二)辦理期初及期末皆交換本金之新臺幣與外幣間換匯換利交
　　易，國內法人無須檢附交易文件，其本金及利息於交割時
　　得不計入申報辦法第4條第1項第3款所訂之當年累積結匯
　　金額。

(三)其他類型之新臺幣與外幣間換匯換利交易，承作時須要求顧客檢附實需證明文件，且交割金額應計入申報辦法第4條第1項第3款所訂之當年累積結匯金額，但其外匯收支或交易性質為出、進口貨款、提供服務或經有關主管機關核准者，得不計入上述當年累積結匯金額。

(四)辦理本款交易，於顧客結匯時應查驗是否依申報辦法填報申報書，其「外匯收支或交易性質」是否依照實際匯款性質填寫，及註明「換匯換利交易」。並於外匯水單上註明本行外匯局訂定之「匯款分類及編號」，連同申報書填報「交易日報」。

(五)未來各期所交換之本金或利息視為遠期外匯，訂約時應填報遠期外匯日報表。

第32條 指定銀行辦理**未涉及新臺幣匯率之外匯衍生性商品業務**，應依下列規定辦理：

一、外幣保證金交易業務：

(一)**不得以外幣貸款為之**。

(二)非經本行許可不得代客操作或以「聯名帳戶」方式辦理本款交易。相關代客操作管理規範由本行另訂之。

(三)不得收受以非本人所有之定存或其他擔保品設定質權作為外幣保證金。

二、辦理外幣間遠期外匯及換匯交易，展期時應依當時市場匯率重訂展期價格，不得依原價格展期。

三、辦理外幣間換匯交易及換匯換利交易，交割時應於其他交易憑證上註明適當之「匯款分類及編號」填報「交易日報」。

四、外匯信用違約交換交易（Credit Default Swap）及外匯信用違約選擇權（Credit Default Option）：

(一)**承作對象以屬法人之專業客戶為限**。

(二)對象如為國內顧客者，除其主管機關規定得承作信用衍生性商品且為信用風險承擔者外，僅得承作顧客為信用風險買方之外匯信用衍生性商品。

　　　　(三)國內顧客如為信用風險承擔者，合約信用實體應符合其主
　　　　　　管機關所訂規範，且不得為大陸地區之政府、公司及其直
　　　　　　接或間接持有股權達百分之三十以上之公司。

　　　　(四)指定銀行本身如為信用風險承擔者，且合約信用實體為利
　　　　　　害關係人，其交易條件不得優於其他同類對象，並應依相
　　　　　　關銀行法令規定辦理。

　　　　(五)本款商品組合為結構型商品辦理者，承作對象以屬專業機
　　　　　　構投資人及國外法人之專業客戶為限。

　五、辦理外匯衍生性商品組合式契約或結構型商品業務，應符合各
　　　單項業務及連結標的之相關限制及規定。

　六、原屬自行辦理之外匯衍生性商品，不得改以提供境外衍生性金
　　　融商品之資訊及諮詢服務方式辦理。

　　　指定銀行辦理未涉及新臺幣匯率之外匯衍生性商品業務，除本
　　　行另有規定者外，不得連結下列標的：

　　　(一)資產證券化相關之證券或商品。

　　　(二) 未公開上市之大陸地區個股、股價指數或指數股票型基金。

　　　(三)國內外私募之有價證券。

　　　(四)國內證券投資信託事業於海外發行且未於證券市場掛牌交
　　　　　易之受益憑證。

　　　(五)國內外機構編製之臺股指數及其相關金融商品。但由證
　　　　　券櫃檯買賣中心或證券交易所編製或合作編製者，不在
　　　　　此限。

◣◢ **精選試題** ◣◢

(　　) **1** 假設預售遠期外匯契約屆期日為6月30日（星期日），則客戶最
　　　　後交割日為何？
　　　　(A)6月27日（星期四）
　　　　(B)6月28日（星期五）
　　　　(C)7月1日（星期一）
　　　　(D)7月2日（星期二）。

( ) **2** 有關無本金交割新臺幣遠期外匯交易（NDF），下列敘述何者錯誤？

　　(A)到期結清時，一律採現金差價交易

　　(B)本項交易不得展期，亦不得提前解約

　　(C)承作對象以國內法人為限

　　(D)不得以保證金交易槓桿方式處理。

( ) **3** 有關遠期外匯交易之敘述，下列何者錯誤？

　　(A)訂約及交割時，均應查核相關外匯收支需要之交易文件或主管機關核准文件

　　(B)遠期點數＝即期匯率×（報價幣利率－被報價幣利率）×期間遠期匯率

　　(C)固定交割日之契約，屆期交割時不得跨越屆期日當月份

　　(D)展期時應依原價格展期，不得依當時市場匯率重訂展期價格。

( ) **4** 指定銀行辦理新臺幣與外幣間遠期外匯交易，承做項目有何限制？

　　(A)凡有進出口需求者均得辦理，其餘不可

　　(B)凡有勞務性收付者均得辦理，其餘不可

　　(C)凡有實際外匯收支需要者，均得辦理

　　(D)僅限進出口與勞務性交易，其餘不可。

解答與解析

1 (B)。到期日6月30日是假日，故最後交割日是到期日前一個營業日（周五）。

2 (C)。承作NDF對象以國內指定銀行及指定銀行本身之海外分行、總（母）行及其分行為限。

3 (D)。遠期外匯交易展期時應依當時市場匯率重訂價格，不得依原價格展期。

4 (C)。凡有實際外匯收支需要者，均得辦理遠期外匯交易。

第八章 國外匯兌相關法規（節錄）

依據出題頻率區分，屬：**A** 頻率高

實務上，主管機關經常配合經濟現況、開放腳步與便民之立場而修訂法規，而其變動大部分均與匯兌業務相關，故外匯從業人員必須熟稔主管機關之相關規定與其時效性，才不致遭受主管機關之糾正。我國與國外匯兌業務相關之主要法規如下：

一、銀行業辦理外匯業務管理辦法（110.1.28修正發布）

二、銀行業辦理外匯業務作業規範（111.1.19修正發布111.1.19生效）

三、銀行業輔導客戶申報外匯收支或交易應注意事項（111.11.26修正發布 112.1.1生效）

四、外匯收支或交易申報辦法（111.12.26修正發布）

五、外幣收兌處設置及管理辦法（111.1.26修正發布）

一、銀行業辦理外匯業務管理辦法

第二章 外匯業務之申請及開辦

第6條 銀行業有關外匯業務之經營，除本辦法或本行另有規定者外，應向本行申請許可，並經發給指定證書或許可函後，始得辦理。

依本辦法或其他本行規定屬銀行業函報備查即得辦理之外匯業務，於依規定完成函報備查之程序後，視同業經本行許可。

除本辦法或本行另有規定者外，不得辦理非經本行許可或同意備查之外匯業務。

法規一點靈

銀行業辦理
外匯業務管
理辦法

第7條 銀行及農業金庫得申請許可辦理第4條第1項所列各款業務之全部或一部。

中華郵政公司得申請許可辦理一般匯出及匯入匯款或買賣外幣現鈔及旅行支票業務。

信用合作社及農（漁）會信用部，得申請許可辦理買賣外幣現鈔及旅行支票業務。

第10條 **指定銀行之分行申請許可**辦理第4條第1項第1款至第6款各項外匯業務，本國銀行及農業金庫**應由其總行**、外國銀行應由臺北分行備**文敘明擬辦理業務範圍，並檢附該分行營業執照影本及經辦與覆核人員資歷**。

第11條 指定銀行辦理出口外匯業務、進口外匯業務、一般匯出及匯入匯款業務、外匯存款業務、外幣貸款業務、外幣保證業務之經辦及覆核人員，應有外匯業務執照或具備下列資格：

一、**經辦人員須有三個月以上**相關外匯業務經歷。

二、**覆核人員須有六個月以上**相關外匯業務經歷。

指定銀行之分行經許可僅辦理買賣外幣現鈔及旅行支票業務者，其經辦及覆核人員，應有五個營業日以上之相關外匯業務經歷。

第12條 **指定銀行經本行許可辦理外匯衍生性商品業務後，得不經申請逕行辦理下列外匯衍生性商品：**

一、**遠期外匯交易**（不含無本金交割新臺幣遠期外匯交易）。

二、換匯交易。

三、依規定已得辦理未涉及新臺幣匯率之外匯衍生性商品，連結同一風險標的，透過相同交易契約之再行組合，但不含對專業機構投資人及高淨值投資法人以外之客戶辦理涉及外匯之複雜性高風險商品。

四、國內指定銀行間及其與國外銀行間辦理未涉及新臺幣匯率之外匯衍生性商品。

五、以期貨交易人身分辦理未涉及新臺幣匯率之國內外期貨交易契約。

第三章　外匯業務之經營

第29條 銀行業辦理各項外匯業務，應先確認顧客身分或基本登記資料及憑辦文件符合規定後，方得受理。

銀行業辦理外匯業務涉及之確認顧客身分、紀錄保存、一定金額以上通貨交易申報及疑似洗錢或資恐交易申報，應依洗錢防制法及相

關規定辦理；對經資恐防制法指定對象之財物或財產上利益及其所在地之通報，應依資恐防制法及相關規定辦理。

第35條 指定銀行設置**自動化服務設備，應限制每帳戶每日累積提領外幣金額，以等值一萬美元為限。**

第37條 銀行業與顧客之外匯交易買賣匯率，由各銀行業自行訂定。

每筆交易金額在一萬美元以下涉及新臺幣之匯率，應於每營業日上午九時三十分以前，在營業場所揭示。

第38條 **辦理買賣外幣現鈔之銀行業，應依牌告價格收兌外幣現鈔，並加強偽鈔辨識能力，若發現偽造外國幣券，應確實依偽造變造外國幣券處理辦法辦理。**

第42條 指定銀行於**非共同營業時間辦理外匯業務**，應依下列規定辦理：

一、每筆結匯金額**以未達新臺幣五十萬元或等值外幣者為限。**

二、非共同營業時間辦理之外匯交易，應依其檢送之作業說明或本行之規定，列報於營業當日或次營業日之「交易日報」及「外匯部位日報表」。

第47條 指定銀行受理顧客新臺幣與外幣間即期外匯、遠期外匯、換匯交易或換匯換利交易及中華郵政公司受理顧客新臺幣與外幣間即期外匯交易達下列金額時，應依第三十一條及申報辦法第五條規定確認交易相關證明文件無誤後，依下列規定將資料傳送至本行外匯資料處理系統：

一、受理**公司、有限合夥、行號**結購、結售等值**一百萬美元**以上（不含跟單方式進、出口貨品結匯），或**個人、團體**等值**五十萬美元**以上即期外匯交易，於**訂約日立即傳送**。

二、受理顧客結購、結售等值**一百萬美元以上**之新臺幣與外幣間**遠期外匯交易**，於訂約日之**次營業日中午十二時前傳送**。

本國指定銀行就其海外分行經主管機關核准受理境內外法人、境外金融機構及本國指定銀行海外分行之無本金交割新臺幣遠期外匯交易達等值一百萬美元以上時，應於訂約日之次營業日中午十二時前傳送至本行外匯資料處理系統。

第48條　銀行業報送本辦法規定各種報表時，應檢附相關單證及附件。

本行外匯局於必要時，得要求銀行業填送其他相關報表。

銀行業應報送本行外匯局相關報表時間：

一、指定銀行及中華郵政公司：

(一)**日報表：次營業日中午十二時前。**

(二)**月報表：每月營業終了後十日內。**

買賣外幣現鈔及旅行支票業務交易日報表，於次營業日中午十二時前。

二、非指定銀行、信用合作社及農（漁）會信用部：前三項報表之格式、內容、填表說明、報表及檢附資料報送方式，依本行另訂之銀行業辦理外匯業務作業規範及其他有關規定辦理。

第四章　人民幣業務之管理

第52條　銀行業辦理人民幣業務之管理，除應遵循下列規定外，準用本辦法及其他有關外匯業務之規定：

一、除本行另有規定外，應於人民幣清算行開立人民幣清算帳戶，始得辦理人民幣業務；於大陸地區代理銀行（以下簡稱代理行）開立人民幣同業往來帳戶，並將其簽訂之清算協議報本行同意備查者，亦同。

二、承作與跨境貿易相關之人民幣業務，涉及資金進出大陸地區者，應透過人民幣清算行或代理行進行結算及清算。

三、業經本行許可得辦理人民幣現鈔買賣業務者，得逕依本辦法規定辦理人民幣現鈔買賣業務。

四、**承作自然人買賣人民幣業務，每人每次買賣現鈔及每日透過帳戶買賣之金額，均不得逾人民幣二萬元。**

五、承作**外幣提款機提領人民幣現鈔業務，每人每次提領之金額，不得逾人民幣二萬元。**

六、**承作自然人匯款人民幣至大陸地區業務，其對象應以領有中華民國國民身分證之個人為限**，並應透過人民幣清算行或代理行為之；匯款性質應屬經常項目，且**每人每日匯款之金額，不得逾人民幣八萬元**。

七、其他本行為妥善管理人民幣業務所為之規定。

牛刀小試

(　　) **1** 公司行號以新臺幣結購外匯一百萬美元（含）以上辦理匯出匯款，下列敘述何者正確？　(A)免徵提相關交易文件留存備查　(B)應於訂約日將「大額結匯款資料」立即電腦連線傳送　(C)應將「大額結匯款資料」於訂約日之次營業日中午12時前傳送　(D)銀行應繕發買匯水單。

(　　) **2** 指定銀行經許可於營業時間以外辦理外匯業務，每筆結匯金額限多少金額以內？　(A)新臺幣50萬元或等值外幣　(B)新臺幣100萬元或等值外幣　(C)美金50萬元或等值外幣　(D)美金100萬元或等值外幣。

[解答與解析]

1 (B)。根據銀行業辦理外匯業務管理辦法第47條，公司、有限合夥、行號辦理等值一百萬美元以上（不含跟單方式進、出口貨品結匯），或個人、團體等值五十萬美元以上之結購、結售外匯，應於確認交易相關證明文件無誤後，將「大額結匯款資料」於訂約日立即傳送。

2 (A)。銀行業辦理外匯業務管理辦法第42條，指定銀行於非共同營業時間辦理外匯業務：

一、每筆結匯金額以未達新臺幣五十萬元或等值外幣者為限。

二、非共同營業時間辦理之外匯交易，應依其檢送之作業說明或本行之規定，列報於營業當日或次營業日之「交易日報」及「外匯部位日報表」。

二、銀行業辦理外匯業務作業規範

（提示相關規定）

一、銀行業辦理外匯業務，除「銀行業辦理外匯業務管理辦法」規定者外，並應依本作業規範辦理。

（出口外匯業務）

二、經央行許可辦理外匯業務之銀行（以下簡稱指定銀行）辦理出口外匯業務，應依下列規定辦理：

(一)**出口結匯、託收及應收帳款收買業務：**
 1. **憑辦文件**：應憑國內顧客提供之交易單據辦理。
 2. **掣發單證**：<u>出口所得外匯結售為新臺幣者，應掣發出口結匯證實書；其未結售為新臺幣者，應掣發其他交易憑證。</u>
 3. **報送資料**：應於承作之次營業日，將交易日報及相關明細資料傳送至本行外匯資料處理系統。
(二)**出口信用狀通知及保兌業務**：憑辦文件：應憑國外同業委託之文件辦理。

（進口外匯業務）

三、指定銀行辦理進口外匯業務，應依下列規定辦理：

(一)**憑辦文件**：開發信用狀、辦理託收、匯票之承兌及結匯，應憑國內顧客提供之交易單據辦理。
(二)**開發信用狀保證金之收取比率**：由指定銀行自行決定。
(三)**掣發單證**：進口所需外匯以新臺幣結購者，應掣發進 口結匯證實書；其未以新臺幣結購者，應掣發其他交易憑證。
(四)**報送資料**：應於承作之次營業日，將交易日報及相關 明細資料傳送至本行外匯資料處理系統。

（一般匯出及匯入匯款業務）

四、指定銀行及中華郵政股份有限公司所屬郵局辦理境內及跨境之一般匯出及匯入匯款業務，除應依洗錢防制法、資恐防制法及其相關規定辦理外，並依下列規定辦理。但上述機構間為其本身資金移轉及清算所為之匯款，不在此限：

(一)**匯出匯款業務**

1. **掣發單證**：**匯出款項以新臺幣結購者，應掣發賣匯水單；其未以新臺幣結購者，應掣發其他交易憑證。**
2. **發送電文**：應包含必要及正確之匯款人資訊、必要之受款人資訊。
3. **提供資訊**：收到權責機關或受款行要求時，應於三個營業日內提供匯款人及受款人資訊。但檢察機關及司法警察機關要求立即提供時，應配合辦理。

(二)**匯入匯款業務**

1. **掣發單證**：**匯入款項結售為新臺幣者，應掣發買匯水單；其未結售為新臺幣者，應掣發其他交易憑證。**
2. 應訂定下列風險管理程序，並加強審查：
   (1)應採取合理措施，包括可行之事後或即時監控，以辨識缺少必要之匯款人或受款人資訊之匯款。
   (2)對匯入款提供匯款人或受款人資訊不足者，應建立以風險為基礎之政策與程序，以判斷何時執行、拒絕或暫停缺少必要之匯款人或受款人資訊之匯款，並採取適當之後續追蹤行動。

(三)**中介行**

1. 應確保轉匯過程中，所有附隨該**匯款電文之匯款人及受款人資訊完整保留於轉匯出之電文中。**
2. 若因技術限制而無法將附隨跨境電匯之前述必要資訊轉入國內電匯作業時，對於收到源自匯款行或其他中介行之所有資訊，**應依洗錢防制法及相關規定留存紀錄。**
3. 準用前款第二目規定。

(四)**報送資料**：應於承作之次營業日，將交易日報及相關明細資料傳送至本行外匯資料處理系統。

前項第一款第二目、第三目、第二款第二目及第三款所稱之匯款人及受款人資訊，係指下列資訊：

(一)**匯款人資訊**

1. 姓名。
2. 扣款帳號。若無扣款帳號，匯款行得以可查證該項匯款之獨立序號代替之。

3. 地址。匯款行得視實際狀況以其統一編號、身分證號碼、護照號碼、居留證號碼或出生日期與出生地代替之。

(二)**受款人資訊**

1. 姓名。

2. 受款帳號。若無受款帳號，得以可查證該項匯款之獨立序號代替之。

（外匯存款業務）

五、指定銀行辦理**外匯存款業務**，應依下列規定辦理：

(一)**承作限制：不得以支票存款之方式辦理**。

(二)**外匯存款轉讓**：應經由指定銀行辦理，且受讓人應將其所收外匯存入其在指定銀行之外匯存款戶。

(三)**外匯定存質借**：得逕憑存戶以其本人之外匯定存質借外幣。

(四)**掣發單證**：存入款項以新臺幣結購存入者，掣發賣匯水單；其未以新臺幣結購存入者，掣發其他交易憑證。自外匯存款提出結售為新臺幣者，掣發買匯水單；其未結售為新臺幣者，掣發其他交易憑證。

(五)**報送資料**：應於**承作之次營業日**，將交易日報及相關明細資料、外匯存款日報傳送至本行外匯資料處理系統。

指定銀行受理顧客以網路方式開立數位外匯存款帳戶，除應依中華民國銀行商業同業公會全國聯合會銀行受理客戶以網路方式開立數位存款帳戶作業範本（以下簡稱作業範本）規定辦理外，並依下列規定辦理：

(一)**承作對象**：符合作業範本第二條第二款所定之客戶範圍。

(二)**帳戶類型**：符合作業範本第四條所定之帳戶類型。

(三)**業務項目**：經本行許可、備查或得逕行以臨櫃、電子或通訊設備辦理之業務項目，並符合作業範本第四條所定之使用範圍。

(四)**開辦程序**：應於開辦二週前備文檢附法規遵循聲明書（總機構法令遵循主管、總稽核及資訊部門最高主管簽署），向本行函報備查。

(五)**報送資料**：應將**月底餘額及帳戶數**，報送本行外匯局。

（外幣貸款業務）

六、指定銀行辦理外幣貸款業務，應依下列規定辦理：

(一)**承作對象**：以**國內**顧客為限。

(二)**憑辦文件**：應憑顧客之國外交易文件、本行之核准文件或其他本行規定之文件辦理。

(三)**兌換限制**：外幣貸款不得兌換為新臺幣。但出口後之出口外幣貸款，不在此限。

(四)**報送資料：外幣貸款之撥款及償還，應參考「指定銀行承作短期及中長期外幣貸款資料填報說明」填報交易日報及相關明細資料；並將月底餘額及承作量，依短期及中長期貸款類別，報送本行外匯局。**

(五)**外債登記**：於辦理外匯業務時，獲悉民營事業自行向國外洽借中長期外幣貸款者，應促請其依民營事業中長期外債申報要點辦理，並通知本行外匯局。

前項第二款所稱國外交易文件、本行之核准文件或其他本行規定之文件，及相關配合作業事項，由本行另定之。

（外幣保證業務）

八、指定銀行辦理外幣保證業務，應依下列規定辦理：

(一)**承作對象**：以**國內**顧客為限。

(二)**憑辦文件**：應憑國內顧客提供有外幣保證實際需求之證明文件辦理。

(三)**保證債務履行**：應依外匯收支或交易申報辦法（以下簡稱申報辦法）規定辦理。

(四)**報送資料**：應將月底餘額及其保證性質，報送本行外匯局。

（自動化服務設備辦理外匯業務）

十一、指定銀行設置自動化服務設備辦理外匯業務，應依下列規定辦理：

(一)受理金融卡持卡人以新臺幣帳戶扣款跨行提領外幣現鈔，應於自動化服務設備增加操作畫面，提供跨行提領顧客點選是否為非居住民身分別之功能。

(二)受理顧客存入、提領外幣現鈔，及兌換臺外幣現鈔，應以指定銀行名義每日依顧客身分別向本行彙總報送交易資料，免填各筆交易之匯款編號、顧客統一編號、外幣金額、匯款分類名稱及受款地區國別。

（委外加工及商仲貿易）

十二、指定銀行辦理進出口及匯出入款等外匯業務，涉及委外加工及商仲貿易者，其所掣發之出進口結匯證實書、買賣匯水單或其他交易憑證，及檢送本行外匯局之相關明細資料，應依規定之說明資料填報。

（買賣外幣現鈔及旅行支票業務）

十三、銀行業辦理買賣外幣現鈔及旅行支票業務，應依下列規定辦理：

(一)旅行支票買、賣匯率之訂定應依本行外匯局有關規定辦理。

(二)受理顧客結購（售）外幣現鈔及旅行支票之申請時，應掣發賣（買）匯水單；顧客結購（售）金額達新臺幣五十萬元以上者，應依申報辦法及銀行業輔導客戶申報外匯收支或交易應注意事項辦理。

(三)應於門口明顯處懸掛辦理本項業務之中英文標示。

(四)經本行許可於機場或其他臨時設置之兌換點辦理每筆未逾等值五千美元之買賣外幣現鈔及旅行支票業務，得向本行報備簡化結匯及申報手續，每日以銀行業名義依本國人及外國人結購（售）金額，按幣別彙總報送，國別代碼為「XC」，免填各筆交易之顧客統一編號或護照號碼、國別及匯款性質。

(五)未經本行許可辦理外匯業務之銀行、信用合作社、農（漁）會信用部辦理買賣外幣現鈔及旅行支票業務時，並應依下列規定辦理：

　1.得於指定銀行開設外匯存款戶。但不得與國外銀行等金融機構建立通匯往來關係。

　2.在符合其目的事業主管機關規定金融機構外幣風險上限之前提下，得持有之最高外匯買超部位以本行核給之額度為限，外匯賣超部位限額為零。

　3.辦理本項業務所需外匯資金，得依申報辦法逕向指定銀行結購（售），結匯金額毋須查詢且不計入業者當年累積結匯金額。但應於外匯收支或交易申報書註明該項業務名稱及本行許可函文號。

　4.報送資料：應於承作之次營業日，將交易日報及相關明細資料傳送至本行金融資料網路申報系統。

（信用、金融、轉帳卡等業務）

十四、辦理信用卡、金融卡、轉帳卡或現金卡之業者、發卡、收單銀行及信用卡業務機構等，所營業務若涉及外匯業務事項，應於開辦前，由總機構函報本行備查，其屬大陸地區信用卡、轉帳卡業務者，應取得金管會許可函，並依下列規定辦理：

(一)發卡對象為外國自然人者，發卡機構應加強對持卡人之徵信及其還款能力評估，並注意風險控管。

(二)涉及新臺幣結匯事宜，應依申報辦法及其相關規定辦理。

（單證）

十五、銀行業辦理各項外匯業務掣發之單證應依「**匯出、入匯款之分類及說明**」及「**各項外匯業務應掣發單證之內容說明**」正確填報，並應交付顧客或依約定辦理。

銀行業得自訂各項外匯業務所應掣發之出進口結匯證實書、買賣匯水單及其他交易憑證等單證格式。

銀行業辦理各項外匯業務所應掣發之單證，得以符合**電子簽章法及其施行細則相關規定**之電子文件製作之。

（報表）

十六、銀行業辦理外匯業務，應依業務種類，依式填列下列報表：

(一)外匯部位日報表。

(二)出口及匯入匯款交易日報。

(三)進口及匯出匯款交易日報。

(四)外匯存款日報表。

(五)遠期外匯日報表。

(六)新臺幣匯率選擇權交易日報表。

(七)無本金交割新臺幣遠期外匯日報表。

(八)國外負債餘額日報。

(九)外幣貸款及外幣保證餘額月報表。

(十)第三貨幣間外匯交易月報。

(十一)國內金融機構辦理在臺無住所外國人新臺幣授信業務月報表。

(十二)買賣外幣現鈔及旅行支票業務交易日報表。

(十三)非居住民新臺幣存款月報表。

(十四)銀行外匯存款及其他各種負債準備金旬報表。

(十五)人民幣業務月報表（CNY1~CNY5）。

(十六)外幣現鈔及旅行支票買賣業務調查季報。

(十七)數位外匯存款帳戶月報表。

(十八)其他規定應報送之報表。

前項報表之格式、內容及填報須知，及銀行業依規定檢送各項交易報表及相關明細資料之檔案格式及檢核，由本行定之。

三、銀行業輔導客戶申報外匯收支或交易應注意事項

法規一點靈

銀行業輔導客戶申報外匯收支或交易應注意事項

二、銀行業受理依申報辦法第四條第一項第三款規定辦理新臺幣結匯申報時，須輸入電腦查詢及計入申報義務人當年累積結匯金額，並應注意：

(一)避免申報義務人利用他人名義申報結匯。

(二)**對非居住民辦理結匯申報，無須輸入電腦查詢當年累積結匯金額**。

(三)應於外匯收支或交易申報書（以下簡稱申報書）之承辦銀行業留存聯列印已查詢該筆結匯金額之紀錄，以利中央銀行（以下簡稱本行）等金檢單位之稽核。

三、銀行業受理依申報辦法第四條第一項第五款辦理新臺幣結匯申報時，應注意每筆結匯金額以十萬美元為限，並應預防申報義務人將大額結匯款化整為零，以規避須依申報辦法第六條向本行申請核准後，始得辦理結匯之規定；受理依申報辦法第五條第三款辦理新臺幣結匯申報者，累計結匯金額不得超過主管機關之核准範圍。

銀行業受理國內慈善公益團體從事國際人道援助匯款，其每筆結匯金額應計入其當年累積結匯金額。但該團體從事之國際人道援助計畫，曾報經主管機關核准，其結匯款與主管機關核准之計畫相符，經銀行業查驗函件相符後受理之結匯，不在此限。

四、持中華民國外交部核發駐臺外交機構人員及其眷屬身分證明文件者，**其結匯金額按照非居住民辦理。**

駐臺外交機構之新臺幣結匯申報案件，不論結匯性質，均無結匯金額限制。

　　未辦理商業登記之診所、會計師事務所、律師事務所，及經有關主管機關許可設立之公益信託，其結匯金額按照團體之規定辦理。

五、銀行業受理上市（櫃）及興櫃公司以自己名義辦理外籍員工（不含大陸籍員工）匯入認購公司股票股款，或匯出出售公司股票價款及受配現金股利，**於確認上市（櫃）及興櫃公司填報之申報書及結匯清冊（內容包括員工姓名、國籍、身分證照號碼、認購（出售）股數、現金股利金額及結匯金額）無誤後辦理結匯申報**。另應注意不計入上市（櫃）及興櫃公司當年累積結匯金額。

　　銀行業受理外國公司在臺分（子）公司以自己名義辦理國內員工匯出認購外國母公司股票股款，或匯入出售外國母公司股票價款及受配現金股利，每名國內員工結匯匯出（入）金額未達新臺幣五十萬元等值外幣者，於確認外國公司在臺分（子）公司填報之申報書及結匯清冊（內容包括員工姓名、身分證照號碼及結匯金額）無誤後辦理結匯申報；國內員工免填申報書，且無須計入其當年累積結匯金額，但每名國內員工每筆結匯匯出（入）金額達新臺幣五十萬元等值外幣者，應於清冊加註其出生日期，供銀行業查詢並計入其當年累積結匯金額。

六、**結匯人每筆結匯金額未達新臺幣五十萬元等值外幣者，免填申報書，且無須計入其當年累積結匯金額**。

　　銀行業應注意並預防結匯人將大額匯款化整為零，以規避應辦理之申報及當年累積結匯金額之查詢。

七、銀行業受理經經濟部投資審議委員會（以下簡稱投審會）核准（備）赴第三地區或大陸地區投資之廠商向其第三地區或大陸地區子公司借入本金及還本付息之結匯申報，應分別情形，注意下列事項：

(一)**借入本金自第三地區或大陸地區匯入臺灣地區結售**：應查驗廠商檢附之投審會核准（備）赴第三地區或大陸地區投資函及其向子公司借款文件，並核對廠商填報之「臺灣地區廠商向第三地區子公司借款申報表」或「臺灣地區廠商向大陸地區子公司借款申報表」（一式二聯，如附件一、二）無誤後辦理結匯申報，**其匯入借款本金結售金額不計入公司當年累積結匯金額**。

(二)**結購外匯還本付息匯往第三地區或大陸地區**：廠商得憑銀行業簽發之前款「借款申報表」第二聯正本辦理結購外匯還本付息，**其結購外匯還本付息金額不計入公司當年累積結匯金額**。

八、銀行業受理前點廠商匯回股利、盈餘及再匯出款之結匯申報，應分別情形，注意下列事項：

(一)**股利、盈餘自第三地區或大陸地區匯入臺灣地區結售**：應查驗廠商檢附之投審會核准（備）赴第三地區或大陸地區投資函及第三地區或大陸地區子公司分配股利、盈餘相關文件，並核對廠商填報之「臺灣地區廠商自第三地區匯回股利盈餘申報表」或「臺灣地區廠商自大陸地區匯回股利盈餘申報表」（一式二聯，如附件三、四）無誤後辦理結匯申報，**其匯回第三地區或大陸地區子公司股利、盈餘結售金額不計入公司當年累積結匯金額**。

(二)**資金再匯出臺灣地區**：廠商得憑銀行業簽發之前款「匯回股利盈餘申報表」第二聯正本辦理再匯出，其匯出款用途及匯款地區不受限制，但匯往大陸地區者，依第二十六點規定辦理。匯回之股利、盈餘以原幣持有者，限以原幣再匯出；結售為新臺幣者，得以原幣或結購外匯匯出，其結購金額不計入公司當年累積結匯金額。

九、銀行業應輔導申報義務人依下列規定於申報書誠實填列「申報義務人登記證號」：

(一)**公司、行號**：應於申報書填列其經主管機關核准設立登記之統一編號。

(二)**團體、辦事處及事務所**：應於申報書填列主管機關或稅捐稽徵單位編配之統一編號；其他無統一編號者，應填列設立登記主管機關名稱及其登記證號。

(三)**個人**：

　1.**領有中華民國國民身分證者**：應於申報書填列中華民國國民身分證統一編號及出生日期。

　2.**持中華民國臺灣地區相關居留證或外僑居留證證載有效期限一年以上者**：應於申報書填列證件上所載統一證號、發給日期、到期日期（外僑永久居留證到期日期設定填列為999年12月31日）及出生日期。

　　3.未成年人比照填列：**未滿十八歲**且領有中華民國國民身分證、臺灣地區
　　　相關居留證或外僑居留證證載有效期限一年以上之自然人，申報書「申
　　　報義務人登記證號」之填列，比照前二目規定填列於「個人」欄位，法
　　　定代理人另應共同於申報書之「申報義務人及其負責人簽章」處簽章。

(四)非居住民：

　　1.自然人（含未滿十八歲者）：

　　　(1)持中華民國臺灣地區相關居留證或外僑居留證證載有效期限未滿一年
　　　　者，或持中華民國臺灣地區入出境許可相關證明文件但無居留身分之
　　　　大陸地區人民及港澳居民：應於申報書填列證件上所載國別、統一證
　　　　號（如無統一證號，則填列許可證號碼）及出生日期。

　　　(2)持外國護照或中華民國外交部核發駐臺外交機構人員及其眷屬身分證
　　　　明文件或持中華民國護照但未領有中華民國國民身分證者：應於申報
　　　　書填列其國別、護（證）照號碼及出生日期。

　　2.法人：

　　　(1)非居住民法人：授權其在中華民國境內之代表人或代理人為申報義務
　　　　人，應於申報書填列該代表人或代理人之身分證照號碼，並敘明代理
　　　　之事實。

　　　(2)非中華民國金融機構：應授權中華民國境內金融機構為申報義務人，
　　　　於申報書填列中華民國境內金融機構經主管機關核准設立證照上所編
　　　　列之統一編號，並敘明代理之事實。

十、申報書之填報事關申報義務人權責，如為他人代填案件，仍須由申報義
　　務人確認申報事項無誤後簽名或蓋章，以明責任。

十一、銀行業應確實輔導申報義務人審慎據實填報，申報義務人申報之結匯
　　　性質，與其結匯金額顯有違常情或與其身分業別不符時，應輔導申報
　　　義務人據實申報後，再予受理。

十二、申報義務人蓋用限定用途之專用章，其限定之用途應以專供辦理結匯
　　　用，或與結匯事項有關者為限。

十三、**申報書之金額不得更改，其他項目如經更改，應請申報義務人加蓋印
　　　章或由其本人簽字**。

十四、銀行業應查核申報書各欄位是否均已填報完整，**其中結匯性質應詳實填報，不得以匯款分類編號替代**；結匯性質或幣別超過一種時，應分別列出其性質、幣別及結匯金額。另應依下列規定填報結匯性質：

　　(一)**外匯收入或交易性質：公司、行號、團體或個人應填報其外匯資金之來源；非居住民應填報其外匯結售為新臺幣之資金用途。**

　　(二)**外匯支出或交易性質：公司、行號、團體或個人應填報其外匯資金之用途；非居住民應填報其結購外匯之新臺幣資金來源。**

十九、申報義務人經由網際網路辦理利用申報辦法第四條第一項第三款所定每年得逕行結匯金額（以下簡稱每年得逕行結匯金額）之新臺幣結匯申報時，銀行業應透過線上即時作業系統查詢，並計入其當年累積結匯金額，確定未逾其每年得逕行結匯金額後，始得受理，且應於所留存之申報媒體中顯示其查詢紀錄。

二二、銀行業受理新臺幣結匯申報案件，應先查驗申報義務人依第九點規定填報之登記證號確與其身分文件或基本登記資料相符，及查核委託或授權結匯申報之文件，並確認該筆外匯收支或交易之新臺幣結匯係屬申報義務人本身所有者或需求者後，再予受理。銀行業並應注意：

　　(一)申報義務人為公司、有限合夥、行號者，應上經濟部全國商工行政服務入口網站之「公司登記查詢」、「有限合夥登記查詢」、「商業登記查詢」確認公司、有限合夥、行號登記資料。

　　(二)**受理未滿十八歲**非居住民之結匯申報，銀行業得視個案需要，依其內部作業及民法相關規定確認應備文件。

二三、銀行業受理申報義務人依申報辦法第五條辦理之新臺幣結匯申報時，應確認申報書記載事項與該筆外匯收支或交易有關合約、核准函等證明文件相符後始得辦理，並將有關證明文件影本留存備查。銀行業應注意並預防申報義務人將大額匯款化整為零，以規避應檢附有關證明文件供確認交易事實之規定。

二四、銀行業受理經主管機關核准之直接投資、證券投資及期貨交易之新臺幣結匯申報案件，依附表一至附表八所列應確認文件之規定辦理；受理對大陸地區匯出匯款、匯入匯款，並應確認第二十六點規定之文件；另應注意：

(一)對第三地區投資（包括透過第三地區公司再間接投資大陸地區）案件：除利用每年得逕行結匯金額者，每筆結匯金額達申報辦法第五條第一款及第二款所定金額時，應確認具體對外投資計畫或相關證明文件外，其餘均應確認附表一所列文件。但透過第三地區公司再間接投資大陸地區者，其匯出之投資款以投資事業個案累計投資金額未逾一百萬美元為限，逾一百萬美元者，應確認經濟部核准對大陸地區投資文件。

(二)依附表一至附表八辦理結匯申報案件，經確認已依規定檢附相關證明文件者，免計入附表所列結匯人之當年累積結匯金額。但個人對第三地區投資款以新臺幣結匯者，無論是否經主管機關核准，均應計入其當年累積結匯金額。

二六、銀行業受理**對大陸地區匯出匯款、匯入匯款案件**，依附表十所列應確認文件之規定辦理，並**應注意**：

(一)**不得受理未經許可之直接投資、有價證券投資匯款及其他未經法令許可事項為目的之匯出入款**。

(二)**對大陸地區直接投資**之新臺幣結匯案件：

　　1.匯出股本投資、營運資金：除**個人應計入**其當年累積結匯金額外，**公司、行號及團體均無須計入**其當年累積結匯金額。

　　2.匯入匯款：**公司、行號及團體均無須計入**其當年累積結匯金額；**個人應計入**其當年累積結匯金額，但匯入款如係該申報義務人原先利用其每年得逕行結匯金額匯出，再匯入者，無須計入其當年累積結匯金額。

(三)**對大陸地區證券投資**之新臺幣結匯案件：

　　1.依附表四及附表十一規定辦理者，其結匯金額無須計入業者或委託人等當年累積結匯金額。

　　2.依附表十二規定**辦理者及業者自行買賣有價證券者，其結匯金額須計入業者或委託人等當年累積結匯金額**。

牛刀小試

( ) **1** 有關「外匯收支或交易申報書」之申報及填寫，下列敘述何者正確？ (A)申報書之金額更改時，應請申報人加蓋印章或由其本人簽字 (B)申報人如不識字，由他人代填申報書時，仍須由申報人簽名或蓋章 (C)結匯性質應詳實填報，亦得以代碼替代之 (D)結匯性質與結匯金額，顯有違常情時，仍可受理之

( ) **2** 大陸匯款之結匯性質為「大陸地區人民合法繼承臺灣地區人民遺產」時，除大陸地區人民為我國國民配偶者外，每人結匯金額限定為下列何者？ (A)不得超過新臺幣150萬元 (B)不得超過新臺幣200萬元 (C)不得超過150萬美元 (D)不得超過200萬美元

[解答與解析]

1 (B)。申報書之金額不得更改，其他項目如經更改，應請申報義務人加蓋印章或由其本人簽字。結匯性質不得以代碼替代之，應詳實填報；結匯性質與結匯金額若有異處時不得受理。

2 (B)。根據銀行業受理對大陸地區匯出匯款及匯入匯款案件應確認事項：
　　一、大陸地區人民合法繼承臺灣地區人民遺產，每人匯出金額不得逾新臺幣2百萬元。
　　二、保險死亡給付、撫卹（慰）金、餘額退伍金總額，匯出金額不得逾新臺幣2百萬元。

四、外匯收支或交易申報辦法

(一)申報義務人及申報方式：

法規一點靈

外匯收支
或交易
申報辦法

第2條 中華民國境內新臺幣五十萬元以上等值外匯收支或交易之資金所有者或需求者（以下簡稱申報義務人），應依本辦法申報。

下列各款所定之人，均視同申報義務人：

一、法定代理人依第六條第二項規定代辦結匯申報者。

二、公司或個人依第八條第一項規定，以自己名義為他人辦理結匯申報者。

三、非居住民法人之中華民國境內代表人或代理人依第十條第二項
　　規定代辦結匯申報者。

四、非居住民之中華民國境內代理人依第十條第三項規定代辦結匯
　　申報者。

五、非前項所定之申報義務人,且不符合得代辦結匯申報之規定而
　　為結匯申報者。

申報義務人辦理新臺幣結匯申報時,應依據外匯收支或交易有關合約
等證明文件,誠實填妥「外匯收支或交易申報書」(以下簡稱申報書)
(申報書樣式如附件),經由銀行業向中央銀行(以下簡稱本行)申報。
外匯收支或交易結匯申報所涉須計入或得不計入申報義務人或委託
人當年累積結匯金額之範圍,應依本辦法、銀行業輔導客戶申報外
匯收支或交易應注意事項、外匯證券商輔導客戶申報外匯收支或交
易應注意事項、本行或其他主管機關同意或核准函載明事項,以及
本行其他規定辦理。

(二)逕行結匯申報:

第4條　下列外匯收支或交易,申報義務人得於填妥申報書後,逕行辦理新
臺幣結匯申報。但屬於第五條規定之外匯收支或交易,應於銀行業
確認申報書記載事項與該筆外匯收支或交易有關合約、核准函或其
他證明文件相符後,始得辦理:

一、公司、行號、團體及個人出口貨品或對非居住民提供服務收入
　　之匯款。

二、公司、行號、團體及個人進口貨品或償付非居住民提供服務支
　　出之匯款。

三、公司、行號每年累積結購或結售金額未超過等值五千萬美元之
　　匯款;團體、個人每年累積結購或結售金額未超過等值五百萬
　　美元之匯款。但本行得視經濟金融情況及維持外匯市場秩序之
　　需要,指定特定匯款性質之外匯收支或交易每年累積結購或結
　　售金額超過一定金額者,應依第六條第一項規定辦理。

四、辦事處或事務所結售在臺無營運收入辦公費用之匯款。

五、非居住民每筆結購或結售金額未超過十萬美元之匯款。但境外
　　非中華民國金融機構不得以匯入款項辦理結售。

前項第一款、第二款及第五條第四款之結購或結售金額,不計入申
報義務人當年累積結匯金額。

申報義務人為前項第一款及第二款出、進口貨品之外匯收支或交易以跟單方式辦理新臺幣結匯者，以銀行業掣發之出、進口結匯證實書，視同申報書。

(三)**須檢附文件之結匯申報：**

第5條　下列外匯收支或交易，申報義務人應檢附與該筆外匯收支或交易有關合約、核准函或其他證明文件，並經銀行業確認與申報書記載事項相符後，始得辦理新臺幣結匯申報：

一、公司、行號每筆結匯金額達等值一百萬美元以上之匯款。

二、團體、個人每筆結匯金額達等值五十萬美元以上之匯款。

三、經有關主管機關核准直接投資、證券投資及期貨交易之匯款。

四、於中華民國境內之交易，其交易標的涉及中華民國境外之貨品或服務之匯款。

五、中華民國境內第一上市（櫃）公司及登錄興櫃之外國公司之原始外籍股東匯出售股價款之匯款。

六、民營事業中長期外債動支匯入資金及還本付息之匯款。

七、依本行其他規定應檢附證明文件供銀行業確認之匯款。

(四)**須經核准之結匯申報：**

第6條　下列外匯收支或交易，申報義務人應於檢附所填申報書及相關證明文件，經由銀行業向本行申請核准後，始得辦理新臺幣結匯申報：

一、公司、行號每年累積結購或結售金額超過等值五千萬美元之必要性匯款；團體、個人每年累積結購或結售金額超過等值五百萬美元之必要性匯款。

二、未滿十八歲領有中華民國國民身分證、臺灣地區相關居留證或外僑居留證證載有效期限一年以上之自然人，每筆結匯金額達新臺幣五十萬元以上之匯款。

三、下列非居住民每筆結匯金額超過等值十萬美元之匯款：

(一)於中華民國境內承包工程之工程款。

(二)於中華民國境內因法律案件應提存之擔保金及仲裁費。

(三)經有關主管機關許可或依法取得自用之中華民國境內不動產等之相關款項。

(四)於中華民國境內依法取得之遺產、保險金及撫卹金。

四、其他必要性之匯款。

辦理前項第二款所定匯款之結匯申報者，除已結婚者外，應由其法定代理人代為辦理，並共同於申報書之「申報義務人及其負責人簽章」處簽章。

(五)受理程序：

第8條　申報義務人至銀行業櫃檯辦理新臺幣結匯申報者，銀行業應查驗身分文件或基本登記資料，輔導申報義務人填報申報書，辦理申報事宜，並應在申報書之「銀行業或外匯證券商負責輔導申報義務人員簽章」欄簽章。

銀行業對申報義務人至銀行業櫃檯辦理新臺幣結匯申報所填報之申報書及提供之文件，應妥善保存備供稽核及查詢，其保存期限至少為五年。

(六)委託結匯申報：

第9條　公司或個人受託辦理新臺幣結匯並以自己之名義辦理申報者，受託人應依銀行業輔導客戶申報外匯收支或交易應注意事項、外匯證券商輔導客戶申報外匯收支或交易應注意事項有關規定及本行其他規定辦理。

除前項規定情形外，申報義務人得委託其他個人代辦新臺幣結匯申報事宜，但就申報事項仍由委託人自負責任；受託人應檢附委託書、委託人及受託人之身分證明文件，供銀行業查核，並以委託人之名義辦理申報。

(七)非居住民之結匯申報：

第10條　非居住民自然人辦理第四條第一項第五款、第五條第三款、第五款或第七款之新臺幣結匯申報時，除本行另有規定外，應憑護照或其他身分證明文件，由本人親自辦理。

非居住民法人辦理第四條第一項第五款、第五條第三款、第五款或第七款之新臺幣結匯申報時，除本行另有規定外，應出具授權書，授權其在中華民國境內之代表人或代理人以該代表人或代理人之名義代為辦理結匯申報；非居住民法人為非中華民國金融機構者，應授權中華民國境內金融機構以該境內金融機構之名義代為辦理結匯申報。

非居住民依第六條第一項第三款及第四款規定，經由銀行業向本行申請辦理新臺幣結匯者，得出具授權書，授權中華民國境內代理人以該境內代理人之名義代為辦理結匯申報。

(八)網路申報(一)：

第11條　下列申報義務人辦理新臺幣結匯申報，得利用網際網路，經由本行核准辦理透過電子或通訊設備外匯業務之銀行業，以電子文件向本行申報：

一、公司、行號或團體。

二、個人。

申報義務人利用網際網路辦理新臺幣結匯申報事宜前，應向銀行業申請並辦理相關約定事項。

銀行業應依下列規定受理網際網路申報事項：

一、於網路提供申報書樣式及填寫之輔導說明。

二、就申報義務人填具之申報書確認電子簽章相符後，依據該申報書內容，製作本行規定格式之買、賣匯水單媒體資料報送本行，並以該媒體資料視同申報義務人向本行申報。

三、**對申報義務人以電子訊息所為之外匯收支或交易申報紀錄及提供之書面、傳真或影像掃描文件，應妥善保存備供稽核、查詢及列印，其保存期限至少為五年。**

(九)**對大陸地區匯款之申報：**

第**17**條　對大陸地區匯出匯款及匯入匯款之申報，準用本辦法規定；其他應遵循事項依臺灣地區與大陸地區人民關係條例及其相關規定辦理。

臺灣地區人民幣收支或交易之申報，除本行另有規定外，準用本辦法之規定。

五、外幣收兌處設置及管理辦法

第**1**條　本辦法依據中央銀行法第三十五條第二項規定訂定之。

第**2**條　本辦法所稱外幣收兌處，係指依本辦法設置，由金融機構以外之事業，兼營對客戶辦理外幣現鈔或外幣旅行支票兌換新臺幣之業者。

本辦法所稱客戶係指：

一、持有外國護照之外國旅客及來臺觀光之華僑。

二、持有入出境許可證之大陸地區及港澳地區旅客。

第**3**條　**外幣收兌處辦理外幣收兌業務，每人每次收兌金額以等值三千美元為限。**

第**4**條　外幣收兌處設置之核准、廢止核准及必要時之業務查核等管理事項，中央銀行（以下簡稱本行）委託臺灣銀行股份有限公司（以下簡稱臺灣銀行）辦理。

法規一點靈

外幣收兌處設置及管理辦法

前項業務查核，本行得自行或會同臺灣銀行辦理之；外幣收兌處接受查核時，不得規避、妨礙或拒絕，並應迅速提供本辦法規定保存之文件，該文件不得隱匿或毀損。

第5條　**下列行業，具有收兌外幣需要，並有適當之安全控管機制者，得向臺灣銀行申請設置外幣收兌處：**
一、旅館及旅遊業、百貨公司、手工藝品及特產業、金銀及珠寶業（俗稱銀樓業）、鐘錶業、連鎖便利商店或藥妝店、車站、寺廟、宗教或慈善團體、市集自理組織、博物館、遊樂園或藝文中心等行業。
二、從事國外來臺旅客服務之國家風景區管理處、遊客中心等機構團體，或位處偏遠地區且屬重要觀光景點之商家。
前項各款以外行業，申請設置外幣收兌處應經臺灣銀行轉請本行專案核可。
前二項之行業於申設外幣收兌處時，並應檢附其負責人及具最終控制權人在臺灣地區查無犯罪紀錄之警察刑事紀錄證明。其負責人及具最終控制權人非本國人者，得依其國籍，提供該國無犯罪紀錄之相當證明文件代之。
外幣收兌處執照記載事項有所變更時，應於變更後十五個營業日內，檢具相關文件向臺灣銀行申請變更；於變更負責人項目或具最終控制權人異動時，並準用前項之規定。
未符合前四項之申設或變更條件及證明文件者，本行或臺灣銀行得駁回其申請。
第三項及第四項所稱具最終控制權人指直接、間接持有設置外幣收兌處行業之股份或資本超過百分之二十五之自然人。

第6條　外幣收兌處執照由臺灣銀行發給之，並應於門外或營業場所明顯處懸掛；其辦理外幣收兌業務，除本辦法規定者外，應依臺灣銀行股份有限公司指定外幣收兌處設置及收兌外幣注意事項（以下稱注意事項）、外幣收兌處防制洗錢及打擊資恐標準作業程序（以下稱標準作業程序）及有關規定辦理。

第7條　外幣收兌處收兌外幣之匯率，應參照指定銀行買入外幣價格辦理，並將匯率於營業場所揭示之。

外幣收兌處收兌之外幣，應結售予指定銀行並依外匯收支或交易申報辦法之規定辦理。

第8條　外幣收兌處應於**每季終了次月十五日前**，向臺灣銀行列報該季收兌金額；臺灣銀行彙總後，於當月底前，列表報送本行外匯局。

第9條　外幣收兌處有下列情事之一者，臺灣銀行得予撤銷或廢止核准：
一、違反本辦法或其他有關規定，情節重大。
二、連續兩季無收兌業務或連續四季收兌總額未達等值五千美元。
三、有停業、解散或破產情事。
四、經核准辦理收兌業務後，發現原申請文件有虛偽情事，或其他事實足認有礙業務健全經營之虞，且情節重大。

外幣收兌處違反本辦法、注意事項、標準作業程序或其他有關規定時，除前項規定之情形外，臺灣銀行得視情形通知其限期改善。

第10條　外幣收兌處辦理每筆外幣收兌交易前，應先確認完成下列事項：
一、係由客戶本人親自辦理。
二、詳驗客戶護照或入出境許可證正本。
三、將客戶姓名、出生年月日、國別／地區別、護照或入出境許可證號碼、交易金額記錄於外匯水單。
四、經客戶於外匯水單親自簽名。

因前項任一款應確認事項不完備而未辦理之交易，如為疑似洗錢或資恐之交易，應依第十二條第一項及第三項辦理申報。

第11條　外幣收兌處辦理外幣收兌業務，有下列情形之一者，應特別注意並辦理強化審查措施：
一、數人夥同辦理外幣兌換，其身分及外在行為表徵明顯有異常者。
二、客戶以化整為零方式，經常辦理外幣兌換。
三、電視、報章雜誌或網際網路及其他相關媒體報導之特殊重大案件，其涉案人辦理外幣兌換。
四、客戶來自臺灣銀行轉知國際防制洗錢組織所公告防制洗錢及打擊資恐有嚴重缺失之國家或地區，及其他未遵循或未充分遵循國際防制洗錢組織建議之國家或地區。
五、客戶係現任或曾任國內外政府或國際組織之重要政治性職務者、其家庭成員及有密切關係之人。

六、其他理由懷疑資金來自犯罪所得或與資恐有關；或經推定有疑
　　似洗錢或資恐交易情形。

前項強化審查措施指詳詢客戶來臺目的、兌換新臺幣之資金用途、
在臺住所、停留天數及確認交易目的之合理性等，並予記錄且經客
戶簽名確認後留存。但該紀錄係併同記載於外匯水單者，客戶得僅
於外匯水單親自簽名。

外幣收兌處於確認客戶身分或進行強化審查時，有下列情形之一
者，應予以婉拒交易：

一、持用偽、變造之護照、入出境許可證或冒用他人名義。

二、提供之護照或入出境許可證真實性可疑、模糊不清，無法進行
　　身分確認及查證。

三、客戶為其他國家或國際組織認定或追查之恐怖分子。

四、客戶為法務部依資恐防制法公告制裁之個人。

五、經就第一項各款採取強化審查措施後，客戶無法就其交易提出
　　合理解釋或拒絕說明。

第12條　外幣收兌處辦理外幣收兌業務，有前條第一項第一款至第三款、第六款
及第三項第一款至第三款、第五款情形者，應列為疑似洗錢或資恐之
交易，儘速經負責人或其指定人員核定後，向法務部調查局辦理申報。

外幣收兌處辦理外幣收兌業務，有客戶為前條第三項第四款公告制裁之
個人，應儘速經負責人或其指定人員核定後，向法務部調查局辦理通報。

外幣收兌處辦理第一項之申報及前項之通報，應自**知悉之日起十個營
業日內**，依法務部調查局所定之申報或通報格式，蓋用外幣收兌處專
用章後，以郵寄、傳真、電子郵件或其他方式，向法務部調查局辦理。

外幣收兌處依前三項規定為申報或通報者，禁止洩漏或交付相關資
訊，就其申報或通報行為得免除其業務上應保守秘密之義務。該外
幣收兌處之負責人、董事、經理人及職員，亦同。

第13條　**外幣收兌處辦理外幣收兌業務應有專設帳簿及會計報表等，詳實記
錄交易事實，並至少保存十年；相關之外匯水單、依第十一條第一
項對客戶所為之強化審查措施紀錄、依前條辦理之可疑交易申報紀
錄與分析資料，以及指定制裁對象之通報紀錄等憑證，應自其憑證
作成時起，至少保存五年。**

前項專設帳簿、會計報表及憑證等，外幣收兌處應以**紙本或電子資
料保存**。

因辦理外幣收兌業務所蒐集客戶之資訊，除其他法律或主管機關另有規定者外，應保守秘密；並應依個人資料保護法第二十七條第一項規定採行適當之安全措施。

第14條 外幣收兌處應建立審慎適當之員工遴選及任用程序，以確保雇用得以執行其職務所需專業知識之員工。

外幣收兌處應派員參加臺灣銀行舉辦之在職教育訓練，並應辦理新進員工職前教育訓練。

前項教育訓練內容應至少包括有關防制洗錢、打擊資恐、本辦法相關規定及外幣鑑識。

第15條 外幣收兌處應由負責人或其指定人員負責執行或監督執行其內部人員遵循本辦法有關防制洗錢及打擊資恐之規定，並依標準作業程序辦理稽核作業。

第16條 外幣收兌處辦理香港或澳門發行之貨幣現鈔收兌業務，準用本辦法之規定。

外幣收兌處辦理人民幣現鈔收兌業務，除應遵循下列規定外，準用本辦法之規定：

一、**每人每次收兌之人民幣現鈔，不得逾人民幣二萬元。**

二、**收兌之人民幣現鈔，應按旬結售予臺灣銀行。**

精選試題

（　）**1** 銀行業對於申報義務人以電子訊息所為之外匯收支或交易申報記錄及提供之書面或傳真文件，應妥善保存，其保存期限至少為幾年？　(A)1年　(B)3年　(C)5年　(D)15年。

（　）**2** 依「銀行業辦理外匯業務管理辦法」規定，下列敘述何者錯誤？(A)指定銀行得不經申請逕行辦理遠期外匯交易及換匯交易之衍生性外匯商品業務　(B)指定銀行以國內自設外匯作業中心處理相關外匯後勤作業時，應於開辦後一週內檢附相關作業要點及作業流程向央行報備　(C)指定銀行之分行或非指定銀行及其分行辦理買賣外幣現鈔及旅行支票之經辦人員及覆核人員，應有七個營業日以上之相關外匯業務經歷　(D)指定銀行得接受同一銀行國際金融業務分行（OBU）委託代為處理OBU業。

(　　) **3** 有關經許可辦理買賣外幣現鈔及旅行支票之信用合作社之敘述，下列何者錯誤？　(A)應由其該分社備文　(B)需檢附信用合作社營業執照影本與經辦與覆核人員資歷　(C)需檢附前一會計年度決算後之資產負債表與綜合損益表　(D)需檢附近一年內有無違反金融法規受處分情形之相關文件。

(　　) **4** 依「外幣收兌處設置及管理辦法」規定，下列敘述何者正確？　(A)外幣收兌處執照由臺灣銀行發給之，並應於門外或營業場所明顯處懸掛　(B)外幣收兌處辦理外幣收兌業務，每筆收兌金額以等值美金二萬美元為限　(C)外幣收兌處應於每季終了次月五日前，向臺灣銀行列報該季收兌金額　(D)相關之兌換水單及申報疑似洗錢紀錄等憑證至少保存十年。

(　　) **5** 下列何種情形之結匯，指定銀行得逕行辦理？　(A)公司對外投資超過每年結匯額度　(B)持護照外國人每筆超過十萬美元　(C)來華直接投資案件　(D)佣金收入。

(　　) **6** 有關結匯之規定，下列何者錯誤？　(A)持內政部入出境管理局核發之入出境許可證辦理結匯之港澳地區居民，其結匯金額比照非居住民辦理　(B)持中華民國外交部核發駐華官員證之外交官員，其結匯金額比照我國國民辦理　(C)銀行業受理駐華外交機構辦理新臺幣結匯案件，不論結匯性質，均無結匯金額限制　(D)會計師事務所、律師事務所及診所之結匯金額，按照團體之規定辦理。

解答與解析

1 (C)。根據外匯收支或交易申報辦法第11條，銀行業對申報義務人以電子訊息所為之外匯收支或交易申報紀錄及提供之書面、傳真或影像掃描文件，應妥善保存備供稽核、查詢及列印，其保存期限至少為五年。

2 (C)。指定銀行之分行或非指定銀行及其分行辦理買賣外幣現鈔及旅行支票之經辦人員及覆核人員，應有五個營業日以上之相關外匯業務經歷。

3 (A)。銀行業辦理外匯業務管理辦法第23條規定：「非指定銀行之銀

行業，申請許可辦理買賣外幣現鈔及旅行支票業務，應依下列規定辦理：……二、信用合作社（總社或其分社）應由其總社備文，並檢附信用合作社營業執照影本、經辦與覆核人員資歷、前一會計年度決算後之資產負債表與綜合損益表及最近一年內有無違反金融法規受處分情形之相關文件。」

4 (A)。外幣收兌處辦理外幣收兌業務，每人每次收兌金額以等值美金三千美元為限；外幣收兌處應於每季終了次月十五日前向臺灣銀行列報該季收兌金額；相關之兌換水單及申報疑似洗錢紀錄等憑證至少保存五年。

5 (D)。根據外匯收支或交易申報辦法第4條，下列外匯收支或交易，申報義務人得於填妥申報書後，逕行辦理新臺幣結匯申報。但屬於第五條規定之外匯收支或交易，應經銀行業確認申報書記載事項與該筆外匯收支或交易有關合約、核准函或其他證明文件相符後，始得辦理：

一、公司、行號、團體及個人出口貨品或對非居住民提供服務收入之匯款。

二、公司、行號、團體及個人進口貨品或償付非居住民提供服務支出之匯款。

三、公司、行號每年累積結購或結售金額未超過等值五千萬美元之匯款；團體、個人每年累積結購或結售金額未超過等值五百萬美元之匯款。但本行得視經濟金融情況及維持外匯市場秩序之需要，指定特定匯款性質之外匯收支或交易每年累積結購或結售金額超過一定金額者，應依第六條第一項規定辦理。

四、辦事處或事務所結售在臺無營運收入辦公費用之匯款。

五、非居住民每筆結購或結售金額未超過等值十萬美元之匯款。但境外非中華民國金融機構不得以匯入款項辦理結售。

6 (B)。根據銀行業輔導客戶申報外匯收支或交易應注意事項第4條，持中華民國外交部核發駐臺外交機構人員及其眷屬身分證明文件者、持中華民國護照但未領有中華民國國民身分證者，其結匯金額按照非居住民辦理。

第一章 外匯業務概述

依據出題頻率區分，屬：**A** 頻率高

國際貿易中，除經銷商管理外，貨款結算為最重要的一環，而常見的國際貿易貨款結算方式，可見以下分類。

重點 常見的國際貿易貨款結算方式

一、開發信用狀（Letter of Credit，L/C）
詳見後續章節。

二、託收（Collections，分D/A和D/P）
詳見第二部分的第六章之進出口託收。

三、預收貨款
(一)預收貨款是指買方按照合約規定預先給付部分或完全貨款。
(二)結算方式採預收貨款的主要情形：
  1.當出口商財務吃緊，無法按照如期組織貨源時，進口商採取預付貨款形式，提供出口商一定的融資便利。
  2.進出口涉及大型機械設備等高價貨品。
  3.進出口商雙方地位不平等，例如出口商為國際企業，資信狀況好，談判地位處於上風時。

四、交單付現
交單付現（CAD，CASH AGAINST DOCUMENTS）又稱憑單付款、交貨付現，是指買方付款後，賣方交單。買方付款是賣方交單的前提條件。在賣方對買方資信不瞭解的情況下採用此種支付方式，對賣方具有保護作用。

五、貨到付款

貨到付款（COD, Cash on Delivery），指出口商先將貨物裝船出口，待貨物抵達目的地時，進口商再給付貨款給出口商的結算支付方式。

六、記帳付款

記帳付款（Open Account O/A），指賣方出貨後即將單據寄予買方提貨，待雙方約定時間到期時，買方再將貨款匯付給賣方。換言之，從裝運日至到期日之期間等於變相融資於買方的交易方式。

七、寄售

(一)**寄售（Consignment）**：是指賣方先將貨品運往寄售地，委託國外的受託人代銷，並在貨物出售後，由代銷人向貨主結算貨款的貿易方式。

(二)**寄售的特點：**

　1.先出運、後成交的貿易方式。

　2.出口商與寄售商之間是委託代銷關係。在商品未出售前，商品的所有權仍屬委託人（出口商）。

　3.寄售的優點：

　　(1)憑實物買賣，買主可直接看到貨物，利於促進成交。

　　(2)代銷商不負擔風險與費用，促進其經營的靈活性。

　4.寄售的缺點：

　　(1)出口商承擔的風險較大。

　　(2)寄售貨物的貨款回收速度較慢。

八、分期付款

分期付款（Installment）是由進口商與出口商約定，將貨款給付時間分成若干期，由進口商匯付給出口商之付款方式。

第二章 信用狀介紹

依據出題頻率區分，屬：**A** 頻率高

重點1 信用狀之概念

一、信用狀的定義

在國際貿易實務上，**信用狀（Letter of Credit，L/C）是開狀銀行應進口商之要求，開立給出口商之憑證；該憑證承諾，若出口商依信用狀所載規定出貨，則開狀銀行將支付款項給出口商或其指定人；**為典型的**逆匯**結算工具。

二、信用狀的特性

(一)**獨立性**：
　1.信用狀與相關買賣或勞務契約是完全獨立的。
　2.信用狀當事人僅受信用狀本身、信用狀統一慣例及國際標準銀行實務之規範。故基礎契約所衍生之主張或抗辯，皆不影響信用狀效力。
(二)**文義性（無因性）**：當事人對信用狀權利之行使，僅就信用狀條款予以審查，以確認單據是否符合信用狀條款之要求。此等特性，稱為信用狀的文義性或信用狀的無因性。

三、信用狀的功能

(一)**對出口商**：
　1.**獲得信用保證**：若出口商依信用狀條件出貨，可獲開狀行付款保證。
　2.**資金融通便利**：因開狀銀行之介入，出貨後可迅速收妥出口貨款。
　3.**可確定交易契約**：買賣契約一經開狀後，即確定雙方交易，非經受益人、開狀銀行、保兌銀行同意不可撤銷。
(二)**對進口商**：
　1.**融通便利**：進口商在贖單提貨前，該款項由開狀行暫付，相當於資金融通。
　2.**確定賣方履約**：可以確定賣方交貨日期。
　3.**獲得信用保障**：可藉由信用狀之檢驗條款，避免出口商以劣貨交易。

四、信用狀業務流程圖

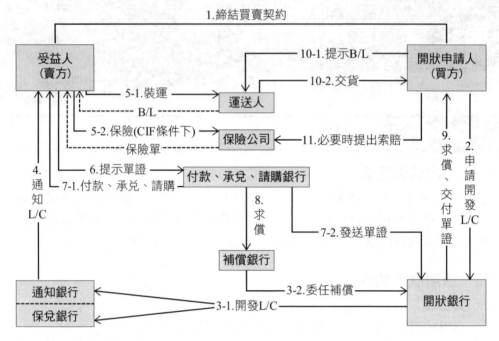

五、信用之關係人

(一) **開狀申請人（Applicant）**：向銀行申請開發信用狀之人，通常為進口商。

(二) **開狀銀行（Opening Bank）**：應開狀申請人之請求，開發信用狀之銀行。

(三) **受益人（Beneficiary）**：有權使用信用狀利益之人，通常為出口商。

(四) **通知銀行（Advising Bank）**：**應開狀銀行委託，將信用狀通知受益人的銀行。**

(五) **付款銀行（Paying Bank）**：信用狀中規定擔任付款之銀行。

(六) **承兌銀行（Accepting Bank）**：於遠期匯票屬名，承諾到期時，將給付票款之銀行。

(七) **押匯銀行（Negotiating Bank）**：應受益人之請求，讓購或貼現信用狀項上匯票及單據之銀行。**如係向補償銀行請求付款之押匯銀行，稱之求償銀行（Claiming Bank）。**
意即出口商可備妥文件，向押匯銀行申請押匯；押匯銀行會先墊付款項給予出口商後，再向付款銀行申請墊付的款項。

知識補給站

因押匯銀行並非信用狀交易下之付款人，而僅是單純之單據持有人。如果押匯銀行遭拒付時，不論為何，均可向出口商索回其所墊付之款項及因此產生的利息和其他費用。又，押匯銀行在開狀銀行未付款前，或遭拒付後出口商未償還款項前，對單據或其所代表之貨物有質押或留置權，以保障其債權。

(八)**轉押匯銀行（Re-negotiating Bank）**：若信用狀限定押匯銀行，但該銀行又非受益人之往來銀行；受益人可逕向其往來銀行辦理押匯，再由該往來銀行向該限定押匯銀行辦理轉押匯（renegotiation）事宜。這種情況下，限定押匯銀行，稱為轉押匯銀行。

(九)**補償銀行（Reimbursing Bank）**：應開狀銀行之委託或授權，**在約定的額度內，償付求償銀行所代付之款項**。

知識補給站

補償銀行對求償銀行之補償行為，係屬單純之付款，並不涉及單據是否符合信用狀規定之問題，若開狀銀行所接獲之單據有瑕疵時，應直接向求償銀行追回補償銀行所代為償付之款項。

(十)**保兌銀行（Confirming Bank）**：因開狀銀行規模小、資信不明或所處國家經濟狀況不穩，而須由另外一信用卓越銀行對其所開信用狀擔保兌付責任。

牛刀小試

( ) **1** 受開狀銀行之授權或委託，代其付款或墊款予求償銀行之銀行稱為： (A)保兌銀行 (B)清算銀行 (C)補償銀行 (D)指定銀行

( ) **2** 下列何者非出口押匯款項之求償對象？ (A)開狀銀行 (B)通知銀行 (C)補償銀行 (D)保兌銀行

[解答與解析]

1 (C)。補償銀行（Reimbursing Bank）會償付求償銀行所代付之款項。

2 (B)。通知銀行的義務不包含支付押匯款項。

重點2 信用狀的種類

一、依撤銷與否

(一)可撤銷信用狀（Revocable L/C）。

(二)不可撤銷信用狀（Irrevocable L/C）。

信用狀簽發並通知受益人後，未經開狀銀行、保兌銀行及受益人同意，不得任意修改或取消。**信用狀上載明「Revocable」為可撤銷，否則為不可撤銷**。

二、依保兌之有無

(一)保兌信用狀（Confirmed L/C）。

(二)非保兌信用狀（Non-confirmed L/C）。

1. **信用狀如經開狀銀行以外的另一家銀行擔保兌付**，稱該信用狀為保兌信用狀。如信用狀未經另一銀行保兌者，稱該信用狀為無保兌信用狀。

2. 因信用狀本身效力較強，故實務上受益人較少強調信用狀必須保兌，通常僅於下列情形要求：

   (1)信用狀金額龐大，超過開狀銀行本身資本實力。

   (2)信用狀開狀銀行為地方銀行，資信不為人所熟悉；且開狀銀行所在國家之政經情勢不穩定、批准外匯常拖延等問題。

三、依寬限期之有無

(一)即期信用狀（Sight L/C）。

(二)遠期信用狀（Usance L/C）

1. 買方遠期信用狀（Buyer's Usance L/C）：**利息買方負擔**。

2. 賣方遠期信用狀（Seller's Usance L/C）：**利息賣方負擔**。

(三)延期付款信用狀（Deferred Payment L/C）。

如規定受益人應開發即期匯票或交單時即可兌現者，稱為即期信用狀；如規定受益人簽發遠期匯票者，稱為遠期信用狀；如規定在受益人提交單證後的未來一定日期，由開狀銀行或指定銀行付款者，稱為延期付款信用狀。

考點速攻

開發賣方遠期信用狀時，雖然利息由賣方負擔，但銀行為掌握進口商真實的資金需求，仍需占用遠期開狀額度，且期限須於批覆之期限內。

四、依可否轉讓

(一)可轉讓信用狀（Transferable L/C）。

(二)不可轉讓信用狀（Non-transferable L/C）。

1. 信用狀僅於特別敘明其係 "Transferable" 時，才可轉讓，因此，**凡L/C 上無 "Transferable" 字樣者，即視為不可轉讓L/C。除信用狀另有規定 外，僅可轉讓一次。**

2. 信用狀僅能依原信用狀所規定條件轉讓，但信用狀**金額、單價、有效期 限、提示期間、最遲裝運日**或所定之裝運期間則**得予減少或縮短**，又**保 險應投保的百分比得予以提高**。

五、依是否已轉讓

(一)轉讓信用狀（Transferable L/C）。

(二)受讓信用狀（Transferred L/C）。

> **知識補給站**
> 轉開信用狀通常為：
> 1. 金額較主信用狀小。
> 2. 有效期限較主信用狀短。
> 3. 數量和品質條件與主信用狀一致 （以方便換相關押匯單據）。

六、依是否轉開

(一)主信用狀（Master L/C）。

(二)轉開信用狀（Back-to-Back L/C）： 有時信用狀受益人本身並非貨物的供 應商，但一方面因不願讓買方知道自 己並非供應商，也不願讓其知道自己是以較低價購得貨物後再行轉賣；為 避免國外買方與國內供應商直接接觸，出口商便向通知銀行（有時為本地 其他銀行）申請憑國外開來的信用狀另開一張信用狀給供應商。這種憑他 人所開的信用狀，向本地銀行申請另開一張以供應商為受益人的信用狀， 即為「轉開信用狀」。國人常稱為本地信用狀（local credit）。

七、依可否循環

(一)**循環信用狀（Revolving L/C）：**

1. **自動循環**（Automatic Revolving Credit）：即L/C金額被動用後，隨即恢 復原金額供繼續使用，**無需等待開狀銀行通知，亦不需通過一段時日**。

2. **半自動循環**（Semiautomatic Revolving Credit）：即L/C金額被動用後， **經過若干時日**，如開狀銀行未提出不能恢復使用之通知，則該L/C即可自 動揮動金額，繼續使用。

3. 非半自動循環（Notified Revolving Credit）：即L/C金額被動用後，必須等待開狀銀行通知，方可繼續使用。

(二)**非循環信用狀（Non-revolving L/C）。**

八、依使用目的

(一)**商業信用狀（Commercial L/C）**：以清償貸款為目的。

(二)**擔保信用狀（Stand-by L/C）**：以融通資金或保證為目的。

九、依有無限定兌付銀行區分

(一)**讓購信用狀（Negotiation L/C）**：

1. 一般信用狀（未指定讓購銀行）。

2. 特別信用狀（指定讓購銀行）。

(二)**直接信用狀（Straight L/C）**：

1. **允許**受益人將其匯票及單證**提交付款銀行以外的其他銀行**請求讓購，不必逕向付款銀行提示付款的信用狀，稱**讓購信用狀**。

(1)讓購信用狀特別規定受益人須在某一特定銀行辦理者，稱此種信用狀為特別或限押信用狀。

(2) 未特別限定讓購銀行的讓購信用狀，稱一般或自由讓購信用狀。

2. 有時或因開狀銀行在出口地頭寸充裕或由於信用狀條件複雜，或有些單證需要特別注意審查，**開狀銀行希望自己掌握審單或由指定的聯行、代理行獨家經辦，因而特別規定受益人須將匯票及單證直接提交開狀銀行或其指定的銀行辦理兌付事宜**。這種信用狀稱為**直接信用狀**。

十、依有無跟單區

(一)**跟單信用狀（Documentary credit）**：受益人請求讓購、付款或承兌時，**必須同時提示貨運性單證者，又稱為押匯信用狀**。

(二)**無跟單信用狀（Clean credit）**：受益人請求讓購、付款或承兌時，**僅憑一張光票及其他單證**，無需提交貨運單證，又稱**光票信用狀**。

十一、依有無追索權區

(一)**有追索權信用狀（with recourse）**：當匯票遭開狀行拒付時，被背書人（押匯銀行或付款銀行）可向背書人請求償還票款。若信用狀未載明係屬with recourse或without recourse，實務上認定為with recourse L/C。

(二)**無追索權信用狀（without recourse）**：當匯票遭開狀行拒付時，被背書人不得向背書人請求償還票款。

十二、紅條款信用狀與綠條款信用狀

(一)**紅條款信用狀（Red Clause L/C）**：預支信用狀，因信用狀中預支條款字樣是紅色的，故得此名。若出口商持有此信用狀，可向銀行請求貸放一定金額的週轉資金。待貨物出口後，受益人提供正式出口單據，銀行再付L/C金額減去預支金額的差額。

(二)**綠條款信用狀（Green Clause L/C）**：預支信用狀，以綠色文字表示預支條款，和紅色條款相類似，但更嚴格。出口商須將預支後所採購的貨物，以開證行名義存入倉庫，再辦裝船出口手續。

十三、背對背信用狀與第二信用狀

(一)**背對背信用狀（Back-to-Back L/C）**：一個信用狀的<u>受益人以此信用狀為保證，要求另一家銀行開立以其為開證行、原受益人為申請人的一份新信用狀</u>。其中原始信用狀又稱<u>**主要信用狀（Master L/C）**，背對背信用狀是第二信用狀</u>。

(二)**背對背信用狀用途**：主要用於中間商的貿易活動。
 1. 背對背信用狀與原證則是兩個獨立的信用狀，同時並存。
 2. 背對背信用狀的第二受益人不能獲得原證開證行的付款保證，只能得到背對背開證行的付款保證。
 3. 背靠背信用狀所列的交貨日期在前，原信用狀所列交貨日期在後，以保證按期交貨。

牛刀小試

(　　) **1** 依UCP600之規定，倘信用狀未另有規定，下列何者不被允許？
(A)轉運　(B)分裝　(C)轉讓　(D)提示簡式提單。

(　　) **2** 有關「保兌信用狀」敘述，下列何者錯誤？　(A)保兌銀行之辦理保兌須經開狀銀行之授權或委託　(B)對於開狀銀行有關保兌之授權或委託，通知銀行得逕將該信用狀通知受益人而不附加保兌，但須將無意辦理之意旨告知開狀銀行與受益人　(C)保兌銀

行得選擇僅保兌信用狀，而不延伸其保兌至修改書，但須儘速告知開狀銀行並於通知書上告知受益人　(D)保兌銀行開立的保兌書有效期限，可較信用狀規定的有效期限縮短。

[解答與解析]

　1 **(C)**。若未特別敘明，信用狀不得轉讓。

　2 **(D)**。保兌銀行針對保兌信用狀所負責任，其型式、時限皆與信用狀相同。

知識補給站

近年雖因母子公司、上下游業者之間的貿易，因為彼此了解，較無信用風險考量，都以匯款方式為之；使近年來以信用狀或託收為付款之方式逐漸減少。

但在一般較無特殊關係之公司間，其國際貿易仍以信用狀為主要往來方式，信用狀的重要性由此可知。

重點3　信用狀的發送方式

信用狀的傳遞方式有以下列幾種：

一、信開信用狀（By airmail）：郵遞方式（Mail L/C、Airmail L/C）。

二、電開信用狀（By telecommunication）：以電傳方式，例如海纜電報（cable）、普通電報（telegram）或環球財務通訊系統（SWIFT），將通知開發信用狀事宜。

　(一)簡文電報（Brief Cable）：「詳細後送」（full details to follow）；若以簡文電報通知者，需再補上電報信用狀證實書（Cable Confirmation），**簡文電報僅具預報性質，尚不具信用狀效力**。

　(二)詳文／全文電報（Full Cable），為正本L/C。

三、一般註明詳文電報時，實務上均會以SWIFT MT700發送，除非開狀銀行與通知銀行之間無SWIFT SAK之交換，才會以telex發送。

重點4 與信用狀有關之SWIFT電文格式

常見與信用狀有關之SWIFT格式，有：MT700（**開發信用狀電文格式**）、
MT701（**MT700不夠時用**）、MT707（**修改／取消信用狀電文格式**）、
MT740（**補償授權書電文格式**）、MT747（**修改補償授權書電文格式**）等。

目前實務上，絕大部份是以SWIFT MT700開發信用狀，其電文代號如下表：

欄位代號	Field Name	意義
31C	Date of Issue	・開狀日期，選填欄位，以YYMMDD表示之。 ・若此欄未填，則默認為電文的發送日期。
31D	Date and place of expiry	信用狀的到期日與地點，日期以YYMMDD表示之。
32B	Currency Code, Amount	・幣別代碼與金額。 ・SWIFT上不能打小數點，否則電文會發不出去。例如美金150,000.25元，應以USD 150000,25表示之。
39A	Percentage Credit Amount Tolerance	**・金額增減百分比** **・允許增10%，減7%的差額→以10／7表示之。**
40A	Form of Documentary Credit	跟單信用狀種類，僅有下列表示方式 REVOCABLE　可撤銷 IRREVOCABLE　不可撤銷 REVOCABLE TRANSFERABLE 　　　　　可撤銷，可轉讓 IRREVOCABLE TRANSFERABLE 　　　　　不可撤銷，可轉讓
49	Confirmation Instructions	保兌指示 WITHOUT　表示不需加保兌 MAY ADD　表經授權後得保兌 CONFIRM　表委託保兌，至於保兌費用由誰負擔應於信用狀上表示，**倘信用狀未規定，則由申請人負擔。**

欄位代號	Field Name	意義
71B	Charges	費用，倘留空未填，表示除讓購費及轉讓費外，其餘費用皆由申請人負擔。

牛刀小試 ⋯⋯⋯⋯⋯⋯⋯⋯⋯⋯⋯⋯⋯⋯⋯⋯⋯⋯⋯⋯⋯⋯⋯⋯⋯⋯⋯⋯⋯⋯⋯

(　) **1** 通知銀行收到國外開狀銀行以SWIFT MT700型式之信用狀其49欄位保兌指示（Confirmation instruction）載明"MAY ADD"，則通知銀行有關是否保兌之作為，下列何者正確？　(A)一律須加保兌後再通知受益人　(B)不予理會　(C)僅於受益人要求保兌且通知銀行同意加保兌後，保兌始生效　(D)倘通知銀行不同意加保兌，得逕予通知信用狀，而不須知會開狀銀行。

(　) **2** 依據SWIFT使用要點，信用狀之修改、取消原則上應以何種電文格式拍發？　(A)皆使用MT707　(B)修改使用MT700，取消使用MT707　(C)修改使用MT707，取消使用MT700　(D)皆使用MT700。

(　) **3** 倘開狀銀行授權通知銀行對信用狀附加保兌，則以SWIFT MT700開發信用狀時，其49欄位應填列何種代號？　(A)WITHOUT　(B)MAY ADD　(C)CONFIRM　(D)AUTHOR。

[解答與解析]

　1 (C)。若為MAYADD，則表示經受益人要求、且「通知銀行同意」後，保兌方生效。

　2 (A)。修改信用狀與取消信用狀接用MT707拍發。

　3 (B)。MAYADD表經授權後得保兌；WITHOUT表示不需加保兌；CONFIRM表委託保兌，而49欄不會出現AUTHOR。

精選試題

(　) **1** 依信用狀統一慣例對於信用狀的定義，信用狀本身為：　(A)通知銀行與申請人之間的約定　(B)開狀銀行與通知銀行之間的約定　(C)押匯銀行與受益人之間的約定　(D)開狀銀行與受益人之間的約定。

(　) **2** 以SWIFT MT700開發信用狀時，倘71B欄位留空未填，則有關之費用其負擔為何？　(A)所有費用由受益人負擔　(B)所有費用由申請人負擔　(C)除讓購及轉讓費用外，其他費用由申請人負擔　(D)除開狀費用外，其他費用由受益人負擔。

(　) **3** 與開狀銀行同為信用狀上受益人的連帶債務人而負幾乎相同義務之銀行為：　(A)保兌銀行　(B)補償銀行　(C)清算銀行　(D)轉讓銀行。

(　) **4** 依UCP600之規定，有關可轉讓信用狀之敘述，下列何者正確？　(A)可轉讓信用狀僅能轉讓一次，縱於信用狀有效期限內，第二受益人不得回頭轉讓與第一受益人　(B)可轉讓信用狀僅能全部轉讓，縱原始信用狀能分批動支，仍不得部分轉讓　(C)在辦理轉讓時，信用狀所載貨物之任何單價得以減少　(D)在辦理轉讓時，信用狀之有效期間不得縮短。

(　) **5** 買方到他的往來銀行申請開發信用狀，則該買方之往來銀行稱為下列何者？　(A)ADVISING BANK　(B)ISSUING BANK　(C)NEGOTIATING BANK　(D)REIMBURSING BANK。

(　) **6** 若L/C規定"This L/C is available with any bank by negotiation"，則下列敘述何者正確？　(A)此信用狀為自由讓購信用狀　(B)任何銀行包括開狀銀行均可為讓購銀行　(C)此信用狀必為即期信用狀　(D)此信用狀為直接信用狀。

(　) **7** 有關信用狀之敘述，下列何者錯誤？　(A)延期付款信用狀係依信用狀規定承擔延期付款承諾並於到期日為付款　(B)延期付款信用狀性質與一般信用狀無異，受益人提示符合信用狀條款之單據，開狀行即予付款　(C)延期付款信用狀付款時間非即期，但

得依信用狀之規定予以計算而得　(D)延期付款信用狀動用方式
與即期付款信用狀相同，兩者均不須提示匯票。

(　　) **8** 有關SWIFT之敘述，下列何者錯誤？
(A)SWIFT通訊方式的興起，更方便了通匯銀行間的往來
(B)SWIFT擁有專用的通訊網路，為嚴密且封閉之系統，他人無
　　法干擾及介入此一系統
(C)發電、收電作業均採使用者代碼及以亂碼傳送，別人不易
　　解碼
(D)目前已大量使用於銀行業、金融界及一般航運、貿易業。

(　　) **9** 以SWIFT MT700/701開發信用狀，倘其信用狀金額允許＋/－
10%之差額，則其MT700之相關欄位，應如何填列？　(A)39A：
10/10　(B)39A：10/00　(C)39B：10/10　(D)39B：10/00。

(　　) **10** 下列何種開狀付款方式，不會要求受益人提供匯票？　(A)BY
NEGOTIATION　(B)BY PAYMENT　(C)BY ACCEPTANCE
(D)BY DEFERRED PAYMENT。

(　　) **11** 信用狀通知方式目前以下列何者最為普遍？　(A)SWIFT　(B)航
郵　(C)簡電加郵寄證實書　(D)TELEX。

(　　) **12** 依UCP600之規定，下列敘述何者錯誤？　(A)信用狀係屬可撤
銷，即使其未表明該旨趣　(B)信用狀在本質上與買賣或其他契
約係分立之交易　(C)保兌信用狀修改時，保兌銀行得選擇將修
改書通知受益人而不延伸其保兌但須儘速告知開狀銀行並於其
通知書上告知受益人　(D)信用狀僅於開狀銀行明示其係「可轉
讓」（TRANSFERABLE）時，始得轉讓。

(　　) **13** 有關可轉讓信用狀，下列敘述何者錯誤？
(A)可轉讓信用狀意指特別敘明其係可轉讓之信用狀
(B)唯有指名之指定銀行或被授權辦理轉讓之銀行或開狀銀行方
　　可辦理轉讓信用狀由第二受益人使用
(C)第二受益人可請求將受讓信用狀再轉讓予第三受益人
(D)轉讓一個以上的受益人時，其中任何第二受益人若拒絕修改
　　書，並無礙其他第二受益人之接受修改書。

解答與解析

1 (D)。信用狀是指銀行受客戶委託,通知並授權指定受益人,在其履行約定條件後,得依照一定款式,開發一定金額以內之匯票或其他憑證,由該行或其指定之代理銀行負責承兌或付款之文書。

2 (C)。倘71B欄位空未填,表示除讓購費及轉讓費外,其餘費用皆由申請人負擔。

3 (A)。保兌銀行與開狀銀行同為受益人的連帶債務。

4 (C)。可轉讓信用狀可再次轉回與第一受益人;若原始信用狀得分批動支,可部分轉讓;轉讓時信用狀之有效期間可以縮短。

5 (B)。開狀銀行為ISSUING BANK。

6 (A)。開狀銀行不得為可讓購銀行;信用狀可以是即期信用狀,也可是遠期信用狀;本信用狀為讓購信用狀,概念與直接信用狀相反。

7 (B)。延期付款信用狀是遠期信用狀的一種,亦稱無匯票遠期信用狀。延期付款信用狀適用於進出口大型機電成套設備,為了加強競爭條件可採用延期付款、賣方中長期貸款或賒欠出口等措施。但期限較長,出口商不必提示匯票,開證銀行也不承兌匯票,只是於到期日由銀行付款。

8 (D)。SWIFT的會員多為金融機構。

9 (A)。MT700欄位39A為"Percentage Credit Amount Tolerance",表允許金額增減百分比,若允許＋／－10%之差額,以10／10表示之。

10 (D)。延期付款信用狀(Deferred payment credit):屬於遠期L/C,依規定受益人不須簽發匯票。

11 (A)。SWIFT系統因速度快、安全性高,是目前信用狀最常見的傳遞方式。

12 (A)。信用狀無論其描述為何,其不可撤銷。

13 (C)。可轉讓信用狀以轉讓一次為限,故第二受益人不可再轉讓予第三受益人。

第三章 信用狀內容與審核

依據出題頻率區分，屬：**A** 頻率高

不論承辦進口開狀業務，或出口押匯時，銀行皆須審查信用狀及其規定之全套單據。就信用狀之主要內容，以及銀行審核要點加以整理。

重點1 信用狀主要內容

一份完整之信用狀，應記載以下事項：一、對信用狀本身的說明；二、對匯票的要求；三、對單據的要求；四、對貨物的要求；五、對運輸的要求；六、其他要求。

一、對信用狀本身的說明

(一)**信用狀當事人**：

申請人（進口商）／開狀銀行／通知銀行／受益人（出口商）之名稱及地址。

(二)**開狀方式**：

1. 郵寄信用狀。
2. 電傳信用狀，藉由Telex或SWIFT電文。
   (1)簡文電開信用狀（Brief cable L/C）＋郵寄證實書（Confirmation）
   (2)全文電開信用狀（Full cable L/C）。

(三)**日期**：在電報信用狀或SWIFT信用狀時，**如未註明開狀日期，則以實際發電日期為開狀日期**。

(四)**信用狀號碼**：

開狀流水號碼編號意義：

1. 第1～4碼為央行字軌。
2. 第5碼為西元年度別，例如8→代表2018年。
3. 第6碼為類別：M代表Import進口；E代表Export出口。
4. 第7碼為業務別：1表即期，2表遠期，3表D/A，4表D/P，7表保證，8表O/(A)。

5. 第8～9碼為營業單位別。

6. 第10～13碼為4位流水號。

(五)**信用狀金額**：

1. **信用狀金額額度**：不得超過匯票所開發的金額。

2. **信用狀金額差異**：**金額之前若有about、approximately等字樣，解釋為容許不逾該金額百分之十上下之差額。**

(六)**匯票期限**：見票即付或見票後X天內付款。

(七)**信用狀有效期限**：**受益人得向指定銀行提示其匯票、單據的最後日期（非付款日）；如果信用狀有效期限或提示期限末日，碰到銀行休假日時，可以順延至次一個銀行營業日。**

(八)**可否分批裝運**：若信用狀未特別敘明，則視為容許。

(九)**可否轉運**：若信用狀未特別敘明，則視為容許。

(十)**貨物內容陳述（Description of Commodities）**：採購商品之名稱、數量、規格或價格等。

(十一)**國際貿易條件（Price Term）。**

(十二)**起運地點。**

(十三)**卸貨地點。**

(十四)**裝運期限**：若信用狀之最後裝運期限碰到假日，不可以順延至次一營業日或次一個銀行營業日。

(十五)**所需檢附單據**：

1. 商業發票。　2.保險單據。　3.運送單據。　4.其他單據。

(十六)**特別條款（Special Instructions）**：**如有特別指示應於此欄內註明，應儘可能精確、完整不含糊，不得損及開狀行權益，不得違反本國法令，不可前後矛盾。**

(十七)**國外費用負擔**：臺灣地區以外之銀行費用，應註明由買方或賣方負擔，一般是由賣方負擔。

二、對匯票的要求

匯票應載明以下事項：

(一)**發票人（Drawer）**：信用狀的受益人。

(二)**付款人（Drawee）**：**通常為開狀銀行，在保兌時則為保兌銀行；信用狀申請人不可以為匯票之付款人。**

(三)匯票期限（Tenor）：

1. 即期信用狀之匯票期限：見票即付。
2. 遠期匯票期限，分為以下四種：
   (1)At XX days after sight 見票後若干天付款。
   (2)At XX days after date 出票後若干天付款。
   (3)At XX days after date of Bill of Lading 提單簽發日後若干天付款。
   (4)Fixed date 指定日期付款。

牛刀小試

(　　) **1** 信用狀之有效期限是指：　(A)被指定銀行付款、承兌、讓購之日期　(B)受益人往來銀行押匯日期　(C)開狀銀行拒付的最後日期 (D)提示之有效期限。

(　　) **2** 遠期匯票付款期限為30 DAYS AFTER DATE，其到期日之計算係以下列何種日期後起算？　(A)見票日　(B)裝運日　(C)發票日 (D)背書日。

(　　) **3** 依UCP600之規定，若信用狀金額前有ABOUT（約）、APPROXIMATELY（大概）等用語，則解釋為容許不逾該金額多少比率上下之差額？　(A)10%　(B)8%　(C)5%　(D)3%。

[解答與解析]

1 (D)。信用狀有效期限指受益人得向銀行提示其匯票、單據的最後日期（非付款日）。

2 (C)。30DAYSAFTER「DATE」，指發票日後起算。

3 (A)。信用狀金額前若有「about」、「approximately」等字樣，解釋為容許不逾該金額百分之十上下之差額。

三、對單據的要求

(一)正本單據和副本單據：

1. 信用狀中規定的各種單據必須至少提供一份正本。
2. 銀行將視任何單據表面上具有單據出具人正本簽字、標誌、圖章或標籤的單據為正本單據，除非單據本身表明其不是正本。

3. 如果信用狀要求提交副本單據，則提交正本單據或副本單據均可。

4. 如果信用狀使用諸如「一式兩份」、「兩張」、「兩份」等術語要求提交多份單據，則可以提交至少一份正本，其餘份數以副本來滿足。但單據本身另有相反指示者除外。

(二)**單據主要包括：**

1. **買賣單據**：商業發票（Commercial Invoice）

  (1)**簽發人**：為L/C之受益人，無須簽名。

  (2)**抬頭人**：為L/C之開狀申請人。

  (3)**金額**：以不超過L/C金額為限。

  (4)**貨物品名**：與L/C所載者相符（得比L/C規定詳細，但不得簡略）。

2. **運輸單據**：提單（Bill of Lading）

  進出口貿易中，貨品託運的手續為：洽訂艙位→領取裝貨單→裝載貨物→領取收貨單→支付運費→換領提單。

  (1)出口商裝載貨物後會領收貨單，在支付運費予運送人後，即可憑收貨單向運送人換取提單。

  註：若收貨單為不潔收貨單（unclean receipt, dirty receipt）或有瑕疵收貨單（foul receipt），容易引起貿易糾紛，應盡量避免。

  (2)提單（Bill of Lading, B/L）定義：

  提單是運送人（如船公司）或其代理人所簽發，**證明託運貨物已收到或已裝載於船上，並約定負責將該項貨物運往目的地交給提單持有人的有價證券**。

  國際海運實務，並不能憑提單提貨。**受貨人須以提單換取提貨單（Delivery Order,D/O小提單），然後憑小提單辦理報關提貨**。

  註：但空運提單其受貨人為記名式，因此空運提單不做為物權證書，提貨人只要可以證明其為受貨人即可提貨。簡而言之，**空運提貨時「認人」不認單，其他運送方式提貨時「認單」不認人**。

  (3)一般而言，除非信用狀特別授權，否則銀行不予接受備船提單（Charter Party Bill of Lading）。

3. **保險單據**：保險單（Insurance Policy）、保險證明書（Certificate of Insurance）

  (1)**銀行接受：**

  A.保險公司、保險人或其代理人所簽發之保險單或保險證明書。

  B.保險單據之簽發日期不得晚於提單簽發日。

　　　C.保險金額之幣別需與L/C幣別相同。

　　　D.保險金額：

　　　　a. L/C有規定者，從其規定。

　　　　b. L/C未規定者，以最低保額（CIF或CIP×110%）。

　　(2)**銀行不接受：**

　　　A.**保險經紀人（Broker）所簽發之「投保通知書」。**

　　　B.**保險單據之簽發日期晚於提單簽發日。**

4. **裝箱單（Packing List）**

　　裝箱單須符合信用狀規定，若信用狀要求：

　　(1)**詳細包裝單（Detailed P/L）**：則須列出每一包裝（package）、箱（carton）等內容及其他有關資料。

　　(2)**中性包裝單（neutral P/L）**：則須提示無標頭（letterhead）之單據，出口商之名稱及簽署不得顯現。

5. **產地證明（Certificate of Origin）**：產地國國別須與信用狀規定相符。但產地證明上的「發貨人」或「出口商」欄位，未必要是信用狀受益人，也未必要是運送單據的託運人，而可以是這二者以外的任何第三者。

6. **檢驗證明書（Inspection Certificate）**

　　(1)檢驗證明書須經簽署。

　　(2)除信用狀特別授權，否則不得對貨品、規格、品質、包裝等做不利敘述。

四、對貨物的要求

對貨品的敘述，應注意：

(一)**敘述須與信用狀相符；貨品的細節、價格及貿易條件，均應敘明。**

(二)**貨品數量**：若信用狀載有「about」、「approximately」等字樣時，解釋為不逾該**數量或單價百分之十上下之差額。若未特別敘明時，百分之五上下差異應屬容許範圍（例如以重量、長寬等為計算單位時）**，但均以不超過信用狀金額為前提。**但若信用狀係以包裝單位（packing unit,如cartons,cases時）或個別件數（individual item,如pcs,set時）規定數量者，此差異規定不得適用。**

(三)**貿易條件**：應敘明適用的國際貿易條件，詳第二部分的第四章。

五、對運輸的要求

信用狀中所載的裝運指示，應載明以下事項：

(一)標明運送人名稱，並由承運人或承運人的代表人簽署。

(二)起運地點及交貨地點。

1. 複合運送單據上須表明接管地，該接管地得不同於裝載港、機場或裝載地；運送單據亦須表明最終目的地，該最終目的地得不同於卸貨港、機場或卸貨地。

2. 提單上須規定裝載港及卸貨港。

3. 不可轉讓海運貨單須規定裝運港及卸貨港。

4. 航空運送單據須規定起運機場及目的地機場。

5. 公路、鐵路或內陸水路運送單據須規定裝運地及目的地

6. 快遞收據、郵政收據或投郵證明須規定裝運地。

(三)最後裝運日期及部份裝運：

1. 貨物最後裝運日期。

2. 是否部份裝運（Partial Shipment）：若信用狀未特別註明，一般貨物視為允許部份裝運。

六、其他要求

(一)以電報SWIFT拍發信用狀時，若未註明開狀日期，則以實際發電日為開狀日期。

(二)信用狀除規定提示單據有效期限外，亦應規定裝運日後依信用狀條款提示單據之特定期間，如未就該項期間予以規定，銀行將不接受遲於裝運日後二十一曆日始向銀行提示之單據。

(三)如信用狀規定：

(1)available with us→僅能在開狀銀行使用。

(2)available with XXX bank→限制在指定之XXX銀行使用。

(3)available with any bank→在任何銀行均可使用。

(四)信用狀有時會加入特別指示或條款（special instructions），要求受益人及各關係人遵行。

IA011

開 發 信 用 狀 申 請 書

APPLICATION FOR IRREVOCABLE
DOCUMENTARY CREDIT

申請日期：____年____月____日
受理單位：____分行
□委外加工或商仲貿易

【20】信用狀號碼 Credit No.（由銀行填寫）【31C】日期 Date：____

茲請貴行依下列條款開發不可撤銷信用狀一份
I/WE HEREBY REQUEST YOU TO ISSUE AN IRREVOCABLE
DOCUMENTARY CREDIT UPON THE FOLLOWING TERMS AND
CONDITIONS.

通知銀行 Advising　Bank（倘未指定，則由銀行填寫）

【50】申請人 Applicant（英文名稱及地址）
英文名稱：
地址：

TEL：　　　　　營利事業統一編號：
To be advised by □全電 **Full Cable** □簡電 **Brief Cable** □航郵 **Airmail**
（如未註明者，概以「全電」開發。）

【31D】信用狀有效日期及地點　Expiry date and place
DATE：西元____年____月____日　地點：____

【59】受益人 Beneficiary　□受款地國別為OBU，且最終受款地為大陸地區。

【32B】信用狀金額（小寫）：
Amount Say（大寫）：

□【41】 以讓購／付款／承兌／延期付款方式在任一銀行／通知銀行使用受益人依商業發票金額簽發以貴行／貴行國外通匯行為付款人之匯票，並於
　　　Available with □**Any Bank** / □**Advising Bank** by Negotiation / Payment / Acceptance / Deferred Payment of beneficiary's draft at

□【42】 見票／裝運日 其他........日後付款，並須符合下列作 □記載之條件及檢附下列作 □記載之各項單據
　　　□ sight □ ____ days after □**sight** / □**shipment date/** □ ____ **date** for full invoice value drawn
　　　on you / your correspondent against the following conditions and documents required：（marked with☒）

本信用狀（如未填寫，視為申請人即期付款）
□BUYER'S USANCE：對外即期，
　　　　　　　　　　對內 ____ 天，利息由申請人負擔。
□SELLER'S USANCE：對外 ____ 天，利息由申請人負擔。
　　　　　　　　　　對內 ____ 天，利息由受益人負擔。
□S/B USANCE：對外 SELLER ____ 天，利息由受益人負擔。
　　　　　　　對內 BUYER ____ 天，利息由申請人負擔。

□【43F】分批裝運 Partial shipments：□准許 **Allowed** □不准許 **Prohibited**（如未註明者，概以「准許」開發。）
□【43T】轉運：　Transhipment：　□准許 **Allowed** □不准許 **Prohibited**（如未註明者，概以「不准許」開發。）
Dispatch/Shipment from □【44A】收貨地　　　Place of Receipt：____
　　　　　　　　　　　□【44E】裝載港／起運機場　Port of Loading / Airport of Departure：____
Dispatch/Shipment to □【44F】卸貨港／目的機場　Port of Discharge / Airport of Destination：____
　　　　　　　　　　　□【44B】最終目的地　Place of Final Destination / Delivery：____

□【44C】最後裝運日 Latest Date of Shipment：____

　　　□【45A】貨物內容 Covering：（請簡要敘明，儘可能加註商品之數量及單價）
　　　　　請提供 CCC code ____ 或 HS code ____
　　　　　本信用狀項下貨物 □免除輸入許可證（請注意 CCC code 是否為輸入列管項目）□需輸入許可證（於開狀時一併提交）

　　　□EX−WORKS □FOB □CFR □CIF □FCA □CPT □CIP □ ____（價格條件）

□【46A】所需單據 Documents　Required：
　1.□ 商業發票 ____ 份
　　　Signed commercial invoice in ____ copies.
　2.□ 全套（減一份）海運提單以貴行為抬頭人，以敝處為被通知人，註明運費付訖/已付
　　　Full set（□ **less one**）of clean on board marine Bills of Lading made out to the order of TAIWAN COOPERATIVE BANK notify applicant with full address,
　　　marked "Freight □**Collect** / □**Prepaid**.
　3.□ 空運提單以貴行為抬頭人，以敝處為被通知人，註明運費付訖/已付
　　　Clean air waybills consigned to TAIWAN COOPERATIVE BANK notify applicant with full address, marked "Freight □**Collect** / □**Prepaid**".
　4.□ 快遞／海運郵包／空運郵包收據，以敝處為被通知人，註明快遞費／郵資　付訖／付訖
　　　□**Courier** / □**Sea parcel post** / □**Air parcel post**　receipt addressed to applicant with full address marked
　　　" □**Courier charge** / □**Postage**　□**Collect** / □**Prepaid**".
　5.□ 包裝單 ____ 份 Packing list in ____ copies.
　6.□ 保險票金額按百分之壹百查拾投保之全套正本保險單，註明以同種貨幣賠償在臺灣給付並作空白背書，其保險範圍包括：
　　　Insurance policy or certificate all the originals，endorsed in blank for 110% of invoice value stipulating that claims are payable in Taiwan
　　　in the same currency and including：
　　　　□ ____ Institute Cargo Clauses（A □B □C　協會貨物保險條款 A / B / C
　　　　□ ____ Institute Cargo Clauses（Air）　協會貨物保險條款（航空險）
　　　　□ ____ Institute War Clauses(Cargo)　協會貨物保險兵變條款
　　　　□ ____ Institute Strikes Clauses（Cargo）　協會貨物保險罷工條款
　　　　□ ____ From Warehouse to Warehouse.　從倉庫至倉庫條款
　　　　□ ____ 其他____
　7.□ 其他單據 Others：____

　8.□ 受益人證明書，證明（一份提單正本及）各單據副本已由受益人於裝運後 ____ 天內直接以限時航郵／快遞／傳真／電子郵件寄交信用狀申請人
　　　Beneficiary's certificate stating that （□ **one original B/L and**）one complete set of non-negotiable documents have been
　　　sent directly to the applicant by □registered airmail/ □courier service/ □ fax/ □ e-mail within ____ days after shipment.

□【47A】附特別條款如下 Special Instructions：
　　　所有文件皆須標明本信用狀號碼 All documents must bear this credit number.
　　　所有文件皆須以英文簽發 All documents must be issued in English.
　　　□ 本信用狀限由通知銀行於 ____ 國（地區）轉讓 This Credit is Transferable by advising bank and in ____ only.
　　　□ ____% more or less in □quantity / □amount are acceptable.

□【71B】費用：所有銀行費用由申請人負擔／所有銀行費用除開狀費用外，由受益人負擔。
　　　Charges： □ All banking charges are for **Applicant's** account.
　　　　　　　 □ All banking charges except L/C issuing charge, if any, including related payment SWIFT charges are for **Beneficiary's** account.
□【48】 提示期間：單據須於貨物裝運日後........日內至於本信用狀有效期限前提示。
　　　Presentation period：Documents to be presented within ____ days after the date of shipment but within the validity of this credit.
□【49】 保兌 Confirmed：（如 L/C 無須保兌時，請勿填列）
　　　保兌費用由申請人／受益人負擔 Confirming charges are for □**Applicant's** / □**Beneficiary's** account.
□【53】 補償銀行 Reimbursing bank　（由銀行填寫）

申請人願意遵守合作金庫商業銀行開狀申請書約定事項，詳見「信用狀之定書」（編號：IA011）如次頁。

本筆案件批覆書
核准條件：
□屬擔保授信，
　成數____成
□屬無擔保授信
□可預支開用狀，
　預支款項____成
□其他_____

本案案件貨物內容：
□申請人為新往來戶
　，查詢貨物輸入
　規定。
□屬管進口貨物，
　查詢貨物輸入
　規定。

※請注意左列各點，並詳細填妥：
一、航郵費用或電報開關費均須負擔，如未註明者，概以「全電」開發，費用另行負擔。
二、PARTIAL　SHIPMENTS（部分裝運）：是否准許，如未註明，概以「准許」開發。
三、TRANSHIPMENT（轉運）：是否准許，如未註明，概以「不准許」開發。
四、信用狀有效日期及地點如未註明者，概以本行所在地收件日為屆滿日，三個月為有效期。
五、如未填具信用狀有效日期，概以開狀日起三個月為屆滿日，逾期失效。本行恕不負責。

IA011

DOCUMENTARY CREDIT AGREEMENT 信用狀約定書

上項開發信用狀之申請尚繁貴行核准，申請人自願確切遵守下列各條款：

IN CONSIDERATION of your granting above request, I / We hereby bind myself / ourselves duly to comply the following terms:

一、關於本信用狀下之匯票及/或有關單據等如經　貴行或　貴行之代理行認為在表面上尚屬無疵，申請人一經　貴行通知或提示匯票時，應即購單及付款或屆期照付。

I / We agree to duly accept upon notice or presentation and pay or pay at maturity of the drafts drawn under this Letter of Credit if the drafts and / or related documents appear in the discretion of yourselves or your agents to be correct on their face.

二、上項匯票或單據萃，縱或有事後證實其為非真實或屬偽造成有其他瑕疵，概與　貴行及　貴行之代理行無涉，仍應由申請人照付。

I / We agree to duly accept and pay such drafts or documents even if such drafts and / or documents should in face prove to be incorrect, forged or otherwise defective, in which case no responsibility shall rest with you and your agents.

三、本申請書確與當局所發給之輸入許可證內所載各項條件及細則絕對相符，並已逐一遵守，倘因申請人對於以上任何各點之疏忽致信用狀未能如期開發，　貴行不負責，本申請書內如有錯誤或遺漏事項，　貴行有權不經徵得申請人同意依銀行作業規定，逕為修正或補正，申請人應遵守此項修正或補正，一如其自行修正或補正者，　貴行對於此項修正或補正縱有錯誤情事，亦不負因此使申請人遭受任何損失或不利後果之責任。此外申請人應遵守開狀時國際商會有效版本之信用狀統一慣例之規定。

This application must be in strict accordance with the conditions, specifications etc. as set forth in the Import Permit issued by the competent authority of the CHINESE GOVERNMENT in this connection. You shall not hold responsible for any delay in issuance of DOCUMENTARY CREDIT due to the negligence on the part of the applicant with this request. AND In the event that any part or parts of this application contain errors or omissions, the Bank has the right to make without obtaining the consent of the applicant, proper corrections or additions on this Application in accordance with the banking procedures. The applicant shall abide by such corrections or additions as if they were made by himself. The Bank shall not be responsible for all losses, damages and / or adverse consequences to applicant even if such change has been erroneously made by the Bank. The applicant is requested to observe the latest version of the ICC UNIFORM CUSTOMS AND PRACTICE FOR DOCUMENTARY CREDITS, International Chamber of Commerce, Paris, France, which is in effect on the date of issue.

四、貴行為達成申請人之指示，得逕行指定另一銀行或金融機構為本信用狀項下匯票及/或單據及有關各項應付款項之付款人，或利用另一銀行或金融機構之服務，如此辦理之費用及風險，均歸申請人負擔。

You are authorized to nominate another bank or financial institution to honor or to pay against a draft and / or documents or all the sums that may be due on said draft and / or documents, or to utilize their services for the Purpose of giving effect to the instructions of the applicant for the credit, do so for the account and at the risk of the latter.

五、申請人同意苟達　貴行之單據其內容與原信用狀條款不符時，經　貴行通知自起三日內仍未向　貴行表示拒收該單據，則該單據視為已為被申請人接受，倘日後有任何糾紛，均由申請人自負全責，與　貴行無涉。

AND It is agreed that in case the contents of the documents received by you differ form the terms of the said letter of credit and I / we failed to indicated to you my / our refusal to accept such documents within three days from receipt of your notice. It shall be deemed that such documents have been accepted by us. Should any dispute arise in the future, we shall assume full responsibility, being a matter of no concern to you.

六、本信用狀之傳遞錯誤、或遲延、或解釋上之錯誤、及關於上述單據所載貨物、或貨物之品質或數量或價值等之有全部或一部份減失或遲運或因未經抵達交貨地，以及貨物無論因海面或陸上運輸中或運抵後或未經保險或保額不足或因承辦而或任何第三者之阻滯或扣留及其因素等各情形，以致喪失或損害時，均與　貴行或　貴行之代理行無涉，且在以上任何情形之下仍應由申請人照付。

I / We further agree that you or your agents are not responsible for any errors or delays in transmission or interpretation of this Documentary Credit or for the oloss or non-arrival of part or of all the aforesaid documents, or the quality, quantity or value of the merchandise represented by same, or for any loss or damage which may happen to said merchandise, whether during its transit by sea or land or after its arrival or by reason of the non-insurance or insufficient insurance thereof or by whatever cause or for the stoppage, or detention thereof by the shipper or any party whomsoever, engaging myself / ourselves duly to accept and pay in all like instances.

七、與上述匯票及/或單據有關之各項應付款項，以及申請人對　貴行不論其現已發生，或日後發生之已經到期或尚未到期之其他債務，在未清價以前　貴行深知本信用狀項下所運之貨物、單據及賣得價金視同為自己所有，且應連同申請人的其他財產；包括存在　貴行或分支機構、或　貴行管轄範圍內之保證金、存款的類單，均任憑　貴行移作上途各種債務之共同擔保，以償清債各種債務之用。

I / We further agree that the title to all property and / or shipped under this DOCUMENTARY CREDIT the documents relating thereto and the whole of the proceeds thereof, shall be and remain in you until the payment of the drafts and / or documents or of all sums that may be due on said drafts and / or documents or otherwise and until the payment of any all other indebtedness and liability, now or hereafter created or incurred by me / us to you due or not due, it being understood that said documents and the merchandise represented thereby and all my / our other property including securities and deposit balances which may now or hereafter be in your or your branches possession or otherwise subject to your control shall be deemed to be collateral security for the payment of all the above-said debts.

八、如上述匯票如到期而申請人不能照兌時，或貴行因保障本身權益認為必要時，　貴行得不經通知而有權決定將上述財產(包括貨物在內)以公開或其他方式自由變賣，就賣得價金扣除費用後抵償　貴行借墊各款，每須另行通知申請人。

I / We hereby authorize you to dispose of the aforementioned property by public or private sale at your discretion without notice me / us whenever I / We shall fail to accept or pay the said drafts and / or documents on due dates or whenever in your discretion. It is deemed necessary for the protection of yourselves and after deducting all your expenses to reimburse yourselves out of the proceeds.

九、本信用狀如延展期或重開時，及修改任何條件，申請人對於以上各款絕對遵守，不因延展、重開或條件之修改而發生任何異議。

In case of extension or renewal of this DOCUMENTARY CREDIT or modification of any kind in its terms, I / We agree to be bound for the full term of such extension or renewal, and notwithstanding any such modification.

十、本申請書之簽署人如為二人或二人以上時，對於本申請書所列各條款，自當共同連帶及個別負其全部責任，並負責向　貴行辦理一切結匯手續。

In case this request is signed by two or more, all promises or agreements made hereunder shall be joint and several. I / We herewith bind myself / ourselves to settle exchange on drafts drawn under this DOCUMENTARY CREDIT with your goodselves.

Yours faithfully

申　請　人
APPLICANT

驗印

(蓋原留印鑑 Authorized Signature)
地　址：
電　話：

牛刀小試

(　　) **1** 依UCP600之規定，倘信用狀未另有規定，下列有關運送單據簽
發人之敘述何者錯誤？　(A)代理人代替船長簽署時，不須表明
船長名稱　(B)代理人代替運送人簽署時，運送單據不須表明運
送人名稱　(C)代理人代替船東簽署時，須表明船東名稱　(D)代
理人代替傭船人簽署時，須表明傭船人名稱。

(　　) **2** 信用狀上未規定可否分批裝運，亦未規定是否可以轉讓，請問
該信用狀為何種信用狀？　(A)不可以分批裝運，亦不可以轉讓
(B)可以分批裝運，但不可以轉讓　(C)可以分批裝運，亦可以轉
讓　(D)不可以分批裝運，但可以轉讓。

[解答與解析]

1 (B)。運送單據尚須表明運送人之名稱。

2 (B)。若信用狀上皆未註明，則「可以分批裝運、可以轉運、但不得轉讓」。

重點2　銀行審核要點

一、審核依據

UCP600第14條列出銀行審核單據的標準，本章節茲先列出12項審核標準再
分別以信用狀、匯票、單據、貨物、運輸等審核細節具以說明。

UCP600第14條單據審核標準

a. 按照指定行事的被指定銀行、保兌行（如有）以及開證行必須對提示的
單據進行審核，並僅以單據為基礎，以決定單據在表面上看來是否構成
相符提示。

b. 按照指定行事的被指定銀行、保兌行（如有）以及開證行，自其收到提
示單據的翌日起算，應各自擁有最多不超過五個銀行工作日的時間以決
定提示是否相符。該期限不因單據提示日適逢信用證有效期或最遲提示
期或在其之後而被縮減或受到其它影響。

c. 提示若包含一份或多份按照本慣例第19條、20條、21條、22條、23條、24條或25條出具的正本運輸單據，則必須由受益人或其代表按照相關條款在不遲於裝運日後的二十一個日曆日內提交，但無論如何不得遲於信用證的到期日。

d. 單據中內容的描述不必與信用證、信用證對該項單據的描述以及國際標準銀行實務完全一致，但不得與該項單據中的內容、其它規定的單據或信用證相衝突。

e. 除商業發票外，其它單據中的貨物、服務或行為描述若須規定，可使用統稱，但不得與信用證規定的描述相矛盾。

f. 如果信用證要求提示運輸單據、保險單據和商業發票以外的單據，但未規定該單據由何人出具或單據的內容。如信用證對此未做規定，只要所提交單據的內容看來滿足其功能需要且其它方面與第十四條d.款相符，銀行將對提示的單據予以接受。

g. 提示信用證中未要求提交的單據，銀行將不予置理。如果收到此類單據，可以退還提示人。

h. 如果信用證中包含某項條件而未規定需提交與之相符的單據，銀行將認為未列明此條件，並對此不予置理。

i. 單據的出單日期可以早於信用證開立日期，但不得遲於信用證規定的提示日期。

j. 當受益人和申請人的地址顯示在任何規定的單據上時，不必與信用證或其它規定單據中顯示的地址相同，但必須與信用證中述及的各自地址處於同一國家內。用於聯繫的資料（電傳、電話、電子信箱及類似方式）如作為受益人和申請人地址的組成部分將被不予置理。然而，當申請人的地址及聯繫訊息作為按照19條、20條、21條、22條、23條、24條或25條出具的運輸單據中收貨人或通知方詳址的組成部分時，則必須按照信用證規定予以顯示。

k. 顯示在任何單據中的貨物的託運人或發貨人不必是信用證的受益人。假如運輸單據能夠滿足本慣例第19條、20條、21條、22條、23條或24條的要求，則運輸單據可以由承運人、船東、船長或租船人以外的任何一方出具。

l. 假如運輸單據能夠滿足本慣例第19條、20條、21條、22條、23條或24條的要求，則運輸單據可以由承運人、船東、船長或租船人以外的任何一方出具。

(二)運送單據之審查：

1. 簽發日或裝運日期不得遲於信用狀規定之最後裝運日。

2. 下列提單不可接受：

　(1)貨裝艙面（On Deck）之提單。

　(2)表明依據備船契約（Charter Party）之提單。

　(3)表明僅用風帆推動之提單。

　(4)備運提單（Received Bill of Lading）。

　(5)不潔提單，即提單上有附註條款宣稱貨物或包裝不當情況者。

　(6)合併提單，即二張以上信用狀項下貨物合併裝運之提單。

　(7)遲於提單裝載日期後二十一個曆日，始向銀行提示之提單。

3. 運送單據必須依規定標明運送人（Carrier）或其代理人名稱，並經船長等適當人簽署。

4. 銀行對客戶授信時，受貨人原則上應為開狀銀行。

5. 無授信時（如已100%結匯），可免以開狀行為受貨人。

6. 快遞及郵政收據、公路、鐵路或內陸水路單據，應以申請人為受貨人。

7. 運送單據上應規定運費已付（Freight Prepaid，如CFR，CIP，CIF）或待收（Freight Collect，如FOB，FAS）。

8. (1) 若是海運運送單據：若提單標名Order、To Order、To Order of、To the Order、To Order of Shipper、To Shipper's Order者，應由發貨人背書。

　(2)若是航空運送單據：

　　A.航空運送單據須表明係給發貨人或託運人之正本。

　　B.航空運送單據係一種收據，並非權利證券，不得據以背書轉讓。故承做押匯時，宜多加注意，並依客戶信用情形審慎辦理。

　(3)若是公路、鐵路或內陸水路運送單據：

　　A.公路運送單據須表明係給發貨人或託運人之正本。

　　B.鐵路運送單據標示第二聯（Dulplicate），將認係正本予以接受。

　　C.鐵路或內陸水路運送單據不論是否標示正本，將認係正本接受。

　　D.公路、鐵路或內陸水路運送單據表面未表明所簽發正本份數時，所提示之份數將視為全套正本。

　(4)快遞收據、郵政收據或投郵證明：快遞收據、郵政收據或投郵證明係一種收據而已，非權利證券，銀行對貨物掌握困難，承做押匯時宜多加注意。

(三)**保險單據的審核：**

1. 保險單內所載之貨品名稱、件數、起訖目的地、船名等須與運送單據及商業發票相符。

2. 須由保險公司、保險人或其代理人所出具並簽署。若係代理人簽署，須表明代理人是代表保險公司或保險人簽字。

3. **不得接受投保通知書（Cover Note）。**

4. 可以接受保險證明書（insurance certificate）或聲明書（declaration under an open cover）。

5. 如果保險單據表明其以多份正本出具，所有正本均須提交。

6. **保險單據應以出口商為被保險人，並由其作成空白背書。若被保險人為保兌銀行、開狀銀行或買方時，須由該等機構背書。**

7. **投保金額：**

   (1)保險單據必須表明投保金額並以與信用狀相同的貨幣表示。

   (2)**若信用狀未規定投保金額，則保額至少為貨物的CIF或CIP價格的110%。**
   若不能從單據中確定CIF或CIP價格，投保金額必須基於要求承付金額，或者基於發票上顯示的貨物總值來計算，兩者中取金額較高者。

   (3)當貿易條件為CIF或CIP時，信用狀應要求保險單或保險證明書；貿易條件為EXW、FCA、FAS、FOB等，未含保險條件者，應請進口商一併附上**保單正本及保費收據副本**。

8. 簽發日期或生效日期，**不得遲於運送單據之裝運日期**。

9. 申請人應填列應投保之保險條款，包括基本條款及附加條款。

   (1)目前基本條款包括：

   　　A.Institute Cargo Clauses(A)　協會貨物保險條款(A)，簡稱ICC(A)。

   　　B.Institute Cargo Clauses(B)　協會貨物保險條款(B)，簡稱ICC(B)。

   　　C.Institute Cargo Clauses(C)　協會貨物保險條款(C)，簡稱ICC(C)。

   　　D.Institute Cargo Clauses（Air）　協會貨物保險條款（航空險），簡稱ICC（Air）。

   (2)另有附加條款，包括：

   　　A.Institute War Clauses（Cargo）協會貨物保險兵險條款，適用常發生戰爭地區。

   　　B.Institute Strike Clauses（Cargo）協會貨物保險罷工條款。

10. 保險單據可以援引任何除外責任條款。

11. 信用狀應規定所需投保的險別及附加險（如有的話）。如果信用證使用諸如「通常風險」或「慣常風險」等含義不確切的用語，則無論是否有漏保之風險，保險單據將被照樣接受。

12. **當信用狀規定投保「一切險」時，如保險單據載有任何「一切險」批註或條款，無論是否有「一切險」標題，均將被接受，即使其聲明任何風險除外。**

13. **保險單據可以註明受免賠率或免賠額（減除額）約束。**

(四) **裝箱單據的審核：**

1. 進口商名稱須與其他單證一致。

2. 貨物描述須與發票相符。

3. **數量須與商業發票所示相符。**

4. **重量、材積須與運送單據上所示者相符。**

5. **一般裝箱單據須由出口商簽名；但信用狀規定中性包裝（Neutral Packing List / Packing List in Plain Paper）者，裝單應以無箋頭（Letter Head）之白紙繕製，出口商之名稱與簽章，不得出現於包裝單上。**

　　註：中性包裝是不表明出口商名稱、但有出口商負責人簽章之包裝單。

6. 繕製日期不得遲於運送單據簽發日期。

(五) 其他單據的審核：若遇**「信用狀未規定的單據」，銀行將不予審查；銀行收到後，應將其退還提示人，或逕予遞轉而不負義務及責任。**

牛刀小試

(　　) **1** 倘信用狀未規定裝運日後依信用狀條款提示單據之特定時間（提示期間），則下列何者須於UCP所敘明之裝運日後21曆日內為提示，惟提示仍不得遲於信用狀之有效期限？　(A)包含一份（含）以上依循UCP600第19-25條之正本運送單據之提示　(B)規定提示運送單據副本　(C)規定提示小提單（delivery order）(D)規定提示貨物收據（cargo receipt）。

(　　) **2** 有關保險單據之審查，下列敘述何者正確？　(A)保單若無正確背書，則進口商將不能取得受益人權利而無法申請理賠　(B)信用狀未規定承保範圍時，以投保ALL RISKS 之保單方可接受　(C)

除信用狀另有規定外，保單不須以信用狀同一幣別表示 (D)除
信用狀另有規定外，銀行不得接受表明其承保範圍適用免賠額。

( ) **3** 依UCP600之規定，倘信用狀未規定提示期限者，銀行將不接
受遲於裝運日後幾日始向其提示包含一份正本提單之單據（須
在信用狀有效期限內）？ (A)7曆日 (B)14曆日 (C)21曆日
(D)60曆日。

[解答與解析]

1 (A)。 根據UCP600第14條(C)，提示若包含一份或多份按照本慣例第19
條、20條、21條、22條、23條、24條或25條出具的正本運輸單據，
則必須由受益人或其代表按照相關條款在不遲於裝運日後的二十一
個公曆日內提交，但無論如何不得遲於信用證的到期日。

2 (A)。 信用狀未規定承保範圍時，銀行將接受提示人所提供之保險單據，
而免責於未投保之任何風險；保單需信用狀同一幣別；銀行得接受
表單承保範圍適用免賠額或僅賠超額。

3 (C)。 若信用狀未規定期限，銀行不接受遲於裝運日21曆日後提示的提單。

精選試題

( ) **1** 若信用狀未規定單據係由何人簽發或其資料內容為何，則下列何種
單據之內容顯示符合所需單據之功能，且其他方面亦依UCP600相
關規定，銀行將就所提示者照單接受？ (A)運送單據（Transport
document） (B)保險單據（Insurance document） (C)商業發票
（Commercial invoice） (D)包裝單（Packing list）。

( ) **2** 有關開狀申請書之審核與開狀要點，下列敘述何者錯誤？ (A)申
請人及受益人之名稱、地址，應與輸入許可證或交易證明文件所
列者相符 (B)通知銀行因需與開狀銀行有通匯關係，故只能由
開狀銀行指定 (C)信用狀金額不得超過輸入許可證或交易證明
文件之金額，且不得超過核准之授信額度 (D)信用狀通知方式
分為航郵、簡電加郵寄證實書、全電。

(　)　**3** 依UCP600規定，在信用狀未規定時，有關保險單據應投保之最低金額之敘述，下列何者正確？　(A)信用狀金額之100%　(B)CIF或CIP價額之110%　(C)海運提單金額之110%　(D)兌付或讓購之金額，或貨物總價額，以孰低之110%。

(　)　**4** 開狀銀行受理進口商開狀，倘須徵提保險單者，下列敘述何者正確？　(A)徵提保險單正本與保費收據正本，且保單日期應在開狀日之前或同日　(B)徵提保險單正本與保費收據副本，且保單日期應在開狀日之前或同日　(C)徵提保險單正本與保費收據副本，且保單日期應在開狀日之後　(D)徵提保險單副本與保費收據正本，且保單日期應在開狀日之前或同日。

(　)　**5** 有關信用狀項下之保險單據，下列敘述何者錯誤？　(A)倘信用狀使用「通常危險」等不明確用語，銀行將就所提示之保險單據予以接受，而對未保之任何危險不予理會　(B)除信用狀另有規定外，銀行將不接受表明其承保範圍適用免賠額　(C)除信用狀另有規定外，保險金額與信用狀金額須同一幣別　(D)若信用狀要求保險單據空白背書時，則保險單據以無記名式簽發者，可以接受。

(　)　**6** 以SWIFT MT700開狀時，倘31C欄位（開狀日期）留空未填列，則應以下列何者為開狀日期？　(A)通知銀行之收電日期　(B)通知銀行之通知日期　(C)開狀銀行之發電日期　(D)開狀銀行之收件日期。

(　)　**7** 假如L/C未另外規定，銀行審核出口押匯單據，發現下列四種情形，請問何者會被認為係有瑕疵？　(A)部分裝運　(B)提單上表明貨物裝在甲板　(C)商業發票上貨物之說明與信用狀上之說明相符合　(D)信用狀規定B/L MADE OUT TO ORDER OF SHIPPER AND BLANK ENDORSED，該提單已由託運人作成空白背書。

(　)　**8** 有關進口單據銀行審查之原則，下列敘述何者錯誤？　(A)銀行須僅以單據為本，就單據表面審查是否構成符合之提示　(B)自收到單據後，銀行審查之時間為最長五個銀行營業日　(C)銀行審查之

依據，應以信用狀條款及信用狀統一慣例規定為準　(D)信用狀未規定之單據，銀行不須審查，但須遞轉，不得退還提示人。

(　)　**9** 倘信用狀要求提示保險單據（Insurance Documents），且未另有其他授權，依UCP600第28條之規定，下列單據何者不得接受？(A)Insurance Policy　(B)Insurance Certificate　(C)Insurance Declaration　(D)Cover Notes。

(　)　**10** 依UCP600之規定，運送單據及保險單據均須簽署，若依ISBP（2007 Revision）規定，即使信用狀未敘明，下列單據依其性質何者毋須簽署？　(A)匯票（Draft）　(B)商業發票（Commercial invoice）　(C)證明書（Certificate）　(D)聲明書（Declaration）。

(　)　**11** 有關保險單據之審查，下列敘述何者正確？　(A)即使信用狀可能規定應承保之危險，保險單據得含不承保條款之附註　(B)信用狀未規定承保範圍時，以投保ALL RISKS之保險單據方可接受(C)若保險單據表明簽發之正本超過一份時，則提示一份正本即可　(D)除信用狀另有規定外，銀行不得接受表明其承保範圍適用免賠額。

(　)　**12** 依UCP600之規定，除信用狀另有規定外，下列運送單據中何者得無須一律表明貨物業已裝載或裝運於標名之船舶之事實？(A)傭船提單　(B)海運／海洋提單　(C)複合運送單據　(D)不可轉讓海運貨單。

(　)　**13** 除信用狀另有規定外，下列何種情形之保險單據，將視為有瑕疵而不予接受？　(A)被保險人非保兌銀行，開狀銀行或買方，已由受益人於保單背面作成空白背書　(B)保單雖有修改，但保單簽發者已於修改處另以簽字或簡簽確認　(C)商業發票金額因扣除T/T預付款後金額變少；保險金額以扣除該預付款後之發票淨額為計算基礎　(D)保單日期遲於裝運日期，惟保單上另註明其承保自不遲於裝運日之當日起生效。

(　)　**14** 下列單據何者對於貨物之說明須與信用狀所顯示者相符合？(A)商業發票（Commercial Invoice）　(B)運送單據（Transport Document）　(C)保險單據（Insurance Document）　(D)裝箱單（Packing List）。

解答與解析

1 (D)。根據UCP600第14條，除運送
　單據、保險單據、商業發票外，若信
　用狀要求提示單據但未規定簽發人
　者，銀行得就所提示者照單接受。

2 (B)。通知銀行可由申請人指定。

3 (B)。如信用狀未規定，投保之最
　低金額應為發票金額之110%。

4 (B)。開狀銀行受理進口商開狀，
　倘須徵提保險單者，應徵提保險單
　正本與保費收據副本，且保單日期
　應在開狀日之前或同日。

5 (B)。根據UCP600第28條j.保險
　單據可以註明受免賠率或免賠額
　（減除額）約束。

6 (C)。若31C欄位（開狀日期）留
　空未填列，應以開狀銀行之發電日
　期為開狀日。

7 (B)。運送單據不可已標述貨物是
　或將被裝載於甲板上。但若標述著
　「該貨物得被裝載在甲板上」是可
　接受的。

8 (D)。若遇信用狀未規定之單據，
　銀行將不予審查；收到後應將其退
　還提示人，或逕予遞轉而不負義務
　及責任。

9 (D)。根據UCP600第28條，投保通
　知書（Cover Note）不可接受。

10 (B)。即使信用狀未敘明，商業發
　票亦無需簽署。

11 (A)。若保險單據表明簽發之正本
　超過一份時，應提示所有正本；保
　險單據得以表明承保範圍適用免賠
　額度、或僅付超額賠償。

12 (C)。傭船提單、海運洋提單、不
　可轉讓海運貨單皆須通過預先印妥
　的文字，或註明貨物已裝船日期的
　裝船批註，來表示貨物業已裝載或
　裝運於標名之船舶。

13 (C)。根據UCP600第28條(f)(ii)，信
　用狀對於投保金額為貨物價值、發
　票金額或類似金額的某一比例的要
　求，將被視為對最低保額的要求。
　如果信用狀對投保金額未作規定，
　投保金額須至少為貨物的CIF或CIP
　價格的110%。如果從單據中不能
　確定CIF或者CIP價格，投保金額必
　須基於要求承付或議付的金額，或
　者基於發票上顯示的貨物總值來計
　算，兩者之中取金額較高者。

14 (A)。根據UCP600第18條(C)，商
　業發票內容與其他單據的一致性：
　發票中之資料，如裝運、包裝、重
　量、運費、嘜頭、數量、送運狀況
　等，須與其他單據一致。

第四章 貿易條件

依據出題頻率區分，屬：**A** 頻率高

重點1 起源

國際商會（International Chamber of Commerce, ICC）創建於1919年，是世界上最大、最有代表性的商業組織；其制訂的國貿條規（INCOTERMS，International Commercial Terms）提供一套基準，讓不同國家的業者在國際貿易上對交易條件有統一遵循的依歸，使當事人在訂約時得以採用。

重點2 貿易條件的三大考量

根據「Incoterms®2020國貿條規」，貿易條件共有三大考量：

一、交貨地點、貨物風險移轉（transfer of risks）之地點。

二、費用之負擔，包括運費（carriage or freight）、保險費（insurance）、報關費用、檢查及包裝費用、檢驗費用。

三、貨物之輸出／輸入通關手續之辦理。

重點3 2020國貿條規的兩大類型和十一種貿易條件

2020年國貿條規分將運輸條件分為兩大類型、十一種貿易條件，茲分別說明如下：

類型1→適用於任何或多種運送方式的規則

(一)EXW（Ex Works）工廠交貨條件規則：

　1.**交貨地點**：賣方工廠或其他指定地（工廠、倉庫等）。

　2.**風險轉移**：交貨時。

　3.**運輸費用**：買方負擔。

　4.**保險費用**：買方負擔。

(二)FCA（Free Carrier）貨交運送人條件規則：

1. **交貨地點**：交付承運人接管。
2. **風險轉移**：交貨時。
3. **運輸費用**：買方負擔。
4. **保險費用**：買方負擔。
5. **其他**：
   (1)賣方對買方並無訂立運送契約及保險契約之義務，於需要辦理通關手續時，賣方需辦理貨物輸出通關的手續，並無辦理任何輸入通關手續的義務，或支付任何進口關稅。
   (2)與2010版本相比，國貿條規® 2020現在允許FCA裝貨後製作提單。

(三)CPT（Carriage Paid to）運費付訖條件：

1. **交貨地點**：交付承運人接管。
2. **風險轉移**：交貨時。
3. **運輸費用**：賣方負擔。
4. **保險費用**：買方負擔。

(四)CIP（Carriage and Insurance Paid to）運、保費付訖條件：

1. **交貨地點**：交付承運人接管。
2. **風險轉移**：交貨時。
3. **運輸費用**：賣方負擔。
4. **保險費用**：賣方負擔。
5. 賣方必須提供買方保險單的證明，其最低應承保契約中所定的價金加計一成（即110%），且以契約的幣別投保，並由賣方應投保協會貨物條款(A)或類似的保險條款所提供最低承保範圍的貨物保險。

(五)DPU（Delivered at Place Unloaded）：

1. **交貨地點**：賣方在「指定目的地」將貨物從運輸工具中卸載並交付買方，即完成交貨。
2. **風險轉移**：交貨時。
3. **運輸費用**：賣方負擔。
4. **保險費用**：賣方負擔。
5. 賣方需要辦理貨物的輸出通關，但無辦理輸入通關，或支付任何進口關稅或辦理任何輸入通關手續的義務。

(六)DAP（Delivered at Terminal）目的地交貨條件規則：

1. **交貨地點**：目的港或目的地的指定終點站，無須卸貨。

2. **風險轉移**：交貨時。

3. **運輸費用**：賣方負擔。

4. **保險費用**：賣方負擔。

5. 賣方需要辦理貨物的輸出通關，但無須辦理輸入通關的義務。

(七)DDP（Delivered Duty Paid）稅訖交貨條件：

1. **交貨地點**：指定目的地。

2. **風險轉移**：交貨時。

3. **運輸費用**：賣方負擔。

4. **保險費用**：賣方負擔。

5. 賣方負擔最大的義務，需辦理貨物輸出及輸入通關，支付一切出口及進口關稅及手續費用。

類型2→適用於海運及內陸水路運送的規則

(一)FAS（Free Alongside Ship）船邊交貨：

1. **交貨地點**：指定裝載港放置由買方所指定之船舶邊（如：碼頭或駁船上）。

2. **風險轉移**：交貨時。

3. **運輸費用**：買方負擔。

4. **保險費用**：買方負擔。

5. 若貨物裝在貨櫃內，因賣方通常於貨櫃場就將貨物交給運送人，而非船邊，因此並不適用此規則，應使用FCA之規則。

(二)FOB（Free On Board）船上交貨：

1. **交貨地點**：指定裝船港將貨物裝載至買方所指定的船舶上。

2. **風險轉移**：交貨時。

3. **運輸費用**：買方負擔。

4. **保險費用**：買方負擔。

5. **若貨物裝在貨櫃內，因賣方通常於貨櫃場就將貨物交給運送人，而非船邊，因此並不適用此規則，應使用FCA之規則。**

(三)CFR（Cost And Freight）**運費在內**：
　1.**交貨地點**：將貨物運送至指定目的港放置買方所指定之船舶上。
　2.**風險轉移**：交貨時。
　3.**運輸費用**：賣方負擔。
　4.**保險費用**：買方負擔。

(四)CIF（Cost,Insurance and Freight）**運保費在內**：
　1.**交貨地點**：將貨物運送至指定目的港放置買方所指定之船舶上。
　2.**風險轉移**：交貨時。
　3.**運輸費用**：賣方負擔。
　4.**保險費用**：賣方負擔，且國貿條規® 2020現在要求投保Institute Cargo Clauses(A)協會貨物保險條款(A)，而不是(C)。

　11種國際貿易條件總整理如下表：

內容 類別	交貨地點	輸出／輸入通關 手續之辦理	運費 支付	保費 支付	適用之運送方式
EXW	賣方工廠	買方／買方	買方	買方	一切運送方式
FCA	交承運人	賣方／買方	買方	買方	一切運送方式
FAS	裝運港船舶邊	賣方／買方	買方	買方	海運或內陸水陸運送
FOB	裝運港船舶上	賣方／買方	買方	買方	海運或內陸水陸運送
CFR	裝運港船舶上	賣方／買方	賣方	買方	海運或內陸水陸運送
CIF	裝運港船舶上	賣方／買方	賣方	賣方	海運或內陸水陸運送
CPT	交承運人	賣方／買方	賣方	買方	一切運送方式
CIP	交承運人	賣方／買方	賣方	賣方	一切運送方式
DPU	指定目的地	賣方／買方	賣方	賣方	一切運送方式
DAP	指定目的地	賣方／買方	賣方	賣方	一切運送方式
DDP	指定目的地	賣方／賣方	賣方	賣方	一切運送方式

精選試題

( ) **1** 依2020版國貿條規之規定，某進口商自日本空運進口水果100箱至臺灣，下列何者為其可能的貿易條件？
(A)FOB TOKYO (B)CFR TAIPEI
(C)CIP TAIPEI (D)FAS TOKYO。

( ) **2** 下列何種貿易條規，原則上提單上不出現"FREIGHT PREPAID"字樣？
(A)CIP (B)CPT
(C)CIF (D)FOB。

( ) **3** 買賣雙方簽訂貿易契約，並約定以CIF NEW YORK為貿易條件，下列敘述何者錯誤？
(A)賣方需訂立運送和保險契約
(B)出口通關費用應由賣方負擔
(C)貨物在運抵NEW YORK之運送途中滅失之風險應由賣方承擔
(D)貨物在裝運港裝載於船舶時，賣方即完成交貨。

( ) **4** 以下列何種條規交易，賣方須訂定可以使買方或任何其他享有貨物保險利益者，有權直接向保險公司索賠之保險單據？
(A)FCA (B)CPT (C)CIP (D)DAP。

( ) **5** 在2020版國貿條規中，若以FOB條規交易而貨物以貨櫃運輸方式交貨，則下列敘述何者正確？
(A)貨物在指定裝船港裝載於船舶時起，由賣方承擔貨物滅失或毀損之一切風險
(B)貨物在貨櫃集散站進行交貨以便拖往碼頭裝船，此時貨物滅失或毀損之風險即由賣方移轉予買方
(C)貨物由貨櫃集散站運送至碼頭之運費，由買方負擔
(D)FOB條規不適合使用於貨物裝在貨櫃內之情形，應改用FCA條規。

( ) **6** 如果信用狀要求的運送單據為運費付訖的航空運送單據且須提示保險單據，則下述何種貿易條規顯示於信用狀中方為正確？
(A)CIF (B)CFR (C)CIP (D)FOB。

(　) **7** 在申請開發信用狀時，以下列何種貿易條規交易者，申請人不須備妥保險單正本及保費收據副本？

(A)EXW　　　　　　　　　　(B)FOB

(C)CFR　　　　　　　　　　(D)CIF。

(　) **8** 依據2020版國貿條規，下列貿易條規中，何者表示賣方所負擔之義務最小？

(A)FOB　　　　　　　　　　(B)CIF

(C)CIP　　　　　　　　　　(D)EXW。

(　) **9** 請問2020版國貿條規十一種貿易條規中，賣方承擔最大義務為下列何者？

(A)EXW　　　　　　　　　　(B)FOB

(C)CIF　　　　　　　　　　(D)DDP。

(　) **10** 以CIP條規交易時，倘買賣契約未約定承保之範圍，則依據2020年版國貿條規之規定，保險至少應涵蓋之範圍為何？

(A)賣方之倉庫至買方之倉庫　　(B)交貨地點至買方之倉庫

(C)裝載港至卸貨港　　　　　　(D)交貨地點至指定之目的地。

解答與解析

1 (C)。僅CIP為適用空運之國貿條件，其餘皆適用海運及內陸水路運送規則。

2 (D)。FOB（Free On Board），運輸費用由買方負擔。

3 (C)。CIF（Cost，Insurance and Freight）運保費在內，將貨物運送至指定目的港放置買方所指定之船舶上後，風險及轉移至買方。且國貿條規® 2020現在要求投保Institute Cargo Clauses(A)協會貨物保險條款(A)，而不是(C)。

4 (C)。CIP（Carriage and Insurance Paid to）運、保費付訖條件，賣方必須提供買方保險單的證明，其最低應承保契約中所定的價金加計一成（即110%），且以契約的幣別投保；使買方或任何其他享有貨物保險利益者，在運輸過程如遇貨物滅失時，有權直接向保險公司索賠。

5 (D)。FOB（Free On Board）船上交貨，貨物在指定裝船港裝載於船舶時起，由買方承擔貨物滅失或毀損之一切風險；貨物在貨櫃集散站進行交貨以便拖往碼頭裝船，此時

貨物滅失或毀損之風險仍在賣方；貨物由貨櫃集散站運送至碼頭之運費，由賣方負擔。

6 **(C)**。選項中僅CIF、CIP為運、保費皆付訖，惟CIF適用於海運及內陸水路運送規則，與題目航空運送單據不符，故選CIP。

7 **(D)**。信用狀申請人為進口商，選項中僅CIF的保險費由賣方負擔，故進口商無須於申請開發信用狀時檢附保險單正本及保費收據副本。

8 **(D)**。EXW（Ex Works），在賣方工廠交貨，且運費及保費皆由買方負擔，故賣方所負擔之義務最小。

9 **(D)**。DDP（Delivered Duty Paid）稅訖交貨條件，賣方負擔將貨物運至目的地地方的一切費用及風險，並有義務辦理貨物輸出及輸入通關，支付一切出口及進口關稅且辦理一切的通關手續。

10 **(D)**。CIP（Carriage and Insurance Paid to）運、保費付訖條件，交貨地點：貨物送至指定地點交付第一運送人接管，故CIP保險至少涵蓋交貨地點至指定之目的地。

第五章 進口信用狀業務

重點1 信用狀開發

銀行開發信用狀時，一般要經過下列有關步驟：

一、對有關當事人之信用調查

銀行應進口商之申請而開發信用狀，亦屬一種授信融資行為。因此，要像發放貸款一樣，在開發信用狀之前要進行信用調查。**若進口商資信欠佳，銀行就應要求進口商繳納開狀押金，或者提供其他財產形式（如有價證券或不動產等）作為開發信用狀之保證**。開狀押金和擔保物品的多少要根據進口商的資信狀況和信用狀種類而定。

對出口商（受益人）進行信用調查，是為了防止出口商信用欠佳、以次充好、以少報多，甚至偽造單據騙取貨款。

二、簽訂額度

應先申請一開狀額度後，始可辦理開狀。其又分為即期進口押匯額度與遠期信用狀額度，以上二種額度通常為循環額度。

三、建檔。

四、請客戶填妥開發信用狀申請出，並檢附相關文件如下：

(一) 有效之輸入許可證（進口貨品須簽證時）。

(二) 交易單據。

(三) 保險單正本及保費收據副本。

(四) 其他依銀行規定應徵提之文件，如海關提貨用之授權書。

考點速攻

有關步驟四和五之信用狀文件說明及審核要點，請參考第二部分第三章。

五、審核上述文件。

六、將開狀資料鍵入電腦，並製作進口結匯證實書、傳票及信用狀

(一)進口所需外匯以新臺幣結購者，應掣發「進口結匯證實書」。

(二)未以新臺幣結購者，應掣發「其他交易憑證」。

七、銀行主管放行後即可將信用狀發送通知銀行。

重點2　信用狀開狀計價

手續費	一般以三個月為一期，第一期0.25%，第二期以後減半計收，不足三個月者以三個月計收，最低新臺幣400元。
郵費	依各銀行規定依寄往不同地區計收。
電報費	依各銀行規定依發往不同地區計收。
保兌費	一般以三個月為一期，第一期0.25%，第二期以後減半計收，不足三個月者以三個月計收，最低新臺幣1,000元。
承兌費	通常以年費率1%按天數計，最低新臺幣1,000元。

舉例：

A公司於2019年4月9日到B銀行申請開發買方即期信用狀，金額為USD 5,000，信用狀有效期限至2019年9月9日。

本信用狀以詳電開發費用TWD 1,000，並以外匯存款支付結匯方式自籌保證金10%。B銀行當日美金掛牌匯率為31.05／31.15，對A公司之手續費、保兌費以一般費率收取，請問A公司須繳納多少費用予B銀行？

結匯金額＝USD5,000×31.15×10%＝15,575

手續費　＝min[[USD5,000×31.15×（0.25%＋0.125%）],400]

電報費　＝TWD1,000

保兌費　＝min[[USD5,000×31.15×（0.25%＋0.125%）],1,000]

總計：15,575＋400＋1,000＋584.06＝17,559.06（元）

重點3　修改信用狀

實務上，信用狀開出後常因買賣雙方之需，而必須修改內容；常見的修改事項包括更改受益人名稱或地址、信用狀有效日期延長、增減金額、更改貨品數量與規格、保險種類變動等等。

一、信用狀修改應注意事項

(一)進口商可向開狀銀行申請**修改信用狀，但必需經信用狀全體利害關係人之同意始生效力，所謂利害關係人，指開狀行、保兌行、受益人**。若其中一方拒絕修改，應立即通知申請人。

(二)**對於修改書內容不可部分接受、部分不接受**，若如此則視為全部拒絕。

(三)若修改內容涉及金額、條件等事項時，申請人須提示相關輸入許可證、交易單據或修改後之交易單據、保險單正本及保費收據副本等。

(四)某修改項目涉及**有原證關條款**時，應同時修改，以維信用狀之一致性。

二、信用狀修改申請書的審核

銀行修改時，應調出原信用狀副本，對照審核：

(一)修改申請書是否加蓋原留印鑑。

(二)修改申請書所列證號、受益人名稱等須與銀行留檔相符。

(三)修改後的條款與原信用狀條款有無抵觸、是否會對銀行造成不利。

(四)修改通知方式：以航郵或電報方式通知。

(五)修改日期：以實際結匯日或繳清手續費日為修改日。

三、信用狀修改費用

(一)**一般修改信用狀內容：**

　1.**手續費**：每筆修改手續費新臺幣300元不等。

　2.**郵電費**：依開狀行標準計收，無統一之金額。

(二)**展延信用狀有效期限者：**

　1.**手續費**：

　　(1)展延期限未超過原有效期限者，一般逐筆收取新臺幣300元。

　　(2)展延期限超過原有效期限者，一般以每三個月為一期，按信用狀餘額之0.125%計收，最低新臺幣200元。

2. **郵電費**：依開狀行之標準計收，無統一之金額。
3. **保兌費**：一般銀行則以每三個月為一期，按信用狀餘額之0.15%收，最低美金100元。

重點4　報關提貨

進口商在尚未取得提單之前，按理是無法提貨的。但在實務中，**貨物已運抵港口而貨運單據尚未寄達進口商**的情況是經常發生的，在這種情況下，進口商如果不及時提貨，就要承擔貨物變質受損的風險，增加額外的倉租費用或被海關課以罰款，也可能錯失市場銷售的良機。為了解決這個問題，就出現了一些沒有提單提貨的通融做法，分別為**擔保提貨與副提單背書**。

一、擔保提貨

(一)**定義：進口商請開狀銀行先行簽發「擔保提貨書」，交由進口商憑以向船公司換發小提單（Delivery Order, D/O）以便提貨**。此種以開狀銀行名義代進口商向船公司簽發「擔保提貨書」以便進口商辦理提貨之程序稱為「擔保提貨」。

(二)**注意事項：**
1. 已辦理擔保提貨者，於正本單據到達時，應直接郵寄一份正本提單予船公司，以換回原先簽發之「擔保提貨書」。
2. 依前開規定，經辦人員**不需催索**，因銀行公會已訂定「擔保提貨統一作業規定」，船公司印製之擔保提貨書上應加蓋下列字句：本擔保提貨保證責任自本行收到貴公司退回之擔保提貨書或擔保提貨解除申請書副聯之日起，或自貴**公司收到本行寄還貴公司經完成背書正本提單之日起十日後，本行之保證責任即自動解除**。
3. **解除開狀銀行保證責任的程序必定要完成**。因當開狀銀行開出擔保提貨書時，其對船公司就所被提領貨物的**數量**負無限責任之保證，而**非以當初所提領的貨物價值為限**。
4. **已辦理擔保提貨者，不得以任何瑕疵或理由拒付，必須無條件接受單據**。
5. 對擔保提貨所檢附之商業發票、包裝單、提單等之貨品名、數量等，應詳予核對，以防不肖進口商將非信用狀規定之貨物一併裝運辦理擔保提貨。

二、副提單背書

(一)**定義**：信用狀上可規定，出口商在出貨後須將一份正本運送單據及一套信用狀規定之單據，先行寄送給進口商。進口商向開狀銀行申請副提單背書後，憑以向船公司辦理提貨手續。此種由開狀銀行在進口商先行收到的那一份正本運送單據上背書，以便進口商辦理提貨之程序稱為「副提單背書」。「副提單背書」中之**「副」字意義，並非指影本、副本，而是指進口商先行收到的那份正本運送單據**。

(二)**注意事項**：

　1. **副提單之受貨人應為開狀銀行**，開狀銀行方可背書交付進口商提貨。

　2. **影本或副本副提單，開狀銀行不得據以辦理副提單背書**。

　3. 已辦理擔保提貨或副提單背書不能主張拒付

　　當單據到達時進口商因已經提貨，如貨物有瑕疵或買賣雙方有其他糾紛，想拒絕單據時，在已辦「擔保提貨」或「副提單背書」之情形下，開狀銀行無法向國外押匯銀行主張拒付，即便單據本身有瑕疵，亦不能主張。銀行為保障權益，除債信良好或銀行債權可資確保者外，不會輕易辦理其「擔保提貨」或「副提單背書」。

牛刀小試

（　）**1** 各銀行對於為其進口客戶簽發擔保提貨書均非常審慎，有關其理由，下列何者錯誤？　(A)銀行簽署擔保提貨書用的是船公司印製的文件　(B)擔保提貨書未註明有效期限　(C)擔保提貨書上銀行向船公司就提領貨物之數量負責，但貨物之總價值未定　(D)銀行向船公司保證的價值恰好等於進口商向銀行申請擔保提貨之金額。

（　）**2** 有關銀行受理客戶辦理擔保提貨之敘述，下列敘述何者正確？(A)即期信用狀案件應依授信批覆條件徵提擔保品　(B)遠期信用狀案件應收回銀行墊款及利息（如有者）　(C)辦理擔保提貨後，到單時申請人仍得要求向押匯銀行拒付　(D)到單後應以正本提單向船公司辦理擔保責任之解除」。

[解答與解析]

1 (D)。銀行向船公司保證的金額為「貨物之價值」；進口商向銀行申請擔保提貨之金額為「信用狀上之金額」，此兩種金額可能不同。

2 (D)。進口商可於核准額度（條件內），申請辦理擔保提貨而不徵提擔保品。如屬即期信用狀又有外幣墊款者，需由開狀銀行（代收銀行）收回墊款本息，如屬遠期信用狀墊款者可暫緩收回；辦理擔保提貨後，到單時申請人不得拒付。

重點5 贖單結匯

一、開狀銀行收到單據相符後，常因進口商尚未付款贖單，開狀銀行替進口商預先墊付款項，以全套貨運單據作為質押。這就是銀行做的「進口押匯」業務，之後進口商付款，方取得貨運單據並憑以提貨。

二、如果是**即期付款信用狀**，開狀銀行審核單據相符後，就應對押匯銀行辦理付款手續。

三、如果是**遠期付款信用狀**，開狀銀行審核單據並認為無誤後，即在匯票上加以承兌。待到匯票到期，開狀銀行即辦理對外償付，並通知進口商前來付款贖單。

重點6 進口商贖單手續

一、繳納結匯本金及墊款息費用，費用細項如下。

(一)**即期信用狀贖單**

1. 結匯本金。

2. 墊款息。

3. 計收違約金。

(二)**遠期信用狀贖單**：依授信條件決定補徵「外幣保證金」，或加徵「定期存單設質」，或徵「本票」等。

二、交付單據

請進口商在「進口單據到達登記簿」上簽名，以示簽收。

待上述流程完成後，從而結束本信用狀業務。

知識補給站

若貨物早已到達，惟進口商未在規定期限內辦理贖單時，開狀銀行為了避免久未提貨導致貨物受損，或被海關課以罰款，可以逕向海關提貨以變賣貨物，並將所得貨款來抵償銀行所墊付的款項，再向進口商提出損失索賠。

精選試題

( )　**1** 關信用狀的交易流程，下列敘述何者正確？
(A)買方憑合約向往來銀行申請開發信用狀，通常買方即為受益人
(B)開狀銀行自簽發信用狀時起，即受其應為兌付之不可撤銷之拘束
(C)通知銀行收到開狀銀行開來的信用狀，不需確信外觀真實性即可通知受益人
(D)開狀銀行收到單據後，審查無誤後通知賣方贖單。

( )　**2** 有關「擔保提貨」或「副提單背書」之意義，下列敘述何者正確？
(A)擔保提貨專指以空運方式運送貨物之提貨手續
(B)擔保提貨專指以海運方式運送貨物之提貨手續
(C)副提單背書係憑副本提單背書轉讓貨物所有權之提貨手續
(D)副提單背書係憑副本提單擔保之提貨手續。

( )　**3** 進口開狀為銀行之授信行為，銀行應嚴格審查客戶申請開狀之內容，下列敘述何者錯誤？
(A)應將特別條款或其他指示予以單據化
(B)若須開發對銀行不利之條款，應注意債權確保
(C)須注意進口貨品與客戶之營業項目是否相符
(D)開發信用狀之特殊條款，可不須瞭解其動機，即逕予開發。

( ) **4** 開發信用狀時，下列敘述何者錯誤？
(A)匯票的付款期限分為即期與遠期兩種
(B)開狀銀行開發「賣方遠期信用狀」，其遠期期間不受任何限制
(C)外匯授信條件為「最長180天」時，申請人得申請開發即期信用狀
(D)申請人申請開發遠期信用狀時，須註明利息由誰負擔。

( ) **5** 銀行辦理進口擔保提貨，對船公司所負無限保證責任係針對下列何者而言？
(A)信用狀金額
(B)押匯金額
(C)商業發票金額
(D)所擔保提領貨物之價值。

( ) **6** 有關擔保提貨諸事項中，下列敘述何者錯誤？
(A)擔保提貨是貨物比提單先抵達進口地，由銀行保證，方便進口商提貨之業務
(B)進口商辦理擔保提貨時，需使用銀行印定之空白擔保提貨書
(C)進口商辦理擔保提貨時，如屬即期信用狀案件，應收回銀行墊付之信用狀本息
(D)已辦理擔保提貨之案件，進口商不得以任何理由主張拒付。

( ) **7** 有關信用狀修改，依UCP600之規定，下列敘述何者錯誤？
(A)修改書之通知銀行與信用狀之通知銀行應為同一銀行
(B)通知修改書之銀行對任何接受或拒絕之知會應告知所由收受修改書之銀行
(C)受益人對於修改書內容接受與否，怠於知會時，則等到押匯單據提示時，如符合該信用狀及尚待接受之修改書者，將視為受益人接受該信用狀修改書
(D)受益人對同一張修改書之內容，可作選擇性之部分接受。

( ) **8** 辦理擔保提貨時，下列何者為銀行向船公司就提領貨物所負確定之責？
(A)價值
(B)數量
(C)品質
(D)包裝。

（　　）　**9** 有關銀行受理客戶辦理擔保提貨（L/G）、副提單背書（E/D）
之敘述，下列何者正確？　(A)為客戶得以儘早提貨，應全力配
合其辦理L/G、E/D　(B)辦理L/G銀行無須對船公司負保證責任
(C)對未經徵信調查之客戶之全額結匯開狀案件，原則上不得辦
理L/G　(D)空運提單亦得辦理L/G。

（　　）　**10** 依UCP600之規定，有關信用狀修改之相關敘述，下列何者錯誤？
(A)除第38條另有規定外，信用狀非經開狀銀行、保兌銀行，如
有者，及受益人之同意，不得修改或取消
(B)開狀銀行自簽發修改書時起，即受該修改書不可撤銷之拘束
(C)修改書之部分接受者，不予容許，並將視其為對該修改書拒
絕之知會
(D)信用狀中規定嗣後任何修改，除非受益人於特定時間內拒
絕，否則修改書即生效意旨者，應不予理會。

（　　）　**11** 進口開狀時，L/C應註明提示期間，若L/C未規定時，依UCP600
之規定，倘提示包含一份以上第19-25條所定義之運送單據正本，
則提示須於裝運日後幾日內作成？　(A)7天　(B)12 天　(C)21天
(D)22天。

（　　）　**12** 若同一用狀修改書內有A、B、C、D四點修改事項，受益人決定
下列何種選擇，符合UCP600規定？
(A)可容許接受A，拒絕B、C、D
(B)可容許接受A、B、C，拒絕D
(C)可容許A、B、C、D任意選擇部分接受
(D)可容許接受A、B、C、D四點。

（　　）　**13** 有關銀行辦理擔保提貨應注意事項，下列敘述何者正確？
(A)已辦擔保提貨之案件，申請人仍得以單據瑕疵為由主張拒付
(B)對於未核定開狀額度之全額結匯案件，原則上仍得辦理
(C)提示之提單影本之受貨人（CONSIGNEE）非開狀銀行者，仍
得辦理
(D)收到單據時須將一份正本提單背書後函寄船公司，解除擔保
責任。

解答與解析

1 (B)。信用狀買方為申請人；賣方為受益人；通知銀行收到信用狀後，需確信外觀真實性方可通知受益人；開狀銀行收到單據，審查無誤後通知買方贖單。

2 (B)。擔保提貨係海運方式運送貨物之提貨手續；副提單背書則適用於空運及海運。副提單背書並非指影本、副本，而是指進口商先行收到的那份正本運送單據。

3 (D)。信用狀之特殊條款應於瞭解其動機，方予開發。

4 (B)。實務上仍應考量客戶的需求，在適當期間限制條件下開發信用狀。

5 (D)。銀行承進口擔保提貨務真實金額之風險，而非交易單據上所顯示之金額。

6 (B)。目前辦理擔保提貨所採之擔保提貨書，多為船公司制式表格。

7 (D)。對於同一修改書內容，僅可全部接受或全部拒絕。

8 (B)。理擔保提貨時，銀行向船公司就提領貨物數量負確定之責。

9 (C)。辦理擔保提貨或副提單背書時，因需對船公司負保證責任，故應選擇信用良好之客戶方進行承做；辦理L/G銀行須對船公司負保證責任；空運提單因有隨機聯，故不會有貨到單未到之情形，故無需使用擔保提貨。

10 (D)。修改書不能主張強制要求受益人於特定時間內拒絕。

11 (C)。根據UCP600，正本運送單據須由受益人或其代表人，在不遲於本慣例中所述的裝運日後的21個日曆日內為之。

12 (D)。僅可全部接受修訂；若僅部分接受，則視為拒絕修改。

13 (D)。已辦理擔保提貨者，不得已任何瑕疵或理由拒付，必須無條件接受單據。未核定開狀額度之全額結匯案件，原則上不得辦理擔保提貨。提單受貨人非開狀銀行者，原則上不得辦理擔保提貨。

第六章 進出口託收

依據出題頻率區分，屬：**A** 頻率高

重點1 託收之意義

一、國際貿易中，出口商與進口商之間不憑信用狀，而憑雙方簽訂之買賣合約貿易，在非信用狀、無銀行信用介入下，出口商於貨物出口後，委託銀行代收貨款，是為「託收」。

二、託收方式交易—簽訂買賣契約前賣方應注意事項

(一)**作好市場調查**：必須就買方的信用狀況、市場胃納之大小、進口地之法令規章、貿易管制、外匯制度、政經情勢是否穩定等作詳實徹底的市場調查。

(二)**交易標的物之考量**：新鮮蔬果、活動植物、易變質腐壞之貨物及冷凍食品，賣方無法控制買方提貨的時間，不宜以託收方式交易。

重點2 託收的關係人

一、委託人（Principal）

係指委託銀行辦理託收的一方。通常即為託收方式交易中的賣方，即出口商，也是匯票的發票人，係託收方式交易中的債權人。

二、託收銀行（Remitting Bank）

又稱為「寄單銀行」，係指受委託人委託辦理託收的銀行。通常為出口地銀行，故又稱為本地代收銀行（Local Collecting Bank）。此銀行通常與委託人有往來關係，亦與代收銀行間存在「處理託收業務」之契約關係。

三、代收銀行（Collecting Bank）

託收銀行接受委託向國外進口商收取貨款，勢必再委託進口商所在地往來銀行代為執行收款工作，此國外銀行即為代收銀行，又稱為國外代收銀行（Foreign Collecting Bank）。

代收銀行僅付「收款」義務，若託收指示中有加註「Please have the draft avalized by your good bank」之條款，表示若進口商到期不付款，則代收銀行保證付款，因此對代收銀行造成風險，應請託收銀行取消該指示後，才辦理該項託收為宜。（avalized為拉丁語，保證之意）

四、提示銀行（Presenting Bank）

指向付款人直接辦理提示的代收銀行。在託收過程中，有時買方要求以其往來銀行為代收銀行，而該銀行若與託收銀行無通匯關係時，託收銀行只得委託買方指定之代收銀行，為其向買方（付款人）辦理提示事宜。在此情形下，該買方所指定的代收銀行即為提示銀行。

五、付款人（Drawee）

即依託收指示，而被提示有關單據的人，通常為託收方式交易中的買方，即進口商，或託收匯票的被發票人，係託收方式交易中的債務人。

六、預備人（Case-of-Need, C/need）

指委託人在進口地預先安排的代表。於託收發生拒絕承兌或拒付時，被授權代理委託人出面處理事務者。

牛刀小試

（　　）**1** 依URC522規定，委託銀行處理託收之一方，稱為下列何者？(A)PRINCIPAL　(B)REMITTING BANK　(C)COLLECTING BANK　(D)DRAWEE。

（　　）**2** 下列何者為非進出口託收之當事人？　(A)託收銀行　(B)提示銀行　(C)代收銀行　(D)通知銀行。

( ) **3** 我國甲銀行接受乙公司委託將一筆價值3萬美元的單據寄交美國丙銀行，請其通知美國的丁公司辦理付款交單，則丙銀行在本交易中係為下列何者？ (A)託收銀行 (B)提示銀行 (C)押匯銀行 (D)保兌銀行。

[解答與解析]

1 (A)。 出口商是委託銀行辦理託收的一方，即為委託人(Principal)。

2 (D)。 託收常涉及的當事人有委託人（PRINCIPAL）、託收銀行（REMITTINGBANK）、提示銀行（PRESENTINGBANK）、代收銀行（COLLECTINGBANK）、付款人（DRAWEE）。

3 (B)。 丙銀行為向付款人丁公司直接辦理提示的代收銀行，即為提示銀行。

重點3 託收之種類

一、以託收方式分類

(一)**出口託收**（Outward Collection）：出口商將貨物裝運出口後，持以進口商為付款人的單據送交出口地託收銀行，委託收取貨款；出口地銀行則將有關單據寄交進口地代收銀行，委託其依託收指示書指示向進口商收款。此種程序，就出口地銀行而言，是為出口託收。

(二)**進口託收**（Inward Collection）：進口地銀行收到出口地銀行寄來的單據後，即依其「託收指示書」指示，通知進口商付款或承兌，完成託收手續。此種程序，就進口地銀行而言，是為進口託收。

二、依託收所附之單據分類

(一)**光票託收**（Clean Bill for Collection）：委託人委託銀行代為收取貨款時，**未檢附商業單據**，而僅以財務單據託收者。

(二)**跟單託收**（Documentary Bill for Collection）：委託人委託銀行代為收取貨款時，財務單據**附隨商業單據**，或商業單據未附隨財務單據之託收謂之。

考點速攻

財務票據與商務票據之比較

財務票據	商務票據
是指匯票、支票、本票或其他用以收取金錢的類似文書	是指發票、貨運單據，或非屬財務單據之任何其他單據

1. **附隨財務單據的跟單託收**：即委託人將商業單據及財務單據一併交由銀行託收。銀行則在付款人付款或承兌時，才將商業單據交給付款人。通常所稱跟單託收即指此種託收。
2. **未附隨財務單據的跟單託收**：即委託人僅將商業單據交由銀行代收，而未附隨財務單據者。此種託收較少見。

三、依交單條件分類

(一)**付款交單**（Documents against Payment，D/P）：**國外進口商須先清償商業單據款項，銀行才將商業單據交付進口商**。對出口商而言，此方式風險較D/A低，較信用狀為高。但對進口商而言，此方式卻較信用狀為方便、有利。

(二)**承兌交單**（Documents against Acceptance，D/A）：**國外進口商於承兌遠期商業單據／匯票後，銀行即可將單據交付進口商，進口商須於到期日始付款之方式**。

承兌交單最長付款期限，通常在承兌後180天內。此方式對出口商風險較D/P及信用狀高。但對進口商而言，無論在資金運用及利息負擔方面，較信用狀與D/P有利。

適合D/P付款的情況	買方信用狀況很好，買賣雙方往來關係密切。
	買方要求以Long D/P方式交易，為提昇買方競爭力，增加其進口有利條件，託收成交。
	貨物在國外市場易於處理，若遇對方拒絕付款贖單，貨物容易拍賣轉售，不致造成賣方之嚴重虧損。
適合D/A付款的情況	買方要求在付款前先獲得貨物才願意購買。
	賣方以D/A方式出口，買方雖尚未付款，但經其承兌之匯票，賣方容易將其貼現而取得融資。
	交易標的物在國外市場易於處理且不屬易腐之貨品。

1. 不論D/A、D/P，進口商**以新臺幣結匯**者，應掣發**進口結匯證實書**。
2. 不論D/A、D/P，進口商**以外匯原幣結匯**者，應掣發**其他交易憑證**。

四、依付款期限分類

(一)**即期付款交單（Sight D/P）**：委託人委託銀行代收的財務單據是即期匯票（Sight Draft）者。付款人於代收銀行提示單據時，即須付款。此種方式，即一般所稱之付款交單託收。

(二)**遠期付款交單（Usance D/P或Long D/P）**：委託人委託銀行代收的財務單據為遠期匯票（Usance Draft）者。付款人於代收銀行提示單據時，僅就財務單據予以承兌，且在票據到期前不必先付款，惟商業單據仍由銀行控制。俟到期時付清貨款後才自銀行取得商業單據。

牛刀小試

(　　) **1** 承兌交單係進口商需在何種單據上承兌後取得商業單據？　(A)提單　(B)商業發票　(C)保險單　(D)匯票。

(　　) **2** 依URC522之規定，有關「託收」之定義，下列敘述何者錯誤？(A)跟單託收意指財務單據附隨商業單據者　(B)跟單託收意指商業單據而未附隨財務單據者　(C)光票託收意指財務單據之託收附隨商業單據者　(D)光票託收意指財務單據之託收而未附隨商業單據者。

[解答與解析]

1 (D)。承兌交單（D/A）係進口商承諾未來會付款的交易方式，承諾付款則應選擇用以收取金錢的類似文書，僅(D)匯票為財務單據。

2 (C)。光票託收意指財務單據之託收而未附隨商業單據者。

重點4　託收方式交易之流程

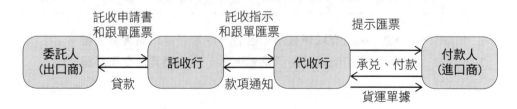

一、出口商於貨物裝船後，持進口商開立之匯票及貨運單據，並填具「出口託收申請書」，向出口地之銀行請求託收。

二、此時託收銀行並不付款，而是將跟單匯票及「託收指示」代轉予進口地之代收銀行。

三、進口地代收銀行收到託收銀行寄的單據後，通知進口商辦理付款或承兌。

四、進口商辦理付款贖單或承兌領單。

五、若進口商選擇付款交單，代收銀行得直接將款項匯予託收銀行；若進口商選擇承兌交單，代收銀行將待貨款收齊後再轉交託收銀行。

六、託收銀行將貨款撥入出口商之帳戶，完成託收程序。

重點5 託收指示（Collection Instruction）

一、託收指示是託收行根據託收申請書繕製、授權代收行處理的所有條款。

二、除非託收指示中另有授權，銀行將不理會向其發出託收的任何當事人／銀行以外的任何當事人／銀行的任何指示。

三、託收指示的內容必須與託收申請書嚴格一致，並應包括以下內容：

(一)託收銀行、委託人、付款人、提示行（如有）的全稱、地址、電傳等。

(二)託收金額與貨幣種類。

(三)單據清單和每項單據的份數。

(四)取得付款或承兌的條款和條件，交單條款。

(五)是否放棄待收取的手續費。

(六)是否可以放棄待收取的利息（如有的話），另**註明利率、計息期、適用的計算期基數**（如一年按360天還是365天計算）。

(七)付款方式與付款通知書的形式。

(八)若遇託收未付款或未獲承兌情況時的指示。

> **考點速攻**
>
> 託收指示應載明付款人辦理提示場所之完整地址。如果位址不全或有錯誤，代收銀行可盡力查明適當的位址，但其本身不承擔任何義務和責任。

四、託收指示應列明付款人將要採取行動的確切期限。諸如「首先、迅速、立即」和類似的表述，不應用於指提示、或付款人贖單或採取任何其他行動的任何期限。如果採用了該類術語，銀行將不予理會。

重點6　託收未付款或未獲承兌之處理

若代收銀行收到拒絕付款通知時，應做以下處理：

一、通知出口商及託收銀行。

二、託收銀行對代收銀行之通知應予回覆：**如提示銀行未於通知拒絕付款或拒絕承兌後六十日內接獲該等指示，得將單據退回託收銀行，而提示行方面不承擔任何其他責任**。

三、辦理貨物貯存及保險等事宜：如出口商委託代收銀行辦理貨物貯存及保險等事宜，託收銀行得照辦傳達，但代收銀行無義務辦理。

四、**拒絕證書之作成**：若在託收指示書中原已指示作成拒絕證書者，**應請代收銀行作成，但如其不願照辦時，應速通知出口商**。

五、**變更託收條件**：如國外進口商要求減價，或D/P改D/A，或延長期限，或分期付款時，**應立即通知出口商，徵得書面同意後辦理**。

六、退回單據的處理：如單據遭退回者，應注意是否為原全套單據，於收到單據後應立即通知出口商領回，並應徵取收據及相關費用後結案。

重點7　拒絕證書之作成

一、拒絕證書（Protest）乃經公證機構出具的書面證明，**證明執票人已依法提示票據，但未獲付款人承兌或付款之事實**。製作拒絕證書之目的，在於對其背書人、發票人及匯票上其他債務人行使追索權。

二、票據法規定，應於匯票到期或其後2日內進行付款提示，如逾期則喪失對前手之追索權。

三、**應在5日內向當地法院請求作成拒絕證書**，如承兌匯票經第三人背書保證者，並應於作成拒絕證書後4日內，通知背書人或保證人。

四、當託收指示書未獲付款獲承兌，要求作成拒絕證書者，代收銀行須在規定期限內作成，方可免於賠償責任。

五、若進口商不願作成拒絕證書，且經託收銀行同意者可免作成。

六、**拒絕證書作成後**，代收銀行應將匯票及拒絕證書寄予託收銀行，**相關費用得像託收銀行請求**。

七、作成拒絕證書所依據律法，應依提示地所在法律為準。例如國外託收案件在我國作成拒絕證書，則應適用我國之票據法。

牛刀小試

（　）**1** 依URC522之規定，如託收指示書載明利息待收時，下列何者非屬指示書須載明之項目？　(A)利率　(B)利息期間　(C)計算基礎　(D)匯率。

（　）**2** 辦理D/A之進口代收，倘已承兌匯票到期而進口商拒付時，代收銀行依國外銀行之指示，應向何處申請作成拒絕證書？　(A)國外銀行所在之地方法院公證處　(B)出口港所在之地方法院公證處　(C)付款地所在之地方法院公證處　(D)進口港所在之地方法院公證處。

［解答與解析］

　1 (D)。如託收指示書載明利息待收時，應註明利率、計息期、適用的計算期基數（如一年按360天還是365天計算）。

　2 (C)。倘遇進口商拒付款項或拒絕承兌之情況，代收銀行應依付款地所在之地放法院公證處，請求作成拒絕證書。

重點8　託收統一規則（URC522）簡介

銀行辦理託收業務，係基於代理人之地位，應遵照外匯管理法令、委託人指示及國際商會制訂第522號「託收統一規則」（Uniform Rules for Collection，簡稱URC522），以善意處理事務並盡相當之注意。

茲列出重要條文如下：

總則和定義

第1條　URC522之適用

(1)本國際商會第522號出版物《託收統一規則》1995年修訂本，應適用於第二條界定的、並在第四條「託收指示」中列明適用該項規則的所有託收項目，且除非另有明確的相反約定，或與無法規避的某一國家、政府或地方法律及／或法規相抵觸，本規則對所有的當事人均具有約束力。

(2)**銀行沒有義務必須辦理某一託收或任何託收指示或以後的相關指示**。

(3)如果銀行無論出於何種理由選擇不辦理它所收到的託收或任何相關的託收指示，應毫不延誤地採用電信，或者如果電信不可能時，採用其它快捷的工具，通知向其發出託收或指示的當事人。

第4條　託收指示

(1)A. 所有送往託收的單據必須附有一項託收指示，註明該項託收將遵循《託收統一規則》第522號文件並且列出完整和明確的指示。銀行只准允根據該託收指示中的命令和本規則行事。

　　B. 銀行將不會為了取得指示而審核單據。

　　C. 除非託收指示中另有授權，銀行將不理會來自除了他所收到託收的有關人／銀行以外的任何有關人／銀行的任何指令。

(3)A. 託收指示應載明付款人或將要辦理提示場所的完整地址。如果地址不全或有錯誤，代收銀行可儘力去查明恰當的地址，但其本身並無義務和責任。

　　B. **代收銀行對因所提供地址不全或有誤所造成的任何延誤將不承擔責任或對其負責**。

義務和責任

第10條　單據與貨物／服務／履行

(1) 未經銀行事先同意，貨物不得直接發送到該銀行地址、或者以該行作為收貨人或者以該行為抬頭人。

然而，**如果未經銀行事先同意而將貨物直接發送到該銀行地址、或者以該行作為收貨人或者以該行為抬頭人**，並請該行憑

付款或承兌或憑其他條款將貨物交付給付款人，**該行將沒有提取貨物的義務，其風險和責任仍由發貨方承擔。**

(2) 即使接到特別指示也銀行沒有義務對與跟單託收有關的貨物採取任何行動包括對貨物進行存儲和保險。銀行只有在個案中、在其同意的限度內，才會採取該類行動。

(3) **然而，無論銀行是否收到指示，銀行為保護貨物而採取措施時，對有關貨物的結局及／或狀況及／或對受託保管及／或保護貨物的任何協力廠商的作為及／或不作為概不承擔責任。** 但是，代收行必須毫不延誤地將其所採取的措施通知向其發出託收指的銀行。

(4) **銀行對貨物採取任何保護措施所發生的任何費用及／或開銷將由向其發出託收的一方承擔。**

第11條　對受託方行為的免責

(1) 為使委託人的指示得以實現，銀行使用另一銀行或其他銀行的服務時，是代為該委託人辦理的，因此，其風險由委託人承擔。

(2) **即使銀行主動地選擇了其他銀行辦理業務，如該行所轉遞的指示未被執行，作出選擇的銀行也不承擔責任或對其負責。**

(3) 一方指示另一方去履行服務，指示方應受到外國法律和慣例施加給被指示方的一切義務和責任的制約，並應就有關義務和責任對受託方承擔賠償責任。

第12條　對收到單據的免責

(1) 銀行必須確定它所收到的單據應與託收指示中所列內容表面相符，如果發現任何單據有短缺或非託收指示所列，銀行必須以電信方式，如電信不可能時，以其他快捷的方式，通知向從發出指示的一方，不得延誤；銀行對此沒有其他更多的責任。

(2) 如果單據與所列內容表面不相符，託收行對代收行收到的單據種類和數量應不得有爭議。

第13條　對單據有效性的免責

銀行對任何單據的格式、完整性、準確性、真實性、虛假性或其法律效力、或對在單據中載明或在其上附加的一般性及／或特殊性的條款，**概不承擔責任或對其負責**；銀行也不對任何單據所表示的貨

物的描述、數量、重量、品質、狀況、包裝、交貨、價值或存在、或對貨物的發運人、承運人、運輸代理、收貨人或保險人或其他任何人的誠信或作為及／或不作為、清償力、業績或信譽承擔責任或對其負責。

付款

第17條　以當地貨幣支付

如果單據是以付款地國家的貨幣（當地貨幣）付款，除託收指示另有規定外，提示行必須憑當地貨幣的付款，發放單據給付款人，只要該種貨幣按託收指示規定的方式能夠隨時處理。

第18條　用外幣付款

如果單據是以付款地國家以外的貨幣（外匯）付款，除託收指示中另用規定外，提示行必須憑指定的外幣付款，發放單據給付款人，只要該外幣按託收指示規定能夠立即匯出。

第19條　部分付款

(1)光票託收時，只有在付款地現行法律准許部分付款的條件和限度內，才能接受部分付款。只有在全部貨款已收妥的情況下，才能將金融單據發放給付款人。

(2)跟單託收時，只有在託收指示有特別授權的情況下，才能接受部分付款。然而，除非另有指示，提示行只能在全部貨款已收妥後才能將單據交與付款人，並對由此所引起的延遲交單所產生的後果不承擔責任。

利息、手續費和費用

第20條　利息

(1)**如果託收指示中規定必須收取利息，但付款人拒付該項利息時，提示行可根據具體情況在不收取利息的情況下憑付款或承兌或其他條款和條件交付單據，除非適用第20條(3)段之規定。**

(2) 如果要求收取利息，託收指示中應明確規定利率、計息期和計息基礎。

(3)**如託收指示中明確地指明利息不得放棄，但付款人拒付該利息，提示行則不交付單據，並對由此所引起的延遲交單所產生的後果不承擔責任。**

當利息已被拒付時，提示行必須以電信，當不可能時可用其他便捷的方式，通知向其發出託收指示的銀行，不得延誤。

第**21**條 手續費和費用
(1)如果託收指示中規定收取手續費及／或費用須由付款人承擔，而後者拒付時，提示行可以根據具體情況，在不收取手續費及／或費用的情況下憑付款或承兌或其他條款和條件交付單據，除非適用第21條(2)段之規定。
當放棄以這種方式支付託收手續費及／或費用時，該項費用應由發出託收的一方承擔，並可從貨款中扣減。
(2)**如果託收指示中明確指明手續費和（或）費用不得放棄而付款人又拒付該項費用時，提示行將不交付單據，並對由此所引起的延誤所產生的後果不承擔責任。當該項費用已被拒付時，提示行必須以電信，當不可能時可用其他便捷的方式，通知向其發出託收指示的銀行，不得延誤。**
(3)在任何情況下，若託收指示中清楚地規定或根據本規則具體規定，支付款項及／或費用及／或託收手續費應由委託人承擔，代收行應有權從向其發出託收指示的銀行立即收回所支出的有關支付款、費用和手續費，而託收行不管該託收結果如何，應有權向委託人立即收回它所付出的任何金額，連同它自己的支付款、費用和手續費。
(4)銀行對向其發出託收指示的一方保留要求事先支付手續費及／或費用的權利，以補償其擬執行任何指示的費用支出，在未收到該項款項期間，有保留不執行該項指示的權利。

其他條款

第**22**條 承兌
提示行有責任確保匯票承兌形式看來是完整和正確的，**但是，對任何簽字的真實性或簽署承兌的任何簽字人的許可權不負責任。**

第**23**條 本票和其他憑證
提示行**對在本票、收據或其他憑證上任何簽字的真實性或簽字人的許可權不負責任**。

第24條　拒絕證書
　　　　　託收指示對當發生不付款或不承兌時的有關拒絕證書應有具體的指
　　　　　示（或代之以其他法律程式）。
　　　　　銀行由於辦理拒絕證書或其他法律程式所發生的手續費和（或）費
　　　　　用將由向其發出託收指示的一方承擔。

第25條　需要時的代理
　　　　　如果委託人指定一名代表拒絕付款及/或拒絕承兌時的代理人，託
　　　　　收指示中應清楚地，詳盡地指定該代理人的權限。如無此項指示，
　　　　　銀行對需要時的代理人的指示可以不受理。

第26條　通知
　　　　　代收行應按以下規則通知託收結果：
　　　　　(1)通知方式：代收行對向預期發出託收指示的銀行送交的所有通
　　　　　　　知和信息，必須載明必要的詳細內容，在任何情況下，都應包
　　　　　　　括在託收指示中列明的編號。
　　　　　(2)通知的方法：託收行有責任就各種通知。

精選試題

(　)　**1** 託收銀行於託收指示書上若載明待收之利息或費用不得拋棄
　　　　　（NON-WAIVER），而進口商拒絕支付該等利息或費用時，代
　　　　　收銀行如何處理該進口單據？　(A)償付貨款後交單　(B)承兌後
　　　　　交單　(C)具結後付款或承兌交單　(D)不得交付單據。

(　)　**2** 依URC522之規定，對於進口託收案件未獲承兌或付款時，作成
　　　　　拒絕證書（PROTEST）之手續，下列敘述何者為正確？　(A)須
　　　　　由發票人（出口商）請求當地法院作成之　(B)得由代收銀行請
　　　　　求拒絕承兌或付款地之地方法院公證處作成之　(C)公證費用應
　　　　　向進口商收取　(D)匯票及拒絕證書正副本均須郵寄至國外託收
　　　　　銀行。

( ) **3** 依URC522之規定，若託收指示中加註由代收銀行擔當匯票付款保證之類似用語，銀行應如何處理？ (A)請託收銀行取消該指示，始予承作 (B)對於不利於銀行之指示，不予理會 (C)基於銀行間互惠之原則，應予照辦 (D)視進口商信用良竄決定是否照辦。

( ) **4** 有關託收，下列敘述何者錯誤？
(A)買賣雙方往來已久，且信用良好，可採用D/A或D/P付款方式
(B)光票託收是指不附有商業單據的財務單據項下的託收
(C)無論進口商是否贖單，代收銀行須負付款義務
(D)商業單據未附隨財務單據者，屬跟單託收。

( ) **5** 進口託收匯票經承兌後，到期未獲付款時，其處理方式下列何者正確？ (A)倘進口商要求展延到期日，在徵得國外銀行同意展延的函電後，由進口商在匯票上重新承兌 (B)逕行將文件退回出口商 (C)縱使託收指示書未指示須作成拒絕證書，銀行亦應立即作成拒絕證書 (D)立即通知船公司，將貨物退回出口商。

( ) **6** 依URC522之規定，受委託人委託處理託收之銀行，稱為下列何者？ (A)COLLECTING BANK (B)REMITTING BANK (C)PRESENTING BANK (D)PAYING BANK。

( ) **7** 國際商會第522號出版物《託收統一規則》1995年修訂中所處理之商業單據，不包括下列何者？ (A)包裝單 (B)匯票 (C)提單 (D)商業發票。

( ) **8** 依URC522之規定，代收銀行辦理以付款國以外之貨幣付款之付款交單（D/P）時，雖自進口商取得貨款，卻因該國外匯短缺而無法將款項匯付託收銀行，試問代收銀行是否仍可將單據交付進口商？
(A)以當地貨幣支付者即可交單
(B)以外國貨幣支付不論能否匯出即可交單
(C)除非託收指示書另有指示，憑能立即匯出之外國貨幣付款始能交單
(D)依D/P條件均為付款後交單。

( ) **9** 託收指示之託收條件表明D/P，其匯票為遠期者，若無進一步之指示，代收銀行應如何處理？ (A)憑匯票承兌後即行交付單據 (B)請付款人先承兌，但須付款後始得交付單據 (C)待匯票到期後始得交付單據 (D)銀行得洽詢預備人，並聽從預備人之指示辦理。

( ) **10** 依URC522之規定，出口商未徵得代收銀行事前之同意，逕將貨物寄往該行，或以該銀行或其指定人為受貨人，期以憑付款或承兌或依其他條件交付予付款人者，相關代收銀行之責任，下列敘述何者錯誤？ (A)無提取貨物之義務 (B)風險及責任由發貨之一方負擔 (C)須負責貨物之貯存及保險 (D)保全貨物之費用歸所由收受託收之一方負擔。

( ) **11** 依URC522之規定，託收指示書如載明利息或費用待收，且無明確敘明不得拋棄時，倘付款人拒絕支付，則下列敘述何者正確？
(A)託收銀行不得交單
(B)託收銀行得憑切結交單
(C)提示銀行不得交單
(D)提示銀行得視情形，憑付款或承兌或依其他條件交單。

( ) **12** 依URC522之規定，有關託收匯票付款人之敘述，下列何者錯誤？
(A)匯票之付款人僅限進口商
(B)不得以國外代收銀行為付款人
(C)匯票必須詳載號碼、金額、發票日期、到期日及付款人名稱、地址等法定要件
(D)代收銀行對因提供之地址不完整或不正確所導致之任何遲延應負義務或責任。

( ) **13** 有關拒絕付款之拒絕證書，下列敘述何者正確？
(A)託收指示書應特別指示
(B)若託收指示書無指示，銀行仍須為之
(C)即使託收指示書有指示，銀行亦得不予理會
(D)不論託收指示書有否特別指示，銀行均應辦理。

解答與解析

1 (D)。根據託收統一規則第20條第3項,如託收指示中指明利息不得放棄,但付款人拒付該利息,提示行則不交付單據,並對由此所引起的延遲交單所產生的後果不承擔責任。

2 (B)。拒絕證書應向拒絕付款地之地方法院公證處請求做成。公證費用應向託收銀行收取。

3 (A)。代收銀行僅付「收款」義務,若託收指示中有加註若進口商到期不付款,則代收銀行保證付款,應請託收銀行取消該指示後,才辦理該項託收為宜。

4 (C)。代收銀行僅有代收單據、匯付款項之服務,並無付款之義務。

5 (A)。匯票經承兌後,到期未獲付款時,若徵得國外銀行同意展延的函電後,可由進口商在匯票上重新承兌。

6 (B)。託收銀行之英文為REMITTING BANK。

7 (B)。商業票據是指發票、貨運單據,所有權文件,或其他非屬財務單據之任何其他單據。匯票係屬金融單據,是財務單據而非商業票據。

8 (C)。除非託收指示書另有指示,未收到款項前,代收銀行不得交單。

9 (B)。若託收條件為D/P,匯票又為遠期者,應請請付款人先承兌,但須付款後始得交付單據。

10 (C)。根據URC522第10條,若出口商未經銀行事先同意而將貨物直接發送到該銀行地址、或者以該行作為收貨人或者以該行為抬頭人,該行將沒有提取貨物的義務,其風險和責任仍由發貨方承擔。

11 (D)。根據URC522第20條,如果託收指示中規定必須收取利息,但付款人拒付該項利息時,提示行可根據具體情況在不收取利息的情況下憑付款或承兌或其他條款和條件交付單據,除非適用第20條(3)段之規定。

12 (D)。根據URC522第4條,代收銀行對因所提供地址不全或有誤所造成的任何延誤將不承擔責任或對其負責。

13 (A)。根據URC522第24條,託收指示對當發生不付款或不承兌時的有關拒絕證書應有具體的指示(或代之以其他法律程式)。

第七章 外幣保證

依據出題頻率區分，屬：**B** 頻率中

重點1 定義

一、所謂保證業務，係指銀行應客戶之請求而簽發給受益人，憑符合約定之單據提示而為兌付的承諾。

二、外幣保證為同樣邏輯，差異僅於受益人為國外受益人，故承諾兌付之款項為外幣，是為外幣保證。

重點2 外幣保證架構

一、直接保證

(一)**委任人／申請人**：國內客戶（出口商／賣方）。

(二)**受益人**：被保證人（進口商，國外買方）。

(三)**保證人／簽發銀行**：國內客戶往來的國內銀行。

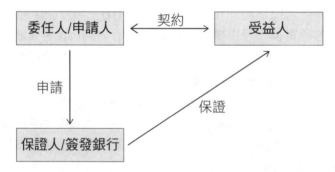

二、間接保證

(一)**委任人／申請人**：國內客戶（出口商／賣方）。

(二)**受益人**：被保證人（進口商，國外買方）。

(三)**指示銀行**：國內客戶往來的國內銀行。

(四)**保證人／簽發銀行**：國外銀行。

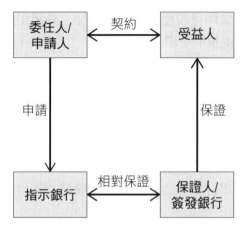

重點3 外幣保證業務種類

一、履約保證

買賣雙方簽訂合約後，為恐賣方嗣後不履約，規定賣方應繳若干金額做為保證，若此保證係由買方委請銀行開立，即履約保證。

二、預付款保證

買方預付部分或全部款項時，請賣方要求銀行提供保證，如賣方未履約出貨，買方可依照保證之條款要求銀行償付預付款項，又稱「償還保證」。

三、押標金保證

有意投標或承攬工程者，於投標前需按底價繳納若干成之金額做為保證；此項保證金若由招標人委請銀行開發保證函，替代現金繳納者，即所謂押標金保證。

四、分期付款保證

企業以分期付款方式向供應商訂購原料或設備時，供應商為避免交易風險而要求企業委請銀行出具保證函，保證該分期付款之本金及利息將依約付款。

五、貨物稅記帳保證

政府為輔導廠商輸，規定廠商進口原料與機器，得由銀行出具保證函，關稅、貨物稅先予記帳即可辦理提貨。日後加工外銷出口後，憑出口報單向海關申請辦理沖銷記帳稅捐手續。

六、相對保證

轉開銀行依據保證銀行之保證函，向受益人簽發另一張保證函，並由轉開銀行承擔責任及義務。

七、借款保證

企業以向擔任保證銀行以外的其他金融機構貸款為目的，向保證銀行申請保證者。

八、其他保證

銀行亦有承作其他保證業務，如保留款保證、外勞保證等。

重點4 外幣保證書之形式

一、保函（Letter of Guarantee, L/G）

保函是**銀行、保險公司、擔保公司或擔保人**應申請人的請求，向受益人開立**的書面信用擔保憑證**。保證在申請人未按雙方協議履行責任時，由擔保人代其履行一定金額、時限範圍內的支付或賠償責任。

二、銀行保函（Bank Guarantee）

銀行保函是**銀行**應申請人委託而**開立的具有擔保性質的書面文件**，一旦申請人未按其與受益人簽訂的合同約定償還債務或履行義務，由銀行履行擔保責任。**簡而言之，Bank Guarantee即為銀行所開立的L/G**。

三、擔保信用狀（Stand by Letter of Credit）

擔保信用狀是**開證銀行**應申請人委託而開給受益人，保證受益人出示特定單據後，開證人給付受益人約定款項或承兌匯票的書面憑證。

知識補給站

1. 銀行保函與信用狀皆是由銀行作出的承諾或保證，其區別如下：

	銀行保函	信用狀
付款責任	擔保銀行承擔第二付款責任。	開狀銀行承擔第一付款責任。
適用的範圍	貨物的進出口、履約保證、還款保證等國際經濟業務。	主要適用於貨物買賣。
銀行與買賣合約的關係	當受益人以委託人違約為由，要求銀行賠償時，如因保函條件規定需舉證時，擔保銀行即可能涉入合約。	開狀銀行只憑符合信用狀條款的單據付款，不問買賣合約。
融通資金的作用	受益人無法以銀行保函作為融資的抵押品。	受益人於交貨前，可憑信用狀向銀行抵押貸款。

2. 擔保信用狀與商業信用狀，其區別如下：

	商業信用狀	擔保信用狀
特性	用於貨款之支付，為付款工具（payment instrument）。	屬擔保品（security）一種，屬保證工具。
銀行責任	出口商於裝運交貨後，銀行須檢核該信用狀所規定之單據，以辦理信用狀押匯、收取貨款。	基礎交易（underlying transaction）之履行發生違約或未履約時，始有抵償義務。

重點5 外幣保證業務相關規範

外幣保證業務適用之規範分為以下三項，於下列章節中敘明之。

一、**銀行業辦理外匯業務作業規範**。

二、**國際擔保函慣例（ISP98）**。

三、**即付保證函統一規則（URDG758）**。

註：若銀行保證或擔保信用狀尚未明適用之準據法，則推定適用簽發銀行國家的法律。

一、銀行業辦理外匯業務作業規範（節錄第八點）

（外幣擔保付款之保證業務）

八、指定銀行辦理外幣擔保付款之保證業務，應依下列規定辦理：

(一)**承作對象：以國內顧客為限。**

(二)**憑辦文件：**應憑國內顧客提供有外幣保證實際需求之證明文件辦理。

(三)**擔保信用狀開發：**指定銀行為國內顧客簽發擔保信用狀，以直接或間接方式，擔保國內廠商之海外子公司（含大陸地區）向境外金融機構借款，應就被擔保之海外公司財務狀況、業務經營情形及其還款財源詳加評估。

(四)**保證債務履行：**應由顧客依申報辦法規定辦理。

(五)**列報文件：**應將月底餘額及其保證性質，列表報送央行外匯局。

二、國際擔保函慣例（ISP98）（節錄）

(一) **規則1：總則**

1・06　**保函的性質**

　　a. 保函在開立後即是一項不可撤銷的、獨立的、單據性的及具有約束力的承諾，並且無需如此寫明。

　　e. 因為保函和修改在開立後即具有約束力，無論申請人是否授權開立，開證人是否收取了費用，或受益人是否收到或因信賴保函或修改而採取了行動，它對開證人都具有強制性。

1・08　**責任限制**

　　開證人對以下事項不負責任：

　　a. 任何基礎交易的履行或不履行。

　　b. 保函下提示的任何單據的準確性、真實性或有效性。

　　c. 其他方的作為或不作為，盡管該人是由開證人或指定人選擇的。

　　d. 或對保函所選擇的或開證地所適用的法律和慣例之外的其他法律或慣例的遵守。

(二) 規則2：義務

2‧01 開證人和保兌人對受益人的承付承諾

a. 開證人承擔向受益人承付按本規則及標準保函慣例表面上符合保函條款的提示的義務。

b. 開證人對向其所為之符合提示，按所要求的金額**即期承付**，除非擔保信用狀規定通過以下方式承付：

 i. 承兌受益人開出的以開證人為付款人的匯票。在這種情況下，開證人的承付是通過：

 (i)及時承兌匯票；以及

 (ii)隨後，在承兌的匯票到期時或到期後提示時，付款給匯票的持有人。

 ii. 對受益人的索款要求承擔延期付款責任。在這種情況下，開證人承付是通過：

 (i)及時承擔延期付款義務；及

 (ii)隨後，在到期時付款。

 iii. 議付。在這種情況下，開證人無追索權地即期支付索款要求的金額。

d. i. **保兌人承擔通過即期支付索款要求的金額，或者按保函中的註明，以與開證人義務一致的其他付款方式承付相符提示的義務**。

 ii. 如果保兌允許向開證人提示，則保兌人也承擔在開證人錯誤拒付時承付的義務，猶如提示是向保兌人做出一樣。

 iii.如果保函允許向保兌人提示，則開證人也承擔在保兌人錯誤拒絕履行保兌時承付的義務，猶如提示是向開證人做出一樣。

2‧04 指定

a. 保函可以指定人進行通知、接受提示、執行轉讓、保兌、付款、議付、承擔延期付款義務，或承兌匯票。

b. 這種指定並不使被指定人負有如此行為的義務，除非被指定人承諾做出這種行為。

c. 被指定的人並未被授權去約束做出指定的人。

(三) 規則3：提示

3‧02 **提示的構成**

收到保函要求的並在該證下提示的單據即構成了提示，應審核它是否與保函的條款相符，即使並非所有要求的單據都已被提示。

3‧10 **無需通知收到提示**

並不要求開證人通知申請人收到了保函下的提示。

(四) 規則4：審核

4‧07 **要求的單據上的簽名**

a. 要求的單據無需簽名，除非保函註明該單據必須簽名，或按標準保函慣例屬需要簽名的類型。

b. 所要求的簽名可以任何方式為之，只要它適合用於該單據的載體。

c. 除非保函中規定：

　　i. 必須簽名的人之姓名，否則任何簽名或證實都將被認為相符。

　　ii. 必須簽名的人之身份，否則不一定註明簽名人身份。

d. 如果在保函中指明，簽名必須由：

　　i. 一個具名的自然人為之，但不要求指明簽名人身份，則一個看起來是具名人的簽名即為相符。

　　ii. 一個具名的法人或政府機構為之，但沒有指明由誰代表其簽署或該人身份，則任何看來是代表具名的法人或政府機構的簽名都是相符的。

　　iii.或者一位具名的自然人、法人或政府機構為之，並要求註明簽名人身份，則一個註明身份並看起來是該具名的自然人、法人或政府機構的簽名是相符的。

4‧10 **申請人的批准**

保函中不應該規定要求的單據須由申請人出具、簽署或副簽。然而，如果保函中包含了這種規定，開證人不可以放棄這種要求，也不對申請人扣留單據或拒不簽署負責。

4・11 **非單據條款**

a. 保函中的非單據條款必須不予考慮，不管其是否會影響開證人接受相符提示或承認保函已開立、已修改或已終止的義務。

b. 如果保函不要求提示單據以證明某條款被滿足，並且開證人根據其自己的記錄或在其自己正常業務範圍內也不能確定該條款被滿足，則該條款為非單據條款。

4・13 **無驗明受益人身份的責任**

除保函要求提示電子記錄外：

a. 承付提示的人，對申請人沒有義務去查明做出提示的任何人或任何款項受讓渡人的身份。

b. 向具名的受益人、受讓人、被確認的受讓渡人、法定承繼人付款，或向保函寫明或受益人或指定人發出的面函指示中註明的帳戶或帳號付款，即構成保函下付款義務的履行。

4・15 **正本、副本及一式多份的單據**

a. 提示的單據必須是正本。

b. 在允許或要求電子提示的情況下，提示的電子記錄即被認為是「正本」。

c. i. 除非在表面上看起來是從正本複製的，則被提示的單據被認為是「正本」。

  ii. 如果簽名或證實看起來是原始的，則看起來是從正本複製的單據被認為是正本。

d. 保函要求提示一「份（copy）」單據的，可以或提示正本或提示副本，除非在保函中註明只應提示副本，或註明了全部正本的其他去向。

e. 如果要求多份的同一單據，只有一份必須是正本，除非規定：

  i. 要求「兩份正本」或「多份正本」，則全部都必須是正本。

  ii. 或要求「兩份（2 copies）」，「兩張的（two-fold）」，或類似的情況下，則可以根據要求或都提示正本或都提示副本。

(五) **規則5：單據的通知、排除和處理**

5・01　**及時的拒付通知**

　　a. 拒付通知必須在單據提示後一段並非不合理的時間內發出。

　　　i. 在**三個營業日**內發出的通知被視為**不是不合理的**，**超過七個營業日被認為是不合理的**。

　　　ii. 發出通知的時間是否不合理，不取決於提示的最後期限是否臨近。

　　　iii.拒付通知時限的計算，始於提示日後的下一個營業日。

　　　iv. 除非在保函中明確規定將發出拒付通知的時間縮短，開證人沒有義務加速審核提示。

　　b. i. 如果有電信手段，發出拒付通知的方式應通過電信手段；如果沒有，可以通過達到迅捷通知目的的其他合理方式。

　　　ii. 如果在允許發出通知的期限內收到拒付通知，即認為該通知是通過迅捷的方式發出的。

　　c. 拒付通知必須發送給從其收到單據的人（不管是受益人、指定人，還是其他除投遞人以外的人），除非提示人有不同的要求。

5・02　**拒付理由的聲明**

　　拒付通知應註明憑以拒付的全部不符點。

5・03　**沒有及時發出拒付通知**

　　a. 如果沒有按照保函或本規則指明的時間和方式，在拒付通知中列明不符點，就不能再對包含該不符點的該單據（包括重新提示的同一單據）提出該不符點，但是並不影響針對同一份或其他保函下的不同提示提出該不符點。

　　b. 如果沒有通知拒付或承兌或承認延遲付款責任，則開證人在到期時有義務付款。

5・04　**逾效期的通知**

　　沒有發出關於提示是到期日以後做出的通知，並不影響因此而拒付。

5・05　**開證人未經提示人要求而請求申請人放棄不符點**

　　如果開證人認為提示不符，並且提示人沒有不同的指示，開證人可

以自主決定請求申請人放棄該不符點，或者授權承付，但必須在本應發出拒付通知的合理時間內，並且不延長該期限。獲得了申請人的放棄聲明，並不使開證人也有義務放棄該不符點。

5‧06 **經提示人要求，開證人請求申請人放棄不符點**

如果在收到拒付通知後，提示人要求將提示的單據轉交給開證人。或請求開證人向申請人尋求放棄不符點：

a. 有關人員並無義務轉交該不符的單據，或尋求申請人放棄不符點。

b. 向開證人的提示仍然受本規則約束，除非提示人明確同意可以離開本規則。

c. 及如果單據被轉交，或向申請人提出了放棄不符點的請求，則：

   i. 提示人就不能拒絕開證人通知他的不符點。

   ii. 開證人沒有被解除根據本規則審核提示的義務。

   iii.開證人沒有義務放棄不符點，盡管申請人做了放棄。

   iv. 及開證人必須持有單據，直至收到申請人的答覆，或應提示人要求歸還單據。如果開證人在其拒付通知後的10個營業日內沒有收到這種答覆或要求，可以把單據退還提示人。

5‧07 **單據的處置**

被拒付的單據必須按提示人的合理指示加以退還、持有或處置。在拒付通知中沒有表明單據處置情況，並不排除開證人用任何本可以主張的抗辯權來拒絕承付。

5‧09 **申請人的異議通知**

a. 申請人應通過迅捷的方式及時向開證人提出對承付不符提示的異議。

b. 如果申請人在收到單據後一段合理的時間內向開證人發出通知，說明其拒絕的不符點，則認為申請人行為為及時。

c. 如沒有通過迅捷的方式及時發出異議通知，申請人就不能再對開證人就其收到的該單據提出任何不符點或其他單據表面可見之缺點，但不影響其對同一或不同保函下的其他提示提出該異議。

(六) 規則8：**償付義務**

　　8‧02 **費用和成本的支付**

　　　　a. 申請人必須支付開證人收取的費用，並償付開證人在申請人同意下指定進行通知、保兌、付款、議付、轉讓或開立單獨承諾的指定人向開證人收取的任何費用。

　　　　b. 開證人有義務支付其他人收取的以下費用：

　　　　　i. 根據保函條款應支付的費用。

　　　　　ii. 或指定人通知、付款、議付、轉讓或開立單獨承諾所慣常發生的、而由於該保函下未作索款要求致使未曾或無法從受益人或其他提示人處收取的合理費用和花費。

(七) 規則10：**聯合開證**

　　10‧01 **聯合開證**

　　　　如果保函有一個以上的開證人，而沒有註明應向誰做出提示，則可以向任何開證人做出提示，並對所有開證人具有約束力。

三、即付保證函統一規則（URDG758）

(一) 第4條　**開立和生效**

　　b. **保函一旦開立即不可撤銷，即使保函中並未聲明其不可撤銷。**

(二) 第5條　**保函的獨立性**

　　a. 保函就其性質而言，獨立於基礎關係和申請，擔保人完全不受這些關係的影響或約束。保函中為了指明所對應的基礎關係而予以引述，並不改變保函的獨立性。擔保人在保函項下的付款義務，不受任何關係項下產生的請求或抗辯的影響，但擔保人與受益人之間的關係除外。

(三) 第9條　**未被執行的申請**

　　擔保人在收到開立保函的申請，而不準備或無法開立保函時，應毫不延遲地通知向其發出指示的一方。

(四) 第10條　**保函或保函修改書的通知**

　　f. 擔保人利用通知方或第二通知方的服務對保函進行通知，以及通知方利用第二通知方的服務對保函進行通知的，在儘可能的情況下，**應經由同一人對該保函的任何修改書進行通知。**

(五) 第11條　修改

a. 當收到保函修改的指示後，擔保人不論因何原因，不準備或無法作出該修改時，應毫不延遲地通知向其發出指示的一方。

b. **保函修改未經受益人同意，對受益人不具有約束力。但是，除非受益人拒絕該修改，擔保人自修改書出具之時起即不可撤銷地受其約束。**

c. 根據保函條款作出的修改外，在受益人表示接受該修改或者作出僅符合修改後保函的交單之前，受益人可以在任何時候拒絕保函修改。

d. 通知方應將受益人接受或拒絕保函修改書的通知毫不延遲地通知給向其發送修改書的一方。

e. **對同一修改書的內容不允許部分接受，部分接受將視為拒絕該修改的通知。**

f. **修改書中約定「除非在指定時間內拒絕否則該修改將生效」的條款應不予置理。**

(六) 第12條　保函項下擔保人的責任範圍

擔保人對受益人僅根據保函條款以及與保函條款相一致的本規則有關內容，承擔不超過保函金額的責任。

(七) 第19條　審單

a. 擔保人應僅基於交單本身確定其是否表面上構成相符交單。

b. 保函所要求的單據的內容應結合該單據本身、保函和本規則進行審核。單據的內容無需與該單據的其他內容、其他要求的單據或保函中的內容等同一致，但不得矛盾。

c. 如果保函要求提交一項單據，但沒有約定該單據是否需要簽署、由誰出具或簽署以及其內容，則：

i. 擔保人將接受所提交的該單據，只要其內容看上去滿足保函所要求單據的功能並在其他方面與第19條b款相符。

ii. 並且如果該單據已經簽署，則任何簽字都是可接受的，也沒有必要表明簽字人的名字或者職位。

d. 如果提交了保函並未要求或者本規則並未提及的單據，則該單據將不予置理，並可退還交單人。

e. 擔保人無需對受益人根據保函中列明或引用的公式進行的計算進行重新計算。

f. 保函對單據有需履行法定手續、簽證、認證或其他類似要求的,則表面上滿足該要求的任何簽字、標記、印戳或標籤等應被擔保人視為已滿足。

(八) 第24條　不相符索賠,不符點的放棄及通知

a. 當擔保人確定一項索賠不是相符索賠時,其可以拒絕該索賠,或者自行決定聯繫指示方,或者反擔保函情況下的反擔保人,放棄不符點。

b. 當反擔保人確定反擔保函項下的一項索賠不是相符索賠時,可以拒絕該索賠,或者自行決定聯繫指示方,放棄不符點。

c. 本條a款或b款的規定都不延長第20條中規定的期限,也不免除第16條中的要求。獲得反擔保人或指示方對不符點的放棄,並不意味著擔保人或反擔保人有義務放棄不符點。

d. **當擔保人拒絕賠付時,應就此向索賠提交人發出一次性的拒付通知。該通知應說明:**

　　i. **擔保人拒絕賠付。**

　　ii. **以及擔保人拒絕賠付的每個不符點。**

e. 本條d款所要求的通知應毫不延遲地發出,最晚不得遲於交單日翌日起第五個營業日結束之前。

f. 如果擔保人未能按照本條d款或e款的規定行事,則其將無權宣稱索賠書以及任何相關單據不構成相符索賠。

g. 擔保人在提交了本條d款中要求的通知之後,可以在任何時候將任何紙質的單據退還交單人,並以自認為適當的任何方式處置有關電子記錄而不承擔任何責任。

h. 就本條d款、f款和g款而言,「擔保人」包括「反擔保人」。

(九) 第27條　關於單據有效性的免責

擔保人**不予承擔**的責任和義務:

a. 向其提交的任何簽字或單據的形式、充分性、準確性、真實性、是否偽造或法律效力。

b. 所接收到的單據中所作或添加的一般或特別聲明。

c. 向其提交的任何單據所代表的或引述的貨物、服務或其他履約行為或訊息的描述、數量、重量、品質、狀況、包裝、交付、價值或其存在與否。

d. 以及向其提交的任何單據的出具人或所引述的其他任何身份的人的誠信、作為與否、清償能力、履約或資信狀況。

(十) 第32條 費用的承擔

a. 指示其他方在本規則下提供服務的一方有責任負擔被指示方因執行指示而產生的費用。

b. **如果保函表明費用由受益人負擔，但該費用未能收取，則指示方仍有責任支付該費用**。如果反擔保函表明保函有關的費用由受益人負擔，但該費用未能收取，則反擔保人仍有責任向擔保人支付該費用，而指示方有責任向反擔保人支付該費用。

c. 擔保人或任何通知方都不得要求保函或對保函的任何通知或修改以擔保人或通知方收到其費用為條件。

精選試題

( ) **1** 國際招標時要求參加投標的人須先繳交總價某個百分比或固定金額的保證，此種保證稱為： (A)商業保證 (B)履約保證 (C)直接付款保證 (D)押標金保證。

( ) **2** 如銀行保證或擔保信用狀上未載明適用的準據法或一般國際規則時，則可推定為適用之法律為何？ (A)受益人國家的法律 (B)簽發銀行國家的法律 (C)聯合國獨立保證及擔保信用狀公約 (D)美國統一商法。

( ) **3** 有關外幣保證業務之承作對象，下列何者錯誤？ (A)國內外顧客均可承作 (B)有戶籍的個人 (C)在本國依法登記的公司行號 (D)在本國依法登記的機關團體。

( ) **4** 有關外幣保證業務，對銀行而言，下列何者說法錯誤？ (A)多無對價或對等交易 (B)期間及空間既廣且長，授信品質難掌控 (C)由求償方負付款責任，故擔保信用狀又稱為「DEFERRED PAYMENT CREDIT」 (D)業務風險高。

( ) **5** 依ISP98之規定，受益人提示符合擔保函條款之單據請求付款時，該擔保函簽發人應如何處理方為正確？ (A)就表面顯示符合擔保函條款之提示為兌付 (B)尚待法院判決以確立賠償責任 (C)開狀申請人已結束營業，拒絕付款 (D)申請人費用未付，簽發效力未定。

( ) **6** 下列「Under our standby L/C, please issue your standby L/C on our behalf under our full responsibility based on the following SBLC re-issuance......」為何種保證？ (A)借款保證 (B)相對保證 (C)履約保證 (D)付款保證。

( ) **7** 有關外幣保證具備的特性，下列敘述何者錯誤？ (A)不可撤銷 (B)獨立於基礎契約（underlying contract）之外 (C)僅憑「付款請求」及其它要求單據請求付款 (D)簽發銀行於接獲受益人提示符合保證文書條款規定之付款請求時，無需履行「外幣兌付」之義務。

( ) **8** 外幣保證之基礎契約規定承攬人得預領部分金額，但如承攬人未盡其義務時定作人可將保證金沒入，以補償其損失，此種保證稱為： (A)財務保證 (B)相對保證 (C)預付款保證 (D)保留款保證。

( ) **9** 有關保證函／擔保信用狀的開發，下列敘述何者錯誤？ (A)保證條款如載有不利簽發銀行者，應予剔除 (B)保證金額必須確定，不確定者，將視為無限保證責任 (C)除作業程序比照一般進口信用狀之開發外，案件申請一律採通案處理 (D)保證期限以不超過一年為原則，提示地除須經其它銀行保兌外，必須限制在開狀行櫃檯。

( ) **10** 有關外幣保證函之簽發，下列何者對簽發銀行最為不利？ (A)使用AVAILABLE FOR PAYMENT AT OUR COUNTER (B)載明適用UCP600、URDG758或ISP98等規則 (C)使用AVAILABLE BY NEGOTIATION (D)避免使其成為「TRANSFERABLE BANK GUARANTEE/STANDBY」。

( ) **11** 指定銀行承作外幣擔保付款之保證業務，下列敘述何者錯誤？ (A)承作對象以國內顧客為限 (B)應憑顧客提供之有關交易文件辦理 (C)履行保證責任之結匯應以銀行為申報義務人 (D)應將月底餘額及其保證性質列表報送中央銀行外匯局。

( ) **12** 有關依ISP98所簽發之擔保信用狀，下列敘述何者錯誤？ (A)開狀行得以本身為申請人 (B)不得請求他行保兌 (C)可要求單據寄給第三者 (D)可授權在第三地付款。

解答與解析

1 (D)。押標金保證為有意投標或承攬工程者，於投標前按底價繳納若干成之金額做為保證。

2 (B)。若銀行保證或擔保信用狀尚未明適用之準據法，則推定適用簽發銀行國家的法律。

3 (A)。根據「銀行業辦理外匯業務作業規範」，外幣保證業務承作對象以國內顧客為限。

4 (C)。擔保信用狀又稱為Default Undertaking；DEFERRED PAYMENT CREDIT是延期付款信用狀。

5 (A)。受益人提示符合擔保函條款之單據請求付款時，該擔保函簽發人應就表面顯示符合擔保函條款之提示為兌付

6 (B)。由題幹Under our standby L/C, please issue your standby L/C…，可見為相對保證。

7 (D)。簽發銀行於接獲受益人提示符合保證文書條款規定之付款請求時，有履行「外幣兌付」之義務。

8 (C)。預付款保證是指買方預付部分或全部款項時，請賣方要求銀行提供保證，如賣方未履約出貨，買方可依照保證之條款要求銀行償付預款項，又稱償還保證。

9 (C)。保證函／擔保信用狀的開發，不應採通案處理，應依個別案件狀況審慎承作之。

10 (C)。除非必要，應以開狀銀行為付款銀行，即僅限於開狀銀行的櫃檯使用；另應避免使用"available by negotiation with any bank、freely negotiable"等字眼。

11 (C)。根據銀行業辦理外匯業務作業規範。保證債務履行應由顧客依申報辦法規定辦理。

12 (B)。擔保信用狀可請求他行保兌。

第八章 信用狀通知及相關業務

依據出題頻率區分，屬：**B** 頻率中

重點1 信用狀通知

係指接到其他銀行開來之信用狀或修改書，確信其外觀之真實性後，通知信用狀受益人前來領取之業務。）

一、扮演通知的角色─通知銀行（Advising Bank）

(一)通知銀行受開狀銀行委託，將信用狀通知受益人。

(二)通知銀行可能會有一個以上。

(三)**通知銀行原則上由申請人（進口商）指定，未指定時由開狀銀行指定。**
    通知銀行不需與開狀銀行有通匯關係，可由與開狀銀行及第一通知行都有通匯關係的第二通知行服務，通知信用狀及任何修改書予受益人。

二、收到開發信用狀通知的處理程序

(一)**當收到以下形式拍發的信用狀時，通知銀行應分別檢核：**

 1. **信開信用狀（By airmail）**：應確認信用狀簽發人簽字是否一致？

 2. **電開信用狀（By telecommunication）：**

  (1)**海纜電報（Cable）&普通電報（Telex）**：應覆核電文押碼（Test Key）。

  (2)**SWIFT**：因作業之特殊性，該電文已具自動核押功能，無須覆核押碼，但仍應注意檢視電文尾端Authentication正確性後，方可通知受益人。

(二)**若通知銀行可以確認外觀真實性：**

 1. **通知銀行選擇通知**：應於通知書必須載明所有信用狀及修改書之條款。

 2. **由第二通知銀行通知**：可由第二通知銀行通知；惟當原始信用狀是由第二通知銀行通知時，其後任何修改書亦須經由同一個第二通知銀行通知。

 3. **通知銀行選擇不通知**：應立即將不通知之旨意告知開狀銀行。若是第二通知銀行不通知時，第二通知銀行應立即告知第一通知銀行。

(三)**若通知銀行無法確認外觀真實性**

1. 通知銀行選擇待向開狀銀行澄清後通知。
2. 通知銀行或第二通知銀行仍選擇通知：必須於信用狀上告知受益人或第二通知銀行，其無法確信信用狀之真實性。
3. 通知銀行選擇不通知：應立即將不通知之旨意告知開狀銀行。

(四)**受益人接受與否的知會**

1. 若係修改信用狀的通知，受益人應知會是否接受修改書：
在受益人向通知銀行傳達其意旨前，原信用狀條款對受益人仍有效。受益人對修改書之拒絕或接受應予知會，若怠於知會，則若其提示單據符合信用狀及尚待接受之修改書，自其提示時即視為接受修改書。
2. 通知銀行對受益人的接受／拒絕知會，應告知簽發修改書的開狀銀行。

三、保兌行為的延伸

(一)**若信用狀有保兌**：保兌銀行即為通知銀行，修改書自簽發起，即受不可撤銷之之拘束。

(二)**保兌銀行對修改書**：

1. 得將保兌行為延伸至修改書，並自通知時起生效。
2. 亦得選擇不延伸保兌行為至修改書，但應儘速告知開狀銀行，並於通知書上告知受益人。

牛刀小試

( ) **1** 甲公司係A銀行客戶，某日收到國外買主乙公司由B銀行所開至臺灣C銀行再轉經A銀行通知甲公司的乙張信用狀，依UCP600之規定，就信用狀之通知而言，則A銀行稱為下列何者？ (A)押匯銀行 (B)第一通知銀行 (C)第二通知銀行 (D)提示銀行。

( ) **2** 依UCP600之規定，有關信用狀通知銀行之義務，下列敘述何者錯誤？ (A)通知銀行應確信其所通知信用狀外觀之真實性 (B)通知銀行如無法確信該信用狀外觀之真實性，仍可選擇通知該信用狀，但無須告知受益人其無法確認該信用狀之真實性 (C)通知銀行如選擇不通知信用狀或修改書，則其應將此意旨儘速告知所由收受信用狀、修改書或通知書之銀行 (D)除信用狀另有規定外，通知銀行得逕將該信用狀通知受益人而不附加保兌。

[解答與解析]

1 (C)。開狀銀行：B、第一通知銀行：C、第二通知銀行：(A)。

2 (B)。若通知銀行無法確認信用狀外觀真實性，又選擇通知信用狀時，應於通知書上載明其無法確信信用狀之真實性。

重點2　信用狀的保兌

一、保兌信用狀概述

(一)保兌信用狀（Confirmed Letter of Credit）是在開狀行之外，另有一家保兌銀行，為出口商承擔開狀銀行的信用風險，使出口商在單據符合提示的條件下提前獲得付款。

(二)願意承擔保兌者稱保兌銀行（Confirming Bank），通常由通知銀行擔任。

(三)保兌銀行為另一家銀行開具的信用狀加保，必須收取保證金和銀行費用。若開狀銀行不提供保證金，保兌銀行可要求開狀銀行提供對等的保兌義務作為條件，方可承擔保兌的責任。

二、保兌信用狀之特點

(一)可以使出口商避免開狀銀行及其所在的國家風險和外匯管制風險。

(二)出口商除獲得開狀行付款承諾之外，還獲得保兌行額外的付款承諾，故**使出口商擁有雙重付款保證**。

(三)保兌行提示合乎規定之單據後，即可獲得無追索權的付款或付款承諾。

(四)保兌銀行就是擔保開狀銀行的責任，所以只要押匯符合手續時，保兌銀行必須對下列情況付款：

　1.原應由開狀銀行付款，但開狀銀行未照辦者，則保兌銀行必需付款。

　2.原應由指定的另一家銀行代為付款，但其並未依約者，保兌銀行必需付款。

(五)如必須以保兌銀行為押匯受理銀行時，保兌銀行不可引用其它權利拒絕，而必須要受理該押匯，並且付款。

　1.開狀銀行簽發信用狀後，**若經一家銀行保兌後，則該保兌銀行就不可以用任何理由，撤銷信用狀**，並且對符合的押匯案件，應予付款。

2. 當保兌銀行指定的銀行依信用狀受理完成押匯手續，並將單據轉送給保兌銀行後，保兌銀行必須付款給該指定銀行，不能因保兌銀行和受益人之間的因素，而不付款給該指定銀行。

3. 如被要求要辦理保兌的銀行不願意接受保兌責任時，必須立刻通知開狀銀行。

三、適用保兌的情況

(一)開狀銀行資信欠佳。

(二)進口國政經不穩。

(三)進口國缺乏外匯。

重點3 轉讓信用狀

信用狀的轉讓：

(一)僅信用狀有「Transferable」（可轉讓）之指示，方可依第一受益人的請求，進行全部或部份給第二受益人。

(二)裝運的不同狀況：

　1. 倘若信用狀允許分批支款或分批裝運，信用狀可以被部分地轉讓給一個以上的第二受益人。

　2. 倘若信用狀不得分批裝運時，不得分批轉讓予一個以上之第二受益人，第二受益人不得再轉讓予任何第三受益人，但可以轉讓予原第一受益人。

(三)如果信用狀被轉讓給一個以上的第二受益人，其中一個或多個第二受益人拒絕接受某個信用狀修改並不影響其他第二受益人接受修改。對於接受修改的第二受益人而言，信用狀已做相應的修改；對於拒絕接受修改的第二受益人而言，該轉讓信用狀仍未被修改。

(四)轉讓銀行（Transferring Bank）指經開狀銀行授權辦理轉讓信用狀的銀行。開狀行也可擔任轉讓銀行。

(五)由第二受益人或代表第二受益人提交的單據必須向轉讓銀行提示。

(六)原來的信用狀稱為「可轉讓信用狀」，經轉讓銀行轉讓予第二受益人使用的信用狀稱為「受讓信用狀」（Transferred Credit）。

(七)受讓信用狀必須正確反應原信用狀的條款，但下列項目可以變動：
1. 可酌予減少或縮短者：a.信用狀金額。b.信用狀規定的單價。c.有效期限。d.提示期限。e.裝運期限或裝運期間。
2. 可酌予增加者：保險須投保之百分比得酌予增加。

(八)**轉讓以一次為限。**

(九)**除非轉讓時另有約定，所有因辦理轉讓而產生的費用（諸如佣金、手續費、成本或開支）必須由第一受益人支付。**

(十)第一受益人有權以自己的發票和匯票（如有），替換第二受益人的發票和匯票（如有），其金額不得超過原信用狀的金額。在如此辦理單據替換時，第一受益人可在原信用狀項下支取自己發票與第二受益人發票之間產生的差額（如有）。

(十一)如果第一受益人應當提交其自己的發票和匯票（如有），但卻未能在收到第一次要求時照辦；或第一受益人提交的發票導致了第二受益人提示的單據中本不存在的不符點，而其未能在收到第一次要求時予以修正，則轉讓銀行有權將其從第二受益人處收到的單據向開狀行提示，並不再對第一受益人負責。

重點4　轉開信用狀

一、轉開信用狀適用時機—三角貿易

(一)在國際貿易中，有時並非進口商與貨品製造商直接往來，而是透過中間商介入，把進出口業務聯繫在一起，其從中謀取利潤。這種貿易方式稱「三角貿易」，交易三方（進口商、中間商、出口商）共簽訂兩份契約。

(二)**進口商與中間商簽訂的契約**，稱第一份契約。依第一份契約所開具的信用狀稱原信用狀（Original Letter of Credit），亦稱**主信用狀（Master L/C或L/C）**。

(三)**中間商與出口商簽訂的契約**，稱第二份契約，依第二份契約開具的信用狀，稱**轉開信用狀或背對背信用狀（Back-to-Back Letter of credit）**，亦稱附屬信用狀（Subsidiary L/C或Local L/C）。

二、轉開信用狀特色

(一)**轉開信用狀（背對背信用狀）與主信用狀（原信用狀）是兩個獨立的信用狀，同時並存。**

(二)原信用狀的受益人即是背對背信用狀的開狀申請人，即原信用狀的出口方變成背對背信用狀的進口方。

(三)原信用狀的通知銀行，通常是背對背信用狀的開狀銀行。

(四)背對背信用狀的第二受益人不能獲得原開狀行的付款保證，只能得到背對背開狀行的付款保證。

(五)開立背對背信用狀的銀行就是該證的開狀行，一經開立，該行就要承擔開狀行責風險；由中間銀行提示給開狀銀行的單據必須符合原開狀行要求，否則原始信用狀就不能兌付，而開出背對背信用狀的銀行就會失去原始信用狀的擔保。

(六)**轉開信用狀的金額通常較原信用狀小。**

原信用狀與背對背信用狀所列條款的不同點是在價格上有差額，原信用狀價格高，背對背信用狀價格低，高低之差係為中間商所獲的商業利潤或佣金。

(七)**有效期限較原信用狀短。**

關於交貨日期，背對背信用狀所列的交貨日期在前，原信用狀所列交貨日期在後，以保證按期交貨。

精選試題

( )　**1** 指定銀行辦理出口信用狀通知業務，應憑何種文件辦理？　(A)國內出口商委託文件　(B)國外進口商委託文件　(C)國外同業委託文件　(D)國內同業委託文件。

( )　**2** 有關信用狀之保兌，下列敘述何者錯誤？　(A)信用狀之保兌為受益人對開狀銀行本身之債信感到憂慮而要求保兌　(B)信用狀之保兌為開狀銀行所在國之外匯短缺，受益人為加強保障而要求保兌　(C)信用狀之保兌，為對開狀銀行的付款能力加以保證　(D)信用狀之保兌銀行因對信用狀加以保兌，因此應比開狀銀行負擔更多的責任與義務。

(　) **3** 依UCP600之規定，有關信用狀轉讓，下列敘述何者錯誤？
(A)第一受益人名稱得取代信用狀上申請人之名稱　(B)第一受益人於辦理轉讓時，須同時指示轉讓銀行，其拒絕或允許轉讓銀行將後續之修改書通知第二受益人　(C)當信用狀轉讓後才收到之修改書，第一受益人一定要通知第二受益人　(D)銀行除依其明示同意之範圍及方式外，無義務轉讓信用狀。

(　) **4** 憑國外開來的出口主信用狀轉開之國內外幣信用狀，其主信用狀之押匯金額為何？　(A)全額掣發交易單證　(B)差額掣發交易單證　(C)由銀行決定掣發交易單證金額　(D)由出口商決定掣發交易單證金額。

(　) **5** 開狀銀行以何種電傳方式開發信用狀時，該電文已具自動核押之功能，無需另行複核作業？　(A)TELEX　(B)SWIFT　(C)FAX
(D)CABLE。

(　) **6** 有關開發信用狀時通知銀行之選定，下列敘述何者正確？　(A)原則上由申請人指定，申請人未指定或指定之通知銀行不是通匯行時才由開狀銀行指定之　(B)由受益人指定；受益人未指定時由申請人指定之　(C)如申請人或受益人所指定之銀行非開狀銀行之通匯銀行時，則開狀銀行仍應依渠等之指定為通知銀行通知信用狀　(D)開狀銀行應以回扣最多為選擇通知銀行之標準，而不問該地有無海外分行。

(　) **7** 有關LOCAL L/C，下列敘述何者錯誤？　(A)出口商所根據國外的MASTER L/C，須為不可轉讓者，始得辦理轉開LOCAL L/C　(B)受益人不願其國外買主和國內工廠有直接接觸之機會，可透過轉開信用狀來達到目的　(C)LOCAL L/C規定之單價得低於MASTER L/C規定之單價　(D)LOCAL L/C規定之有效期限得早於MASTER L/C規定之有效期限。

(　) **8** 依UCP600之規定，受託辦理通知信用狀之銀行，其選擇通知信用狀但無法確信該信用狀或通知書外觀之真實性時，應如何處理？　(A)須將此意旨儘速告知外觀上顯示所由收受指示之銀行
(B)若仍選擇通知信用狀時，則不須告知受益人　(C)應不予理會
(D)應將該信用狀退還開狀銀行。

( ) **9** 憑國外開來的出口主信用狀轉開之國內外幣信用狀,其押匯的交易單證匯款國別為何? (A)進口國 (B)本國 (C)主信用狀之開狀國 (D)無需填寫。

( ) **10** 下列有關三角貿易轉開信用狀之敘述,何者錯誤? (A)倘替換單據有困難時,應先修改MASTER L/C之條件 (B)縱轉開信用狀項下單據無瑕疵,轉開狀銀行仍得以該等單據不符合MASTER L/C為由主張拒付 (C)轉開信用狀之提示地宜規定在開狀銀行櫃檯 (D)倘須提示保險單據,應注意投保比率須能配合MASTER L/C所規定之最低保險金額。

解答與解析

1 (C)。出口信用狀通知業務是本國通知銀行接到國外銀行開來的委託文件,通知信用狀受益人前來領取之業務。

2 (D)。保兌銀行義務並未高於開狀銀行。

3 (C)。根據UCP600第38條e.任何有關轉讓的申請必須指明是否以及在何種條件下可以將修改通知第二受益人。轉讓信用狀必須明確指明這些條件。是故,第一受益人不一定要通知第二受益人。

4 (A)。主信用狀與後來開立的信用狀是獨立的兩張信用狀,故主信用狀的押匯金額並不受限制。

5 (B)。SWIFT電文已具自動核押功能,無須覆核押碼。

6 (A)。通知銀行由申請人指定,若申請人未指定或指定的非通匯行時才由開狀銀行指定之。

7 (A)。MASTER L/C與LOCAL L/C是分開獨立的兩張信用狀,故即使MASTER L/C可轉讓,亦得辦理轉開 LOCAL L/C。

8 (A)。若通知銀行無法確認信用狀或通知書外觀真實性,又選擇通知信用狀時,須將此意旨收受指示之銀行。

9 (B)。憑國外出口主信用狀轉開的為Back to Back信用狀,其押匯的交易單證匯款國別為本國。

10 (B)。轉開信用狀與MASTER L/C是兩張獨立的信用狀,故不得以提示單據不符合MASTER L/C為理由而主張拒付。

第九章 出口押匯

依據出題頻率區分，屬：**A** 頻率高

重點1 出口押匯的意義

出口商與進口商簽訂契約，若係採信用狀方式來支付款項，則出口商在發貨之後，將信用狀項下的全套單據抵押予押匯銀行，**向押匯銀行申請墊款，並委託其向國外開狀銀行代收貨款，以供清償墊款**。

出口商辦理出口押匯有以下優點：

(一) 節省出口商資金時間成本。若採一般信用狀的結算方式，出口商需等到信用狀項下所有單據都到達進口商手中，進口商才會付款，且流程較繁複；而出口押匯可使出口商在貨物發送後即拿到貨款，降低資金時間成本。

(二) 加快資金周轉速度，改善財務狀況。在進口商支付貨款前，出口商可提前得到償付，從而加快資金周轉速度、增加當期現金流、進而改善財務狀況。

重點2 出口押匯的程序

出口押匯有三個主要環節：**出口押匯申請、審核單據、撥付款項與求償**，分別如下所敘：

一、出口押匯申請

銀行辦理出口押匯需經過以下步驟：

(一) **對有關當事人之信用進行調查。**

(二) **簽訂額度：**

  1. **出口押匯額度管理包括洽談、受理申請、徵信調查、訂約及建檔等手續，較偏向於授信面。**

  2. **經核定之出口押匯額度應定期檢討，2年檢討一次。**

(三) **建檔。**

(四)**受理收件**：
1. **需徵取文件包括**：
   (1)出口押匯／貼現申請書。
   (2)信用狀及其全部修改書正本。
   (3)信用狀規定之單據文件。
2. **編列出口押匯流水號碼**：
   編號意義：
   (1)第1～4碼為央行字軌。
   (2)第5碼為西元年度別，eg8→代表2018年。
   (3)第6碼為類別：I代表Import進口；E代表Export出口。
   (4)第7碼為業務別：1表即期，2表遠期，3表D/A，4表D/P，7表保證，8表O/A。
   (5)第8～9碼為營業單位別。
   (6)第10～13碼為4位流水號。

二、審核單據

(一)**審查單據的依據及標準**：應依據「信用狀統一慣例」（UCP600）第14條規定之標準審查。
(二)**審查要點**：詳見Part 2的第3章信用狀內容與審核。

三、撥付款項與求償

(一)審核單據無誤後，將押匯資料鍵入電腦，以製作出口結匯證實書。
(二)押匯銀行主管核准放行，並逕予撥款。
(三)押匯銀行寄單予國外開狀銀行，進行求償。

重點3 押匯單據瑕疵

一、常見的單據瑕疵

信用狀過期（Credit Expired）、逾期裝運（Late Shipment）、超過提示期限（Late Presentation）、信用狀金額已用罄（Credit Exhausted）、短裝（Short Shipment）、**裝艙面（On deck）貨物**、提示的保險單據項下的訂貨數量少於信用狀內規定的數量等情況。

二、遇瑕疵之處理

(一)**輕微瑕疵**：

1. 如商業發票計算錯誤、匯票金額大小寫不一致，可由出口商自行更正者，可請其更正，唯單據的更正，應在信用狀有效期限內及單據提示期限內。

2. 當開狀銀行確定提示不符時，亦可依據其獨立的判斷洽商信用狀申請人（進口商）拋棄瑕疵；但須在「自提示日次日起最長五個銀行營業日」的審查期限內完成。

(二)**無法更正瑕疵**：單據瑕疵無法更正，如逾期裝運、信用狀逾期時，銀行有下列處理方式：

1. **保結押匯**：

(1)押匯銀行審核單據時，發現受益人提示單據雖有瑕疵，但預判買方應不致拒付時，可**請受益人出具損害賠償約定書**（Letter of Indemnity），以保結方式受理押匯，此種憑損害賠償約定書的押匯，**稱為保結押匯**。

(2)因信用狀交易極重視單據是否相符，故當發現單據瑕疵時，押匯行不可忽略形式上的不符即受理押匯；然而實務上，押匯行亦須考量其與出口商的合作往來關係；故在這種兩難的情形下，上述簽具損害賠償約定書的折衷制度乃應運而生。

(3)損害賠償約定書的格式均由銀行印製，出口商只要在保結書上填寫即可。若開狀銀行接受單據並付款則解除出口商擔保責任，反之若開狀銀行拒絕接受，則出口商須將原先所得押匯款連同利息一併償還押匯銀行。

2. **建議修改信用狀**：建議出口商要求進口商修改信用狀。

3. **改用託收**：若單據瑕疵嚴重，開狀銀行拒付的可能性即提高。因此，押匯銀行得告知出口商改用託收方式辦理，待款項收妥後再押匯。

4. **電詢押匯**（Cable Negotiation）：押匯行可向開狀銀行以電傳詢問，俟其同意後押匯。

5. **拒絕受理**。

重點4 出口押匯拒付的處理

當出口商將商品出貨後，若欲使信用狀生效以換取貨款，其先行條件為「出貨文件須符合信用狀所載之規定」，由於銀行人員並非各產業之專家，其無法了解各種產品規格是否合規，故僅能依據文件是否與信用狀之規定相符，以判斷賣方是否依約出貨，進而放款贖單。

以下將就出口押匯拒付的類型以及處理要點做進一步說明：

(一)出口押匯拒付類型：

1. 因單據本身有瑕疵而拒付：
   (1)**拒受單據和拒付貨款均須以開狀銀行的名義**，單據不符之理由不應涉及進口商（開狀申請人）；例如不得以「申請人聲稱貨物經檢驗與規定不符」為理由而主張拒付。
   (2)當按照指定行事的被指定銀行、保兌行（如有）或開證行確定提示不符時，可以拒絕兌付或議付。
   (3)當按照指定行事的被指定銀行、保兌行（如有）或開證行決定拒絕兌付或議付時，必須**一次性通知提示人**。
   通知必須聲明：
   A.銀行拒絕兌付或議付。
   B.及銀行憑以拒絕兌付或議付的各個不符點。
   C.a. 及銀行將單據留置等待提示人進一步指示。
   　 b. 或開狀銀行「留置單據」。
   　 c. 或銀行退還單據。
   　 d. 或銀行按照先前從提示人處收到的指示行事。
   (4)上述通知必須以電信方式發出，若無法以電信方式通知時，則以其它捷徑通知，**但不得遲於提示單據日期翌日起第五個工作日終了。**
   (5)指定銀行、保兌行（如有）或開證行可以在提供的通知後，於任何時間將單據退還提示人。
   (6)當開證行拒絕兌付或保兌行拒絕兌付或議付，並已經按照本條款發出通知時，該銀行將有權就已經履行的償付索取退款及其利息。
   (7)**若因單據瑕疵而遭拒付，則受益人應要求退還所有押匯單據**，避免因押匯單據在進口商手上，進口商提領貨物，使出口商損失貨物又拿不到款項。

2. **因付款銀行安排未完成而拒付**：
   (1)開狀銀行指定另一家銀行為付款銀行時，其應將"Letter of Payment Authorization"連同信用狀副本寄送付款銀行。如漏寄或未寄達時，付款銀行將拒絕兌付。
   (2)若屬此情形者，應立即向開狀銀行要求授權付款，遲延息可向開狀行索賠。

3. **法院禁止開狀銀行支付**：當進口商發現出口商有使用詐術或嚴重違約時，其得以向法院請求命令開狀銀行禁止付款（Injunction）。
   法院之禁止支付命令，一般是由開狀銀行通知押匯銀行，並告知押匯行暫時無法匯付款項。

4. **因貿易糾紛而拒付**：進口商與出口商之間，可能因與單據無關之糾紛導致進口商拒付。

(二)**出口押匯拒付處理步驟**：

1. 開狀銀行如認為單據有瑕疵而決定拒受單據時，應以電信方式**通知押匯銀行，並說明拒受單據之理由**，才可主張還返已經作出之任何補償款項及利息。

2. 收到開狀行拒付通知後，押匯行即通知出口商，並請出口商提出解決意見，若進出口雙方達成共識，同意以折價或承兌等其他方式處理，則押匯銀行應去電告知開狀銀行。

3. 若拒付案件未能解決並經開狀行退回單據者，押匯行應請出口商償還墊款費用、或徵提十足擔保後，方將單據交付予出口商，以維護自身行方之權益。

牛刀小試

(　) **1** 開狀銀行如決定提示之單據係不符合並決定拒付時，須將此意旨儘速告知提示人敘明有關之瑕疵，下列哪項瑕疵為不合理？
(A)提示金額超過信用狀允許之範圍　(B)匯票未經簽字　(C)要求之檢驗報告未提示　(D)據進口商稱貨物品質不良。

(　) **2** 拒付之押匯案件遭開狀銀行退回單據時，押匯銀行應如何處理？
(A)單據迅即轉交客戶簽收後結案　(B)先覆檢單據是否齊全，於

收回墊款本息及相關費用後才轉交客戶簽收　(C)覆檢單據是否齊全後，即予存檔備查　(D)請客戶具結後單據重行提示。

(　　) **3** 出口商提示之押匯單據如有瑕疵，其可出具下列何種文件予押匯銀行申請保結押匯？　(A)LETTER OF INSTRUCTION　(B)LETTER OF INDEMNITY　(C)LETTER OF INTENT　(D)LETTER OF HYPOTHECATION。

[解答與解析]

1 (D)。根據UCP600第14條單據審核標準，依指定行事的指定銀行及開狀銀行須就單據本身審核。故非單據本身的瑕疵，而是貨物不被買方所接受，非屬信用狀交易之瑕疵。

2 (B)。拒付案件未能解決並經開狀行退回單據者，押匯行應請出口商償還墊款費用、或徵提十足擔保後，方將單據交付予出口商，以維護自身行方之權益。

3 (B)。保結押匯為押匯銀行審核單據時，發現受益人提示單據雖有瑕疵，但預判買方應不致拒付時，可請受益人出具損害賠償約定書（Letter of Indemnity）。

重點5 出口轉押匯

一、出口轉押匯（Re-negotiation）定義

若信用狀皆限制出口商必須在指定的銀行辦理押匯，則很容易造成出口商為辦理每一筆限制押匯的信用狀，而去指定之銀行申請一個押匯額度與帳戶，實務上會造成許多困擾。

為解決這類問題，可透過轉押匯之方式，即由**第一押匯行**（**出口商較常往來的銀行**，又稱轉交銀行"Processing Bank"）轉送訊息至**第二押匯行**（**信用狀所指定之銀行**，又稱寄單銀行）辦理再押匯，並**由第二押匯行將所提示之單據寄往開狀銀行求償**。

二、轉押匯之特點

(一)因處理需透過第二押匯行，手續較繁複、收款較慢，故會向出口商收千分之二之押匯手續費及酌收7至21天不等（各銀行收取天數不同）之轉押匯利息。

(二)轉押匯信用狀之有效期以指定行為準，故受益人應提早向押匯行申請押匯。

(三)出口商之往來銀行稱為「押匯行」，信用狀指定之銀行稱為「指定行」。

　1. 分工：

　　(1)押匯行：負責審查押匯單據。

　　(2)指定行：負責寄送單據、求償及其他特別指示；協助向開狀行／補償行催詢付款及承兌。

　2. 承兌／拒付之處理：

　　(1)指定行於收到承兌／拒付通知後，應立通知押匯行。

　　(2)押匯行應主動提供相關資料及處置指示。

　　(3)押匯行亦得逕向開狀行／補償行辦理交涉，惟若對方不願以押匯行為交涉對象時，則應由指定行出面。

　3. 轉押匯款項入帳：指定行將款項直接入押匯行之帳戶。

三、本項業務適用法規

辦理出口押匯時，適用「銀行間辦理轉押匯業務合作要點」。

本要點適用於**「信用狀受益人往來銀行」**及「信用狀指定銀行」，以下簡稱「**押匯行**」及「指定行」。

(一)作業分工：

　1. **押匯行對押匯單據負審查責任**，惟指定行亦得對單據之審查結果提供書面意見。當押匯行與指定行二者就轉押匯案件**意見相左時**，在符合信用狀規定及不違反UCP規則之原則下，**有關單據之審核，應採押匯行之意見，有關單據寄送及求償相關流程與方式，應採指定行之意見**。

　2. 押匯行應於寄件伴書上詳列所提示單據份數，指定行應對提示之押匯單據點收，並負責依信用狀之規定執行寄送單據、求償及其他特別指示。

　3. 應押匯行要求，指定行應協助向開狀行／補償行催詢付款及承兌事項。

4. 倘押匯行出具保結（可內載於伴書）並要求指定行於其伴書中既不聲明符合亦不載列瑕疵之情況下，對於單據之瑕疵情況指定行應配合保持沉默。反之，指定行得依押匯行伴書顯示之瑕疵載列於其伴書中。

5. **倘指定行不願受理押匯行之提示並予退件，則應立即通知押匯行拒絕受理之原因，並立即以SWIFT通知開狀行不接受其指定，有關之單據將由押匯行直接向開狀行提示。**

(二)**承兌／拒付之處理：**

1. 指定行於收到承兌／拒付通知後，應立即傳真相關電文予押匯行，同時務必以電話確認押匯行確已收到傳真。

2. 押匯行應主動提供相關資料（含抗辯意旨或受益人之指示或修改後單據……等）及處置指示，俾利指定行向開狀行／補償行辦理交涉事宜。

3. 押匯行亦得逕向開狀行／補償行交涉，並將交涉事項傳真知會指定行；惟開狀行／補償行如不願以押匯行為交涉對象，則指定行應出面協助處理，並由押匯行主動提供所需資料。

(三)**其他事項：**

1. 指定行於處理轉押匯案相關事宜，或與開狀行／補償行交涉時，得收取必要之轉押手續費、電報費及郵費（其他名目宜避免）。
前述費用，除與押匯行另有約定外，以指定行自開狀行支付款項中扣收為原則。

2. 如信用狀內文未指定押匯行或補償行，通知銀行不得自行加蓋限押／求償條款，以免徒增受益人困擾及費用負擔。

3. 指定行兼為保兌銀行時，應依據信用狀統一慣例規定處理保兌信用狀項下單據，不適用本合作要點。

4. 當押匯行未將單據經由指定銀行提示而逕寄開狀行，並主動請求指定行電報通知開狀行，表明未提示該狀項下單據時；或當開狀行向指定銀行電報查詢是否另有單據透過其提示時，指定銀行應迅速去電說明／回電答覆，並向押匯行收取必要之電報費（其他名目宜避免）。未透過指定行遞送單據而產生之風險，概由押匯行自行承擔。

5. 其他未盡事宜，依現行國際商會信用狀統一慣例（ICC Uniform Customsand Practice for Documentary Credits）暨國際標準銀行實務處理。

精選試題

(　　) **1** 有關開狀銀行拒付案件之處理，下列敘述何者錯誤？　(A)如L/C規定分兩次寄單，則第5個營業日之起算，應以收到第一次寄送單據為準　(B)不得表示係應申請人之請求主張拒付　(C)超過一次以上之拒付通知，僅第一次通知有效　(D)提示人收到拒付通知後，無權要求退回單據。

(　　) **2** 依我國之押匯實務，押匯銀行於出口押匯款項超過相當時日仍無法收妥時：
(A)可憑出口押匯申請書及總質權書之約定向出口商追回押匯款項
(B)未收到開狀銀行之拒付通知，不能向出口商追回押匯款項
(C)單據無瑕疵，不能向出口商追回押匯款項
(D)押匯銀行付出款項即無追索權，不能向出口商追回押匯款項。

(　　) **3** 押匯銀行提出已為善意讓購之聲明以申請撤銷禁止支付命令，其最佳之處理方式為何？　(A)以該聲明文件逕行向開狀銀行申請撤銷　(B)以該聲明文件向本地法院申請撤銷　(C)先將該聲明文件送請本地法院公證，再請開狀銀行向其法院提出申請撤銷禁止令　(D)請求銀行公會協助解決。

(　　) **4** 出口商如同意其押匯拒付案件以折價交單、無償交單或改以承兌交單時，有關押匯銀行之處理，下列何者正確？
(A)折價交單應請出口商出具同意書並償還全部貨款後始予電覆開狀銀行
(B)無償交單或改以承兌交單時，應請出口商出具同意書並償還部分貨款後始予電覆開狀銀行
(C)應請出口商出具同意書，並須償還折價部分或全部貨款後始可電覆開狀銀行
(D)不須出口商書面同意，出口商僅須償還折價部分或全部貨款後即可電覆開狀銀行辦理折價交單或無償交單。

(　) **5** 依UCP600之規定，下列有關拒付之敘述，何者錯誤？
(A)依指定而行事之指定銀行、保兌銀行（如有者），或開狀銀行決定提示係不符合時，該等銀行得拒絕兌付或讓購
(B)依指定而行事之指定銀行、保兌銀行（如有者），或開狀銀行決定提示係不符合時，該等銀行依自身之判斷洽商申請人拋棄瑕疵之主張
(C)銀行決定拒絕兌付或讓購時，須將此意旨以單次之通知告知提示人，但對於補正單據重行提示之新瑕疵，仍得發拒付通知
(D)在拒付通知上，僅開狀銀行得表明留置單據直至收到申請人拋棄瑕疵之主張，且同意接受拋棄，或於同意接受拋棄前收到提示人進一步之指示。

(　) **6** 指定銀行受理一筆出口押匯，信用狀規定draft at 90 days sight 且 interest is for applicant's account, weundertake to accept and pay at maturity，請問開狀銀行應：　(A)即期付款　(B)到期僅付本金　(C)到期付本金與利息　(D)到期僅付利息。

(　) **7** 出口商提示之單據有瑕疵時，下列敘述何者錯誤？
(A)要求出口商立具保結書，必要時並應徵提擔保品
(B)改採託收方式，先行寄單，俟開狀行付款後再撥付出口商
(C)銀行可不予理會該等瑕疵，而將單據逕寄國外銀行求償
(D)可先電告開狀行瑕疵情況，俟開狀行同意或授權後再寄單，並撥付出口商。

(　) **8** 下列何者不得為開狀銀行拒付之理由？　(A)慢裝船　(B)單據上之貨品名稱與信用狀不符　(C)信用狀過期　(D)提示信用狀未規定之單據。

(　) **9** 有關拒付之主張，下列敘述何者正確？
(A)瑕疵通知並無次數之限制
(B)可敘明拒絕單據之部分瑕疵，日後再主張其他瑕疵
(C)拒付通知須表明銀行拒絕兌付或讓購
(D)可應申請人之請求而主張拒付。

(　) **10** 有關出口押匯拒付案件之處理，下列敘述何者錯誤？
 (A)收到拒付通知時，應立即以電話通知出口商，並將拒付電文做成書面通知傳送出口商
 (B)出口商如同意進口商以折價交單、無償交單或改以承兌交單方式處理時，為爭取時效，可於接獲出口商口頭或電話通知時，即予受理
 (C)若於通知拒付相當期日後，買賣雙方仍未能解決者，應囑出口商繳回等值外匯結案
 (D)日後該案件即使順利解決，亦應向出口商追收所有因處理而發生的費用及利息。

(　) **11** 法院禁止支付命令（INJUNCTION）一般係由下列何者通知押匯銀行？　(A)開狀銀行　(B)保兌銀行　(C)通知銀行　(D)補償銀行。

(　) **12** 有關開狀行對於瑕疵文件之拒付通知處理，下列敘述何者正確？
 (A)可以貨品品質不符為拒付理由
 (B)可表示係應申請人之請求而拒付
 (C)於L/C到期日及提示日前，對於拒付後又重新提示之單據，如證實有新瑕疵，可再作另一次拒付
 (D)未發出拒付通知，而直接退文件給提示人。

解答與解析

1 (D)。當拒付時，必須一次性通知提示人，其通知書必須聲明：(1)銀行持有單據並等候提示人進一步指示；或(2)開證行持有單據直至收到申請人通知棄權並同意接受該棄權，或在同意接受棄權前從提示人處收到進一步指示；或(3)銀行退回單據；或(4)銀行按照先前從提示人處收到的指示行事。

2 (A)。出口押匯是有追索權的授信，若押匯款項無法收妥時，押匯銀行得憑出口押匯申請書及總質權書之約定向出口商追回押匯款項。

3 (C)。若押匯銀行提出善意讓購聲明，應先將該聲明文件送請本地法院公證，再請開狀銀行向其法院提出申請撤銷禁止令。

4 (C)。應請出口商出具書面同意書，且至少將折價部分之貨款歸還予押匯銀行方可墊付開狀銀行，以保障押匯銀行之權利，應該折價部分貨款之後並無法像開狀銀行要求償還。

5 (B)。依UCP600第16條，不符單據、放棄及通知。若押匯單據不符信用狀要求時，則指定銀行或保兌銀行或開狀銀行，都可以拒絕付款及受理押匯。
當開狀行決定該一提示並不相符時，它得依它自己判斷逕洽申請人豁免該瑕疵。故選項(B)中「僅」開狀銀行得依自身判斷，指定銀行及保兌行不可為之。

6 (C)。"draft at 90 days sight"表示開狀銀行90日後才須付款，而非即期（at sight）；另"interest is for applicant's account"利息由申請人支付，故開狀銀行應到期時付本金與利息。

7 (C)。若收到之單據有瑕疵，開狀銀行得以拒受單據及付款時，會影響押匯銀行之權利，故不可忽略該瑕疵。

8 (D)。若提示人提示信用狀未規定之單據，開狀銀行得退回，但不得以此為拒付理由。

9 (C)。拒付通知應包含拒付的所有瑕疵，故每次提示僅有一次拒付；開狀銀行必須依自身判斷、不應依申請人之請求而主張拒付。

10 (B)。為降低銀行風險，若出口商同意以折價交單、無償交單或改以承兌交單方式處理時，應請出口商先償還墊付的押匯款項。

11 (A)。法院之禁止支付命令，一般是由開狀銀行通知押匯銀行，並告知押匯行暫時無法匯付款項。

12 (C)。不可以以貨品品質不符，僅可就單據瑕疵為為拒付理由；且應由開狀銀行發出拒付通知，方可退回文件予提示人。

第十章 遠期信用狀賣斷 (Forfaiting)

依據出題頻率區分，屬：**B** 頻率中

重點1 定義

出口商將手中的應收債權，賣給買斷行（forfaiter）以換取現金；若日後**買斷行遇到這些債權無法兌現，亦無權向出口商追索**；故為一種「無追索權」（without recourse）票據之貼現。由於Forfaiting目前在臺灣的實務操作僅限於信用狀，故通常翻譯為信用狀賣斷。

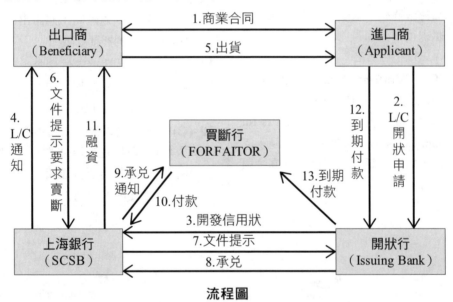

流程圖

重點2 信用狀賣斷的優點

對出口商而言，辦理出口信用狀賣斷業務之優點有：

(一)**轉移風險**：若進口商在具高度政治或銀行風險的國家，出口商可利用信用狀賣斷將其風險轉嫁到買斷行。

(二)**改善資金流通**：買斷行提供100%的融資，**不佔用出口商的銀行押匯額度**；同時將應收帳款轉為現金收入，有效降低財務報表上的應收帳款與短期負債。

(三)**增加出口競爭力**：若採信用狀賣斷，則出口商可以將風險轉嫁，又可以較優惠的利率取得資金；故有能力承擔或接受較高風險國家（如新興市場或外匯管制國家）之信用狀，也能夠配合買主以長天期、分期付款或延付信用狀為付款條件之要求，有利於出口商爭取訂單。

(四)**作業簡單**：辦理本項業務之並無複雜的文件要求、流程迅速。

重點3 信用狀賣斷辦理流程

信用狀賣斷辦理步驟如下：

(一)**報價**：出口商提供欲賣斷的信用狀資料，包括開狀銀行全名及所在國家、信用狀等相關資料，已洽商買斷行取得報價。

(二)**申請辦理買斷**：取得報價後，若出口商有意賣斷則填寫「買斷申請書」及「信用狀讓渡書」（Letter of Assignment）；買斷行若同意則填寫「買斷同意書」。

(三)**提示文件**：出口商於出貨後，提示出口文件（包括信用狀正本、出口文件、押匯申請書、信用狀買斷同意書／信用狀讓渡書、致開狀行之通知書及付款指示等），由買斷行寄交開狀行要求承兌。

(四)**承兌後撥款**：信用狀經承兌後，買斷行依報價扣除貼現息及手續費等費用後，將淨額撥至出口商指定之帳戶。

重點4 信用狀賣斷之費用

信用狀賣斷後所出現的費用：

(一)**貼現息（discount interest）**：貼現息之計算由信用狀承兌日開始至到期日為止，利率是根據LIBOR（倫敦銀行同業拆放款利率）再加上程度不等的風險貼水。

故貼現率＝LIBOR＋風險貼水（％）

風險貼水會因不同的國家而異，該利率反映了買斷行承作此交易所承擔的風險，故通常越不安定的國家，其風險貼水越高。

(二)**額外多收期**（grace days）：因不同國家及銀行而異，一般以5天計算。

(三)**承諾費**（commitment fee）：出口商與買斷行簽定合約，並於貨物出口後，將信用狀及文件交予買斷行處理。費用由雙方簽定買斷合約日開始、計算至信用狀承兌當天為止，費率一般以信用狀金額的0.5%計算。

(四)**手續費**（handling fee）：手續費率一般以信用狀金額的0.25%計算。

重點5 信用狀賣斷vs.信用狀押匯

若到期未獲付款	買斷行對出口商無追索權	押匯行對出口商有追索權
承作之信用狀天期	90天～7年均可接受；30天、60天期則視情況決定	通常只接受180天以內
授信額度	不佔出口商在銀行的額度	佔出口商在銀行的額度

精選試題

(　　) **1** 下列四種情形中，何者較不宜採用Forfaiting承作？　(A)新客戶，銀行額度有限　(B)開狀行所在國債信不佳　(C)即期信用狀　(D)遠期信用狀。

(　　) **2** 有關Forfaiting作業流程中，出口商須提供下列何種單據給押匯行向買斷行洽詢是否買斷？(A)BILL OF LADING (B)INSURANCE POLICY　(C)CERTIFICATE OF ORIGIN (D)LETTER OF CREDIT。

(　　) **3** 遠期信用狀賣斷業務中，出口商係以無追索權方式賣斷給買斷行，但因下列何種原因，出口商仍有遭買斷行追索款項之虞？(A)開狀行不幸倒閉，而無法付款　(B)買方主張賣方惡意交貨不實，向當地法院申請禁止支付命令　(C)開狀銀行所在國發生政變，外匯凍結，無法付款　(D)買斷銀行與開狀銀行交惡，追溯收回買斷額度。

( ) **4** 有關辦理FORFAITING業務，提供之信用狀本身應具備之基本條件，下列敘述何者錯誤？
(A)應為遠期信用狀
(B)信用狀無須保兌，亦不可限制押匯
(C)信用狀之幣別並無限制
(D)開狀行及開狀國之風險屬於買斷行可接受之等級。

( ) **5** 下列何者不是辦理Forfaiting業務向買斷行詢價過程中所需用到的文件？ (A)預支價金申請書 (B)買斷申請書 (C)買斷同意書 (D)信用狀讓渡書。

( ) **6** 有關FORFAITING業務，下列敘述何者錯誤？
(A)買斷行決定買斷時，將以買斷同意書提供承辦行買斷參考利率
(B)當信用狀規定可分批出貨時，出口商不可簽發一張信用狀總額之信用狀讓渡書，須逐次簽發
(C)若因商業糾紛，遭法院下達禁止支付命令時，承辦行應協助買斷行向出口商催討貼現款
(D)若單據未獲開狀行承兌，雖已取得買斷行之買斷同意書，亦不構成買斷行為之成立。

( ) **7** 為規避進口國之國家、政治風險及開狀行到期不付款之信用風險，出口商可將業經開狀行承兌之匯票，以無追索權之方式賣斷以取得融資，此種業務稱為：
(A)Forward Contract (B)Forfaiting
(C)Factoring (D)Freight Forwarder。

( ) **8** 在FORFAITING作業流程中，出口商於確認買斷條件後，即簽署下列何種文件，以表示同意將其信用狀下之應收帳款債權移轉予買斷行？
(A)LETTER OF INDEMNITY
(B)LETTER OF ASSIGNMENT
(C)LETTER OF GUARANTEE
(D)NOTIFICATION OF INDIRECT PAYMENT。

（　）　**9** 有關銀行辦理應收帳款承購業務之相關法令規定，下列敘述何者錯誤？

(A)不論有追索權或無追索權，皆屬授信業務

(B)無追索權者，授信對像為買方

(C)不論有追索權或無追索權，皆以融資餘額為備抵呆帳之提列基準

(D)有保險公司保證之無追索權應收帳款，俟確定不理賠之日起三個月內，由銀行依個案情形自行判斷列報逾期放款。

解答與解析

1 (C)。Forfaiting須待開狀銀行承兌後方撥付款項，若客戶持有即期信用狀較不適合承作，因時效上並無優勢。

2 (D)。Forfaiting指信用狀賣斷業務，故出口商應提示信用狀（LETTER OF CREDIT）。

3 (B)。買斷行在一般情況下對出口方並無追索權，惟若商業糾紛爭議源自於出口商者，其仍可向出口商追索款項。

4 (C)。FORFAITING信用狀之幣別應為美元、歐元等主要貨幣。

5 (A)。信用狀賣斷無預支價金議題，預支價金申請書為應收帳款業務用到的。

6 (B)。當信用狀規定可分批出貨時，出口商可簽發一張信用狀總額之信用狀讓渡書。

7 (B)。信用狀賣斷業務為Forfaiting。

8 (B)。出口商於確認買斷條件後，即簽署信用狀讓渡書（LETTER OF ASSIGNMENT）。

9 (C)。有追索權應收帳款承購業務，以融資餘額為提列備抵呆帳基準；無追索權應收帳款承購業務，以承購餘額為提列備抵呆帳基準。

第十一章 出口應收帳款承購

依據出題頻率區分，屬：**A** 頻率高

重點1 出口應收帳款承購業務介紹

一、定義

係出口商與應收帳款承購商（Factor）簽立契約，將其因銷售商品等產生之國際應收帳款，由應收帳款承購商承購並移轉債權；應收帳款承購商對該筆帳款提供收款、催收及管理之服務。

二、出口應收帳款承購的優點

(一)協助出口商**轉嫁**買方之**信用風險**。

(二)**提高應收帳款週轉率**，增加現金、降低負債，進而美化財務報表。

(三)若出口商需要短期資金週轉時，可將應收債權以預先付款方式轉讓給應收帳款承購商，不必動用銀行信用額度。

三、出口應收帳款承購的種類

(一)**依有無追索權分：**

1. **無追索權的應收帳款承購業務（Without Recourse Factoring）：由應收帳款承購商承擔債務人（進口商）的信用風險**，當債務人無法付款時，應收帳款承購商應負責理賠該筆應收帳款金額；但若遲延付款之**原因乃買賣雙方商業糾紛所致**（如產品瑕疵等），應收帳款承購商**不負**理賠責任。

2. **有追索權的應收帳款承購業務（With Recourse Factoring）：** 應收帳款承購商不承擔債務人之信用風險，當債務人無法付款時，應收帳款承購商不必支付帳款給出口商。一般而言，若應收帳款承購商對債務人之信用，無法事先調查清楚時，應收帳款承購商會採用「有追索權」之方式，以降低風險。

(二)依是否發出債權轉讓通知分：

1. **通知型的應收帳款承購業務（Notification Factoring）**：出口商或應收帳款承購商須向債務人發出債權轉讓通知書，告知有關帳款的催討、收款等事宜未來均由應收帳款承購商來處理；現行國內銀行大都採此種方式。

2. **非通知型的應收帳款承購業務（Non-notification Factoring）**：出口商或應收帳款承購商並未將債權轉讓的情況告知債務人。到期時，債務人仍將帳款支付給出口商，故又稱為「隱名式」應收帳款承購業務。若債務人未依約給付款項，應收帳款承購商仍不以其名義向債務人請求給付帳款或提起訴訟。

(三)依參與承購的機構家數分：

1. **單應收帳款承購商之應收帳款承購業務（One Factor Factoring）**：僅一家應收帳款承購商參與，又可分為下列兩種型式：

   (1)**直接出口地應收帳款承購業務**：出口商直接向出口地應收帳款承購商辦理國際應收帳款承購業務。出口地應收帳款承購商須有能力調查國外債務人的信用及負責帳款收取。

   (2)**直接進口地的收帳款承購業務**：出口商直接向進口地應收帳款承購商辦理國際應收帳款承購業務。進口地應收帳款承購商須評估是否受理出口商的申請；若同意承作，則與出口商簽訂契約，待出口商出貨後，進口地應收帳款承購商即承接出口商交予的貨運單據副本及應收帳款轉讓之通知書。

2. **雙應收帳款承購商的應收帳款承購業務（Two Factor Factoring）**：有兩家應收帳款承購商參與，出口商將債權讓與給出口地應收帳款承購商後，出口地應收帳款承購商再轉讓給進口地應收帳款承購商。是故，有關債務人（即進口商）的未來帳款的收取或催收，均由進口地應收帳款承購商負責。

四、應收帳款承購業務流程

(一)出口商填寫「應收帳款承購業務申請書」。

(二)應收帳款承購商對債務人進行徵信及信用評估。

(三)應收帳款承購商將評估結果及核准的額度通知出口商。一般而言約2～3星期可提供回覆，惟仍需視不同國家內買方資訊取得難易而定。

(四)收帳款承購商與出口商簽訂「應收帳款承購契約」。

(五)出口商或應收帳款承購商向債務人發出「債權轉讓通知書」，通知未來有關帳務的收取及催討，都由應收帳款承購商負責。

(六)出口商交付出貨後，將貨運單據副本及「應收帳款讓與通知書」提供與應收帳款承購商。

(七)應收帳款承購商的合作銀行依約預先墊付部分帳款給出口商；實務上最高可墊付發票金額之八成。

(八)應收帳款到期時，承購商向債務人催收帳款。

(九)債務人給付帳款後，應收帳款承購商再將款項匯予合作的銀行。

(十)銀行扣除相關費用及預支價金本金、利息後，將尾款匯予出口商。

五、應收帳款承購業務費用

應收帳款承購業務費用有三項：

(一)承購申請費。

(二)承購管理費：依發票金額之一定比率計算。

(三)承購處理費：國際應收帳款承購業務則按每筆發票至少收取10美元為原則；若委託合作承購商辦理承購，按合作承購商之收費標準加倍計收，另其他費用依實際支出而定。

以上費用原則上皆由賣方負擔，其實際收費情形尚得考量個案之情況。

六、國際應收帳款承購業務適用法規（節錄）

FCI（Factors Chain International；國際應收帳款承購商聯盟）是目前國際上最重要的應收帳款承購業務同業組織，其宗旨在於促進國際應收帳款承購交易量的增長。FCI頒布了**《國際應收帳款承購統一規則》**（GRIF, General Rules for InternationalFactoring），本規則訂定了應收帳款債權的讓與、收款、風險等重要作業規定。

茲條列重要條規如下：

第二節　應收帳款轉讓

第12條　轉讓

(一)**應收帳款的轉讓意味著該應收帳款所涉的以任何形式存在的全部權益的讓渡。據此，對該應收帳款的擔保也視為同時轉讓。**

(二)鑒於進口應收帳款承購商受讓了應收帳款的完全所有權，因此其有權以自己的名義，或與出口應收帳款承購商和（或）供應商聯名起訴並採取適當措施，強制收回應收帳款；其有權以出口應收帳款承購商或該筆應收帳款供應商的名義，背書債務人交付的票據，以收取應收帳款。進口應收帳款承購商享有留置權、中止運輸權，以及貨物被債務人拒收或退回時，供應商所享有的其他權利。

(三)應收帳款的轉讓應採用書面形式。

第13條　**轉讓的效力**

(一)進口應收帳款承購商應當將債務人所在國的法律關於以下問題的規定通知出口應收帳款承購商：

　　1. 轉讓通知書的術語及形式。

　　2. 轉讓時保障出口應收帳款承購商用以對抗第三人主張的必要事項。

　　進口應收帳款承購商應保證其通知的有效性。

(二)基於本條前款進口應收帳款承購商的通知，出口應收帳款承購商應對從供應商處的債權受讓，以及向進口應收帳款承購商的債權轉讓的有效性負責，即使在對抗第三人主張時或供應商破產時。

(三)若出口應收帳款承購商請求轉讓與第三人有爭議的特別債權，則進口應收帳款承購人應當依據所適用的法律盡其所能對第三人主張進行抗辯。所涉費用由出口應收帳款承購商承擔。

(四)為保障轉讓的效力及可執行性，當進口應收帳款承購商需要與所受讓應收帳款相關的特別文件或證明材料時，出口應收帳款承購商須按照規定的方式提供。

(五)**若出口應收帳款承購商自收到進口應收帳款承購商的請求之日起30日內，未能按照其要求提供所需文件或證明材料的，進口應收帳款承購商可反轉讓該應收帳款。**

第14條　**應收帳款的有效性**

(一)在任何情況下，進口應收帳款承購商均應在應收帳款到期日前，及時收到所受讓的應收帳款的發貨單據及信用單證。本規

則中，應收帳款的「到期日」是指銷售合同、服務合同中所載明的應收帳款的付款日期。若合同約定為分期付款的，分期確定到期日，合同另有約定除外。

(二)進口應收帳款承購商可以要求通過其傳遞載有權益的原始文件，包括可轉讓運單及保險單證等。

(三)**為收取應收帳款，出口應收帳款承購商應按照進口應收帳款承購商的要求，無條件的在下列期限內提供下列全部或部分材料作為證據：**

　　1. **收到請求之日起10日內，提供向債務人簽發的發貨單據複印件。**

　　2. **收到請求之日起30日內提供：**

　　　　(1)**運單。**

　　　　(2)**已完全適當履行銷售合同和（或）服務合同的證據。**

　　　　(3)**貨運裝運前需要的其他任何文件。**

(四)若出口應收帳款承購商：

　　1. 未提供本條第三款指定的文件。

　　2. 或未能說明延期提供的理由或提出延期請求，且被進口應收帳款承購商所接受，則進口應收帳款承購商有權在法定期限內反轉讓所涉應收帳款。

(五)**進口應收帳款承購商向出口應收帳款承購商索要上述材料的期限不得超出應收帳款到期後的270日。**

第三節　　信用風險

第16條　信用風險和授信額度的定義

(一)**信用風險是指在無爭議情況下，債務人未能在到期日屆滿90日內全額支付應收帳款的風險。**

(二)進口應收帳款承購商對受讓的應收帳款所承擔的信用風險，以其事先已對該筆應收帳款作出書面核准為前提。

第17條　申請與核准

(一)出口應收帳款承購商請求進口應收帳款承購商承擔單筆訂單或授信額度內的信用風險的申請，應當採用書面形式。申請應包括進口應收帳款承購商評估信用風險所必需的全部訊息，及正常付款期限。

(二)若進口應收帳款承購商無法確認申請文件中債務人的準確訊息，其可在復函中對此予以完善。任何核准僅適用於進口應收帳款承購商在核准文件中確認的債務人。

(三)在任何情況下，進口應收帳款承購商須毫無耽擱的，在收到申請之日起10日內，以書面形式將其決定通知出口應收帳款承購商。若在前列期限內不能做出決定，進口應收帳款承購商須在期限屆滿前的第一時間通知出口應收帳款承購商。

(四)核准適用於債務人所欠的下列應收帳款：
1. 在核准時已經被進口應收帳款承購商記錄在案的帳款。
2. 在出口應收帳款承購商提交核准申請前的30天內，因貨物裝船或接受服務而產生的帳款，但每筆應收帳款均以進口應收帳款承購商已收到第十四條規定的發貨單據及相關文件為前提。

(五)1. 對於全部或部分核准的單筆訂單，進口應收帳款承購商承擔已核准的信用風險的前提是，貨物在申請中列明的日期前裝運，或在進口應收帳款承購商核准文件中列明的屆滿日期前裝運。
2. 對於已核准授信額度的，進口應收帳款承購商在授信額度的限額內，承擔授信額度撤銷前或期限屆滿前已裝運貨物產生的全部應收帳款的信用風險。
3. 本通則中，「貨物」包括服務，「運輸貨物」包括提供服務。
4. 貨物裝運是指貨物被交付運輸至債務人或其受托人，而不論是由專業承運人，還是債務人或供應商自行運輸；對於服務而言，「裝運」是指完成服務。

(六)信用額度是指可迴圈使用的，同一供應商對同一債務人應收帳款額的最高限額。迴圈是指在信用額度有效期內，超出限額的應收帳款將承繼已由債務人或進口應收帳款承購商支付的金額或對債務人的授信餘額。應收帳款的這種承繼應按照付款到期順序進行，且在任何時候均應受限於實際支付金額或授信餘額。若同一日有兩筆或兩筆以上應收帳款同時到期，則按發貨單據序號進行承繼。

(七)**所有核准均是基於每一筆應收帳款的付款期限與核准所依據的相關訊息中所含的付款期限（允許100%或45天的偶爾變更，以期限短者為準）一致。但是，如果進口應收帳款承購商在核准信用額度時規定了其所能接受的最長付款期限，則任何變更都不能超過這一期限。**

(八)授信的幣種應與申請的幣種相同。但信用額度不僅適用於發貨單據以核准幣種表示的應收帳款，而且也適用於以其他幣種表示的應收帳款。但在任何情況下，進口應收帳款承購商承擔的信用風險均不超出其最初核准的額度。

(九)對同一供應商與同一債務人僅有一個授信額度。新的授信額度將取代之前以任何幣種授予的信用額度。

(十)如果進口應收帳款承購商知悉債務人有禁止自己所欠債務被轉讓的慣例，進口應收帳款承購商應在其核准文件中告知出口應收帳款承購商。若核准後獲悉，進口應收帳款承購商也應該儘快告知對方。

第19條 出口應收帳款承購商的轉讓義務

(一)**根據第十九條第二款及第三款的規定，出口應收帳款承購商可以（但非必須）將已受讓的在任一國家中的多個債務人所欠同一供應商的應收帳款，提供給進口應收帳款承購商。**

(二)出口應收帳款承購商應當就應收帳款承購協議是否已包括供應商在該債務人所在國家的全部賒銷交易，通知進口應收帳款承購商。

(三)一旦進口應收帳款承購商已為某一債務人核准了信用額度，且與該債務人相關的發貨單據已轉讓給進口應收帳款承購商，則此後產生的該供應商對該債務人的所有應收帳款，必須轉讓給該進口應收帳款承購商，即使應收帳款只有部分獲得核准或根本未獲核准。

(四)當進口應收帳款承購商撤銷授信額度時，出口應收帳款承購商的義務持續存在至所有已核准的應收帳款獲得支付或以其他方式獲得清償，即直至進口應收帳款承購商的風險消除。但出口應收帳款承購商與供應商之間的應收帳款承購協議終止後，不再轉讓應收帳款。

第四節　應收帳款的催收

第20條　**進口應收帳款承購商的權利**

(一)若出口應收帳款承購商或其任一供應商收到用以支付已轉讓給
　　進口應收帳款承購商的應收帳款的現金、支票、匯票、票據或
　　其他支付工具，出口應收帳款承購商必須立即通知進口應收帳
　　款承購商。出口應收帳款承購商或供應商應代表進口應收帳款
　　承購商妥善持有該款項或票據，並按照進口應收帳款承購商的
　　要求按期背書轉讓或及時交付給進口應收帳款承購商。

(二)即使銷售合同中含有禁止轉讓條款，進口應收帳款承購商作為
　　出口應收帳款承購商以及（或者）供應商的代理人，仍享有本
　　條第一款所規定的權利。

(三)如果進口應收帳款承購商：

　　1.僅因下列原因之一無法就所受讓的應收帳款獲得債務人所在
　　　國法院、仲裁庭或其他有管轄權的裁決機構（統稱「裁決機
　　　構」）的裁決：

　　　(1)供應商與債務人的買賣合同就相關司法管轄權或爭議解
　　　　決方式有明確約定。

　　　(2)債務人所在國的所有裁決機構均不受理。

　　2.在該應收帳款的發貨單據到期後的365天內，將前列事實告
　　　知出口應收帳款承購商。

　　則進口應收帳款承購商可立即將所涉應收帳款反轉讓給出口
　　應收帳款承購商，並收回其依據第二十四條第二款支付的所
　　有款項。

(四)若在本條第三款所指的應收帳款被反轉讓之日起3年內，出口應
　　收帳款承購商或供應商取得由任何裁決機構做出的、在債務人
　　所在國可對債務人強制執行的有關反轉讓應收帳款的裁決的，
　　則進口應收帳款承購商在之前已核准的應收帳款範圍內應當：

　　1.受讓裁決中對債務人享有的權利，並再次將其作為已核准的
　　　應收帳款受讓。

　　2.如果出口應收帳款承購商在判決確定的債務人付款日前已將
　　　本條第四款第一項中的應收帳款有效轉讓給進口應收帳款承
　　　購商，則進口應收帳款承購商應在判決確定的債務人付款之

日起14天內，按第二十四條的規定向出口應收帳款承購商付款（下文簡稱"PUA"）。

為取得本條所指的裁決書而支付的相關費用，由出口應收帳款承購商承擔。

第21條 帳款催收

(一)**進口應收帳款承購商對已受讓的所有應收帳款負有催收責任。無論應收帳款是否獲得核准，進口應收帳款承購商都應儘力催收。**

(二)除第二十七條規定外，當債務人所欠的應收帳款總額超出對其的授信額度時：

1. **進口應收帳款承購商有權不經出口應收帳款承購商的事先同意，即採取法律措施對應收帳款進行催收。但進口應收帳款承購商應將該法律措施通知出口應收帳款承購商。**

2. 若出口應收帳款承購商不同意進口應收帳款承購商採取的法律措施，進口應收帳款承購商也同意終止該法律措施的，進口應收帳款承購商有權將該債務人所欠的全部債務進行反轉讓，同時有權向出口應收帳款承購商索要在採取法律措施的過程中所支出的費用。第十五條第二款和第三款規定的反轉讓適用於本條款。

3. 除本條第二款的情形外，進口應收帳款承購商和出口應收帳款承購商根據未償付的應收帳款中已核准與未核准的比例，分別負擔因採取法律措施而支出的費用。

第22條 未核准帳款

(一)如果在某個時點債務人所欠的應收帳款是都未經核准的：

1. 進口應收帳款承購商在催收帳款時，對可能發生的法律或其他費用（不包括進口應收帳款承購商應自行承擔的費用）支出，應事先徵得出口應收帳款承購商的同意。

2. 此類法律及其他費用支出應由出口應收帳款承購商承擔。進口應收帳款承購商不承擔因出口應收帳款承購商遲延回覆而產生的損失及（或）費用。

3. 如果出口應收帳款承購商在接到進口應收帳款承購商的申請後，30天內不予回覆，進口應收帳款承購商有權在期限屆滿後將該應收帳款反轉讓。

4.進口應收帳款承購商有權根據估算的催收帳款費用額，要求出口應收帳款承購商提供全部或部分保證金。……

第五節　資金的劃撥

第23條　支付轉移

(一)進口應收帳款承購商收到債務人支付的任何已受讓應收帳款的款項時，應當在起息日或進口應收帳款承購商收到銀行入帳通知之日（以較遲者為準）後，立即將其所收金額扣除已按PUA支付的金額後的餘額，兌換為發貨單所示幣種後支付給出口應收帳款承購商。

(二)所有款項，不論其金額大小，每日均須通過環球同業銀行金融電信協會（SWIFT）或同類系統結算。

(三)進口應收帳款承購商應在劃撥日之前（包括劃撥當天），提供其所劃撥金額的分配報告。

(四)出口應收帳款承購商應當按照進口應收帳款承購商的要求向其償還：

1.進口應收帳款承購商基於債務人的支付工具（支票或者其他票據）而向出口應收帳款承購商所支付的應收帳款，但該支付工具之後被拒付的，且：

(1)進口應收帳款承購商在向出口應收帳款承購商付款時明示了相應票據被拒付的可能性。

(2)**進口應收帳款承購商的返還請求在其向出口應收帳款承購商付款之日起的十個本國銀行工作日內提出。**

(3)該拒付是支付票據簽發後，因產生爭議而由債務人簽發止付令導致的。在此情況下，視為進口應收帳款承購商已按照PUA規則向出口應收帳款承購商支付了帳款。出口應收帳款承購商向進口應收帳款承購商返還帳款的程式和期限適用第二十七條的規定。

(4)進口應收帳款承購商的帳款返還請求未影響其履行其他的義務。

2. 進口應收帳款承購商就未核准的應收帳款或應收帳款中未核准部分支付的款項，但應以債務人或其擔保人付款後，又依付款人所在國法律撤銷的額度為限，且此項撤銷已由進口應收帳款承購商退款或以其他方式妥善解決並生效。此類索回要求不受時間限制。

第24條 已核准帳款的支付

除第二十五條、第二十七條及第三十二條規定外：

(一)進口應收帳款承購商應當對已批准的應收帳款，因債務人未能按照銷售或服務合同約定按期足額付款所造成的損失承擔風險。

(二)並且任何在前述約定日期屆滿後的90日內仍未由債務人或其代表所支付的應收帳款，進口應收帳款承購商都應在第90日按PUA規則支付給出口應收帳款承購商。

第26條 延遲支付

(一)若進口應收帳款承購商或出口應收帳款承購商未能按照約定足額向對方付款，違約方應當向對方支付利息。

(二)除本條第三款規定之外，若進口應收帳款承購商未能按照第二十三條或第二十四條之規定向出口應收帳款承購商付款，則進口應收帳款承購商應：

1. 以應付款之日倫敦銀行業三個月期有關幣種的同業拆借利率的二倍，按日向出口應收帳款承購商支付利息，利息自應付款之日起計算至實際付款之日止，但前提是利息累計超出50歐元。

2. 且賠償出口應收帳款承購商因延期支付導致的貨幣匯兌損失。若有關幣種沒有倫敦銀行業同業拆借利率，應當按出口應收帳款承購商可獲得的該幣種最低貸款利率的二倍計息。

(三)因出現進口應收帳款承購商不可控的事件導致其未能按期付款，進口應收帳款承購商應：

1. 立即將該實事告知出口應收帳款承購商。

2. 以出口應收帳款承購商可獲得的該幣種最低貸款利率，按日向出口應收帳款承購商支付利息，利息自應付款之日起計算至實際付款之日止，但前提是利息累計超出50歐元。

(四)出口應收帳款承購商向進口應收帳款承購商的任何遲延付款也依據本條第二款、第三款的規定解決。

第六節　爭議

第27條　爭議

(一)爭議的產生是指債務人未能收到貨物或者發貨單據；或提出抗辯、反訴、抵銷，包括（但不限於）對第三方就應收帳款主張的權益提出抗辯。本條規定與與第二十五條之規定不一致時，以第二十五條之規定為準。

(二)進口應收帳款承購商或出口應收帳款承購商在得知爭議發生時，應立即向對方發出爭議通知，通知應包括其所知悉的有關應收帳款和該項爭議本質的全部細節及訊息。**出口應收帳款承購商應當在其收到通知之日起或發出通知之日起（視情況而定）60日內向進口應收帳款承購商提供有關爭議的進一步訊息。**

(三)當收到爭議通知時，該筆應收帳款的核准視為暫時中止。

若爭議由債務人提出，且進口應收帳款承購商在爭議所涉應收帳款到期日後的90日內收到爭議通知的，則出口應收帳款承購商不得要求進口應收帳款承購商按PUA規則支付債務人因爭議而拒付的款項。

若爭議由債務人提出，且進口應收帳款承購商是在按PUA付款後，爭議所涉應收帳款到期日後的180日內收到爭議通知的，則進口應收帳款承購商有權要求出口應收帳款承購商返還債務人因該項爭議拒付的款項。

(四)1.出口應收帳款承購商負責爭議的解決，且應當持續地採取措施以保證該項爭議儘快解決。若出口應收帳款承購商要求，進口應收帳款承購商應協助解決爭議，包括採取法律措施。

2.若進口應收帳款承購商拒絕採取法律措施；或出口應收帳款承購商為以自己的名義或供應商的名義採取法律措施，需將爭議所涉的應收帳款反轉讓的，則出口應收帳款承購商均有權要求反轉讓。

3.無論該反轉讓是否已經作出，若爭議以有利於供應商的方式解決（包括得到債務人的破產財產管理人的認可），進口應收帳款承購商應當在本條第五款規定的期限內，再次按已核准的應收帳款接受爭議所涉應收帳款，條件是：

    (1)出口應收帳款承購人已履行本條第四款第一項的義務。

    (2)進口應收帳款承購商持續不斷地定期獲得關於爭議協商或訴訟的進展情況的通報。

    (3)爭議解決結果規定債務人在和解之日或裁決生效之日起30日內付款的，但該30日的期間不適用於債務人的破產管理人對債務認可的情形。

  4. 就本條而言，「法律解決」意指通過有司法管轄權的法院或其他裁判機構的裁決（為避免疑義，應包括仲裁）來解決爭議。該途徑是指在和解期限屆滿之前，已通過正當的送達傳票或提出仲裁申請的方式，正式啟動上述法律程式。「和解」意指任何非法律途徑的解決方式。

(五)前款所指的進口應收帳款承購商再次接受爭議應收帳款的期限按如下規定執行：

  1. 和解解決的期限為180天。

  2. 且法律程式解決的期限為3年。

以上期限均自出口應收帳款承購商收到本條第二款規定的爭議通知書之日起算。但若在此期間，債務人正式破產、或聲明破產、或承認破產，則進口應收帳款承購商將繼續承擔風險直到該項爭議得以解決。

(六)對於進口應收帳款承購商按照本條第四款再次接受的爭議應收帳款而言：

  1. 若應收帳款已被反轉讓給出口應收帳款承購商，則進口應收帳款承購商有權即刻享有出口應收帳款承購商或供應商（視情況而定）在爭議解決結果項下的各項權利。

  2. 在發生須按照第二十四條規定的PUA規則付款的情形時，進口應收帳款承購商應在爭議解決結果指定的債務人付款之日起的14日內按PUA規則付款，但前提是：

    (1)出口應收帳款承購商按照進口應收帳款承購商的要求，在規定的期間內將本條第六款第一項所述的權利合法有效的轉讓給進口應收帳款承購商。

    (2)且該14日期間的最後一日應晚於該應收帳款最初PUA規則下的付款日。

(七)若出口應收帳款承購商未完全履行本條規定的義務，且實質上
　　影響到進口應收帳款承購商的風險，則進口應收帳款承購商有
　　權將爭議應收帳款反轉讓給出口應收帳款承購商。出口應收帳
　　款承購商應立即將進口應收帳款承購商按照PUA規則支付的款
　　項返還給進口應收帳款承購商，並支付自PUA付款之日至實際
　　返還之日期間的利息，利息按第二十六條第三款第二項的規定
　　計算。

(八)若爭議以完全有利於供應商的方式解決，則所有相關的費用由
　　進口應收帳款承購商承擔；否則，相關費用由出口應收帳款承
　　購商承擔。

第七節　聲明、擔保和承諾

第**28**條　聲明、保證與承諾

(一)出口應收帳款承購商代表自己及其供應商保證並表示：

　　1.每一筆應收帳款均代表著一宗真實的商品買賣及運輸，或提
　　　供服務的交易，且該筆應收帳款與供應商的經營範圍及付款
　　　方式相一致。

　　2.債務人按期支付發貨單據中載明的每筆款項，不得提出抗辯
　　　或反索。

　　3.正本發貨單據載有轉讓通知，表示與該發貨單據有關的帳款
　　　已經轉讓且只能付給作為帳款所有人的進口應收帳款承購
　　　商，或者已於發貨單據到期日前另行書面通知。任何類似轉
　　　讓通知必須採用進口應收帳款承購商規定的形式。

　　4.各方在轉讓帳款時均應無條件地轉讓與該筆應收帳款（包括
　　　可向債務人收取的利息和其他費用）相關的全部權益及所有
　　　權，不受第三方權益主張的影響。

　　5.出口應收帳款承購商為任一供應商與任一經進口應收帳款承
　　　購商核准的債務人之間的，符合本通則第三條規定的交易所
　　　產生的應收帳款提供應收帳款承購服務。

　　6.銷售或服務合同中規定的應由供應商承擔的稅款、代理費、
　　　倉儲及運輸費用、保險費及其他費用均已完全支付。

(二)出口應收帳款承購商代表自己及供應商承諾：

    1.自己或供應商收到任何已轉讓的應收帳款，都將立即告知進口應收帳款承購商。

    2.進口應收帳款承購商承擔風險期間，出口應收帳款承購商將本通則第三條規定所排除的交易簡要通知進口應收帳款承購商，或按照進口應收帳款承購商的要求詳細通知。

(三)除了第三十二條的規定以外，如出口應收帳款承購商違反了本條第一款第五項的保證或本條第二款第二項的承諾，進口應收帳款承購商有權向其追索：

    1.根據有關該供應商的應收帳款承購協議,對所持有應收帳款計收的佣金及（或者）費用。

    2.以及如果有其他損失，對其他損失的補償。

第30條 帳戶及報告

(一)進口應收帳款承購商負責保管債務人的總分類帳及明細帳，並負責將帳簿記載事項通知出口應收帳款承購商。

(二)出口應收帳款承購商有權合理並善意使用進口應收帳款承購商提供的所有訊息及報告。

(三)若有正當理由，進口應收帳款承購商或出口應收帳款承購商不能使用EDI系統交流，**則進口應收帳款承購商應當每月就所有交易的帳務向出口應收帳款承購商至少報告一次。該月報視為出口應收帳款承購商已認可並接受，但出口應收帳款承購商在收到該月報之日起14日內提出書面異議的部分除外。**

第31條 賠償

(一)在提供服務時，進口應收帳款承購商對出口保商的供應商無任何責任。

(二)出口應收帳款承購商應賠償並確保進口應收帳款承購商在下列任何訴訟、主張、損失或其他針對進口應收帳款承購商的請求時均不受任何損失：

    1.由供應商針對進口應收帳款承購商的作為或不作為行為提出的。

    2.由與該供應商的貨物以及（或者）服務、發貨單據或基礎合同有關的債務人提出的。

在前述的兩種情形中，進口應收帳款承購商的作為與不作為都是合理善意的。

(三)因進口應收帳款承購商未履行本通則中的義務或保證責任，給出口應收帳款承購商造成的一切損失、費用、利息或支出等均應由進口應收帳款承購商賠償。出口應收帳款承購商負有該類損失、費用、利息或支出的舉證責任。

(四)進、出口應收帳款承購商任何一方均應賠償對方因本條第2款或第3款所列事項給對方造成的全部損失、費用、損害、利息或支出（包括法律費用）。

第32條　違約責任

(一)**違約行為的受害方應於所涉應收帳款到期日後的365天內主張權利。**

(二)如果出口應收帳款承購商構成了根本違約，且其違約行為嚴重影響了進口應收帳款承購商在信用風險評估中的損失及（或）其對所有帳款催收的能力，則出口應收帳款承購商不得要求進口應收帳款承購商按PUA規則付款。進口應收帳款承購商對出口應收帳款承購商的違約行為負有舉證責任。若進口應收帳款承購商已按PUA規則付款，且其享有已與出口應收帳款承購商商定的追索權，則進口應收帳款承購商有權在發出違約聲明之日起三年內向出口應收帳款承購商追回已付款項。

……

(七)出口商應收帳款的處理

知識補給站

本書的第二部分中，介紹了多種出口商對其應收帳款處理的方式，茲將列為下表：

	銀行信用狀	輸出保險	應收帳款貼現（factoring）	出口信用狀買斷（forfaiting）
財務融通	透過銀行押匯	取得保單後，可向一般商業銀行申請融資	出貨後即可出售應收帳款，取得營運資金	出貨後即可出售應收帳款，取得營運資金
債權擔保	視廠商信用條件而異	保險有一定自付額，平均約20%	債權可轉讓100%	債權可轉讓100%

	銀行信用狀	輸出保險	應收帳款貼現（factoring）	出口信用狀買斷（forfaiting）
帳務管理	出口商自行負責	出口商自行負責	由應收帳款管理商向進口商催帳	買斷行向開狀行或進口商催帳
缺點	佔用買方在銀行的信用額度	手續辦理時間較長，使用率不高	成本較高	成本較高

精選試題

( ) **1** 有關「有追索權之應收帳款承購業務」其逾期放款之列報，下列何者正確？
(A)於帳款轉銷時將賣方資料填報聯徵中心建檔並予揭露供會員查詢
(B)於帳款轉銷時將買方資料填報聯徵中心建檔並予揭露供會員查詢
(C)於帳款轉銷時將承購商資料填報聯徵中心建檔並予揭露供會員查詢
(D)比照一般放款，於帳款逾期三個月，向聯徵中心列報為賣方之逾期放款。

( ) **2** 在雙承購商之應收帳款承購業務，有關買方之信用風險，係由下列何者承擔？
(A)EXPORT FACTOR
(B)IMPORT FACTOR
(C)國外徵信機構
(D)國際應收帳款業者協會。

( ) **3** FACTORING業務中有關預支價金，下列敘述何者錯誤？
(A)申請人應填具「預支價金申請書」
(B)買方應收帳款已辦妥轉讓手續，相關應徵提文件業已送達
(C)銀行須確認可動撥預支價金額度餘額後辦理
(D)預支價金之融資係由進口帳款承購商提供。

（　　）　**4** 有關辦理無追索權應收帳款承購業務時，逾期帳款處理之敘述，下列何者錯誤？
(A)銀行或承購商仍須將剩餘價款存入約定帳戶
(B)買方逾期未付款，不須通知申請人
(C)應催促合作之承購商處理催收事宜
(D)應催促合作之財務公司處理催收事宜。

（　　）　**5** 有關辦理FACTORING業務，下列敘述何者錯誤？
(A)銀行應對賣方定期或不定期寄發對帳單以核對帳務
(B)銀行對賣方預支價金額度及買方承購額度等，均應建檔控管
(C)對逾期繳息或到期後未收回帳款之案件，應專卷控管
(D)銀行辦理應收帳款承購業務非屬授信業務。

（　　）　**6** 依國際應收帳款承購統一規則之規定，出口應收帳款承購商最遲必須於接獲或發出商業糾紛通知起多少日內，向進口應收帳款承購商作出商業糾紛狀況及後續處理情形的回覆？　(A)10日　(B)30日　(C)60日　(D)90日。

（　　）　**7** 出、進口帳款承購間所簽訂之書面協議若與國際應收帳款承購統一規則（GRIF）互相牴觸時，下列敘述何者正確？　(A)書面協議優先於規則（GRIF）　(B)規則（GRIF）優先於書面協議　(C)由出口帳款承購商決定優先次序　(D)由進口帳款承購商決定優先次序。

（　　）　**8** 依國際應收帳款統一規則（GRIF）規定，屬無追索權之應收帳款承購，當買方因信用風險無法於應收帳款到期日全數付款時，銀行或合作承購商須於該筆帳款到期日後多久保證付款？　(A)180日　(B)90日　(C)60日　(D)30日。

（　　）　**9** 有關申請人於商業糾紛時買回應收帳款之作業，下列敘述何者正確？　(A)屬無追索權，申請人不須買回　(B)買回時僅須償還銀行預支之本金　(C)已支付之申請費不得請求返還　(D)已支付之管理費得請求返還。

（　　）　**10** 依國際應收帳款統一規則（GRIF）規定，同一買方之所有應收帳款，應轉讓給幾個FACTOR為原則？　(A)同一FACTOR　(B)二個FACTOR　(C)三個FACTOR　(D)無限制。

(　　) **11** 在辦理應收帳款承購業務時，逾期款項收回時，其利息之計收為何？

(A)僅計算至原應收帳款到期日

(B)於60天內收回，僅計算至原應收帳款到期日

(C)於90天內收回，利息不計

(D)於90天內收回，融資利息，仍應照常計算並向客戶收取。

解答與解析

1 (D)。有追索權之應收帳款是占用賣方的信用額度，故若帳款逾期三個月，應收帳款承購商將向聯徵中心列報為賣方之逾期放款。

2 (B)。雙承購商之應收帳款承購業務，是出口商將債權讓與給出口地應收帳款承購商後，出口地應收帳款承購商再轉讓給進口地應收帳款承購商。是故，買方之信用風險均由進口地應收帳款承購商（IMPORT FACTOR）負責。

3 (D)。預支價金之融資係由出口帳款承購商提供。

4 (B)。買方逾期未付款仍須通知申請人。

5 (D)。應收帳款承購業務是授信業務，銀行於承作前須對債務人進行徵信及信用評估。若是無追索權應收帳款，此授信佔買方信用額度；若是有追索權應收帳款，此授信佔賣方信用額度。

6 (C)。進口或出口應收帳款承購商在得知爭議發生時，應立即向對方發出爭議通知，出口應收帳款承購商應當在其收到通知之日起或發出通知之日起，60日內向進口應收帳款承購商提供有關爭議的進一步訊息。

7 (A)。進出口應收帳款承購之書面協議優先於國際應收帳款統一規則（GRIF）。

8 (B)。當進口商無法於應收帳款到期日全數付款時，無追索權之應收帳款承購商或合作銀行應於到期日90天內付款。

9 (C)。若買賣雙方發生商業糾紛，不論是否具追索權，應收帳款承購商都不負理賠責任。應收帳款賣方不得請求返還已繳納之申請費與管理費外，向銀行預支之本金尚需加計利息。

10 (A)。同一買方之所有應收帳款應轉讓給同一FACTOR為原則。

11 (D)。逾期款項於90天內收回時，融資利息仍應照常計算並向客戶收取。

第十二章 進出口外匯業務相關法規（節錄）

依據出題頻率區分，屬：**A** 頻率高

辦理進出口外匯業務時，須對業務職掌之法規熟稔，方能運用以助單位業務推動。除先前章節已將國際貿易中對應之法規納入外，另節錄進出口外匯業務相關之法規如下：

(一)管理外匯條例。（民國98年4月29日修正發布）

(二)臺灣地區與大陸地區金融業務往來及投資許可管理辦法。（民國100年9月7日修正發布）

(三)跟單信用證統一慣例（UCP600）。（西元2007年修正發布）

(四)電子信用狀統一慣例（eUCP）（版本2.0）。（西元2019年7月1日正式生效）

一、管理外匯條例

第3條 管理外匯之**行政主管機關為財政部**，掌理外匯**業務機關為中央銀行**。

第4條 管理外匯之**行政主管機關辦理左列事項：**

一、政府及公營事業外幣債權、債務之監督與管理；其與外國政府或國際組織有條約或協定者，從其條約或協定之規定。

二、國庫對外債務之保證、管理及其清償之稽催。

三、軍政機關進口外匯、匯出款項與借款之審核及發證。

四、與中央銀行或國際貿易主管機關有關外匯事項之聯繫及配合。

五、依本條例規定，應處罰鍰之裁決及執行。

六、其他有關外匯行政事項。

第5條 **掌理外匯業務機關辦理左列事項：**

一、外匯調度及收支計畫之擬訂。

二、指定銀行辦理外匯業務，並督導之。

三、調節外匯供需，以維持有秩序之外匯市場。

法規一點靈

管理外匯條例

四、民間對外匯出、匯入款項之審核。

五、民營事業國外借款經指定銀行之保證、管理及清償稽、催之監督。

六、外國貨幣、票據及有價證券之買賣。

七、外匯收支之核算、統計、分析及報告。

八、其他有關外匯業務事項。

第13條 左列各款所需支付之外匯，得自第七條規定之存入外匯自行提用或透過指定銀行在外匯市場購入或向中央銀行或其指定銀行結購；其辦法由財政部會同中央銀行定之：

一、核准進口貨品價款及費用。

二、航運業、保險業與其他各業人民，基於交易行為或勞務所需支付之費用及款項。

三、前往國外留學、考察、旅行、就醫、探親、應聘及接洽業務費用。

四、服務於中華民國境內中國機關及企業之本國人或外國人，贍養其在國外家屬費用。

五、外國人及華僑在中國投資之本息及淨利。

六、經政府核准國外借款之本息及保證費用。

七、外國人及華僑與本國企業技術合作之報酬金。

八、經政府核准向國外投資或貸款。

九、其他必要費用及款項。

第14條 不屬於第七條第一項各款規定，應存入或結售中央銀行或其指定銀行之外匯，為自備外匯，得由持有人申請為前條第一款至第四款、第六款及第七款之用途。

第15條 左列國外輸入貨品，**應向財政部申請核明免結匯報運進口：**

一、**國外援助物資。**

二、**政府以國外貸款購入之貨品。**

三、**學校及教育、研究、訓練機關接受國外捐贈，供教學或研究用途之貨品。**

四、**慈善機關、團體接受國外捐贈供救濟用途之貨品。**

五、<u>出入國境之旅客及在交通工具服務之人員，隨身攜帶行李或自</u>
<u>用貨品</u>。

第 18 條　中央銀行應將外匯之買賣、結存、結欠及對外保證責任額，按期彙
報財政部。

二、臺灣地區與大陸地區金融業務往來及投資許可管理辦法

第一章　總則

第 2 條　本辦法所稱主管機關為**行政院金融監督管理委員會**。

第 8 條　**大陸地區商業銀行或陸資銀行在臺灣地區設立代表人**
辦事處、分行或參股投資臺灣地區金融機構，應依本
辦法報經主管機關許可，並另依本條例規定，向經濟
部申請許可。
大陸地區商業銀行或陸資銀行在臺灣地區設立之分
行，得與大陸地區及臺灣地區之人民、法人、團體、
其他機構或其分支機構從事業務往來。

法規一點靈

臺灣地區與
大陸地區金
融業務往來
及投資許可
管理辦法

第二章　業務往來

第 11 條　臺灣地區銀行經主管機關許可者，其在第三地區設立之分支機構及
國際金融業務分行，得與大陸地區人民、法人、團體、其他機構及
其在大陸地區以外國家或地區設立之分支機構為業務往來，其範圍
如下：

一、第三地區分支機構：所在地金融主管機關核定之業務。但該業
務不符臺灣地區金融法令規定者，應先經主管機關許可。

二、國際金融業務分行：依國際金融業務條例規定得經營之業務。
前項業務往來對象已取得臺灣地區居留資格或登記證照者，比
照與臺灣地區人民、法人、團體及其他機構往來。

第 13 條　臺灣地區經中央銀行**指定辦理外匯業務之銀行（以下簡稱指定銀**
行）及中華郵政股份有限公司經主管機關許可，得與大陸地區人
民、法人、團體、其他機構及其在大陸地區以外國家或地區設立之
分支機構為外匯業務往來；其範圍比照指定銀行得辦理外匯業務之

範圍，並應依中央銀行相關規定辦理。但匯出及匯入款業務不包括未經許可之直接投資、有價證券投資匯款及其他未經法令許可事項為目的之匯出及匯入款。

前項業務往來對象已取得臺灣地區居留資格或登記證照者，比照與臺灣地區人民、法人、團體及其他機構往來。

第14條 **第十一條及前條規定之業務，其使用之幣別，除主管機關另有規定外，以臺灣地區與大陸地區以外之第三地區發行之貨幣為限。**

第18條 依本辦法規定為業務往來之臺灣地區金融機構，應每月將辦理情形彙報總機構轉報主管機關及中央銀行備查。

第三章　赴大陸地區設立分支機構及參股投資
第一節　代表人辦事處

第22條 **臺灣地區銀行經主管機關許可後，始得向大陸地區提出申請設立代表人辦事處。** 變更預定代表人時，應檢附變更後之代表人符合前條第二項規定之證明文件，報主管機關許可；變更預定代表人辦事處所在地，應檢附相關資料報主管機關備查。

臺灣地區銀行應於大陸地區金融主管機關許可後，立即通報主管機關，並於代表人辦事處設立前，檢附下列資料報主管機關備查：
一、大陸地區金融主管機關之核准函。
二、預定設立日期及詳細地址。
三、代表人姓名。
大陸地區代表人辦事處設立後，臺灣地區銀行應依下列規定辦理：
一、代表人辦事處發生重大偶發或舞弊事件，應依主管機關規定處理及通報。
二、於主管機關指定之資訊申報系統填報代表人辦事處相關資料，如有異動應確實更新。
三、代表人變更前，應檢具變更後之代表人符合前條第2項規定之證明文件，報主管機關許可。
四、代表人辦事處設立地點變更，應事先報主管機關備查。
臺灣地區銀行裁撤其大陸地區代表人辦事處，應報經主管機關許可後，始得向大陸地區提出申請，並應於大陸地區金融主管機關

許可後，立即通報主管機關。代表人辦事處裁撤前，臺灣地區銀行應檢附大陸地區金融主管機關核准函及預定裁撤日期，報主管機關備查。

第**23**條 臺灣地區母公司經主管機關許可後，其第三地區子銀行始得向大陸地區提出申請設立代表人辦事處，其申請經大陸地區金融主管機關許可後，臺灣地區母公司應立即通報主管機關。代表人辦事處裁撤時，亦同。

第**24**條 大陸地區代表人辦事處得辦理之業務如下，並應符合大陸地區法規之規定：
一、從事金融相關商情之調查。
二、從事金融相關資訊之蒐集。
三、其他相關聯絡事宜。

第二節　分行及子銀行
第二款　子銀行

第**44**條 大陸地區子銀行或其分行、支行有下列情事之一者，臺灣地區銀行應即檢具事由及相關資料，向主管機關申報：
一、營業項目或重大營運政策變更。
二、資本額變動致臺灣地區銀行原持有股份比率變動。
三、重大之轉投資。
四、營業地址變動。
五、發生重整、清算或破產之情事。
六、配合當地法規與商業習慣辦理之各項業務，有不符臺灣地區金融法令規定情事。
七、已發生或可預見之重大虧損案件。
八、重大違規案件或大陸地區金融主管機關撤銷或廢止其營業許可。
九、發生重大偶發或舞弊事件。
十、依大陸地區金融法規向當地相關主管機關報告事項。
十一、其他重大事件。
前項第一款至第六款規定情事，臺灣地區銀行應於事前向主管機關申報。

第四章　來臺設立分支機構及參股投資
第一節　代表人辦事處

第57條 **大陸地區商業銀行或陸資銀行具備下列各款條件者，得向主管機關申請許可在臺灣地區設立代表人辦事處：**

一、守法、健全經營，且申請前三年內無重大違規情事。

二、申請前一年度於全世界銀行資本或資產排名前一千名以內。

三、信用卓著且財務健全，並經登記地金融主管機關同意前來臺灣地區設立代表人辦事處。

四、已在OECD之會員國家設立分支機構並經營業務二年以上。

單一大陸地區商業銀行或陸資銀行在臺灣地區設立代表人辦事處，以一處為限。

第59條 大陸地區商業銀行或陸資銀行應於主管機關許可設立代表人辦事處之日起六個月內，依本條例向經濟部申請許可，並於設立日前檢具經濟部許可文件影本，將預定設立日期及地址函報主管機關及經濟部備查。屆時未完成者，主管機關得廢止其許可。

代表人辦事處設立完成後，應即通知主管機關，並依下列規定辦理：

一、代表人辦事處發生重大偶發或舞弊事件，應依主管機關規定處理及通報。

二、於主管機關指定之資訊申報系統填報代表人辦事處相關資料，如有異動應確實更新。

三、代表人變更前，應檢具變更後之代表人符合前條第二項規定之證明文件，報主管機關許可。

四、**變更代表人辦事處設立地點或裁撤代表人辦事處前，應報主管機關許可。**

第61條 **大陸地區商業銀行或陸資銀行在臺灣地區設立代表人辦事處，除主管機關另有規定外，僅得從事金融相關資訊之蒐集、聯絡、商情調查等非營業性活動。**

大陸地區商業銀行或陸資銀行在臺灣地區代表人辦事處違反前項規定者，主管機關得廢止其許可。

第二節　分行

第62條　大陸地區商業銀行或陸資銀行具備下列各款條件者,得向主管機關申請許可在臺灣地區設立分行:

一、守法、健全經營,且申請前五年內無重大違規情事。

二、申請前一年度於全世界銀行資本或資產排名前二百名以內。

三、在臺灣地區設立代表人辦事處二年以上,且無違規紀錄。但臺灣地區與大陸地區相關之經濟合作協議另有約定者,從其約定。

四、從事國際性銀行業務,財務健全並符合主管機關規定之財務比率。

五、擬指派擔任之分行經理人應具備金融專業知識及從事國際性銀行業務之經驗,並符合臺灣地區銀行負責人應具備資格條件規定。

六、已在OECD之會員國家設立分支機構並經營業務五年以上。

七、無其他事實顯示有礙銀行健全經營業務之虞。

第64條　大陸地區商業銀行或陸資銀行應於許可設立分行之日起六個月內完成下列程序:

一、匯入專撥營業資金。

二、檢送分行營業許可事項表,向主管機關申請核定分行營業許可事項。

三、依本條例規定向經濟部申請分公司設立許可及辦理分公司登記,並取得核准函及驗資證明文件。

四、原設有代表人辦事處者,應裁撤之。

前項所定期限,如有特殊事由,得申請延長,並以一次為限。屆期未完成者,主管機關得廢止其許可。

第66條　大陸地區商業銀行或陸資銀行在臺灣地區分行(以下簡稱大陸銀行分行)得申請經營之業務項目,以銀行法規定商業銀行得經營之業務且經主管機關核定者為限,並於營業執照上載明後始可辦理。

大陸銀行分行辦理收受自然人新臺幣存款業務,以每筆新臺幣三百萬元以上之新臺幣定期存款業務為限。

大陸銀行分行申請經營之業務項目,其涉及外匯業務者,並應經中央銀行許可。

第67條　大陸銀行分行應專撥最低營業資金新臺幣二億五千萬元。

前項專撥營業資金，非經主管機關許可，不得匯出；大陸地區商業銀行或陸資銀行擬增加匯入專撥營業資金，應事先報經主管機關許可。

第68條　大陸銀行分行之淨值，不得低於主管機關規定最低專撥營業資金之三分之二，不足者，其在臺灣地區之訴訟及非訴訟代理人應即申報主管機關。

主管機關對具有前項情形之大陸地區銀行或陸資銀行，得令其限期匯入補足專撥營業資金；屆期未補足者，主管機關得令其停止業務並依銀行法為其他必要之處置。

三、跟單信用證統一慣例（UCP600）

（Uniform Customsand Practice for Documentary Credits，簡稱UCP）

UCP600中內含審查單據之標準，請見第三章信用狀內容與審核，本章不重複敘述。

第1條　**統一慣例的適用範圍**

跟單信用證統一慣例，2007年修訂本，國際商會第600號出版物，適用於所有在正文中標明按本慣例辦理的跟單信用證（包括本慣例適用範圍內的備用信用證）。除非信用證中另有規定，本慣例對一切有關當事人均具有約束力。

第3條　**釋義**

就本慣例而言：

a. 在適用的條款中，辭彙的單複數同義。

b. 信用證是不可撤銷的，即使信用證中對此未作指示也是如此。

c. 單據可以通過手簽、簽樣印製、穿孔簽字、蓋章、符號表示的方式簽署，也可以通過其它任何機械或電子證實的方法簽署。

d. 當信用證含有要求使單據合法、簽證、證實或對單據有類似要求的條件時，這些條件可由在單據上簽字、標註、蓋章或標籤來滿足，只要單據表面已滿足上述條件即可。

e. 諸如「第一流」、「著名」、「合格」、「獨立」、「正式」、「有資格」、「當地」等用語用於描述單據出單人的身份時，單據的出單人可以是除受益人以外的任何人。

　　f. 除非確需在單據中使用，銀行對諸如「迅速」、「立即」、「儘快」之類詞語將不予置理。

　　g. **「於或約於」或類似措辭將被理解為一項約定，按此約定，某項事件將在所述日期前後各五天內發生，起訖日均包括在內。**

第6條　**有效性、有效期限及提示地點**

　　a. 信用證必須規定可以有效使用信用證的銀行，或者信用證是否對任何銀行均為有效。對於被指定銀行有效的信用證同樣也對開證行有效。

　　b. 信用證必須規定它是否適用於即期付款、延期付款、承兌抑或議付。

　　c. **不得開立包含有以申請人為匯票付款人條款的信用證。**

　　d. i. 信用證必須規定提示單據的有效期限。規定用於兌付或者議付的有效期限，將被認為是提示單據的有效期限。

　　　ii. 可以有效使用信用證的銀行所在的地點是提示單據的地點。對任何銀行均為有效的信用證項下單據提示的地點是任何銀行所在的地點。不同於開證行地點的提示單據的地點是開證行地點之外提交單據的地點。

　　e. **除非如29(a)中規定，由受益人或代表受益人提示的單據必須在到期日當日或在此之前提交。**

第8條　**保兌行的承諾**

　　a. 倘若規定的單據被提交至保兌行或者任何其他被指定銀行並構成相符提示，保兌行必須：

　　i. 兌付，如果信用證適用於：

　　　(a) 由保兌行即期付款、延期付款或者承兌。

　　　(b) 由另一家被指定銀行即期付款而該被指定銀行未予付款。

　　　(c) 由另一家被指定銀行延期付款而該被指定銀行未承擔其延期付款承諾，或者雖已承擔延期付款承諾但到期未予付款。

　　　(d) 由另一家被指定銀行承兌而該被指定銀行未予承兌以其為付款人的匯票，或者雖已承兌以其為付款人的匯票但到期未予付款。

　　　(e) 由另一家被指定銀行議付而該被指定銀行未予議付。

　　ii. 若信用證由保兌行議付，無追索權地議付。

b. 自為信用證加具保兌之時起，保兌行即不可撤銷地受到兌付或者議付責任的約束。

c. 保兌行保證向對於相符提示已經予以兌付或者議付並將單據寄往開證行的另一家被指定銀行進行償付。無論另一家被指定銀行是否於到期日前已經對相符提示予以預付或者購買，對於承兌或延期付款信用證項下相符提示的金額的償付於到期日進行。保兌行償付另一家被指定銀行的承諾獨立於保兌行對於受益人的承諾。

d. 如開證行授權或要求另一家銀行對信用證加具保兌，而該銀行不準備照辦時，它必須不延誤地告知開證行並仍可通知此份未經加具保兌的信用證。

第 9 條　信用證及其修改的通知

a. 信用證及其任何修改可以經由通知行通知給受益人。非保兌行的通知行通知信用及修改時不承擔承付或議付的責任。

b. 通知行通知信用證或修改的行為表示其已確信信用證或修改的表面真實性，而且其通知準確地反映了其收到的信用證或修改的條款。

c. 通知行可以通過另一銀行（第二通知行）向受益人通知信用證及修改。第二通知行通知信用證或修改的行為表明其已確信收到的通知的表面真實性，並且其通知準確地反映了收到的信用證或修改的條款。

d. 經由通知行或第二通知行通知信用證的銀行必須經由同一銀行通知其後的任何修改。

e. 如一銀行被要求通知信用證或修改但其決定不通知，則應毫不延誤地告知自其處收到信用證、修改或通知的銀行。

f. 如一銀行被要求通知信用證或修改但其不能確信信用證、修改或通知的表面真實性，則應毫不延誤地通知看似從其收到指示的銀行如果通知行或第二通知行決定仍然通知信用證或修改，則應告知受益人或第二通知行其不能確信信用證、修改或通知的表面真實性。

第13條 **銀行間償付約定**

　　a. 如果信用證規定被指定銀行（「索償行」）須通過向另一方銀行（「償付行」）索償獲得償付，則信用證中必須聲明是否按照信用證開立日正在生效的國際商會《銀行間償付規則》辦理。

　　b. 如果信用證中未聲明是否按照國際商會《銀行間償付規則》辦理，則適用於下列條款：

　　　　i. 開證行必須向償付行提供償付授權書，該授權書須與信用證中聲明的有效性一致。償付授權書不應規定有效日期。

　　　　ii. 不應要求索償行向償付行提供證實單據與信用證條款及條件相符的證明。

　　　　iii. 如果償付行未能按照信用證的條款及條件在首次索償時即行償付，則開證行應對索償行的利息損失以及產生的費用負責。

　　　　iv. 償付行的費用應由開證行承擔。然而，如果費用系由受益人承擔，則開證行有責任在信用證和償付授權書中予以註明。如償付行的費用系由受益人承擔，則該費用應在償付時從支付索償行的金額中扣除。如果未發生償付，開證行仍有義務承擔償付行的費用。

　　c. 如果償付行未能於首次索償時即行償付，則開證行不能解除其自身的償付責任。

第14條 **單據審核標準**

　　a. 依指定行事的指定銀行、保兌銀行（如有時）及開狀銀行須審核提示，僅以單據本身為本，以決定其是否在單據表面呈現構成相符提示。

　　b. 依指定行事的指定銀行、保兌銀行（如有時）及開狀銀行當各有從提示次日起至多五個銀行營業日以決定提示是否相符。這期間不被縮短或其它受因發生在信用狀提示有效日之當天或之後或最後一日影響。

　　c. 如提示包含一份或多份依據第19、20、21、22、23、24或25條的正本運送單據則須由受益人或其代表人在不遲於本慣例中所描述的裝運日之後的21個日曆日內為之。

d. 單據中的資料，當在與信用狀內文，該單據本身及國際標準銀行實務解讀時，無須一致，但必須不抵觸，該單據中的資料，任何其他規定單據或信用狀。

e. 單據中除商業發票外，貨物的描述，服務或履約行為，如有時，得以不抵觸信用狀中的描述統稱之。

f. 如果信用狀要求提示單據於運送單據，保險單據或商業發票之外，未規定由誰簽發該單據或內涵資料，銀行將接受該已提示之單據如其內涵顯示履行所要求單據功能及其他符合第14-d條。

g. 已提示的單據非信用狀所要求者將被不予理會且得被退還給提示者。

h. 如信用狀包含某一條件未規定要單據以符合該條件，銀行將視該條件係未敘述且將不予理會。

i. 單據日期可以早於信用狀的簽發日但不得晚於提示日。

j. 當受益人和申請人的地址顯示在任何規定單據中時，它無須與信用狀中或任何其他規定單據中所敘述者相同，但必須與信用狀中提註的相關地址同在一國家。聯絡細節 （傳真、電話、電子郵箱及類似） 敘述為受益人和申請人地址的一部分時將被不予理會。然而，如果申請人的地址和聯絡細節顯示為依據第19、20、21、22、23條規定的運送單據上的收貨人或受通知方細節的一部分時，它們須與信用狀敘述相同。

k. 在任何單據中標明的託運人或發貨人無須為信用狀的受益人。

l. 運輸單據得由運送人，船東，船長或傭船人以外之任一方簽發前題為該運送單據符合第19、20、21、22、23或24條條規要求。

第15條 相符提示
a. 當開證行確定提示相符時，就必須予以兌付。

b. 當保兌行確定提示相符時，就必須予以兌付或議付並將單據寄往開證行。

c. 當被指定銀行確定提示相符並予以兌付或議付時，必須將單據寄往保兌行或開證行。

第**17**條　**正本單據及副本**

　　a. 信用狀中規定的每一種單據須至少提示一份正本。

　　b. 銀行應將任何單據註明顯見的單據簽發人的原始簽名，標記，印戳或標籤視為正本，除非單據它本身標明其非正本。

　　c. 除非單據本身另有標明，銀行也將接受如下視為正本的單據：

　　　　i. 顯示由單據簽發人的手寫，打字，穿孔或蓋章；或

　　　　ii. 顯示在單據上為簽發人的原始信紙；或

　　　　iii.敘述其為正本，除非該敘述顯示不適用已提示的單據。

　　d. 如信用狀要求提示單據的副本，提交正本或副本均允許。

　　e. 如信用狀要求提示複式單據而使用術語如「一式兩份」，「兩套」或「兩份」，則提示至少一份正本且其餘份數為副本即可被滿足，除當單據本身另有標明。

第**29**條　**截止日或最遲交單日的順延**

　　a. 如果信用證的截至日或最遲交單日適逢接受交單的銀行非因第三十六條所述原因而歇業，則截止日或最遲交單日，視何者適用，將順延至其重新開業的第一個銀行工作日。

　　b. 如果在順延後的第一個銀行工作日交單，指定銀行必須在其致開證行或保兌行的面涵中聲明交單是在根據第二十九條a款順延的期限內提交的。

　　c. 最遲發運日不因第二十九條a款規定的原因而順延。

第**30**條　**金額、數量與單價的增減幅度**

　　a. 「約」或「大約」用語信用證金額或信用證規定的數量或單價時，應解釋為允許有關金額或數量或單價有不超過10%的增減幅度。

　　b. 在信用證未以包裝單位件數或貨物自身件數的方式規定貨物數量時，貨物數量允許有5%的增減幅度，只要總支取金額不超過信用證金額。

　　c. 如果信用證規定了貨物數量，而該數量已全部發運，及如果信用證規定了單價，而該單價又未降低，或當第三十條b款不適用時，則即使不允許部分裝運，也允許支取的金額有5%的減幅。若信用證規定有特定的增減幅度或使用第三十條a款提到的用語限定數量，則該減幅不適用。

第31條 分批支款或分批裝運

a. 允許分批支款或分批裝運。

b. 表明使用同一運輸工具並經由同次航程運輸的數套運輸單據在同一次提交時，只要顯示相同目的地，將不視為部分發運，即使運輸單據上標明的發運日期不通或裝卸港、接管地或傳送地點不同。如果交單由數套運輸單據構成，其中最晚的一個發運日將被視為發運日。

含有一套或數套運輸單據的交單，如果表明在同一種運輸方式下經由數件運輸工具運輸，即使運輸工具在同一天出發運往同一目的地，仍將被視為部分發運。

c. 含有一份以上快遞收據、郵政收據或投郵證明的交單，如果單據看似由同一塊地或郵政機構在同一地點和日期加蓋印戳或簽字並且表明同一目的地，將不視為部分發運。

第34條 關於單據有效性的免責

銀行對任何單據的形式、充分性、準確性、內容真實性、虛假性或法律效力，或對單據中規定或添加的一般或特殊條件，概不負責；銀行對任何單據所代表的貨物、服務或其他履約行為的描述、數量、重量、品質、狀況、包裝、交付、價值或其存在與否，或對發貨人、承運人、貨運代理人、收貨人、貨物的保險人或其他任何人的誠信與否，作為或不作為、清償能力、履約或資信狀況，也概不負責。

第35條 關於訊息傳遞和翻譯的免責

當報文、信件或單據按照信用證的要求傳輸或傳送時，或當信用證未作指示，銀行自行選擇傳送服務時，銀行對報文傳輸或信件或單據的遞送過程中發生的延誤、中途遺失、殘缺或其他錯誤產生的後果，概不負責。

如果指定銀行確定交單相符並將單據發往開證行或保兌行。無論指定的銀行是否已經承付或議付，開證行或保兌行必須承付或議付，或償付指定銀行，即使單據在指定銀行送往開證行或保兌行的途中，或保兌行送往開證行的途中丟失。

銀行對技術術語的翻譯或解釋上的錯誤，不負責任，並可不加翻譯地傳送信用證條款。

第**37**條 **關於被指示方行為的免責**

  a. 為了執行申請人的指示，銀行利用其他銀行的服務，其費用和風險由申請人承擔。

  b. 即使銀行自行選擇了其他銀行，如果發出指示未被執行，開證行或通知行對此亦不負責。

  c. 指示另一銀行提供服務的銀行有責任負擔被執釋放因執行指示而發生的任何佣金、手續費、成本或開支（"費用"）。

    如果信用證規定費用由受益人負擔，而該費用未能收取或從信用證款項中扣除，開證行依然承擔支付此費用的責任。

    信用證或其修改不應規定向受益人的通知以通知行或第二通知行收到其費用為條件。

  d. 外國法律和慣例加諸於銀行的一切義務和責任，申請人應受其約束，並就此對銀行負補償之責。

四、電子信用狀統一慣例（eUCP）（版本2.0）

第**e1**條 **適用範圍**

  a. eUCP之訂定係為補充現行UCP條款有關電子單據單獨提示或併同書面單據提示之效力。

  b. 當信用狀表明受eUCP約束時，eUCP適用。

  c. 本版本是2.0版，信用狀必需載明其所適用eUCP之版本，如未載明，則將以信用狀發出日期時有效之版本為準；如果受益人接受的修改受到eUCP的約束，則以該修改之日為準。

  d. eUCP信用狀必須表明開狀銀行的實體位址。此外，信用狀還必須表明任何指定銀行的實體位址，以及保兌銀行（如有）的實體位址（如與指定銀行的不同），如開狀銀行開狀時已知悉該實體位址。如果信用狀中未表明任何指定銀行及/或保兌銀行的實體位址，則該銀行必須在不遲於通知或保兌信用狀之時向受益人表明其實體位址；或者，在信用狀可在任一銀行兌用的情況下，如另一家非通知銀行或保兌銀行的銀行願意按指定承付或議付，則在其同意按指定行事之時向受益人表明其實體位址。

第 e2 條　eUCP與UCP的關係

a. eUCP信用狀也受UCP約束，而無須將UCP明確納入信用狀。

b. 當eUCP適用時，如其與適用UCP產生不同結果，應以eUCP規定為准。

c. 如果eUCP信用狀允許受益人在提交書面單據或電子單據兩者之間進行選擇，而其選擇了只提交書面單據，則該筆交單僅適用UCP。如果eUCP信用狀只允許提交書面單據，則僅適用UCP。

第 e6 條　交單

a. i. eUCP信用狀必須註明提交電子單據的地點。

　　ii. 如eUCP信用狀要求或允許提交電子單據和書面單據，除必須註明提交電子單據的地點外，還必須註明提交書面單據的地點。

b. 電子單據可以分別提交，並且無需同時提交。

c. i. 如一份或多份電子單據被單獨提交或與書面單據混合提交，交單人有責任向指定銀行、保兌銀行（如有）或開狀銀行（如直接向開狀銀行交單）提供表明交單結束的通知。該結束通知的收到將作為交單已經完畢、並且交單的審核期限將開始的通知。

　　ii. 結束通知可以電子單據或書面單據方式做出，且必須註明其所關聯的eUCP信用狀。

　　iii. 如果未收到結束通知，將視為未曾交單。

　　iv. 指定銀行無論是否按指定行事，當其向保兌銀行或開狀銀行轉發或提供其獲取的電子單據時，無需發送結束通知。

d. i. 在eUCP信用狀下提交的每份電子單據必須註明其據以交單的eUCP信用狀。註明方式可以是在電子單據本身中、或是在所附加的或添加的中繼資料中、或是在隨附的交單面函中明確提及。

　　ii. 任何未如此註明的電子單據交單可被視為未曾收到。

e. i. 如果將接收交單的銀行在營業中，但在規定的截止日及/或最遲交單日（視何種情形適用），其系統不能接收傳來的電子單據，則視為歇業，截止日及/或最遲交單日應延展至銀行能夠接收電子單據的下一個銀行工作日。

　　 ii. 在此情況下，指定銀行必須在其面函中向保兌銀行（如有）
或開狀銀行聲明，電子單據是在根據第e6(e)(i)條順延的期限
內提交的。

　　 iii.如果尚待提交的電子單據只剩下結束通知，則可以用電訊方
式或書面單據提交，並被視為及時，只要其在該銀行能夠接
收電子單據之前發出。

　f. 不能被證實的電子單據將被視為未曾提交。

第e7條　審核

　a.i. 審單時限自指定銀行、保兌銀行或開狀銀行收到交單結束通
知後的下一個銀行工作日起算。

　　 ii. 如果交單時間或交單結束通知的時限根據第e 6(e)(i)條規定順
延，單據審核時限自接受交單的銀行在交單地點能夠接收結
束通知後的下一個銀行工作日起算。

　b.i. 如果電子單據包含一個外部系統的超級連結，或指明電子單據
可參照一外部系統審核，則超級連結中的或該外部系統中的電
子單據應被視為構成電子單據不可分割的一部分予以審核。

　　 ii. 在審核時，如該外部系統不能提供所需電子單據的讀取條
件，則構成瑕疵（第e7(d)(ii)條規定的情形除外）。

　c. 按指定行事的指定銀行、保兌銀行或開狀銀行無法審核eUCP信
用狀所要求格式的電子單據，或當未要求格式時，無法審核提交
的電子單據，這一情形不構成拒付的依據。

第e8條　拒付通知

如果按指定行事的指定銀行、保兌銀行（如有）或開狀銀行對包含
電子單據的交單發出了拒付通知，在發出拒付通知後30個日曆日內
未收到被通知方關於電子單據的處理指示，銀行應退還被通知方以
前尚未退還的任何書面單據，但可以其認為合適的任何方式處理電
子單據而不承擔任何責任。

第e9條　正本與副本

要求提供一份或多份電子單據正本或副本時，提交一份電子單據即
滿足要求。

第e10條　出具日期

電子單據必須表明其出具日期。

第e11條　運送

若電子單據未指明運送或發送日期，則該電子單據之發出日期將被視為運送或發送日。如電子單據有註記指明運送或發送日期時，則發出該附加條款或註解的日期將被視為運送或發送日期。於附加條款或註解中所顯示的額外訊息並不需要經簽名及核押。

第e12條　電子單據資料損壞

a. 若一電子單據為開狀銀行、保兌銀行或其他指示銀行收受時已毀損，則該等銀行得通知前手且得要求重新提示。

b. 如果銀行要求再次提交電子單據：

　i.　審核單據之期間已中止。且於重新提示時回復。

　ii.　若指定銀行並非保兌銀行，則應通知開狀銀行及任何保兌銀行其重新提示之請求且通知期之中止。

　iii.但若同一電子單據在三十日內未被重新提示，銀行得視為該電子單據未提示。

第e13條　責任豁免

a. 除通過使用資料處理系統接收、證實和識別電子單據即可發現者外，銀行審核電子單據的表面真實性的行為並不使其對發送人身份、資訊來源、完整性或未被更改性承擔責任。

b. 銀行對除其自身之外的資料處理系統無法運行所產生的後果概不負責。

第e14條　不可抗力

對由於天災、暴動、騷亂、叛亂、戰爭、恐怖主義行為、網路攻擊、或任何罷工、停工或包括設備、軟體或通訊網路故障等任何其他的銀行無法控制的原因導致的營業中斷的後果，包括但不限於無法訪問資料處理系統，或者設備、軟體或通訊網路故障，銀行概不負責。

精選試題

( )　**1** 臺灣地區銀行擬裁撤大陸地區代表人辦事處，下列敘述何者正確？　(A)直接裁撤無須經任何手續　(B)應報經我國主管機關核准後，始可向大陸地區提出申請　(C)事後報大陸地區之主管機關備查即可　(D)事後報我國之主管機關備查即可。

( )　**2** 依管理外匯條例規定，下列何者為掌理外匯業務機關？　(A)財政部　(B)中央銀行　(C)經建會　(D)行政院金融監督管理委員會。

( )　**3** 下列何者得經主管機關許可辦理與大陸地區金融業務往來？(A)信用合作社　(B)農會信用部　(C)漁會信用部　(D)中華郵政股份有限公司。

( )　**4** 臺灣地區銀行在大陸地區設立代表人辦事處，得辦理下列何種業務？　(A)受理客戶存款　(B)辦理匯兌業務　(C)辦理授信業務(D)從事金融相關資訊之蒐集。

( )　**5** 依管理外匯條例規定，下列何者屬於中央銀行掌管事項？
(A)軍政機關進口外匯、匯出款項與借款之審核及發證
(B)國庫對外債務之保證、管理及清償之稽催
(C)外匯調度及其收支計劃之擬訂
(D)依管理外匯條例規定，應處罰鍰之裁決及執行。

( )　**6** 依eUCP 2.0之規定，審查單據之期間，自何時起算？
(A)自收到第一個電子紀錄之次一營業日
(B)自收到最後一個電子紀錄之次一營業日
(C)自收到受益人提示完成通知之日
(D)自收到受益人提示完成通知之營業日後之次一營業日。

( )　**7** 依據「臺灣地區與大陸地區金融業務往來及投資許可管理辦法」之規定辦理之業務，對其使用幣別之限制，下列敘述何者正確？
(A)無限制
(B)僅能使用新臺幣
(C)僅能使用人民幣
(D)除主管機關另有規定外，以臺灣地區及大陸地區以外之貨幣為限。

（　）　**8** 依eUCP 2.0之規定，有關電子記錄提示後之毀損，下列敘述何者錯誤？

(A)銀行不得請求重行提示

(B)要求重行提示時，審查時間暫時中止，並於提示人重行提示電子記錄時恢復

(C)如相同之電子記錄未於30個曆日內重行提示，視為未提示

(D)任何截止期限不予展延。

解答與解析

1 (B)。據臺灣地區與大陸地區金融業務往來及投資許可管理辦法第59條，臺灣地區銀行裁撤大陸地區代表人辦事處應報經我國主管機關核准後，始可向大陸地區提出申請。

2 (B)。掌理外匯業務機關為中央銀行，掌理外匯行政機關為財政部。

3 (D)。根據臺灣地區與大陸地區金融業務往來及投資許可管理辦法第13條，臺灣地區經中央銀行指定辦理外匯業務之銀行（以下簡稱指定銀行）及中華郵政股份有限公司經主管機關許可，得與大陸地區人民、法人、團體、其他機構及其在大陸地區以外國家或地區設立之分支機構為外匯業務往來。

4 (D)。根據臺灣地區與大陸地區金融業務往來及投資許可管理辦法第24條，大陸地區代表人辦事處得辦理

之業務如下：一、從事金融相關商情之調查。二、從事金融相關資訊之蒐集。三、其他相關聯絡事宜。

5 (C)。僅(C)為外匯業務機關（中央銀行）掌管事項，其餘為外匯行政機關（財政部）掌管事項。

6 (D)。根據eUCP 2.0第7條，審查單據之期間自收到受益人提示完成通知之營業日後之次一營業日起算。

7 (D)。根據臺灣地區與大陸地區金融業務往來及投資許可管理辦法第14條，使用幣別除主管機關另有規定外，以臺灣地區與大陸地區以外之第三地區發行之貨幣為限。

8 (A)。根據eUCP 2.0第12條，若一電子單據為開狀銀行、保兌銀行或其他指示銀行收受時已毀損，則該等銀行得通知前手且得要求重新提示。

第37屆 初階外匯人員專業能力測驗

一 國外匯兌

( ) 1 台灣外匯業務經營採下列何種制度？ (A)申報制 (B)登記制 (C)報備制 (D)許可制。

( ) 2 依資金之流向區分，下列何者屬匯出匯款性質？ (A)光票託收 (B)旅行支票收兌 (C)結購外匯存款 (D)光票買入。

( ) 3 匯出匯款至下列何國家，不得經由美系銀行清算或轉匯，以免資金遭凍結？ (A)印尼 (B)北韓 (C)泰國 (D)菲律賓。

( ) 4 匯款行簽發以存匯銀行付款行之匯票，並將匯票交由匯款申請人逕寄受款人之匯款方式，稱之為何？ (A)電匯 (B)信匯 (C)票匯 (D)聯行通匯。

( ) 5 A銀行總行自其美元帳戶匯付資金予B銀行總行，應使用下列何種SWIFT電文？ (A)MT103 (B)MT110 (C)MT202 (D)MT400。

( ) 6 銀行受理對大陸地區匯出匯款案件，其經許可對大陸地區證券投資之匯款人，不包括下列何者？ (A)證券投資信託事業 (B)證券投資顧問事業 (C)證券商 (D)自然人。

( ) 7 下列何者為MT202電文格式中之欄位而MT103沒有？ (A)50欄（匯款人） (B)58欄（受款銀行） (C)59欄（受款人） (D)71欄（費用明細）。

( ) 8 紐約銀行公會的交換系統CHIPS其UID NO.為六碼(CHIPS附屬會員)，SWIFT以下列何者表示？ (A)//CP XXXXXX (B)//CH XXXXXX (C)//FW XXXXXX (D)//SC XXXXXX。

（　）　**9** 依「銀行業辦理外匯業務管理辦法」規定，有關承作自然人匯款人民幣至大陸地區業務，下列敘述何者錯誤？　(A)對象限領有中華民國國民身分證之個人　(B)應透過人民幣清算行或代理行為之　(C)匯款性質應屬經常項目　(D)每人每日匯款之金額不得逾新臺幣八萬元。

（　）　**10** 匯出匯款以匯款行之通匯行為解款行，分別發送二通電文MT103及MT202COV。其中MT202COV係發送予下列何者？　(A)解款行　(B)通匯行　(C)存匯行　(D)受款人設帳銀行。

（　）　**11** SWIFT電文結尾"PDE"代表下列何種意義？　(A)訊息延遲　(B)訊息可能不全　(C)請扣收費用　(D)避免重複。

（　）　**12** 客戶欲將一萬美元之國外匯入匯款結售為新臺幣，其金額為多少元？（不考慮銀行手續費，當日美金牌告－即期買入匯率28.25，即期賣出匯率28.35，現鈔買入匯率27.9，現鈔賣出匯率28.57）　(A)279,000元　(B)282,500元　(C)283,500元　(D)285,700元。

（　）　**13** 匯入匯款解付時，在下列何種情況下應掣發匯入匯款買匯水單？　(A)結售為新臺幣　(B)存入外匯存款　(C)匯入匯款再匯出　(D)償還外幣貸款。

（　）　**14** 解款行處理匯入匯款退匯之方式，下列敘述何者正確？　(A)匯款金額逾美金10萬元者不得辦理退匯　(B)應向匯款行收取逾期息　(C)請匯款行與受款人自行處理　(D)視匯入款之解付狀況予以處理。

（　）　**15** 解款行於109年04月22日收到匯款行之付款委託電文MT103，其中32欄位註記"200415USD5000,"，應依下列何者方式辦理？
(A)洽請匯款行修改指定解款日
(B)已逾期，不得辦理解款並應退匯
(C)應先查明109年04月15日以後是否已繕製匯款通知書，避免重覆付款
(D)解款行須支付109年04月15日至解款日的中間利息予受款人。

( ) **16** 下列何者得視為信匯之付款委託書？
(A)CABLE CONFIRMATION
(B)ADVICE OF CHECK ISSUED
(C)DUPLICATE PAYMENT INSTRUCTION
(D)PAYMENT ORDER。

( ) **17** 解匯行在辦理匯票解付時應查核之事項，下列何者錯誤？ (A)是否逾期提示 (B)匯票是否止付 (C)受款人是否背書 (D)核對押碼是否相符。

( ) **18** SWIFT MT103之電文中，倘71A欄DETAILS OF CHARGES留空未填，則依SWIFT使用者手冊規定，匯款費用如何處理？(A)受款人負擔 (B)匯款人負擔 (C)設帳行負擔 (D)須填列費用負擔之一方，不得留空。

( ) **19** 外國觀光客申請收兌旅行支票時，下列哪一項是正確的收兌程序？ (A)依一般之旅行支票收兌程序辦理，但不超過銀行規定之金額上限 (B)只要符合一般之旅行支票收兌程序，即照申請金額收兌 (C)在銀行所規定之最高收兌金額範圍內，不須申請人當面副署 (D)只要確認申請人副署簽名與支票上購買人簽名相符。

( ) **20** 有關外幣現鈔的賣出匯價較旅行支票高之理由，下列何者錯誤？
(A)外幣現鈔進口時銀行要負擔運費及保險費 (B)銀行有庫存積壓資金成本 (C)外幣現鈔的結匯手續較繁複 (D)銀行需承受匯率波動的風險。

( ) **21** 有關旅行支票之敘述，下列何者錯誤？ (A)銀行就代售之旅行支票負兌回票款之義務 (B)旅行支票之代售銀行未必是旅行支票付款人 (C)旅行支票之債務人係其發行機構 (D)本國銀行尚未發行外幣旅行支票。

( ) **22** 於2020年12月2日受理託收一張國外之銀行本票，其票面未記載提示期限，下列何種發票日記載方式仍在有效提示期限內？
(A)9-2-2020 LONDON (B)11-3-2020 LONDON (C)5-10-2020 NEW YORK (D)6-12-2020 NEW YORK。

(　　) **23** 有關光票之定義，下列敘述何者錯誤？　(A)無跟單的票據 (B)是指美金的票據　(C)沒有任何條件及文件的票據　(D)付款地 在國外的票據。

(　　) **24** 辦理光票(CLEAN BILL)業務之票據，不包括下列何者？　(A)旅 行支票　(B)日本郵政匯票　(C)美國銀行簽發的銀行支票　(D)美 國公司簽發的私人支票。

(　　) **25** 美、加地區的國庫支票若有破損或過期，宜以下列何種指示書 處理？
(A)CASH LETTER　　　　　　(B)COLLECTION LETTER
(C)CREDIT LETTER　　　　　　(D)CONFIRMING LETTER。

(　　) **26** 判斷光票票據提示過期與否，係以下列何者時間為準？　(A)票 據送達付款地之付款銀行時間　(B)代收銀行收到票據之時間 (C)票據持有人之提示時間　(D)票據持有人之背書時間。

(　　) **27** 外幣可轉讓定期存單發行期限最長為何？　(A)六個月　(B)一年 (C)二年　(D)三年。

(　　) **28** 有關客戶欲在DBU申請開立美元支票存款業務，下列敘述何者正 確？　(A)限臺灣銀行始得辦理　(B)須外匯活期存款六個月後辦 理　(C)外匯指定銀行皆可辦理　(D)一律不得辦理該項業務。

(　　) **29** 依中央銀行有關外匯存款之規定，下列敘述何者錯誤？
(A)各銀行可自訂外匯存款幣別及最低起存額
(B)金融機構受理開戶，應實施雙重身分證明文件查核
(C)其存款準備金得隨時存取並予計息
(D)質借外幣期限：最長不得超過外匯定存單的約定到期日。

(　　) **30** 依「銀行業辦理外匯業務管理辦法」規定，遠期外匯交易期限為 何？　(A)180天　(B)270天　(C)1年　(D)依實際外匯收支需要 為限。

(　　) **31** 廠商預購遠期外匯時，指定銀行於何時不須確認交易文件？ (A)訂約時　(B)交割時　(C)展延時　(D)議價時。

( ) **32** 申請人與銀行訂定30天期之遠期外匯預售匯率為28.0，金額100,000美元，交割90,000美元後違約，若結清日即期賣出匯率為28.2，即期買入匯率為28.1，則銀行得向客戶追償匯差損失新臺幣多少元？　(A)2,000元　(B)1,500元　(C)1,000元　(D)500元。

( ) **33** 依「銀行業辦理衍生性金融商品業務內部作業制度及程序管理辦法」規定，銀行向客戶提供結構型商品服務時，得否以存款名義為之？　(A)不得　(B)僅得對一般客戶為之　(C)僅得對專業機構投資人為之　(D)僅得對高淨值投資法人為之。

( ) **34** 銀行於發現顧客持兌之外國幣券係偽造時，依「偽造變造外國幣券處理辦法」規定，下列敘述何者錯誤？
(A)總值在二百美元以上者，立刻記明持兌人之真實姓名、職業及住址，並報請警察機關偵辦
(B)外籍旅客持兌偽造外國幣券者，亦適用本辦法
(C)經辦機構留存之偽造外國幣券，必要時核轉法務部調查局或國際刑警組織鑑查
(D)未達二百美元者，經辦機構當面予以蓋戳章作廢，並將原件交還顧客。

( ) **35** 依「外匯收支或交易申報辦法」規定，下列敘述何者錯誤？
(A)未領有外僑居留證之外國自然人，應憑護照或其他身分證明文件
(B)有事實足認有申報不實之虞者，中央銀行得向申報義務人查詢
(C)非居住民法人為非中華民國金融機構者，應自行辦理
(D)對大陸地區匯出匯款及匯入匯款之申報，準用本辦法規定。

( ) **36** 外匯收支或交易申報書申報不實時，申報義務人依管理外匯條例規定，應接受何種處罰？
(A)處一年以下有期徒刑、拘役或科或併科新臺幣十萬元以下罰金
(B)處新臺幣一萬元以上，二十萬元以下罰鍰
(C)處新臺幣三萬元以上，六十萬元以下罰鍰
(D)處三年以下有期徒刑、拘役或科或併科新臺幣二十萬元以下罰金。

（　　）**37** 依「銀行業辦理外匯業務管理辦法」規定，指定銀行辦理出口外匯業務、進口外匯業務等各項外匯業務之覆核人員，其資格條件為何？
(A)曾任經辦人員三個月以上
(B)限具有外匯業務執照
(C)應有外匯業務執照或三個月以上相關外匯業務經歷
(D)應有外匯業務執照或六個月以上相關外匯業務經歷。

（　　）**38** 依「外幣收兌處設置及管理辦法」規定，下列敘述何者正確？
(A)外幣收兌處辦理外幣收兌業務，每筆收兌金額以等值二萬美元為限
(B)便利商店具收兌外幣需要，得向中央銀行申請設置外幣收兌處
(C)外幣收兌處應於每月十五日前，向臺灣銀行列報上個月之收兌金額
(D)外幣收兌處相關之兌換水單及申報疑似洗錢紀錄等憑證須至少保存五年。

（　　）**39** 非居住民自然人以新臺幣結購十萬美元之匯出匯款，下列敘述何者錯誤？　(A)應憑護照親自辦理　(B)填寫申報書逕行辦理　(C)免填申報書　(D)銀行應掣發賣匯水單。

（　　）**40** 依「銀行業辦理外匯業務作業規範」規定，經中央銀行許可於機場設置之兌換點辦理每筆未逾等值多少元之買賣外幣現鈔，得向中央銀行報備簡化結匯及申報手續？　(A)5千美元　(B)1萬美元　(C)2萬美元　(D)10萬美元。

（　　）**41** 持護照之外國人以其在臺旅行剩餘之新臺幣結購外幣現鈔回國，銀行所掣發外匯水單上之匯款分類應為下列何者？　(A)觀光支出　(B)其他外國資金流出　(C)金融服務支出　(D)外人兌回外幣。

（　　）**42** 下列何種受款人之匯入匯款，不得結售為新臺幣？　(A)大陸來台人士　(B)外籍工作人員　(C)境外外國金融機構　(D)在台之外國公司。

(　) **43** 主管機關核准軍政機關進口外匯或匯出匯款時，所發給核准結匯
通知書之結匯期限為何？
(A)自發文日起一個月內有效
(B)自發文日起三個月內有效
(C)自發文日起六個月內有效
(D)自發文日起一年內有效。

(　) **44** 台灣某外商分公司接受國外母公司匯入之營運資金時，其匯入匯
款之申報性質應為下列何者？
(A)僑外股本投資　　　　　　(B)僑外貸款投資
(C)國外信託資金　　　　　　(D)其他外國資金之流入。

(　) **45** 申報義務人利用網際網路辦理新臺幣結匯申報，經查獲有申報不
實情形者，下列何者正確？
(A)日後不得辦理新臺幣結匯申報事宜
(B)俟補正後，始可辦理新臺幣結匯申報事宜
(C)日後辦理新臺幣結匯申報事宜，應至銀行櫃檯辦理
(D)須重新申請網際網路辦理新臺幣結匯申報後，始可辦理。

(　) **46** 下列何者匯出匯款之匯款分類性質不是695未有資金流動交易？
(A)同一銀行外匯活期存款轉定期存款
(B)同一銀行外匯定期存款轉活期存款
(C)同一銀行外匯定期存款到期展期續存
(D)同一銀行兌購外匯存入外匯存款。

(　) **47** 指定銀行受理個人赴大陸地區投資同一事業投資金額在二十萬美
元（含）以下之匯款，下列敘述何者正確？
(A)需檢附經濟部核准直接投資文件，亦需計入每年累積結匯金額
(B)無需檢附經濟部核准直接投資文件，但需計入每年累積結匯
金額
(C)需檢附經濟部核准直接投資文件，但無需計入每年累積結匯
金額
(D)無需檢附經濟部核准直接投資文件，亦無需計入每年累積結
匯金額。

（　）**48** 指定銀行辦理非居住民投資國內證券80萬美元結售案件，下列敘述何者正確？

(A)應附主管機關核准文件但不記錄其當年累積結匯金額

(B)應附主管機關核准文件並應記錄其當年累積結匯金額

(C)得免附主管機關核准文件但應記錄其當年累積結匯金額

(D)得免附主管機關核准文件且不記錄其當年累積結匯金額。

（　）**49** 指定銀行受理客戶即期、遠期大額結匯交易，應將相關資料傳送中央銀行外匯資料處理系統，對於相關作業規定，下列敘述何者錯誤？

(A)受理公司、有限合夥、行號等值100萬美元以上（不含跟單方式進、出口貨品結匯）之結購、結售外匯，應於訂約日立即傳送

(B)受理個人、團體等值50萬美元以上即期外匯交易，應於訂約日立即傳送

(C)受理顧客等值100萬美元以上新臺幣與外幣間遠期外匯交易，應於訂約日立即傳送

(D)本國銀行就其海外分行經主管機關核准受理境外金融機構之無本金交割新臺幣遠期外匯交易達等值100萬美元以上時，應於訂約日之次營業日中午十二時前傳送。

（　）**50** 居民國外購料委託國外加工，且貨品未經我國進口通關的貨款支出，其匯出匯款項目為何？

(A)70A付款人已自行辦理進口通關的貨款

(B)701尚未進口之預付貨款

(C)710委外加工貿易支出

(D)720國外訂貨但由境內供貨貨款。

解答與解析 （答案標示為#者，表官方曾公告更正該題答案。）

1 (D)。銀行業辦理外匯業務管理辦法第6條，銀行業有關外匯業務之經營，除本辦法或本行另有規定者外，應向本行申請許可，並經發給指定證書或許可函後，始得辦理。

2 (C)。客戶結購外匯存款是為了要支付進口貨款，因此為匯出匯款性質。

3 (B)。匯款至敘利亞、北韓、伊朗等遭美國經濟制裁的國家時，應避免經由美系銀行清算或轉匯，避免資金遭凍結。

4 (C)。票匯係簽發以匯款行之存匯行或通匯行為付款行之匯款支票，由匯款人逕寄受款人。

5 (C)。MT202：供銀行與銀行間匯款之用。

6 (D)。銀行受理對大陸地區匯出匯款案件，其經許可對大陸地區證券投資之匯人不包括自然人。

7 (B)。MT202電文中有58欄位（受款銀行），而MT103沒有。

8 (B)。NEW YORK銀行公會交換系統ABA NO.XXXX在電文上以//CPXXXX表示。

9 (D)。人民幣八萬。

10 (C)。匯款銀行直接發MT103電報給解款銀行，另外再發一封MT202電報給匯款行之存匯行→完成匯款程序。

11 (D)。Possible Duplicate Emission（PDE）代表可能重複發出電文，因此應避免重複。

12 (B)。匯入匯款結售為新臺幣，代表即期買入新臺幣，適用即期買入匯率28.25，因此兌換為新臺幣282,500元（10,000×28.25）。

13 (A)。掣發單證：匯入款項結售為新臺幣者，應掣發買匯水單；其未結售為新臺幣者，應掣發其他交易憑證。

14 (D)。解款行處理匯入匯款退匯之方式，視匯入款之解付狀況予以處理。

15 (C)。因Value Date（04/15）比通知日（04/22）早數日，故應先查明109年04月15日以後是否已繕製匯款通知書，避免重覆付款。

16 (D)。付款委託書英文為DEMAND DRAFT。

17 (D)。匯票沒有電子押碼。

18 (D)。依SWIFT使用者手冊規定，須填列費用負擔之一方，不得留空。

19 (A)。外國觀光客申請收兌旅行支票時，應依一般之旅行支票收兌程序辦理，但不超過銀行規定之金額上限。

20 (C)。外幣現鈔進口時銀行要負擔運費及保險費、銀行有庫存積壓資金成本、銀行需承受匯率波動的風

險，是外幣現鈔的賣出匯價較旅行
支票高之理由。

21 (A)。旅行支票之代售銀行未必是
旅行支票付款人，因此不一定負兌
回票款之義務。

22 (D)。英國是日／月／年，因此
(A)9-2-2020 LONDON是2020年2月
9日開立的；
美國則是月／日／年，因此(C)5-
10-2020 NEW YORK是2020年5
月10日開立的；因此僅6-12-2020
NEW YORK在有效提示期限內。

23 (B)。光票所載付款貨幣不侷限於
美金。

24 (B)。日本郵政匯票僅得在該國流
通，臺灣銀行不宜受理。

25 (B)。美、加地區的國庫支票，政
府為保有追索權規定，故只以Cash
Letter方式代收，惟破損或過期者
可用Collection Letter方式處理。

26 (A)。判斷光票票據提示過期與
否，係以票據送達付款地之付款銀
行時間為準。

27 (B)。外幣可轉讓定期存單發行期
限最長為一年。

28 (D)。DBU不得以支票存款的方
式辦理外匯存款；OBU得辦理外
幣支票存款業務。

29 (C)。指定銀行實際繳存之外匯存
款準備金，得隨時存取，但不予計息。

30 (D)。遠期外匯交易依實際外匯收
支需要為限。

31 (D)。廠商預購遠期外匯時，指定
銀行於議價時不須確認交易文件。

32 (C)。（終止契約日即期買入匯率－
原訂約匯率）×未交割金額＝匯率差價
（28.1－28.0）×10,000＝1,000。

33 (A)。銀行向客戶提供結構型商品
服務時，不得以存款名義為之。

34 (D)。依據「偽造變造外國幣券
處理辦法」規定辦理：偽鈔在美金
二百元以上，銀行應記名持兌人真
實姓名、國籍職業及住址，並報請
警察機關偵辦；未達美金二百元，
持兌人非惡意使用者，經釋明後應
蓋戳章作廢，原件留存，掣給收據。

35 (C)。外匯收支或交易申報辦法第
10條：「非居住民法人辦理第四
條第一項第五款、第五條第三款、
第五款或第七款之新臺幣結匯申報
時，除本行另有規定外，應出具授
權書，授權其在中華民國境內之代
表人或代理人以該代表人或代理人
之名義代為辦理申報；非居住民法
人為非中華民國金融機構者，應授
權中華民國境內金融機構以該境內
金融機構之名義代為辦理申報。」

36 (C)。管理外匯條例第20條：「違
反第六條之一規定，故意不為申報
或申報不實者，處新臺幣三萬元以
上六十萬元以下罰鍰；其受查詢而
未於限期內提出說明或為虛偽說明
者亦同。」

37 (D)。根據「銀行業辦理外匯業務管理辦法」，從事(1)一般匯出及匯入匯款業務；(2)外匯存款業務；(3)外幣貸款業務之經辦及覆核人員，應有外匯業務執照或具備下列資格：(i)經辦人員須有三個月以上相關外匯業務經歷。(ii)覆核人員須有六個月以上相關外匯業務經歷。

38 (D)。
(A)外幣收兌處辦理外幣收兌業務，每筆收兌金額以等值一萬美元為限。
(B)便利商店具收兌外幣需要，不得向中央銀行申請設置外幣收兌處。
(C)外幣收兌處應於每季終了次月十五日前，向臺灣銀行列報該季收兌金額。

39 (C)。下列外匯收支或交易，申報義務人得於填妥申報書後，逕行辦理新臺幣結匯申報。但屬於第五條規定之外匯收支或交易，應經銀行業確認申報書記載事項與該筆外匯收支或交易有關合約、核准函或其他證明文件相符後，始得辦理：……
五、非居住民每筆結購或結售金額未超過等值十萬美元之匯款。但境外非中華民國金融機構不得以匯入款項辦理結售。

40 (A)。經中央銀行許可於機場設置之兌換點辦理每筆未逾等值5千美元之買賣外幣現鈔，得向中央銀行報備簡化結匯及申報手續。

41 (D)。612外人兌回外幣：非居民在台旅行支出剩餘款兌回外幣。

42 (C)。境外外國金融機構不得以匯入款項辦理新臺幣結售。

43 (C)。財政部核准進口外匯或匯出匯款時，應發給核准結匯通知書，憑以向指定銀行辦理結匯，此項文件結匯期限，自發文日起六個月內有效。但情形特殊仍須展期者，得由原申請機關檢附原發文件，逕向財政部申請展期。

44 (A)。441僑外股本投資的盈餘或股利：非居民直接投資於國內產業股本之紅利、盈餘及股利所得。

45 (C)。申報義務人利用網際網路辦理新臺幣結匯申報，經查獲有申報不實情形者，日後辦理新臺幣結匯申報事宜，應至銀行櫃檯辦理。

46 (D)。692兌購外匯存外匯存款：客戶以新臺幣結購外匯存入外匯存款時，不論其外匯支出之性質為何，指定銀行於水單上皆編製本項分類編號，並請加註客戶原結購性質；未以新臺幣結購外匯者不得列入本項。

47 (A)。指定銀行受理個人赴大陸地區投資同一事業投資金額在二十萬美元（含）以下之匯款，需檢附經濟部核准直接投資文件，亦需計入每年累積結匯金額。

48 (A)。指定銀行辦理非居住民投資國內證券80萬美元結售案件，應附

主管機關核准文件但不記錄其當年累積結匯金額。

49 **(C)**。受理顧客結購、結售等值一百萬美元以上之新臺幣與外幣間遠期外匯交易，於訂約日之次營業日中午十二時前傳送。

50 **(C)**。710委外加工貿易支出：居民國外購料委託國外加工，且貨品未經我國進口通關的貨款支出。

二 進出口外匯

( ) **1** 進出口商與銀行訂定遠期外匯合約預購或預售外匯，是為了規避下列何種風險？ (A)匯率風險 (B)作業風險 (C)法律風險 (D)信用風險。

( ) **2** 出口廠商出貨後，將有關貨運單據直接寄交買方提貨，買方無須即時付款，俟雙方約定之付款時間到期時，再將貨款一次清算，由買方經銀行將貨款匯給出口廠商之方式，稱為下列何者？ (A)D/A (B)D/P (C)O/A (D)L/C。

( ) **3** 依管理外匯條例規定，所稱「外匯」係指下列何者？ (A)黃金 (B)外幣期貨 (C)外幣選擇權 (D)外國貨幣、票據及有價證券。

( ) **4** 在信用狀交易中稱Applicant係指下列何者？ (A)信用狀受益人 (B)信用狀通知銀行 (C)信用狀開狀銀行 (D)信用狀開狀申請人。

( ) **5** 信用狀及電子信用狀統一慣例之現行版本，分別為何？
(A)UCP500+eUCP1.0　　　　　(B)UCP600+eUCP1.1
(C)UCP500+eUCP2.0　　　　　(D)UCP600+eUCP2.0。

( ) **6** 在UCP600的定義中，「可在其處使用信用狀之銀行」稱為下列何者？ (A)押匯銀行 (B)開狀銀行 (C)通知銀行 (D)指定銀行。

( ) **7** 信用狀雖未逾有效期限，但出口商因故不能出貨時，開狀銀行於下列何種情況下，得應開狀人之申請，退還保證金？
(A)須俟L/C過期後始可退還
(B)視L/C金額之大小決定退還與否
(C)只要開狀人提出申請即可退還
(D)須照會國外通知銀行證實受益人同意撤銷L/C後始能退還。

( ) **8** 有關開狀銀行辦理擔保提貨之敘述，下列何者正確？
(A)不論即期或遠期信用狀，毋需收回墊款本息
(B)對於未核予開狀額度之全額結匯開狀者，原則上不得辦理
(C)為應客戶急需，提單影本之受貨人非開狀銀行亦應受理
(D)全額結匯開狀者，雖為過路客亦得受理。

（　）　**9** 信用狀修改書之通知銀行，應為下列何者？　(A)原信用狀通知銀行　(B)須另選通知銀行　(C)依客戶指示　(D)無限制。

（　）　**10** 倘銀行核予之遠期額度之天期為180天，則下列何種信用狀不得開發？　(A)Sight L/C　(B)60天之Seller's Usance L/C　(C)270天之Seller's Usance L/C　(D)180天之Buyer's Usance L/C。

（　）　**11** 信用狀要求提示保險單據時，倘規定新式協會保險條款「基本保險條款」外，尚包括「附加條款」，下列何者為附加條款？
(A)INSTITUTE CARGO CLAUSES(A)
(B)INSTITUTE CARGO CLAUSES(B)
(C)INSTITUTE CARGO CLAUSES(Air)
(D)INSTITUTE WAR CLAUSES(CARGO)。

（　）　**12** 依UCP600規定，銀行於審查單據時，應不受下列何者之約束？
(A)信用狀之條款　(B)買賣雙方簽訂之契約　(C)國際標準銀行實務　(D)信用狀統一慣例規定。

（　）　**13** 辦理擔保提貨時，下列何者為銀行向船公司就提領貨物所負確定之擔保責任？　(A)價值　(B)數量　(C)品質　(D)性能。

（　）　**14** 依UCP600規定，通知銀行如決定通知信用狀時，其義務乃應就其外觀確認下列何者且該通知書正確反映所收到之信用狀或修改書之條款？　(A)外觀之真實性　(B)外觀之格式性　(C)外觀之充分性　(D)外觀之合法性。

（　）　**15** 依據SWIFT使用者手冊，信用狀之修改、取消原則上應以何種電文格式拍發？　(A)皆使用MT700　(B)修改使用MT707/708，取消使用MT707　(C)修改使用MT707，取消使用MT700　(D)修改使用MT700，取消使用MT707。

（　）　**16** 有關以SWIFT系統開立MT700之相關欄位說明，下列敘述何者錯誤？　(A)32B欄位：用於填列信用狀金額　(B)39A欄位：如金額允許減少5%、增加3%差額時，表示為05/03　(C)47A欄位可用以填列提示電子記錄之地點及提示紙面單據之地點　(D)要求提示以申請人為付款人之匯票，應視為要求單據列於46A欄位。

( ) **17** 依UCP600規定，在信用狀未規定時，有關保險單據應投保之最低金額之敘述，下列何者正確？ (A)信用狀金額之100% (B)貨物CIF或CIP價額之110% (C)海運提單金額之110% (D)兌付或讓購之金額，或貨物總價額，以孰低之110%。

( ) **18** 依eUCP規定，對電子記錄提示後之毀損及重新提示，下列敘述何者錯誤？
(A)銀行不得請求重行提示
(B)要求重行提示時，審查時間暫時中止，並於提示人重行提示電子記錄時恢復
(C)如相同之電子記錄未於30個曆日內重行提示，視為未提示
(D)任何截止期限不予展延。

( ) **19** 依eUCP2.0規定，如電子信用狀要求提示一份正本及兩份副本之電子記錄時，則受益人應提示幾份電子記錄為已足？ (A)一份 (B)二份 (C)三份 (D)四份。

( ) **20** 若信用狀要求匯票自提單日起算60日為到期日，而同一張匯票項下提示一套以上之提單（均符合信用狀規定）時，則匯票之到期日應如何計算？ (A)自最早之提單裝載日起算 (B)自最遲之提單裝載日起算 (C)自提示之各提單裝載日平均起算 (D)自押匯日起算。

( ) **21** 憑MASTER L/C轉開BACK TO BACK L/C時，申請轉開BACK TO BACK L/C之中間商為保護其商業機密及作業方便，則銀行於開發BACK TO BACK L/C時可規定下列何者為提單上託運人（SHIPPER）？
(A)申請開發BACK TO BACK L/C之中間商
(B)開發BACK TO BACK L/C之開狀銀行
(C)真正供應商
(D)供應商之代理商。

( ) **22** 依UCP600規定，所謂保兌信用狀之情形，下列敘述何者錯誤？
(A)由開狀銀行在國內之聯行保兌 (B)由開狀銀行在受益人國家之通匯行保兌 (C)由通知銀行保兌 (D)由第三地銀行保兌。

（　）**23** 有關擔保提貨諸事項中，下列敘述何者錯誤？　(A)擔保提貨是貨物比提單先抵達進口地，由銀行簽署擔保提貨書代替正本提單，憑以換發小提單(D/O)，方便進口商提貨之業務　(B)進口商辦理擔保提貨時，需使用銀行印製之空白擔保提貨書　(C)進口商在擔保提貨書所蓋印鑑，應與進口開狀額度所簽署契據上之原留印鑑相符　(D)已辦理擔保提貨之案件，進口商不得以任何理由主張拒付。

（　）**24** 倘信用狀規定其使用方式為"Available with advising bank by acceptance"，則匯票之付款人（Drawee）應為下列何者？(A)開狀銀行　(B)補償銀行　(C)通知銀行　(D)申請人。

（　）**25** 有關拒付之程序，下列敘述何者錯誤？　(A)須以銀行本身之立場主張拒付　(B)銀行僅能拍發單次之拒付通知　(C)拒付通知得表示係應申請人之請求或與申請人協商　(D)拒付通知之發送，須於提示日之次日起第五個銀行營業日終了之前為之。

（　）**26** 依UCP600規定，有關運送單據之敘述，下列何者錯誤？
(A)顯示於航空運送單據有關飛行班次及日期之任何其他資料，將不作為判定裝運日期之用
(B)運送單據上敘明貨物可能裝載於甲板上之條款，將視為瑕疵
(C)傭船提單之簽發日期將視為裝運日期，除非傭船提單含裝運註記表明裝運日期
(D)提單載有敘明運送人保留轉運權利之條款，不予理會。

（　）**27** 指定銀行辦理出口託收業務，憑辦文件為何？　(A)無需任何文件(B)由指定銀行自行決定是否應檢附交易單據　(C)由國內顧客決定是否應檢附交易單據　(D)國內顧客必須提供相關交易單據。

（　）**28** 依URC522規定，有關拒絕付款或拒絕承兌之處理，下列敘述何者錯誤？
(A)無論有無指示，代收銀行有義務立即作成拒絕證書
(B)代收銀行無義務辦理有關貨物貯存及保險等事宜
(C)提示銀行須儘速將拒絕付款或承兌之通知送交所由收受託收指示之銀行
(D)代收銀行對進口商要求減價、D/P改為D/A，不得隨意接受。

( ) **29** 進口託收匯票經承兌後，到期未獲付款時，其處理方式下列何者
正確？
(A)倘進口商要求展延到期日，在徵得國外銀行同意展延的函電
後，由進口商在匯票上重新承兌
(B)逕行將文件退回出口商
(C)縱使託收指示書未指示須作成拒絕證書，銀行亦應立即作成
拒絕證書
(D)立即通知船公司，將貨物退回出口商。

( ) **30** 直接託收（direct collection）係指下列何者？ (A)賣方直接將
託收單據寄買方 (B)賣方直接將託收單據寄買方銀行 (C)賣
方將託收單據交由其往來銀行，再由該銀行將單據寄買方銀行
(D)賣方以其往來銀行之託收表格繕打託收指示後，將該託收指
示附隨單據逕寄買方銀行，並將提示副本寄送賣方之往來銀行。

( ) **31** 若付款條件為D/A 30 DAYS AFTER B/L DATE，提單裝運日為
20xx年6月3日（週一），則國內進口商應於何時付款？ (A)7月
1日 (B)7月2日 (C)7月3日 (D)7月4日。

( ) **32** 如託收申請書表未載明託收方式為D/A或D/P且未隨附匯票時，
銀行應如何處理？ (A)以D/A方式處理 (B)以D/P方式處理
(C)請申請人書面表示託收方式 (D)隨銀行意思自行處理。

( ) **33** 承做進口D/P託收融資，銀行對進口商的融資起息日應為下列何
者？ (A)貨物通關進口日 (B)託收銀行託收指示書上之寄單日
(C)提示銀行將D/P款項解付予託收銀行之日 (D)D/P文件匯票之
承兌日。

( ) **34** 依URC522規定，如提示銀行未於通知拒絕付款或拒絕承兌
後幾日內接獲託收銀行之單據處理指示，得將單據退回所由
收受託收指示之銀行？ (A)七日 (B)二十一日 (C)三十日
(D)六十日。

( ) **35** 依URC522規定，下列何者為依託收指示，提示之對象？ (A)委
託人 (B)預備人 (C)付款人 (D)提示銀行。

（　）**36** 下列哪一種託收，於現行託收統一規則（URC522）中還無法規範及涵括？　(A)CLEAN COLLECTION　(B)DOCUMENTARY COLLECTION　(C)CHEQUE COLLECTION　(D)EDI COLLECTION。

（　）**37** 依URC522規定，若DOCUMENTS AGAINST PAYMENT且附有未來日期付款之遠期匯票者，則單據應於下列何種情況下交付？　(A)承兌後交付　(B)付款後交付　(C)待國外銀行通知後交付　(D)待出口商通知後交付。

（　）**38** 託收指示書如指示「未獲付款時需作成拒絕證書(PROTEST)」公證費應向下列何者收取？　(A)PRESENTING BANK　(B)REMITTING BANK　(C)DRAWEE　(D)COLLECTING BANK。

（　）**39** 託收銀行應負責確保每一電子記錄之提示，能辨識據以做成提示之eURC託收指示，對此辨識得以下列何種方式為之？　A.在電子記錄本身附隨之特定參考；B.附隨或附加之後設資料（metadata attached or superimposed）；C.以eURC託收指示（eURC collection）本身之辨識　(A)僅有A　(B)僅有B　(C)僅有C　(D)A.B.C皆可。

（　）**40** 有關保證責任的解除，下列敘述何者錯誤？　(A)保證函逾有效期限　(B)保兌銀行電報確認註銷　(C)僅保證函副本已退還者　(D)受益銀行來電通知，保證事由已消滅者。

（　）**41** 擔保信用狀簽發之依據，可選擇下列何者？　A. ISP98、B. UCP600、 C. URDG758　(A)僅A　(B)僅B　(C)僅A.B　(D)A.B.C。

（　）**42** 如擔保信用狀內容載明"WE HAVE BEEN INFORMED THAT ABC CO. HAS ENTERED INTO CONTRACT NO. 1234 DATED MAY 5，2021 WITH YOU，FOR THE SUPPLY OF FOUR SETS OF MACHINE"，此文義係下列何種型態之擔保信用狀？　(A)投標保證　(B)預付款保證　(C)借款保證　(D)履約保證。

（　）**43** 依ISP98規定，除擔保信用狀另有規定外，簽發人（即開狀銀行）對向其所為之符合提示，須就所要求之金額以下列何種方式兌付？　(A)即期方式兌付　(B)延期方式付款　(C)承兌　(D)讓購。

（　）**44** 有關URDG758與ISP98之共通性，下列敘述何者錯誤？　(A)具有獨立性　(B)須明示transferable始可轉讓　(C)有效期限適逢因不可抗力而不營業，皆為自恢復營業後，展延30個曆日　(D)有效期限適逢國定假日或例假日之不營業，展延至次一營業日。

（　）**45** 如信用狀業經保兌，保兌銀行對於該信用狀修改書之保兌責任為何？　(A)無條件延伸其保兌責任　(B)在信用狀有效期限內，延伸其保兌責任　(C)視受益人是否接受該修改書而定　(D)經保兌銀行同意將其保兌延伸至修改書並通知受益人後，該修改書始有保兌。

（　）**46** 有關信用狀之保兌，下列敘述何者正確？
(A)保兌銀行意指經開狀銀行之授權或委託，對信用狀加以保兌之銀行
(B)開狀銀行授權或委託另一銀行，對其所開信用狀附加保兌時，保兌就此生效
(C)保兌銀行受理讓購後，若遭開狀銀行拒付時，得向受益人追索
(D)保兌信用狀之單據提示，須先向開狀銀行提示，遭開狀銀行拒絕始能向保兌銀行提示。

（　）**47** 依UCP600規定，下列何者僅能依原信用狀所規定之條款辦理轉讓而不得減少或縮短？　(A)信用狀之金額　(B)信用狀有效期限　(C)裝運期間　(D)信用狀所載貨物數量。

（　）**48** 依UCP600規定，有關信用狀款項之讓與，下列敘述何者錯誤？
(A)須在信用狀表示可轉讓之條件下為之
(B)款項讓與僅涉及款項之讓與，與信用狀項下權利行使之讓與無關
(C)未來單據一旦被開狀銀行拒付時，仍應由信用狀受益人負全責
(D)L/C未表明可轉讓之事實，應無礙於受益人依準據法規定，將其於信用狀下可得或將得款項讓與之權利。

（　　）**49** 若L/C規定SHIPMENT MUST BE EFFECTED ON OR ABOUT JUL.14, 20XX，則下列裝船日期何者不符規定？　(A)JUL.10, 20XX　(B)JUL.12, 20XX　(C)JUL.19, 20XX　(D)JUL.24, 20XX。

（　　）**50** 依UCP600規定，當信用狀要求提示INVOICE IN 3 COPIES時，下列何種情況將不被接受？　(A)提示3張副本　(B)提示3張正本　(C)提示2張正本及1張副本　(D)提示1張正本及2張副本。

（　　）**51** 除信用狀有特別授權外，依UCP600及ISBP規定，有關商業發票之敘述，下列何者銀行將不接受？　(A)信用狀顯示由受益人簽發　(B)以開狀申請人為抬頭人　(C)發票上之幣別與信用狀一致　(D)發票前冠以「PRO-FORMA」字樣。

（　　）**52** 下列何種裝運期間的期日用語，將被解釋為不包括所提及之期日？　(A)UNTIL　(B)TO　(C)TILL　(D)AFTER。

（　　）**53** 依UCP600規定，信用狀未表示不可撤銷之旨趣亦未有其他規定，該信用狀如何處理？　(A)視為可撤銷　(B)視為不可撤銷　(C)應詢問開狀銀行　(D)應詢問受益人。

（　　）**54** 有關本國銀行之出口押匯業務，下列敘述何者錯誤？　(A)出口押匯係銀行授信行為，為質押墊款性質　(B)與UCP600所謂「讓購（Negotiation）」並不相同　(C)出口押匯係屬融資墊款之授信行為，且為買斷業務　(D)若出口押匯單據被開狀銀行拒付時，押匯銀行對出口商有墊款返還請求權。

（　　）**55** 依UCP600規定，倘含一份或以上依循第19-25條之正本運送單據，且信用狀未就提示期間予以規定，銀行將不接受遲於裝運日後幾日始向其提示之單據，且該提示不得遲於信用狀之有效期限？　(A)7曆日　(B)14曆日　(C)21曆日　(D)28曆日。

（　　）**56** 依UCP600規定，未載有明示貨物及／或包裝有瑕疵狀況之條款或註記之提單（B/L），稱為下列何種單據？　(A)SHIPPED B/L　(B)RECEIVED B/L　(C)CLEAN B/L　(D)FORWARDER'S B/L。

( ) **57** 信用狀未要求提示產地證明書，而受益人卻將產地證明書連同其他規定單據一併提示時，銀行對於該產地證明書應如何處理？ (A)詳予審查 (B)逕予存檔 (C)不予理會並可退還提示人 (D)約略審查後予以遞轉開狀銀行。

( ) **58** 依UCP600規定，除信用狀另有規定外，若信用狀要求提單時，下列何者不得為提單之簽發人？ (A)運送人 (B)船長 (C)代表船長之標名代理人 (D)船東。

( ) **59** 受益人對信用狀修改書之接受或拒絕應知會下列何者？ (A)託收銀行 (B)指定銀行 (C)通知修改書銀行 (D)押匯銀行。

( ) **60** 有關航空運送單據，下列敘述何者正確？ (A)具代表貨物所有權之權利證明 (B)不具收據及契約憑證之作用 (C)具流通性 (D)除信用狀另有規定外，銀行將不接受未表明貨物業已接受待運之航空運送單據。

( ) **61** 信用狀規定"Available with us by acceptance, Drafts drawn at 60 days after sight"並表明"We will pay at maturity, acceptance commissions and discount charges for Beneficiary's account"，該筆出口押匯應計收幾天利息？（該筆出口押匯無瑕疵） (A)7天 (B)15天 (C)30天 (D)60天。

( ) **62** 當憑客戶保結書予以押匯時，下列敘述何者錯誤？
(A)寄單銀行既已就瑕疵予以保結，則開狀銀行自無需審單
(B)UCP600對保結押匯未予規定
(C)保結書僅屬於押匯銀行與立具保結書一方（出口商）之關係
(D)開狀銀行不受保結書之拘束，開狀銀行僅對符合之提示有兌付之確定義務。

( ) **63** 倘信用狀未規定或特別授權，依UCP600規定，下列敘述何者錯誤？ (A)投保通知書將不被接受 (B)保險單據不得包含任何不承保條款之附註 (C)保險單據須表明保險金額且與信用狀同一貨幣表示 (D)保險單據得表明其承保範圍適用免賠額或僅賠超額（扣除免賠額）。

(　　) **64** 下列何種運送單據表示受益人要將貨物交付第一運送人,且該單
據須表明接管地（PLACE OF TAKING IN CHARGE）及最終目
的地(PLACE OF FINAL DESTINATION)？
(A)OCEAN MARINE B/L
(B)CHARTER PARTY B/L
(C)AIR TRANSPORT DOCUMENT
(D)MULTIMODAL TRANSPORT DOCUMENT。

(　　) **65** 依UCP600規定,信用狀有效期限及地點(EXPIRY DATE AND
PLACE),下列敘述何者錯誤?
(A)可在其處使用信用狀之銀行所在地即為提示地
(B)敘明為讓購之有效期限,視為提示之有效期限
(C)如遇銀行因國定或例假日放假,該有效期限之末日,可順延
至該銀行次一營業日
(D)如該有效期限末日適逢因其他非銀行所能控制之事由導致銀
行營業中斷,即可順延至該銀行次一營業日。

(　　) **66** 依2020版國貿條規規定,有關選取之條件規則代號後面加註地
點,下列敘述何者錯誤?　(A)FAS加註指定裝運港　(B)FOB加註
指定目的港　(C)CFR加註指定目的港　(D)CIF加註指定目的港。

(　　) **67** 買賣雙方約定以貨櫃運送貨物,另賣方須訂定運送契約,並支付
將貨物運送至指定目的地所需的運送費用,則應使用下列何種條
規?　(A)FOB　(B)CFR　(C)CPT　(D)CIF。

(　　) **68** FORFAITING具有無追索權之特性,但在下列何種情形時,出口
商仍有遭買斷行追索款項之虞?
(A)進口國發生政變,政府易主
(B)進口國開狀行倒閉
(C)可歸咎於出口商之商業糾紛
(D)進口國幣值大幅滑落。

(　　) **69** 有關FORFAITING作業流程中,買斷行依據下列何種資料,決定
是否買斷?　(A)開狀行及國家等相關資料　(B)開狀申請人之信
用資料　(C)受益人之信用資料　(D)押匯行之評等資料。

(　　) **70** 票據持有者，將未來應收之債權轉讓給中長期應收票據收買業者以換取現金，在轉讓完成後，若票據到期不獲兌現，買斷者亦無權向賣出者追索。此類業務稱為：　(A)Factoring　(B)Forward (C)Forfaiting　(D)Future。

(　　) **71** 有關FACTORING業務，下列敘述何者錯誤？
(A)銀行辦理應收帳款承購業務非屬授信業務
(B)對逾期繳息或到期後未收回帳款之案件，應專卷控管
(C)銀行對賣方預支價金額度及買方承購額度等，均應建檔控管
(D)應收帳款承購商於辦理無追索權之應收帳款承購，僅承擔買方信用風險。

(　　) **72** 依GRIF規定，每一供應商對每一債務人有幾項信用額度？
(A)一項　(B)二項　(C)三項　(D)無限制。

(　　) **73** 依國際應收帳款承購統一規則規定，出口應收帳款承購商最遲必須於接獲或發出商業糾紛通知起多少日內，向進口應收帳款承購商作出商業糾紛狀況及後續處理情形的回覆？　(A)10日　(B)30日　(C)60日　(D)90日。

(　　) **74** 銀行開發以國內其他廠商為受益人，且貨物自大陸地區出口運至高雄港之國內外幣信用狀，其掣發進口結匯證實書之國別應填寫為何？　(A)大陸地區　(B)開狀銀行　(C)本國　(D)不必填寫。

(　　) **75** 出口商於貨物出口前，向指定銀行申請外幣貸款，支應向國內或國外原料供應商購料款，下列敘述何者正確？
(A)指定銀行不得辦理外幣貸款
(B)外幣貸款必須匯往國外，不得匯入國內廠商戶頭
(C)指定銀行應控管其所撥之外幣款項，避免其兌換新臺幣
(D)可向指定銀行申貸外幣融資，亦可兌換新臺幣。

(　　) **76** 台灣地區國際金融業務分行須經下列何單位許可，得與大陸地區金融機構往來辦理進出口外匯業務？　(A)中央銀行　(B)經濟部 (C)陸委會　(D)金管會。

( ) **77** 有關國際金融業務分行（OBU）辦理外幣授信業務得收受擔保品
規定，下列何者正確？
(A)得收受境內外股票、不動產
(B)僅得收受境內股票、不動產
(C)僅得收受境外股票、不動產
(D)僅得收受境內股票及境外不動產。

( ) **78** 依國際金融業務條例規定，有關國際金融業務分行之敘述，下列
何者錯誤？
(A)不得收受外幣現金
(B)得准許以外匯存款兌換為新臺幣提取
(C)國際金融業務分行之存款免提存款準備金
(D)不得辦理直接投資及不動產投資業務。

( ) **79** 指定銀行辦理應收帳款收買業務，其應徵提之文件規定為何？
(A)得憑國內顧客提供之交易單據辦理
(B)得憑國外顧客提供之交易單據辦理
(C)得憑國外銀行提供之交易單據辦理
(D)無須提供任何文件。

( ) **80** 廠商以託收方式出口，其所得外匯兌換新臺幣，下列敘述何者
正確？
(A)廠商應填申報書勾選出口，銀行則掣發結匯水單
(B)廠商應填申報書勾選出口，銀行則掣發出口結匯證實書
(C)廠商無需填申報書，銀行掣發出口結匯證實書
(D)廠商無需填申報書，銀行掣發結匯水單。

解答與解析 （答案標示為#者，表官方曾公告更正該題答案。）

1 (A)。匯率風險是指匯率波幅所造成的風險；進出口商與銀行訂定遠期外匯合約預購或預售外匯，即是為了規避匯率風險。

2 (C)。O/A是指記帳付款（Open Account），賣方出貨後將單據寄予買方提貨，待雙方約定時間到期時，買方再將貨款匯付給賣方，對出口商而言風險較高。

3 (D)。依管理外匯條例第2條，本條例所稱外匯，指外國貨幣、票據及有價證券。

4 (D)。Applicant係指用狀開狀申請人。

5 (D)。信用狀及電子信用狀統一慣例之現行版本，分別為UCP600、eUCP2.0。

6 (D)。在UCP600的定義中，「可在其處使用信用狀之銀行」稱為指定銀行。

7 (D)。若出口商不能出貨時，開狀銀行得於照會國外通知銀行、證實受益人同意撤銷L/C後，得應開狀人之申請，退還保證金。

8 (B)。遠期信用狀之墊款利息後轉為外幣貸款、無須收回；提單影本之受貨人非開狀銀行不得受理；對於未經徵信且未核予開狀額度之全額結匯開狀案件，不得辦理擔保提貨。

9 (A)。信用狀修改書之通知銀行，應為原信用狀通知銀行。

10 (C)。遠期信用狀之期限仍須在銀行核准之期間內，若銀行核准期間為180天，其信用狀開立要於180天內。

11 (D)。目前基本條款包括：
(1) Institute Cargo Clauses(A) 協會貨物保險條款(A)，簡稱ICC(A)。
(2) Institute Cargo Clauses(B) 協會貨物保險條款(B)，簡稱ICC(B)。
(3) Institute Cargo Clauses(C) 協會貨物保險條款(C)，簡稱ICC(C)。
(4) Institute Cargo Clauses(Air) 協會貨物保險條款（航空險），簡稱ICC(Air)。
另有附加條款，包括：
(1) Institute War Clauses (Cargo)協會貨物保險兵險條款，適用常發生戰爭地區。
(2) Institute Strike Clauses (Cargo) 協會貨物保險罷工條款。

12 (B)。銀行於審查單據時，不受買賣雙方簽訂之契約之約束。

13 (B)。辦理擔保提貨時，數量為銀行向船公司就提領貨物所負確定之擔保責任。

14 (A)。通知銀行如決定通知信用狀時，其義務乃應就其外觀確認外觀之真實性，且該通知書正確反映所收到之信用狀或修改書之條款。

15 (B)。信用狀之修改使用MT707、取消使用MT700。

16 (B)。 39A欄位：金額增減百分比，如金額允許減少5%、增加3%差額時，表示為3/5。

17 (B)。 有關貨物運輸保險之投保金額，依據UCP600第28條f項第ii款規定「信用狀要求之保險金額為貨物價額、發票金額或類似用語之某一百分比者，視其為所應投保之最低金額。若信用狀未表明所需保險投保範圍，則保險金額至少須為貨物CIF（運保費在內條件）價額或CIP（運保費付訖條件）價額之110%。至如CIF或CIP價額無法自單據認定時，保險金額須以要求兌付或讓購之金額，或商業發票上貨物總價額，以孰高者為核算基礎。」。

18 (A)。 根據eUCP第11條，若一電子單據為開狀銀行、保兌銀行或其他指示銀行所受時已毀損，則該等銀行得通知前手且得要求重新提示。

19 (A)。 eUCP2.0第e5條第c項，當一eUCP信用狀同意得提示一份或多份電子單據，受益人應提供銀行一聲明書證明單據已提示完整，該書面證明得以電子單據或書面方式提出，且須證明與該eUCP信用狀相關。若銀行未收到該聲明書，則視為未提供。

20 (B)。 若同一張匯票項下提示一套以上之提單，匯票的到期日應自最遲之提單裝運日起算。

21 (A)。 在三角貿易中，為了要確保貨款的收取和清償，以及防止商業機密的外洩，中間商使用的付款方式一般為轉讓信用狀或轉開信用狀居多。轉讓信用狀是中間商把從國外開來的信用狀轉給出口國的供應商，貨物出口後，由供應商押匯。轉開信用狀是中間商根據國外的信用狀，重新以自己的名義開一張新的信用狀給供應商。銀行於開發BACK TO BACK L/C時，可規定申請開發轉開信用狀的中間商為提單上託運人（SHIPPER）。

22 (A)。 保兌信用狀通常由開狀銀行在受益人國家之通匯行保兌。

23 (B)。 辦理擔保提貨時進口商應先向船公司索取空白擔保提貨書、此擔保提貨書為船公司印製、同時填具開狀銀行之副擔保背書／擔保提貨申請書憑辦。

24 (C)。 Advising Bank是通知銀行。

25 (C)。 應以銀行立場主張拒付，不得因申請人之請求或與申請人協商原因而主張拒付。

26 (B)。 依據UCP600第26條a項：「運送單據不可表明貨物裝載或將裝載於甲板上。但，運送單據上敘明或貨物可能裝載於甲板上之條款，可以接受。」。

27 (D)。 經央行許可辦理外匯業務之銀行（指定銀行）辦理出口外匯業務，應依下列規定辦理：

(一) 出口結匯、託收及應收帳款收買業務：
　(1)憑辦文件：應憑國內顧客提供之交易單據辦理。
　(2)掣發單證：出口所得外匯結售為新臺幣者，應掣發出口結匯證實書；其未結售為新臺幣者，應掣發其他交易憑證。上述單證得以電子文件製作。

28 (A)。如託收指示中無明確指示，則銀行無義務作成拒絕證書；若託收指示書有指示，則與託收有關之銀行有義務作成拒絕證書。

29 (A)。匯票經承兌後，到期未獲付款時，若徵得國外銀行同意展延的函電後，可由進口商在匯票上重新承兌。

30 (D)。直接託收（direct collection）係指賣方以其往來銀行之託收表格繕打託收指示後，將其附隨託收單據寄予買方銀行。

31 (C)。6月3日＋30天＝7月3日（6月有30天）。

32 (C)。如託收申請書表未載明託收方式為D/A或D/P且未隨附匯票時，銀行應請申請人書面表示託收方式。

33 (C)。承做D/P業務時，銀行對進口商的融資起息日應為提示銀行將D/P款項解付予託收銀行之日。

34 (C)。如提示銀行未於通知拒絕付款或拒絕承兌後30日內接獲託收銀

行之單據處理指示，得將單據退回所由收受託收指示之銀行。

35 (C)。付款人為依託收指示提示之對象。

36 (D)。URC522所規範者包括：跟單託收（Documentary collection）、光票託收（Clean collection）、直接託收（Direct collection）、票據託收（Cheque collection）。

37 (B)。Documents against payment且附有未來日期付款之遠期匯票者，則單據應於付款後交付。

38 (B)。公證費用應向託收銀行收取。
PRESENTING BANK提示銀行
REMITTING BANK託收銀行、匯款銀行
DRAWEE進口商或付款人
COLLECTING BANK代收行。

39 (D)。A.B.C均能作為辨識之方式。

40 (C)。當保證函正本已退還者，保證責任方解除。

41 (D)。ISP98、UCP600、URDG758均可作為擔保信用狀簽發之依據。

42 (D)。履約保證是簽發以進口商為受益人之保證函，以防賣方不如期順利交貨之保證。

43 (A)。除擔保信用狀另有規定外，簽發人（即開狀銀行）對向其所為之符合提示，須就所要求之金額以即期方式兌付。

解答與解析

44 (C)。
(1) URDG758第26條第b項：如果由於不可抗力導致保函項下的交單或付款無法履行，在此期間保函失效，則：
　i. 保函及擔保函均應自其本應失效日起展期30個曆日，擔保人在行的情況下立即通知指示方，或者反擔保函情況下的反擔保人，有關不可抗力及展期的情況，反擔保人也應同樣通知指示方；
　ii. 不可抗力發生前已經交單但尚未審核的，第20條規定的審核時間的計算應予中止，直至擔保人恢復營業：以及
　iii. 保函項下的相符索賠在不可抗力生前已經提交但由於不可抗力尚未付款的，則不可抗力結束之後應予付款，即使該保函已經失效，在此情況下擔保人有在不可抗力結束之後30個曆日之內在反擔保函項下提交索賠，即使該反擔保函已經失效。
(2) 依ISP98規定，倘遇不可抗力因素導致銀行停業，致擔保信用狀逾期，則恢復營業後，自動展延30個曆日。

45 (D)。經保兌銀行同意將其保兌延伸至修改書並通知受益人後，該修改書始有保兌。

46 (A)。保兌是指保兌銀行於開狀銀行原有之確定承諾外，亦對符合之提示為兌付或讓購之確定承諾。

47 (D)。信用狀之金額、單價、提示期間、信用狀有效期限、裝運期間，可以全部減少或縮短，其餘須按原信用狀所規定。

48 (A)。若信用狀未表示可轉讓，但是受益人還是依據法律擁有信用狀下的權益。

49 (D)。如信用狀規定"ON OR ABOUT"，即是指包含起訖日期計算在內，指定日期的前後五個曆日之間裝運。例如信用狀規定裝運日期為7月14日，則裝運須於7月9日至7月19日期間完成裝運。

50 (A)。依UCP600第17條e項，當信用狀使用copies或fold的時候，至少要一正本，其餘可以為副本。

51 (D)。PROFORMA INVOICE為形式的發票，是出口商尚未出口時，將擬好的價格及數量給進口商，好讓進口商向本國當局申請進口允許證，若有相關詞彙為"provisional"（臨時）、"proforma"（預估）等較不正式的發票，除了信用狀有特別授權外，銀行不能接受。

52 (D)。AFTER、BRFORE不包括所提及之日期。

53 (B)。信用狀未表示不可撤銷之旨趣亦未有其他規定，該信用狀視為不可撤銷。

54 (C)。出口押匯是指信用證受益人向銀行提交信用證項下單據時，銀行審核無誤後，參照票面金額將款項墊付給受益人，並向開狀行寄單索匯，是一種保留追索權的短期出口融資業務，和買斷業務定義不同。

55 (C)。根據UCP600第14條第c項，如提示包含一份或多份依據第19-25條款的正本運送單據必須由受益人或其代表人不遲於本慣例中所描述的裝運日之後的21個日曆天內為之，但在任何狀況不遲於信用狀的有效日。

56 (C)。Clean B/L指沒有在提單上對貨物的表面狀況作出貨損或包裝不良之類批註的提單，它表明承運人在接收/裝船時，該貨物的表面狀況良好。

57 (C)。信用狀未要求提示產地證明書，而受益人卻將產地證明書連同其他規定單據一併提示時，銀行對於該產地證明書不予理會並可退還提示人。

58 (D)。根據UCP600第14條第1項，A transport document may be issued by any party "other than a carrier, owner, master or charterer" provided that the transport document meets the requirements of articles 19,20, 21, 22, 23 or 24 of these rules.因此船東不得為提單之簽發人。

59 (C)。受益人對信用狀修改書之接受或拒絕應知會通知修改書銀行。

60 (D)。航空運送單據是一種收據及契約憑證，不是權利憑證，也沒有流通性。

61 (D)。根據信用狀敘述，該筆出口押匯應計收60天利息。

62 (A)。如果開狀銀行受到單證，認為其表面所顯示著，與信用狀所規定的條件不符，而決定拒絕兌付時，應履行下列幾項義務：
(1) 必須向寄單銀行說明不符之點有那些。不符點應一次說清楚，不能在對方已將不符點更正後，又另提出其他不符之點。
(2) 必須在合理時間內，向寄單銀行說明單證已寄回或暫時代為保管，聽侯指示處理辦法。或者在表示拒付的同時，說明正與進口商聯繫，侯有結果再通知。

63 (B)。根據UCP600，保險單據可以包含援引任何除外條款。

64 (D)。多式聯運單據（Multimodal Transport Document，簡稱MTD）表示受益人要將貨物交付第一運送人，且該單據須表明接管地及最終目的地。

65 (D)。應改為不能順延。

66 (B)。依信用狀規定，如FAS、FOB等加起運港名稱；CFR、CIF、CPT、CIP等加目的港名稱。

67 (C)。CPT（Carriage Paid to）運費付訖條件：

(1) 交貨地點：交付承運人接管。

(2) 風險轉移：交貨時。

(3) 運輸費用：賣方負擔。

(4) 保險費用：買方負擔。

68 (C)。買斷行在一般情況下對出口方並無追索權，惟若商業糾紛爭議源自於出口商者，其仍可向出口商追索款項。

69 (A)。FORFAITING作業流程中，買斷行依據開狀行及國家等相關資料，決定是否買斷。

70 (C)。Forfaiting指信用狀賣斷業務，出口商將手中的應收債權，賣給買斷行（forfaiter）以換取現金；若日後買斷行遇到這些債權無法兌現，亦無權向出口商追索；故為一種「無追索權」（without recourse）票據之貼現。

71 (A)。銀行辦理應收帳款承購業務屬授信業務。

72 (A)。同一買方之所有應收帳款應轉讓給同一FACTOR為原則。

73 (C)。出口應收帳款承購商最遲必須於接獲或發出商業糾紛通知起60日內，向進口應收帳款承購商作出商業糾紛狀況及後續處理情形的回覆。

74 (C)。銀行開發以國內其他廠商為受益人，且貨物自大陸地區出口運至高雄港之國內外幣信用狀，其所掣發進口結匯證實書之國別應填寫為本國。

75 (C)。(A)指定銀行得辦理外幣貸款。(B)外幣貸款必須匯往國外，得匯入國內廠商戶頭。(D)兌換限制：外幣貸款不得兌換為新臺幣，但出口後之出口外幣貸款不在此限。

76 (D)。台灣地區國際金融業務分行須經金管會許可，得與大陸地區金融機構往來辦理進出口外匯業務。

77 (A)。OBU辦理外幣授信業務，得收受境內外股票、不動產或其他有關新臺幣資產作為擔保品或副擔保。

78 (B)。根據國際金融業務條例第7條，國際金融業務分行，辦理外匯存款，不得有左列行為：

一、收受外幣現金。

二、准許以外匯存款兌換為新臺幣提取。

79 (A)。指定銀行辦理應收帳款業務，應憑國內顧客提供之交易單據辦理。

80 (C)。廠商以託收方式出口，其所得外匯兌換新臺幣，廠商無需填申報書，銀行掣發出口結匯證實書。

第38屆 初階外匯人員專業能力測驗

一 國外匯兌業務

( ) **1** 依主管機關規定，指定銀行承作本國國民匯款人民幣至大陸地區，每人每日匯款，不得逾多少？ (A)人民幣二萬美元 (B)人民幣八萬美元 (C)新臺幣二萬美元 (D)新臺幣八萬美元。

( ) **2** 有關匯出匯款之銷帳，下列敘述何者正確？ (A)電匯起帳當日立即銷帳 (B)信匯匯出當日立即銷帳 (C)信匯無須銷帳 (D)票匯無須銷帳。

( ) **3** 澳洲銀行的BSB（BANK STATE BRANCH）NO.為六碼，以下列何者表示之？ (A)//ADXXXXXX (B)//AUXXXXXX (C)//BSXXXXXX (D)//CCXXXXXX。

( ) **4** 匯款至下列哪一國家時，不得經由美系銀行清算或轉匯，以免資金遭凍結？ (A)南韓 (B)敘利亞 (C)越南 (D)菲律賓。

( ) **5** 匯款行發一通MT103直接給受款人之設帳銀行，指示其付款給指定受款人，並同時發另一通MT202COV給存匯行，指示其扣款並將款項匯付給受款人之設帳銀行，此方式稱為下列何者？ (A)SERIAL PAYMENT (B)COVER PAYMENT (C)STRAIGHT PAYMENT (D)DIRECT PAYMENT。

( ) **6** 銀行同業間資金撥付，可使用下列何種電文？ (A)MT202 (B)MT100 (C)MT103 (D)MT199。

( ) **7** 如通知書已通知受款人時，匯款行要求退匯，而匯款未解付時，下列處理方式何者錯誤？ (A)應查明該筆款項確已入帳 (B)受款人不同意退匯時，應立即通知匯款行 (C)應通知受款人請其於通知書簽章並註明同意退匯 (D)尚未以通知書通知受款人時，可逕行退還款項給匯款行。

（　　）　**8** 以新臺幣結購外匯辦理匯出，銀行需掣發下列何者？　(A)買匯水單　(B)賣匯水單　(C)其他交易憑證　(D)結匯證實書。

（　　）　**9** MT202電文中未設置71A欄位（DETAILS OF CHARGES）之原因為下列何者？　(A)費用一概由受益銀行負擔，故無須設置　(B)費用一概由收電行負擔，故無須設置　(C)費用均為發電銀行負擔，故無須設置　(D)費用一概由發電行及收電行平均分擔，故無須設置。

（　　）　**10** MT103係電腦自動核押，電文結尾會有下列何字樣？　(A)BEN　(B)SHA　(C)PDM　(D)PKI。

（　　）　**11** 若MT103中之71欄位為BEN，則表示該筆匯入匯款手續費由下列何者負擔？　(A)受款人　(B)匯款人　(C)匯款行　(D)設帳銀行。

（　　）　**12** 解款行收到匯款行郵寄之書面付款委託書，委託書上何種文義得憑以掣發匯入匯款通知書？　(A)ADVICE OF CHECK ISSUED　(B)CABLE CONFIRMATION　(C)DUPLICATE PAYMENT INSTRUCTION　(D)PAYMENT ORDER。

（　　）　**13** 解款行於20XX年6月9日收到一筆MT103承做匯入匯款，其中指定付款日（VALUE DATE）為32A：XX0602USD10,000，下列何者正確？
(A)本筆匯款僅限20XX年6月2日才能解款
(B)先查明20XX年6月2日以後是否已承做過匯入匯款，避免重覆
(C)受款人可向解款行要求20XX年6月2日至20XX年6月9日的利息
(D)請匯款行修改指定付款日。

（　　）　**14** 有關SWIFT MT103欄位，下列敘述何者錯誤？　(A)50a欄位為匯款申請人　(B)53a欄位為發電銀行之通匯行　(C)54a欄位為收電銀行之通匯行　(D)57a欄位為受款人的帳號及戶名。

（　　）　**15** 票匯之匯票提示，應查核之要項，下列敘述何者錯誤？　(A)匯票簽樣是否相符　(B)內容是否與Drawing Advice一致　(C)是否逾期提示　(D)發票人是否背書。

( ) **16** 銀行業受理廠商直接投資結匯收回對第三地區投資款項金額達
一百萬美元以上時，應如何處理？ (A)不得利用當年累積結匯
金額 (B)應查驗主管機關核准文件 (C)需憑中央銀行核准文件
辦理 (D)需憑外交部核准文件辦理。

( ) **17** 匯款行簽發之匯票係以解款行為受款人，並附有分行帳號及受款
人名稱者，此種方式稱為下列何者？ (A)T/T (B)M/T (C)D/
D (D)IRBC。

( ) **18** 有關銀行業受理對大陸地區匯出匯款及匯入匯款申報案件，下列
何者非屬大陸地區人民來臺投資匯入之匯款項目？ (A)股本投
資 (B)貸款投資 (C)股利盈餘 (D)專款在臺營運資金。

( ) **19** 旅行支票遺失時可向發行銀行或代售銀行辦理遺失之申報手續
並填寫下列何種單據？ (A)Remittance Application (B)Stolen
Application (C)Payment Application (D)Refund Application。

( ) **20** 銀行在下列哪一種情況下，可考慮收兌其客戶所持經他人簽名
及副署之旅行支票？ (A)旅行支票之簽名及副署，在外觀上
相符時 (B)依該客戶與銀行的往來關係，可確認銀行收兌後無
風險時 (C)經旅行支票發行機構確認該旅行支票尚未遭兌領時
(D)經旅行支票發行機構確認該旅行支票無遺失或被竊之申報。

( ) **21** 有關旅行支票的使用期限，下列何者正確？ (A)無限期付款
(B)3年 (C)1年 (D)6個月。

( ) **22** 下列何種外國票據在國內禁止買入或託收？ (A)旅行支票
(B)加拿大國庫支票 (C)小額匯票 (D)美國的郵政匯票。

( ) **23** 在票據退票理由書上，如果註記的退票理由是INSUFFICIENT
FUNDS，其中文意義為何？ (A)存款戶已結清 (B)存款不足
(C)票據已止付 (D)金額大小寫不一致。

( ) **24** 英國付款之票據若小寫金額含有小數點以下之數額，而大寫金額
只記載到個位數，應以下列何者為正確入帳金額？ (A)大寫金
額 (B)小寫金額 (C)小寫金額小數部份四捨五入 (D)大小寫金
額之平均數。

(　) **25** 在票據的退票理由書中，其退票理由如果是"NOT DRAWN ON THIS BANK"其中文意義為何？　(A)銀行未在反面背書　(B)銀行未存入指定帳戶內　(C)非我行簽發之票據　(D)非我行付款之票據。

(　) **26** 審核付款地是香港地區的光票，若抬頭人為Cash或Order時，須下列何項補救方可受理，否則會被退票呢？　(A)託收人背書　(B)託收保證人背書　(C)發票人背書　(D)託收人及其保證人共同背書。

(　) **27** 張三於2021年1月8日提示一張發票日為2020年8月1日之美國國庫支票要求銀行託收，請問下列敘述何者正確？
(A)超過6個月已過提示期限
(B)限在美國境內流通
(C)須以CASH LETTER取款指示書寄出
(D)須以COLLECTION LETTER取款指示書寄出。

(　) **28** 銀行受理外匯存款之存入，下列敘述何者錯誤？
(A)得憑辦妥匯入匯款解付手續之匯入匯款通知書辦理存入
(B)得依外幣貸款相關規定辦妥撥貸手續之外幣貸款辦理存入
(C)得憑光票託收收據逕行存入，無需另加確認國外代收銀行是否收妥
(D)得以出口押匯之所得辦理存入。

(　) **29** 依中央銀行規定，銀行可否辦理外幣支票存款業務？　(A)僅OBU可　(B)僅DBU可　(C)DBU及OBU均可　(D)DBU及OBU均不可。

(　) **30** 指定銀行承作顧客之遠期外匯交易，其訂約與交割之文件查核，下列何者正確？
(A)僅訂約時須查核相關交易文件
(B)僅交割時須查核相關交易文件
(C)訂約及交割時皆須查核相關交易文件
(D)訂約及交割時皆無須查核相關交易文件。

( ) **31** 有關遠期外匯買賣交易，下列敘述何者錯誤？
(A)以即期匯價為基礎，再根據換匯點調整後的匯價為銀行掛牌價
(B)可以預售方式來規避出口商應收帳款業務之匯率風險
(C)可以預購方式來規避進口商應付帳款業務之匯率風險
(D)承作期限原則上最長以六個月為限，必要時得展期至一年。

( ) **32** 選擇權交易之權利金由下列何者支付？ (A)買方 (B)賣方
(C)視買權或賣權而定 (D)交易獲利之一方。

( ) **33** 經辦匯出匯款時，本國人應如何申報匯款性質？
(A)依匯出資金之用途　　　　(B)依新臺幣資金取得之來源
(C)依匯入資金之用途　　　　(D)依外匯資金之來源。

( ) **34** 非中華民國金融機構，應授權下列何者為申報義務人，辦理新臺幣結匯申報？
(A)會計師或律師　　　　　　(B)我國境內個人
(C)我國境內公司行號　　　　(D)我國境內金融機構。

( ) **35** 申報義務人委託他人辦理結匯時，應以下列何者名義辦理申報？
(A)委託人 (B)受託人 (C)承辦銀行 (D)中央銀行。

( ) **36** 依「銀行業辦理外匯業務管理辦法」規定，預售遠期外匯訂約金額逾多少美元以上或等值外幣之交易，須利用指定銀行與中央銀行間之電腦系統將大額遠期外匯資料傳送至中央銀行外匯局？
(A)10萬美元 (B)50萬美元 (C)100萬美元 (D)1,000萬美元。

( ) **37** 客戶結購外匯存入外匯存款以備將來支付進口貨款時，賣匯水單及申報書上的受款地區國別應如何填寫？
(A)本國　　　　　　　　　　(B)進口貨物出產地國別
(C)將來國外受款行國別　　　(D)不必填寫。

( ) **38** 依「外匯收支或交易申報辦法」規定，公司、行號之結購結售外匯案件，多少金額以上承辦銀行須確認交易相關證明文件？
(A)等值五十萬美元 (B)等值一百萬美元 (C)等值五百萬美元
(D)等值五千萬美元。

(　　) **39** 依「銀行業輔導客戶申報外匯收支或交易應注意事項」規定，申報書中之何內容不得更改？　(A)金額　(B)申報日期　(C)交易性質　(D)國別。

(　　) **40** 依中央銀行規定，銀行受理某外籍旅客持現鈔500美元兌換為新臺幣，發現其中100美元係偽鈔，銀行除兌付400美元外，對於該偽鈔之處理方式，下列何者錯誤？
(A)當面向持兌人說明100美元係偽鈔
(B)於100美元偽鈔上加蓋「偽（變）造作廢」章
(C)持兌人同意後，將100美元偽鈔截留，掣給收據
(D)應立即記明持兌人之相關資料，並報請警察機關偵辦。

(　　) **41** 下列何者之匯入匯款不得結售為新臺幣？　(A)外國公司在臺分公司　(B)持護照之外國人　(C)持中華民國台灣地區入出境許可證之港澳居民。

(　　) **42** 依「外匯收支或交易申報辦法」規定，大陸人士憑入出境許可證明辦理結購外匯之額度未超過下列何者，指定銀行得逕行辦理？
(A)每筆十萬美元　(B)每筆新臺幣五十萬元　(C)每筆五千美元
(D)原結售新臺幣未用完部分。

(　　) **43** 有關外匯收支或交易申報書，下列敘述何者錯誤？
(A)匯款金額不得更改
(B)除匯款金額外，其餘項目如經更改，應由申報義務人加蓋印章或其本人簽字
(C)銀行業得逕行修改申報義務人網路申報資料
(D)結匯性質應詳實填報，不得以匯款分類編號代替。

(　　) **44** 私立就業服務機構代理外籍勞工結匯在臺薪資，指定銀行應查核之文件，不包括下列何者？　(A)業者填報之申報書　(B)勞動部核發並在許可有效期間內之私立就業服務機構許可證　(C)外籍勞工護照及工作證　(D)外籍勞工薪資結匯委託書。

(　　) **45** 未取得內政部核發中華民國外僑居留證之外國人辦理結匯時，應如何辦理？　(A)應親自辦理　(B)應授權國內金融機構辦理
(C)應授權其在台代表或國內代理人辦理　(D)不得辦理結匯。

( ) **46** 指定銀行辦理顧客匯出大陸地區直接投資之匯款，下列敘述何者正確？
(A)顧客得利用每年逕行結匯金額，匯款至大陸投資
(B)未達新臺幣50萬元之大陸投資款，得逕行結匯
(C)投資金額達100萬美元以上者，應先取得經濟部核准文件；未達100萬美元者，得利用每年逕行結匯金額辦理結匯
(D)無論金額大小均應取得經濟部核准文件。

( ) **47** 依「外幣收兌處設置及管理辦法」規定，下列敘述何者正確？
(A)除觀光旅館外，各外幣收兌處於門外明顯處所懸掛中英文統一識別標示，由臺灣銀行設計之
(B)外幣收兌處辦理外幣收兌業務，每筆收兌金額以等值美金二萬美元為限
(C)外幣收兌處應於每季終了次月五日前，向臺灣銀行列報該季收兌金額
(D)相關之兌換水單及申報疑似洗錢紀錄等憑證至少保存十年。

( ) **48** 有關外匯收支或交易申報書中申報義務人登記證號之填報，下列何者填報於非居住民項下？
(A)領有中華民國身分證者
(B)外僑居留證證載有效期限一年以上者
(C)持臺灣地區永久居留證者
(D)無居留身分之大陸地區人民。

( ) **49** 銀行業受理外國人發行新臺幣債券將募集資金結匯匯出時，應確認之文件不包括下列何者？ (A)證券主管機關原核准發行文件 (B)金融機構出具之收足款項證明 (C)外匯局同意函 (D)向外匯局辦理外債登記證明文件。

( ) **50** 居民出國旅費支出，結購外匯交易性質應如何申報？ (A)文化及休閒支出 (B)金融服務支出 (C)觀光支出 (D)貿易佣金及代理費支出。

解答與解析（答案標示為#者，表官方曾公告更正該題答案。）

1 (#)。 銀行業辦理外匯業務管理辦法部分條文修正條文第五十條之三：承作自然人買賣人民幣業務，每人每次買賣現鈔及每日透過帳戶買賣之金額，均不得逾人民幣二萬元。本題官方公告一律送分。

2 (A)。電匯是起帳當日立即銷帳，信匯及票匯世代國外付款行實際扣帳後方銷帳。

3 (B)。澳洲銀行National Australia Bank，故選(B)。
BSB專門用來識別不同銀行的不同分部（分行），每個銀行帳號前都會帶有一個6位數的號碼，即BSB號碼。

4 (B)。匯款至敘利亞、北韓、伊朗、古巴等遭美國經濟制裁的國家時，應避免經由美系銀行清算或轉匯，避免資金遭凍結。

5 (B)。Cover Payment：匯款行拍發MT103給受款人之設帳銀行，另拍MT202 給匯款行之存匯行。
Direct Payment：僅拍發MT103給其存款行。

6 (A)。MT202為銀行間之匯款電文，可用於Cover Payment之清算。

7 (D)。若通知書尚未通知受款人時，應先查明該筆款項確實已收妥始可退還，不得未經查明隨即沖帳退還。

8 (B)。 客戶以新臺幣換外幣辦理匯出換款，故客戶是賣新臺幣買外幣，相對而言銀行是買新臺幣賣外幣，站在銀行觀點其是「賣匯」，故應掣發賣匯水單。

9 (C)。MT202電文中未設置71欄位（DETAILS OF CHARGES）之原因為：費用一概由發電銀行負擔，故無須設置。

10 (D)。
PKI（Public Key Infrastructure）是SWIFTNet公開金鑰基礎設施，當匯款行收到電匯時，應依雙方交換之PKI確認電文真偽。

11 (A)。BEN，BENEFICIARY受益人，費用全由受款人負擔OUR費用全由匯款人負擔。

12 (D)。關鍵字「郵寄書面」，故選擇信匯，Mail Transfer，簡稱M/T。

13 (B)。MT103電文結尾若有PDE（Possible Duplicate Emission）、PDM（Possible Duplicate Message）字句時，解款行應注意避免重複付款。

14 (D)。57a欄位為「設帳銀行」。

15 (D)。 匯票提示是指持票人將匯票提交付款人要求承兌和付款的行為。

16 (B)。 銀行業受理對大陸地區匯出匯款及匯入匯款申報案件應確認事項：

一、經許可之直接投資匯款

(一) 對大陸地區直接投資：對大陸地區直接投資，個案累計投資金額在一百萬美元（含）以下者，得逕行受理投資人匯出投資款至大陸地區，不須確認經濟部核准投資文件；一百萬美元以上者，應查驗主管機關核准文件。

17 (D)。IRBC是票匯的一種，是將匯款行簽發之匯票先由解款行背書，收妥款項後再掣發通知書通知受益人。

18 (C)。銀行業受理對大陸地區匯出匯款、匯入匯款案件，依附表十所列應確認文件之規定辦理，並應注意：對大陸地區直接投資之新臺幣結匯案件；匯出股本投資、營運資金；除個人應計入其當年累積結匯金額外，公司、行號及團體均無須計入其當年累積結匯金額。

19 (D)。旅行支票若遺失需填寫REFUND APPLICATION（退款申請書）時，不應有遺失支票已經購買人副署之情形，否則將會被拒絕受理。

20 (B)。若客戶以業務上收受之他人旅行支票要求存入其帳戶，銀行在判斷是否收兌時，該客戶與銀行往來關係良好且銀行應可確保不受損失。

21 (A)。旅行支票多數不規定流通期限，可以長期使用，並具有「見票即付」的特點，持票人可以在發行機構的國外代兌機構購票立即取款。

22 (D)。外匯銀行僅得受理銀行匯票／支票、商業支票、外國國庫支票與旅行支票。

23 (B)。
(1) Account closed：存款戶已結清。
(2) Insufficient funds：存款不足。
(3) Payment countermanded by the drawer：票據止付。
(4) Words and figures differ：金額大小不一致。

24 (B)。英國為防止金額被塗改，票據大寫金額僅註明至個位數，若有小數點以下金額，則參照小寫數字。

25 (D)。Not drawn on this bank：非本行付款。

26 (C)。常見退票理由：
"Cash or Order" cheques require drawer's endorsement：須發票人背書。

27 (C)。美、加地區的國庫支票，政府為保有追索權規定，故原則上Cash Letter方式代收。
提示銀行提示光票至票據交換中心，當票據交換所收到票據影像後，即將款項撥入該行帳戶，期間並未經過儀器鑑定真偽，亦未經原發票人及付款行確認。此方式之優點為入帳速度快、又是全額撥付。惟因付款銀行未見票據正本，僅憑影像即付款，故保有該票據之「追索權」，若該票據因存款不足、帳戶關閉、票據偽造而退票，提示銀行須即退回該款項。

Cash Letter多適用於以光票買入承做之票據（小額支票或旅行支票）。

28 **(C)**。銀行受理外匯存款之存入，憑光票託收收據逕行存入，需加以確認國外代收銀行是否收妥。

29 **(A)**。「OBU」〔Offshore Banking Unit〕：係指銀行依國際金融業務條例，向主管機關申請特許設立之國際金融業務分行。

「OBU外幣支票存款」：指立約人簽發銀行所牌告外幣之支票，或利用自動化設備，委託OBU以轉帳方式支付之不計利息存款。

DBU（即Do-Mestic Banking Unit）：係指境內獲得指定辦理外匯業務資格的銀行，服務對象主要針對國內自然人與法人。

30 **(C)**。根據銀行業辦理外匯業務管理辦法第31條：
指定銀行辦理涉及新臺幣匯率之外匯衍生性商品業務，應依下列規定辦理：
一、新臺幣與外幣間遠期外匯交易（DF）：
(一)以有實際外匯收支需要者為限，同筆外匯收支需要不得重複簽約。
(二)與顧客訂約及交割時，均應查核其相關實際外匯收支需要之交易文件，或主管機關核准文件。……

31 **(D)**。主管機關對於遠期外匯交易並無最長期限之規定。

32 **(A)**。買方需要支付權利金，但不用履行任何義務。

33 **(A)**。本國人之匯出匯款應依其匯出資金之用途申報；非居住民之匯入匯款應依其外匯資金之用途申報。

34 **(D)**。外匯收支或交易申報辦法第10條，非居住民法人辦理第四條第一項第五款、第五條第三款、第五款或第七款之新臺幣結匯申報時，除本行另有規定外，應出具授權書，授權其在中華民國境內之代表人或代理人以該代表人或代理人之名義代為辦理申報；非居住民法人為非中華民國金融機構者，應授權中華民國境內金融機構以該境內金融機構之名義代為辦理申報。

35 **(A)**。申報義務人委託他人辦理新臺幣結匯申報時，應簽署委託書，並以「委託人名義」辦理申報，就申報事項負責。

36 **(C)**。第47條：
指定銀行受理顧客新臺幣與外幣間即期外匯、遠期外匯、換匯交易或換匯換利交易及中華郵政公司受理顧客新臺幣與外幣間即期外匯交易達下列金額時，應依第三十一條及申報辦法第五條規定確認交易相關證明文件無誤後，依下列規定將資料傳送至本行外匯資料處理系統：

一、受理公司、有限合夥、行號結購、結售等值一百萬美元以上（不含跟單方式進、出口貨品結匯），或個人、團體等值五十萬美元以上即期外匯交易，於訂約日立即傳送。

二、受理顧客結購、結售等值一百萬美元以上之新臺幣與外幣間遠期外匯交易，於訂約日之次營業日中午十二時前傳送。

本國指定銀行就其海外分行經主管機關核准受理境內外法人、境外金融機構及本國指定銀行海外分行之無本金交割新臺幣遠期外匯交易達等值一百萬美元以上時，應於訂約日之次營業日中午十二時前傳送至本行外匯資料處理系統。

37 (A)。客戶結購外匯存入外匯存款以備將來支付進口貨款時，賣匯水單及申報書上的受款地區國別應填寫本國。

38 (B)。銀行業辦理外匯業務管理辦法第47條，受理公司、有限合夥、行號結購、結售等值一百萬美元以上（不含跟單方式進、出口貨品結匯），或個人、團體等值五十萬美元以上即期外匯交易，於訂約日立即傳送。（註：民國110年1月28日法規修正，換匯交易納入大額交易資料通報之範圍。）

39 (A)。（申報書填報之更改）

十二、申報書之金額不得更改，其他項目如經更改，應請申報義務人加蓋印章或由其本人簽字。

40 (D)。依據「偽造變造外國幣券處理辦法」規定辦理：偽鈔在美金二百元以上，銀行應記名持兌人真實姓名、國籍職業及住址，並報請警察機關偵辦；未達美金二百元，持兌人非惡意使用者，經釋明後應蓋戳章作廢，原件留存，掣給收據。

41 (D)。境外外國金融機構不得以匯入款項辦理新臺幣結售。

42 (A)。大陸人士憑入出境許可證明辦理結購外匯之額度不能超過每筆10萬美元。

43 (C)。銀行業輔導客戶申報外匯收支或交易應注意事項：
（網路申報資料之禁止竄改）
二十、銀行業不得竄改留存之申報義務人網路申報資料。

44 (C)。銀行業受理私立就業服務機構代外籍勞工辦理薪資結匯申報，應確認下列文件無誤後,始得受理：
(A)行政院勞工委員會核發，並在許可有效期間內之私立就業服務機構許可證。
(B)最近一次「私立就業服務機構從事跨國人力仲介服務品質評鑑」之證明文件。

(C)外籍勞工薪資結匯申報委託書。

(D)代理外籍勞工匯出在台薪資結匯清單。

45 (A)。指定銀行辦理外匯業務應注意事項：

未取得內政部核發「中華民國外僑居留證」之外國自然人或未取得我國登記證照之外國法人，其結售外匯時，應依左列事項辦理：外國自然人於辦理結售時，應憑相關身分證明親自辦理。

46 (D)。指定銀行受理對大陸地區直接投資之匯款，指定銀行應憑匯款人檢附之經濟部核准直接投資大陸地區文件及規定應檢附之文件辦理。

47 (A)。

(1) 第3條：外幣收兌處辦理外幣收兌業務，每人每次收兌金額以等值三千美元為限。

(2) 第8條：外幣收兌處應於每季終了次月15日前，向臺灣銀行列報該季收兌金額。

(3) 第5條：相關之兌換水單及申報疑似洗錢紀錄等憑證至少保存5年。

48 (D)。無居留身分之大陸地區人民在填寫外匯收支或交易申報書時，其申報義務人登記證號應填非居住民。

49 (D)。銀行業受理外國人發行新臺幣債券結匯申報案件應確認事項：

一、證券主管機關原核准發行文件。

二、外匯局同意函。（銀行業應於該文件上註明結匯金額、日期並簽章）

三、金融機構出具之收足款項證明。

50 (C)。132觀光支出：居民出國觀光旅費支出，含旅行社團費、遊學等。

二 進出口外匯業務

( ) **1** 賣方貨款之收取如為買賣雙方談妥交易而於賣方出貨前，買方即將貨款先行匯付賣方之交易方式，稱為下列何者？ (A)託收 (B)預付貨款 (C)記帳 (D)信用狀。

( ) **2** 有關出口與外匯業務處理有關之法令、規則，下列何者係由國際商會（ICC）所頒訂，為單據審查之依據？
(A)管理外匯條例
(B)國際標準銀行實務
(C)銀行業辦理外匯業務管理辦法
(D)銀行業辦理外匯業務作業規範。

( ) **3** 外匯業務的信用風險包括下列何者？ (A)開狀銀行倒閉 (B)開狀銀行所在國外匯短缺 (C)貨物損害或遺失 (D)出口國因戰爭等因素無法依約出口。

( ) **4** 依UCP600規定，下列何種用語表明，該信用狀視為可轉讓信用狀？
(A)DIVISIBLE (B)TRANSFERABLE
(C)ASSIGNABLE (D)TRANSMISSIBLE。

( ) **5** 依UCP600規定有關銀行審查單據，以決定提示是否符合之時間為提示日之次日起幾日內為之？ (A)七個曆日 (B)七個銀行營業日 (C)五個曆日 (D)五個銀行營業日。

( ) **6** 銀行在信用狀下所為之兌付或讓購，不因當事人間所衍生之抗辯而受影響，稱為信用狀之下列何種性質？ (A)不可撤銷性 (B)保證性 (C)獨立性 (D)一致性。

( ) **7** 信用狀通知方式，目前國內實務上，以下列何種方式最為普遍？
(A)Airmail (B)Telex (C)Cable confirmation (D)SWIFT。

( ) **8** 倘SWIFT MT700 31C欄位（開狀日期）留空未填列，則應以下列何者為開狀日期？ (A)通知銀行之收電日期 (B)通知銀行之通知日期 (C)開狀銀行之發電日期 (D)31C欄位為必要欄位，不得留空未填。

(　) **9** 一以CIP條件交易之開狀案件，信用狀規定受益人須提示保險單
據，且投保協會貨物保險條款(C)-ICC(C)，但考量出口地治安不
佳，貨物被竊盜及不能送達之風險極高，開狀銀行於開狀時，
尚須規定投保下列何種附加條款？　(A)T.P.N.D.　(B)J.W.O.B.
(C)W.A.　(D)F.P.A.。

(　) **10** 有關開狀行對於瑕疵文件之拒付通知處理，下列敘述何者正確？
(A)可以貨品品質不符為拒付理由
(B)可表示係應申請人之請求而拒付
(C)於L/C到期日及提示日前，對於拒付後又重新提示之單據，如
　　證實有新瑕疵，可再作另一次拒付
(D)未發出拒付通知，而直接退文件給提示人。

(　) **11** 依UCP600規定，對於下列何者以外之單據，信用狀應規定其簽
發人及其措辭或其資料內容，如信用狀對此未有規定，銀行將就
所提示者照單接受，但以其資料內容顯示符合所需單據之功能且
與所提示之任何其他規定單據彼此不相牴觸為條件？
(A)商業發票、運送單據、保險單據
(B)商業發票、檢驗證明書、運送單據
(C)運送單據、保險單據、原產地證明書
(D)保險單據、檢驗證明書、原產地證明書。

(　) **12** 開發信用狀時，倘國外出口地為一內陸地點，且信用狀未規定
另一裝載港，則應要求提示下列何種單據？　(A)複合運送單據
(B)提單　(C)不可轉讓之海運貨單　(D)傭船提單。

(　) **13** 信用狀可在任何銀行使用（例如：Available with any bank by
negotiation），則轉讓應由下列何者辦理？　(A)保兌銀行　(B)指
定銀行　(C)求償銀行　(D)信用狀特別授權辦理轉讓之銀行。

(　) **14** 銀行辦理進口擔保提貨，對船公司所負無限保證責任係針對下列
何者而言？
(A)信用狀金額　　　　　　　　(B)押匯金額
(C)商業發票金額　　　　　　　(D)所擔保提領貨物之價值。

( ) **15** 存入保證金未用餘額之退還處理，下列敘述何者錯誤？
(A)國外原通知銀行已將信用狀正本寄回或以加密押之電傳方式表明受益人同意撤銷信用狀，可退還
(B)已逾信用狀有效期限並超過一定時間，證實未用餘額相符後，始得退還
(C)信用狀逾期甚久，不論緣由，均不能辦理退還保證金手續
(D)信用狀雖未過期，但金額甚小且已確定不可能再出貨者，可將信用狀未用餘額註銷。

( ) **16** 有關進口信用狀擔保提貨之敘述，下列何者錯誤？
(A)係由開狀銀行先簽發擔保提貨書交由申請人憑以向船公司換發小提單之作業
(B)即期信用狀之擔保提貨手續得逕行辦理，不須先收回墊款本息
(C)開狀申請人一旦辦理擔保提貨則對任何不符之提示不得主張拒付
(D)未核予開狀額度之全額結匯案件原則不得辦理擔保提貨。

( ) **17** 開狀銀行授權補償銀行在押匯銀行求償時自其帳戶扣帳，應拍發下列何種格式之電文？(A)MT740 (B)MT742 (C)MT750 (D)MT752。

( ) **18** 銀行為確保債權，運送單據須以開狀銀行為受貨人，但因提單性質之不同，安全保障程度有差異，以下列何種提單較有保障？
(A)空運提單 (B)海運提單 (C)海運貨單 (D)傭船提單。

( ) **19** 有關開發信用狀時通知銀行之選定，下列敘述何者正確？
(A)由受益人指定；受益人未指定時由申請人指定之
(B)開狀銀行應以回扣最多為選擇通知銀行之標準，而不問該地有無海外分行
(C)原則上由申請人指定，申請人未指定或其指定之通知銀行不是通匯行時才由開狀銀行指定之
(D)原則上由受益人指定，受益人未指定或其指定之通知銀行不是通匯行時才由開狀銀行指定之。

( ) **20** 依據ISBP745，當L/C規定使用方式為AVAILABLE WITH A NOMINATED BANK BY ACCEPTANCE"30 DAYS AFTER SIGHT"且DRAFT之DRAWEE為NOMINATED BANK（非ADVISING BANK），則"30 DAYS AFTER SIGHT"係指下列哪一個銀行收到符合提示單據後的30天？ (A)NEGOTIATING BANK (B)NOMINATED BANK (C)ADVISING BANK (D)REIMBURSING BANK。

( ) **21** 有關eUCP2.0對於提示之規定，下列何者錯誤？ (A)電子信用狀要求提示電子記錄者，無須敘明電子記錄之提示地 (B)電子記錄得為個別提示且無須同時提示 (C)如電子信用狀允許提示一種或多種電子記錄或結合紙面單據，提示人應負責向指定銀行、保兌銀行（如有者），或向開狀銀行（提示係直接對其為之）提供提示已完成之通知 (D)未能確認之電子記錄視為未經提示。

( ) **22** 有關一銀行指示另一銀行執行服務，所產生之相關費用負擔，下列敘述何者錯誤？ (A)即使L/C規定費用由受益人負擔，但最終無法收取時，開狀銀行仍須負責 (B)L/C不應規定對受益人之L/C通知，係以通知銀行收到其費用為條件 (C)SWIFT MT700：71D欄位如留空未填，則表示除讓購及轉讓費用外，其他費用概由受益人負擔 (D)L/C如要求銀行費用外之其他費用時，應明確記載其計算及收取方式，否則將視為非單據化條件。

( ) **23** 依UCP600規定，即使部分裝運不被允許，如信用狀載有貨物之數量，而該數量業已全部裝運，且信用狀載有單價而該單價未減少者，則未用餘額在多少百分比以內之差額應屬容許？ (A)3% (B)5% (C)8% (D)10%。

( ) **24** 依URC522規定，下列何者為託收之當事人？ (A)委託人 (B)押匯銀行 (C)通知銀行 (D)保兌銀行。

( ) **25** 有關跟單託收，如付款人要求部分付款者，依URC522規定，下列何者正確？ (A)如付款地法律規定許可，提示銀行即得予接受 (B)提示銀行得逕行接受 (C)提示銀行須託收指示書特別授權時，始得受理 (D)提示銀行須儘速電詢託收銀行，原則上對於遲延交付單據負責。

( ) **26** 下列何種付款方式對出口商而言，風險最高？ (A)L/C (B)D/A (C)D/P (D)遠期D/P。

( ) **27** 託收銀行指示代收銀行或付款人製作未包含於託收中之單據，則該單據之格式及措辭應由下列何者提供？ (A)委託人 (B)託收銀行 (C)提示銀行 (D)代收銀行。

( ) **28** 依URC522規定，受委託人委託處理託收之銀行，稱為下列何者？ (A)COLLECTING BANK (B)REMITTING BANK (C)PRESENTING BANK (D)PAYING BANK。

( ) **29** 託收指示書上如載明「未獲付款時，須作成拒絕證書（PROTEST）」者，依我國票據法之規定，應於幾日內向當地法院請求作成拒絕證書？ (A)二日 (B)四日 (C)五日 (D)七日。

( ) **30** 進口託收匯票之付款期限如為60 DAYS AFTER DATE，應自何日起算到期日？ (A)承兌日之次日 (B)匯票簽發日之次日 (C)向進口商提示之次日 (D)商業發票日之次日。

( ) **31** 就進口託收而言，係指國外託收銀行將單據送達國內代收銀行後，代收銀行即依下列何者指示辦理？ (A)COLLECTION INSTRUCTION & URC522 (B)LETTER OF CREDIT & URC522 (C)GUARANTEE LETTER & URC522 (D)UCP600 & URC522。

( ) **32** 依URC522規定，有關出口託收之敘述，下列何者錯誤？ (A)匯票應以國外代收銀行為付款人 (B)代收銀行並無義務辦理有關貨物保險事宜 (C)銀行對其所傳送之指示未獲執行者，不負義務或責任，縱該等其他銀行係其主動選定者亦然 (D)未經銀行事先之同意，貨物不得直接向該銀行之地址發送。

( ) **33** 依URC522規定，下列敘述何者正確？ (A)託收指示中無作成拒絕證書之特別指示，代收銀行無義務為之 (B)拒絕證書只有於拒絕付款時為之，拒絕承兌時不適用 (C)拒絕證書作成之有關任何費用由代收銀行負擔 (D)拒絕證書作成之有關任何費用由進口商負擔。

( ) **34** 銀行就國外銀行寄來之出口商簽發之匯票及商業單據,准予憑額度動用申請書先予墊付該批貨款,並將文件交付進口商以利提貨,俟約訂期日屆至再清償貸款本息,此種銀行業務稱為下列何者? (A)進口L/C融資 (B)進口D/P融資 (C)進口D/A融資 (D)進口O/A融資。

( ) **35** 銀行辦理託收業務時,若所承作之外幣係代收銀行未掛牌者,其匯率風險應由下列何者負擔? (A)PRESENTING BANK (B)REMITTING BANK (C)DRAWEE (D)COLLECTING BANK。

( ) **36** 適用eURC之託收指示,可否適用URC? (A)不適用URC (B)須表明適用URC始適用URC (C)須含部分紙面單據始適用URC (D)同時適用而無須表明其適用URC。

( ) **37** 有關外幣保證業務應注意事項,下列敘述何者錯誤? (A)避免開發"Freely Negotiable"之保證函 (B)不宜規定to expire at our counter (C)除債權十足擔保,不宜承作可自動展期之保證函 (D)除債權十足擔保,不宜承作可循環使用之保證函。

( ) **38** 「The Guarantor is requested to confirm to the Counter-guarantor the issuance of the Guarantee.」為下列何種保證之用語? (A)借款保證 (B)相對保證 (C)履約保證 (D)付款保證。

( ) **39** 對保證函所適用之規則各具特色,下列敘述何者正確? (A)ISP98係專為保證業務量身製作 (B)擔保信用狀不得載明適用UCP (C)ISP98主要為進出口貿易之跟單信用狀設計,涉及貿易較多,保證較少 (D)URDG即付保證函統一規則,適用於即付保證函,但不能適用相對保證。

( ) **40** 有關現行即付保證函統一規則(URDG758),下列敘述何者正確? (A)保證函可全部轉讓一次以上 (B)URDG758對保兌及保兌人皆有規定 (C)除非保證函另已規定,應適用保證人簽發保證函所在地之法律 (D)因不可抗力導致銀行停業,保證有效期限不能展延。

( ) **41** 若銀行為其客戶開發standby L/C適用ISP98並規定to expire July 12 20XX at Taipei Taiwan，而如July 12 20XX（正常營業日）當天因故未能營業導致受益人無法及時提示，則依ISP98之規定該擔信用狀將如何使用？
(A)自動展延至提示地恢復營業日
(B)自動展延至提示地恢復營業日後（起算）30個曆日
(C)信用狀逾July 12 20XX後自動失效
(D)信用狀有效地自動改至受益人國家。

( ) **42** 一般融資性擔保信用狀（即銀行借款擔保）之受益人應為下列何者？ (A)一般廠商或公司 (B)銀行 (C)借款人 (D)自然人。

( ) **43** 一依據ISP98簽發之擔保信用狀，要求獨立之兌付要求（a separate demand），但未要求任何動支緣由之聲明書，則受益人提示之兌付要求，其內容得不須包含下列何者？ (A)表明兌付要求之簽發日期 (B)要求之金額 (C)受益人之簽字 (D)違約之聲明。

( ) **44** 有關信用狀之保兌，下列敘述何者錯誤？
(A)保兌銀行與開狀銀行之義務是分立的
(B)信用狀之保兌為受益人對開狀銀行本身之債信感到憂慮而要求安排另一銀行保兌
(C)信用狀之保兌為開狀銀行所在國之外匯短缺，受益人為加強保障而要求保兌
(D)信用狀之保兌銀行因對信用狀加以保兌，因此應比開狀銀行負擔更多的責任與義務。

( ) **45** 對於信用狀之押碼無法核對其真偽時，應由何人負責向開狀銀行確認其真實性？ (A)押匯銀行 (B)通知銀行 (C)受益人 (D)補償銀行。

( ) **46** 開狀銀行已經確認之電傳指示通知銀行為信用狀通知時，電傳若未加註"FULL DETAILS TO FOLLOW"（明細後送）字樣或類似意旨之文句者，下列何者視為可憑使用之信用狀？ (A)郵寄信用狀正本 (B)電傳信用狀與郵寄證實書 (C)預告信用狀與郵寄證實書 (D)電傳信用狀。

（　　）**47** Confirming Bank係指下列何者？　(A)通知銀行　(B)保兌銀行　(C)開狀銀行　(D)指定銀行。

（　　）**48** 假設L/C未另外規定，銀行審核出口押匯單據，下列何種情形會被認為瑕疵？　(A)提單載有敘明運送人保留轉運權利之條款　(B)提單上表明貨物裝載在甲板　(C)發票顯示信用狀未敘明之預付款、折扣等減項　(D)簡式單據（short form B/L）。

（　　）**49** 如受益人所提示之單據符合信用狀條款時，下列何者有兌付或讓購的確定義務？(A)押匯銀行　(B)讓購銀行　(C)補償銀行　(D)開狀銀行及保兌銀行

（　　）**50** 依UCP600規定，信用狀要求航空運送單據時，該航空運送單據須表明信用狀敘明之下列何者？　(A)the port of loading及the port of discharge　(B)the place of taking in charge及the place of final destination　(C)the airport of departure及the airport of destination　(D)the place of shipment及the place of destination。

（　　）**51** 依UCP600規定，下列何種性質之單據，銀行得認其為正本？(A)顯示係製作在單據簽發人之原始用箋上　(B)顯示係以傳真機產製　(C)顯示係另一單據的影印本　(D)單據上聲明另一單據係單一正本。

（　　）**52** 依UCP600規定，除信用狀規定特定貨物之數量不得增加或減少外，以下列何種數量單位表示者，容許百分之五上下差異？(A)DOZENS　(B)SETS　(C)PCS　(D)KGS。

（　　）**53** 貿易條規為CIF或CIP情形，運費係由出口商支付，出口商提示之提單須註記支付運費之事實，而提單上下列何種註記將被視為運費付訖之證明？　(A)FREIGHT PREPAID　(B)FREIGHT COLLECT　(C)FREIGHT PAYABLE AT DESTINATION　(D)FREIGHT TO BE PREPAID。

（　　）**54** 海運提單就其表面顯示已表明運送人名稱，且業經下列人員簽署或以其他方式確認，依UCP600規定，下列何者非屬得簽署海運提單者？　(A)運送人　(B)傭船人　(C)船長　(D)代表運送人之標名代理人。

( ) **55** 若信用狀中有關使用方式與使用銀行之規定為：「CREDIT AVAILABLE WITH ANY BANK BY NEGOTIATION」，則其使用方式為讓購（NEGOTIATION），使用銀行係下列何者？ (A)限於在開狀銀行使用 (B)限定在指定銀行使用 (C)限定在保兌銀行使用 (D)除開狀銀行以外之任何銀行均可使用。

( ) **56** 信用狀要求"Invoice"，則提示冠以下列標題之發票，何者不可接受？ (A)Commercial Invoice (B)Customs Invoice (C)Consular Invoice (D)Provisional Invoice。

( ) **57** 依UCP600規定，如補償銀行未能於一經請求即予補償，則求償銀行之任何利息損失，應由下列何者負擔？ (A)補償銀行 (B)開狀銀行 (C)付款銀行 (D)押匯銀行。

( ) **58** 依UCP600規定，下列何者得依自身之判斷洽申請人拋棄瑕疵之主張？ (A)開狀銀行 (B)指定銀行 (C)保兌銀行 (D)補償銀行。

( ) **59** 如信用狀規定DRAFTS AT SIGHT DRAWN ON US時，匯票之付款人為下列何者？ (A)開狀申請人 (B)開狀銀行 (C)通知銀行 (D)押匯銀行。

( ) **60** 依Incoterms2020規定，有關「交貨（delivery）」用語之解釋，下列何者正確？ (A)買方自運送人處提領貨物之地點 (B)貨物所有權之移轉 (C)貨物代理權之移轉 (D)貨物滅失或毀損之風險移轉買方承擔之時點。

( ) **61** 依據ISBP745，倘信用狀要求"Packing List"，則下列何者單據不可接受？ (A)"Packing List" with packing details (B)"Packing List" without packing information (C)"Packing Note" with packing details (D)An untitled documents with packing details。

( ) **62** 依UCP600之規定，下列何者係屬「不清潔運送單據」？
(A)運送單據未標明CLEAN ON BOARD
(B)運送單據載有明示貨物或其包裝有瑕疵狀況之條款或註記
(C)運送單據標示CORROSIVE LIQUID（腐蝕性溶劑）
(D)運送單據有3處以上之更正處且經原簽發人或其代理人確認。

( ) **63** 貿易條規為CIF時，賣方（出口商）須負責訂定運送契約，但貨物在裝運港裝載於船舶後貨品毀損之風險承擔，應為下列何者？ (A)出口商（賣方） (B)進口商（買方） (C)押匯銀行 (D)通知銀行。

( ) **64** 下列何者為跟單信用狀（Documentary Credits）之用途？ (A)貨款支付 (B)投標保證 (C)履約保證 (D)借款保證。

( ) **65** 依UCP600及ISBP，除非提單載明前置運輸工具，或含有預定船舶用語，或表明信用狀規定之裝載港為裝載港外，下列何種情況不須在提單上加註裝載註記（ON BOARD NOTATION）？ (A)備運提單（RECEIVED B/L） (B)已印定文字表明貨物業已裝運之提單（SHIPPED B/L） (C)如提單含有「預定之船舶」用語時 (D)如提單未表明信用狀敘明之裝載港為裝載港。

( ) **66** L/C有效期限為20XX年7月31日（星期五），最後裝運日為20XX年7月21日（星期二），另於48欄位規定單據提示期間為15天，若所提示之提單裝運日為20XX年7月20日（星期一），則受益人至遲應於何時提示？ (A)20XX年7月30日（星期四） (B)20XX年7月31日（星期五） (C)20XX年8月4日（星期二） (D)20XX年8月5日（星期三）。

( ) **67** 依UCP600及ISBP745，倘信用狀未有其他規定，而要求提示「商業發票（COMMERCIAL INVOICE）」時，有關單據提示之敘述，下列何者正確？ (A)須以出口商本身為抬頭人 (B)商業發票不得敘明貿易條件 (C)商業發票無須簽署亦無須標明簽發日期 (D)受益人若提示「發票（INVOICE）」，不可接受。

( ) **68** 有關FORFAITING業務中，買斷行應收取之費用，下列敘述何者正確？ (A)貼現息 (B)申請費 (C)承購管理費 (D)承購處理費。

( ) **69** 提供承作FORFAITING之信用狀，其應具備之條件不包括下列何者？ (A)應為賣方遠期信用狀 (B)信用狀必須保兌且限制押匯 (C)信用狀幣別應為美元、歐元等主要貨幣 (D)開狀行及開狀國之風險應屬買斷行可接受之等級。

( ) **70** 辦理遠期信用狀賣斷業務，出口商於確認買斷條件後，應簽署何
種文件，以表達其同意將其信用狀下之應收帳款債權移轉與買斷
行？ (A)信用狀款項讓與同意書 (B)信用狀讓渡書 (C)帳款買
回通知書 (D)債權債務承諾書。

( ) **71** 下列何者非屬FACTOR對賣方（出口商）所提供之服務？
(A)資金融通
(B)賣方遠期信用狀項下匯票之買斷
(C)承擔買方無法付款之倒帳風險
(D)應收帳款帳戶之維護。

( ) **72** 出、進口帳款承購間所簽訂之書面協議若與國際應收帳款承購統
一規則（GRIF）互相牴觸時，下列敘述何者正確？
(A)書面協議優先於規則（GRIF）
(B)規則（GRIF）優先於書面協議
(C)由出口帳款承購商決定優先次序
(D)由進口帳款承購商決定優先次序。

( ) **73** 有關辦理FACTORING業務，下列何者非Single-Factor之當事
人？ (A)供應商（賣方） (B)債務人（買方） (C)出口帳款承
購商 (D)進口帳款承購商。

( ) **74** 廠商申辦外幣貸款業務，應否提供交易文件？
(A)由銀行自酌
(B)提供其與國外交易之文件作為憑辦文件
(C)凡有實際需求者均可申辦，無須提供交易憑證
(D)外幣貸款超過100萬美元者，才須提供其與國外交易之文件。

( ) **75** 國際金融業務分行（OBU）辦理外幣應收帳款承購業務時，其承
做對象與承做範圍限制為何？
(A)境外客戶；外幣應收帳款，並應以外幣收付
(B)境外客戶；外幣應收帳款，以新臺幣或外幣收付
(C)境內、外客戶；外幣應收帳款，並應以外幣收付
(D)境外客戶；新臺幣應收帳款，並應以新臺幣收付。

( ) **76** 指定銀行承作外幣保證業務，下列敘述何者錯誤？
(A)承作對象以國內顧客為限
(B)應憑顧客提供有實際需求之證明文件辦理
(C)履行保證責任之結匯應以銀行為申報義務人
(D)應將月底餘額及其保證性質報送中央銀行外匯局。

( ) **77** 客戶自外匯存款提取外匯，用以支付進口開狀貨款時，指定銀行
應掣發何種單證？
(A)買匯水單 　　　　　　　　(B)進口結匯證實書
(C)賣匯水單 　　　　　　　　(D)其他交易憑證。

( ) **78** 指定銀行辦理出口信用狀通知及保兌業務，應憑辦文件為何？
(A)國外同業委託之文件 　　　(B)國外出口商委託之文件
(C)國外進口商委託之文件 　　(D)國內出口商委託之文件。

( ) **79** DBU（指定辦理外匯業務銀行）受託代為處理同一銀行OBU（國
際金融業務分行）之案件，其匯款電文及掣發予客戶之收據，應
以下列何者名義為之？
(A)中央銀行名義 　　　　　　(B)總行名義
(C)DBU名義 　　　　　　　　(D)OBU名義。

( ) **80** 指定銀行憑國內廠商開發之外幣信用狀，其受益人為國內另一廠
商且貨物輸出國為外國，該信用狀受益人及申請人可否申請辦理
外幣貸款？
(A)均不可 　　　　　　　　　(B)限受益人
(C)限申請人 　　　　　　　　(D)均可。

解答與解析 （答案標示為#者，表官方曾公告更正該題答案。）

1 (B)。記帳付款（O／A）是指Open Account，賣方出貨後將單據寄予買方提貨，待雙方約定時間到期時，買方再將貨款匯付給賣方，對出口商而言風險較高。

2 (B)。ICC為全球性商工組織，成立於1919年，總部設於巴黎。

成立宗旨：推動世界經濟發展，促進自由企業和市場經濟繁榮，以創造有利工商界之環境；並在經濟和法律領域裡，以有效的行動促進國際貿易及投資的發展，如制定有關銀行、貿易、貨運、商務仲裁等方面的規則和條款，協助解決國際貿易中出現的爭議和糾紛。

3 (A)。外匯信用風險也稱結算風險，是指交易對方不履行或不按期履行外匯交易合約所產生的外匯風險，從而給銀行造成損失的可能性。

4 (B)。信用狀記載TRANSFERABLE方可視為可轉讓信用狀。

5 (D)。UCP600的規定表明，5個銀行營業日是審單的最長時間限制，因此，若超過該時間限制銀行只能接受單據。

6 (C)。信用狀的特性
(一) 獨立性：
　(1)信用狀與相關買賣或勞務契約是完全獨立的。

(2)信用狀當事人僅受信用狀本身、信用狀統一慣例及國際標準銀行實務之規範。故基礎契約所衍生之主張或抗辯，皆不影響信用狀效力。

7 (D)。SWIFT系統因速度快、安全性高，是目前信用狀最常見的傳遞方式。

8 (D)。31C／Date of Issue意義：
(1)開狀日期，選填欄位，以YYMMDD表示之。
(2)若此欄未填，則默認為電文的發送日期。

9 (A)。偷竊提貨不著險（theft, pifer age and non-delivery, 簡稱T.P.N.D.）：保險有效期內，保險貨物被偷走或竊走，以及貨物運抵目的地以後，整件未交的損失，由保險公司負責賠償。

10 (C)。不可以以貨品品質不符，僅可就單據瑕疵為為拒付理由；且應由開狀銀行發出拒付通知，方可退回文件予提示人。

11 (A)。單據間等之資料不須完全一致，惟彼此不得牴觸。

12 (A)。複合運送單據上須表明接管地，該接管地得不同於裝載港、機場或裝載地；運送單據亦須表明最終目的地，該最終目的地得不同於卸貨港、機場或卸貨地。

13 (D)。所謂「可轉讓信用狀」，係指第一受益人得請求經授權為付款、延期付款義務、承兌或讓購之轉讓銀行、或在自由讓購信用狀之情形經信用狀特別授權為轉讓銀行之銀行，使該信用狀之全部或一部分能由一個或一個以上之其他第二受益人使用之信用狀。

14 (D)。銀行承進口擔保提貨務真實金額之風險，而非交易單據上所顯示之金額。

15 (C)。已逾信用狀有效期限並超過一定期間，證實未用餘額相符後，始得退還。

16 (B)。辦理擔保提貨時，即期信用狀案件須收回墊款本息。

17 (A)。與進口開狀業務有關之SWIFT格式，主要有MT700（開發信用狀電文格式）、MT701（開發信用狀電文格式MT700不夠時用）、MT740（補償授權書電文格式）、MT707（修改信用狀電文格式）、MT747（修改補償授權書電文格式）。

18 (B)。選項中僅海運提單具物權憑證性質，對銀行而言較能確保債權。

19 (C)。通知銀行原則由開狀申請人指定，未指定時才由開狀行指定，惟若申請人指定之通知銀行非開狀行之通匯行時，仍須由開狀行指定距離受益人地址較近之通匯行。

20 (B)。被指定銀行（NOMINATED BANK）。付款人（DRAWEE），又稱為被發票人（Drawee），在國際貿易中，通常是進口方或其指定銀行。

21 (A)。電子記錄須敘明電子記錄之提示地。

22 (C)。71B／Charges：費用，倘留空未填，表示除讓購費及轉讓費外，其餘費用皆由申請人負擔。

23 (B)。若信用狀載有貨物之數量，亦載有單價而該單價未減少者，則未用餘額在5%以內之差額應屬容許。

24 (A)。託收常涉及的當事人有委託人（PRINCIPAL）、託收銀行（REMITTING BANK）、提示銀行（PRESENTING BANK）、代收銀行（COLLECTING BANK）、付款人（DRAWEE）。

25 (C)。(A)(B)國際商會《URC 522》第19條第6款規定：跟單託收時，部分付款只有在託收指示特別授權時才被接受。(D)提示銀行須儘速以電傳通知所由收受託收指示之銀行。

26 (B)。
(A)付款交單（Documents against Payment，D/P）：國外進口商須先清償商業單據款項，銀行才將商業單據交付進口商。對出口商而言，此方式風險較D/A低，較信用狀為高。但對進口

商而言，此方式卻較信用狀為方便、有利。

(B)承兌交單（Documents against Acceptance，D/A）：國外進口商於承兌遠期商業單據／匯票後，銀行即可將單據交付進口商，進口商須於到期日始付款之方式。

承兌交單最長付款期限，通常在承兌後180天內。此方式對出口商風險較D/P及信用狀高。但對進口商而言，無論在資金運用及利息負擔方面，較信用狀與D/P有利。

27 (B)。 依URC522之規定，託收銀行指示代收銀行或付款人製作未包含於託收中之單據者，該等單據之格式及措辭應由託收銀行提供。

28 (B)。 Remitting Bank為託收銀行，是委託人（出口商）常往來之銀行。

29 (C)。 票據法第87條：拒絕承兌證書，應於提示承兌期限內作成之。拒絕付款證書，應以拒絕付款日或其後五日內作成之。但執票人允許延期付款時，應於延期之末日，或其後五日內作成之。

30 (B)。 AT 60 DAYS AFTER DATE 之匯票到期日為匯票發票日後起算。

31 (A)。 COLLECTION INSTRUCTION 託收指示

託收統一規則（URC522）：銀行辦理託收業務，係基於代理人之地位，應遵照外匯管理法令、委託人指示及國際商會制訂第522號「託收統一規則」（Uniform Rules for Collection，簡稱URC522）。

32 (A)。 出口託收匯票的付款人，原則上以進口商為限。

33 (A)。
(1)如託收指示中無明確指示，則銀行無義務作成拒絕證書；若銀託收指示書有指示，則與託收有關之銀行有義務作成拒絕證書。
(2)拒絕證書（Protest）於付款人拒絕付款或拒絕承兌時作成。

34 (B)。
(1)付款交單融資－D/P（Document against Payment）融資：為償付D/P項下之匯票而申請外幣貸款。D/P項下之匯票為「付款交單匯票」，是指需待付款人將匯票金額全部付清後，銀行才將所有提貨單據交與付款人的匯票。
(2)承兌交單融資－D/A（Document against Acceptance）項下融資：為償付D/A項下所承兌之匯票而申請外幣貸款。D/A項下之匯票為「承兌交單匯票」，是指只要付款人在匯票上簽字「承兌」，即承諾在一定期間兌付匯票上的金額，就可取得全部提貨單據的匯票。

(3) O/A融資－廠商以記帳（Open Account）方式進口，該類案下之單據係由出口商「直接」寄予進口商而未經過銀行，於約定期限屆期時為匯還出口商貨款而申請外幣融資。

35 (C)。進口託收之外幣幣別如代收銀行未掛牌者，有關匯率風險應由進口商承擔。

36 (D)。根據國際商會託收統一規則關於電子交單的附則第e3條第a項，eURC託收指示也受URC約束，而無須將URC明確納入託收指示。

37 (B)。外幣保證業務，對銀行而言多無對價或對等交易、期間及空間既廣且長，授信品質難掌控、業務風險高，故應嚴格限縮承作方式，如保證函/擔保信用狀的開發不應採通案處理，而依個別案件狀況審慎承作之；又或宜規定於開證銀行的櫃台使用available payment at our counter。

38 (B)。間接保證中，COUNTER-GUARANTOR係指相對保證人，即指示人往來的銀行。
相對保證：轉開銀行依據保證銀行之保證函，向受益人簽發另一張保證函，並由轉開銀行承擔責任及義務。

39 (A)。國際擔保執行條款（ISP98）係針對信用狀統一慣例（UCP500）中有關於擔保信用狀之規定為補充，為擔保信用狀之執行規範。
請求統一保證規定（URDG），則係處理相關既定與一致性之保證問題。

40 (C)。URDG758可以展延。

41 (B)。依ISP98規定，倘遇不可抗力因素導致銀行不營業，致擔保信用狀逾期，則最後提示日在恢復營業後，已失效之擔保函，自動展延30個曆日。

42 (B)。融資擔保是指擔保人為被擔保人向受益人融資提供的本息償還擔保，受益人為行。

43 (D)。ISP98是規範擔保信用狀之條規。

44 (D)。保兌銀行義務並未高於開狀銀行。

45 (B)。若信用狀押碼無法核對，通知銀行應立即去電開狀銀行，告知無法確信該信用狀真實性。

46 (D)。電傳信用狀：已經確認的電傳指示，且未註明「明細後送」或類似用語為信用狀之通知，視為可憑使用之信用狀（operative credit）。

47 (B)。保兌銀行（Confirming Bank）：因開狀銀行規模小、資信不明或所處國家經濟狀況不穩，而須由另外一信用卓越銀行對其所開信用狀擔保兌付責任。

48 (B)。運送單據不可已標述貨物是
或將被裝載於甲板上。但若標述著
「該貨物得被裝載在甲板上」是可
接受的。

49 (D)。開狀銀行承諾於信用狀之受
益人提示完全符合信用狀條款之單
據時，不論信用狀申請人當時之財
務狀況如何，開狀銀行均須履行付
款義務。

50 (C)。若是航空運送單據：
A. 航空運送單據須表明係給發貨
人或託運人之正本。
B. 航空運送單據係一種收據，並非
權利證券，不得據以背書轉讓。

51 (A)。根據UCP600第17條，銀行將
視以下單據為正本：i.顯示被由單據
簽發人的手書寫，打字，穿孔或蓋
章；或ii.顯示被用在單據簽發人的
正本信紙；或iii.敘述其是正本。

52 (D)。信用狀適用百分之五的條件
有三個：
(1) 未規定該等貨物不得增加或減少。
(2) 動支之金額不得逾信用狀金額。
(3) 數量之單位不得為包裝單位或
個別件數。
題目中之DOZENS、SETS、PCS皆
為包裝或個別件數單位，不適用5%
條件。

53 (A)。運送單據上應規定運費已付
（Freight Prepaid，如CFR，CIP，
CIF）或待收（Freight Collect，如
FOB，FAS）。

54 (B)。依UCP600提單規定，僅接受
由運送人、船長、代替運送人的標
名代理人所簽署之海運提單。

55 (D)。任何銀行均可使用，屬自由讓
購性質（FREELY NEGOTIABLE）。

56 (D)。PROFORMA INVOICE為形
式的發票，是出口商尚未出口時，
將擬好的價格及數量給進口商，好
讓進口商向本國當局申請進口允許
證，若有相關詞彙為"provisional"
（臨時）、"proforma"（預估）等較
不正式的發票，除了信用狀有特別
授權外，銀行不能接受。

57 (B)。求償銀行未能自信用狀指定
之補償銀行取得補償款項時，開狀
銀行不能免除其任何補償之義務。

58 (A)。當開狀銀行確定提示不符
時，亦可依據其獨立的判斷洽商信
用狀申請人（進口商）拋棄瑕疵；
但須在「自提示日次日起最長五個
銀行營業日」的審查期限內完成。

59 (B)。付款人（Drawee）：通常為
開狀銀行，在保兌時則為保兌銀
行；信用狀申請人不可以為匯票之
付款人。

60 (D)。交貨的定義為貨物滅失或毀
損之風險移轉買方之時點。

61 (B)。"Packing List" without
packing information將構成瑕疵，銀
行不得接受。

62 (B)。不清潔運輸單據又稱有批註
運單。這種運單的簽發是由於發貨

人所交付的貨物包裝有及外表狀況有缺陷，如污染、潮損、破包、缺少等，承運人為分清責任而在運單上做出批註。除非信用證明確規定可以不接受不清潔運單，銀行拒受載有這種批註的運輸單據。

63 (B)。CIF貿易條件下，貨物在裝運港裝載於船舶後貨品毀損之風險，應由進口商（買方）承擔。

64 (A)。跟單信用證（Documentary Credit）是指憑附帶貨運單據的匯票或僅憑貨運單據付款的信用證，在國際貿易中，跟單信用狀能夠保護買方的利益，故國際貿易結算中使用的大部分是跟單信用證。

65 (B)。依UCP600規定，海運提單上以預先印定措辭表明貨物業已於信用狀敘明之裝載港裝運於標名之船舶且不須加註裝載註記。

66 (B)。根據UCP600第14條第c項，如提示包含一份或多份依據第19-25條款的正本運送單據必須由受益人或其代表人不遲於本慣例中所描述的裝運日之後的21個日曆天內為之，但在任何狀況不遲於信用狀的有效日。

67 (C)。若信用狀未另有規定，商業發票無須簽署及加註簽發日期。

68 (A)。貼現息是買斷行賺取。

69 (B)。信用狀本身效力較強，故實務上受益人較少強調信用狀必須保兌，通常僅於下列情形要求：

(1) 信用狀金額龐大，超過開狀銀行本身資本實力。

(2) 信用狀開狀銀行為地方銀行，資信不為人所熟悉；且開狀銀行所在國家之政經情勢不穩定、批准外匯常拖延等問題。

70 (B)。辦理遠期信用狀賣斷業務，出口商於確認買斷條件後，應簽署信用狀讓渡書。

71 (B)。
國際應收帳款承購（Factoring）。
FORFAITER是買斷行，是遠期信用狀賣斷（Forfaiting）業務的當事人。

72 (A)。進出口應收帳款承購之書面協議優先於國際應收帳款統一規則（GRIF）。

73 (D)。參與雙承購商國際應收帳款承購交易之當事人有：(A)供應商（Supplier，通常亦被稱為委託人或賣方）；(B)債務人（Debtor，通常為買方）；(C)出口帳款承購商（Export Factor）；(D)進口帳款承購商（Import Factor）。

74 (B)。廠商申辦外幣貸款業務，應憑其與國外交易之文件辦理。

75 (A)。國際金融業務分行不得辦理直接投資及不動產投資業務，且非經央行核准，不得辦理外幣及新臺幣間的交易及匯兌業務。

76 (C)。根據銀行業辦理外匯業務作業規範。保證債務履行應由顧客依申報辦法規定辦理。

77 (D)。根據「銀行業辦理外匯業務」，指定銀行辦理進口外匯業務，應依下列規定辦理：

(一) 憑辦文件：開發信用狀、辦理託收、匯票之承兌及結匯，應憑國內顧客提供之交易單據辦理。

(二) 開發信用狀保證金之收取比率：由指定銀行自行決定。

(三) 掣發單證：進口所需外匯以新臺幣結購者，應掣發進口結匯證實書；其未以新臺幣結購者，應掣發其他交易憑證。上述單證得以電子文件製作。……

78 (A)。銀行業辦理外匯業務作業規範（出口外匯業務）

(一) 出口結匯、託收及應收帳款收買業務。

(二) 出口信用狀通知及保兌業務：憑辦文件：應憑國外同業委託之文件辦理。

79 (D)。DBU不得以支票存款的方式辦理外匯存款；OBU得辦理外幣支票存款業務。

80 (D)。根據中央銀行外匯局94.3.22.台央外柒字第0940009042號函，指定銀行憑國內廠商申請開發之外幣信用狀，其受益人為國內另一廠商而且貨物輸入國與輸出國至少有一方為外國或大陸地區時，該信用狀受益人及申請人可申請辦理外幣貸款，其貨款結匯無須填寫申報書且不計入每年累積結匯金額。

解答與解析

一　國外匯兌業務

( )　**1** 客戶提領外匯存款6萬美元存入保險公司外幣存款帳戶，銀行應掣發下列何種單證向中央銀行申報？　(A)賣匯水單　(B)買匯水單　(C)結匯證實書　(D)其他交易憑證。

( )　**2** 銀行受理匯出匯款，需填寫「外匯收支或交易申報書」時，申報義務人為下列何者？　(A)匯款申請人　(B)受理銀行　(C)受理銀行之總行　(D)中央銀行。

( )　**3** 簡稱M/T的匯款方式為何？　(A)票匯　(B)旅行支票　(C)電匯　(D)信匯。

( )　**4** SWIFT MT103中之32A欄位為何？　(A)匯款申請人　(B)受益顧客　(C)設帳機構　(D)生效日、幣別代碼、銀行間清算金額。

( )　**5** 國外通匯行收到匯款行之電匯MT103時，如何確認其真偽？　(A)查核簽樣　(B)依雙方交換之PKI　(C)查核通匯合約　(D)查核匯款行在本行是否設有存款帳戶。

( )　**6** 紐約銀行公會的交換系統CHIPS其ABA NO.為四碼，SWIFT如何表示？　(A)//FC XXXX　(B)//CH XXXX　(C)//CC XXXX　(D)//CP XXXX。

( )　**7** SWIFT MT103之53a欄為CITIUS33，54a欄為CHASUS33，下列敘述何者正確？　(A)發電銀行之通匯行為CHASUS33　(B)收電銀行之通匯行為CHASUS33　(C)受款人之設帳行為CITIUS33　(D)受款人之設帳行為CHASUS33。

( )　**8** SWIFT 58欄（受益機構）於MT103與MT202呈現方式為何？　(A)MT103有、MT202沒有　(B)MT103沒有、MT202有　(C)MT103與MT202均有　(D)MT103與MT202均沒有。

( ) **9** 匯入匯款之票匯以SWIFT之下列何種格式為之？ (A)MT202 (B)MT202COV (C)MT110 (D)MT191。

( ) **10** SWIFT MT103匯入匯款電文中71A欄位若為SHA，其匯出匯款手續費由下列何者負擔？ (A)匯款銀行 (B)受款人 (C)收電銀行 (D)匯款人。

( ) **11** 匯入匯款之解款行依受款人之指示解付新臺幣時，應以下列何匯率折算新臺幣？ (A)現鈔買入匯率 (B)即期買入匯率 (C)現鈔賣出匯率 (D)即期賣出。

( ) **12** 解款行解付票匯時，應查核事項，下列何者錯誤？ (A)不得逾期提示 (B)內容不得塗改 (C)匯票不得背書 (D)簽樣不得走樣。

( ) **13** 匯入匯款付款委託電文中，72欄位內容倘含有付款時必須徵提INVOICE、BILL OF LADING影本等條件時，宜採取下列何種處置？
(A)逕行發電匯款銀行辦理退匯
(B)附條件匯入匯款電文視為無效
(C)請匯款行修改刪除72欄位之條件註記後始可作匯款通知
(D)向會計部門確認國外已入帳時，不理會72欄位之註記，逕發匯入匯款通知。

( ) **14** 匯入匯款受款人之名稱與帳號不符或錯誤時，應請受款人通知下列何者辦理更正手續？ (A)匯款行 (B)匯款人 (C)存匯行 (D)解款行。

( ) **15** 有關票匯，下列敘述何者正確？ (A)核對押碼是否相符 (B)匯款行簽發以解款行為付款行之匯款支票，一律須由匯款行逕寄受款人 (C)解款行須郵寄簽發匯款支票之通知書至匯款行 (D)受款人憑匯票向解款行領款。

( ) **16** 匯款行簽發之匯票係以解款行為受款人，並附有分行帳號及受款人名稱，經解款行在匯票背書向付款行收妥款項後，通知受款人來行洽領款項，其屬下列何種匯兌業務？ (A)光票託收 (B)光票買入 (C)匯出匯款 (D)匯入匯款。

（　）**17** 依洗錢防制物品出入境申報及通報辦法規定，旅客攜帶總價值逾等值多少美元之外幣、香港或澳門發行之貨幣現鈔，應向海關申報？　(A)一萬美元　(B)二萬美元　(C)五萬美元　(D)十萬美元。

（　）**18** 辦理旅行支票收兌作業時，遇到什麼情況應拒絕收兌？　(A)旅行支票未經購買人簽名　(B)持票人在提示支票前已完成副署　(C)持票人不同意將票款存入本行帳戶　(D)未提示旅行支票購買合約書。

（　）**19** 有關旅行支票之敘述，下列何者錯誤？　(A)日期空白則視為法定要項不全，不得收受　(B)金額先已印定非由執票人填寫　(C)應以CASH LETTER取款指示書求償款項　(D)無限期付款。

（　）**20** 下列何者為存款不足之退票理由？　(A)refer to drawer　(B)account closed　(C)out of date　(D)Insufficient funds。

（　）**21** 託收銀行寄給代收銀行之取款指示書以"CASH LETTER"方式製作，下列何者為其特點？　(A)入帳速度較慢　(B)對託收銀行而言風險較小　(C)可全額入帳　(D)已獲最終付款（FINAL PAYMENT）。

（　）**22** 國外票據有效期限若無特別記載，大部份為多久？　(A)3個月　(B)6個月　(C)1年　(D)3年。

（　）**23** 國外匯兌實務上，以託收或買入方式辦理的無跟單票據，通稱為何？　(A)Payment Order　(B)Demand Draft　(C)Clean Bill　(D)Customer Transfer。

（　）**24** 在香港地區，若票據上的抬頭人欄記載為"ORDER"時，銀行審理該票據應注意之必備要件為何？　(A)請持有人背書　(B)須補填抬頭人方可受理　(C)第一順位背書人是發票人　(D)票據抬頭人不明確，銀行要擔保背書方可。

（　）**25** 有關票據審核要項敘述，下列何者錯誤？　(A)背書須與抬頭人相符　(B)限額票據未超過其上限　(C)發票人簽章及身分的確認　(D)票據上記載ACCOUNT PAYEE ONLY字樣，限存入抬頭人帳戶。

( ) **26** 指定銀行辦理外匯可轉讓定期存單業務時，下列敘述何者錯誤？
(A)發行期限最長不得逾一年 (B)不得中途提取 (C)發行利率得結合衍生性商品 (D)採無實體形式發行。

( ) **27** 指定銀行得以原幣提存之外匯存款準備金之幣別，不包括下列何者？ (A)歐元 (B)人民幣 (C)澳幣 (D)日圓。

( ) **28** 客戶本人持有外匯定存單可否向指定銀行質借外幣或新臺幣？
(A)均可 (B)均不可 (C)外幣可、新臺幣不可 (D)外幣不可、新臺幣可。

( ) **29** 買一個買權稱之為何？ (A)Long Call (B)Long Put (C)Short Call (D)Short Put。

( ) **30** 有關遠期外匯交易之敘述，下列何者錯誤？
(A)訂約及交割時，均應查核相關外匯收支需要之交易文件或主管機關核准文件
(B)遠期匯率=即期匯率±遠期點數
(C)履約保證金由承作銀行與客戶議定
(D)展期時應依原價格展期，不得依當時市場匯率重訂展期價格。

( ) **31** 同時買進並賣出一筆幣別相同、金額亦相同，僅交割日不同之外匯交易，稱為下列何種交易？ (A)即期外匯交易 (B)遠期外匯交易 (C)換匯交易 (D)換匯換利。

( ) **32** 指定銀行辦理外國自然人投資國內有價證券結匯案件時，應確認下列何者許可文件或完成投資登記證明文件？ (A)中央銀行 (B)金融監督管理委員會 (C)臺灣證券交易所 (D)證券商。

( ) **33** 下列何者非屬非居住民來台匯入匯款中旅行收入之項目？ (A)贍家匯款收入 (B)商務收入 (C)觀光收入 (D)留學收入。

( ) **34** 信用合作社、農漁會信用部可申請辦理之外匯業務包括哪幾種？
(A)辦理買賣外幣現鈔及旅行支票業務
(B)辦理外幣貸款及外幣保證業務
(C)辦理進出口外匯業務
(D)辦理所有外匯業務。

( ) **35** 非我國國民配偶之大陸地區人民合法繼承台灣地區人民遺產時，每人結匯金額上限為何？ (A)新臺幣二百萬元 (B)新臺幣五百萬元 (C)十萬美元 (D)五十萬美元。

( ) **36** 指定銀行受理客戶辦理外幣匯出匯款至其國內他行（不含OBU），則匯出匯款之分類應為下列何者？ (A)599其他移轉支出 (B)619其他匯出款 (C)693由本行轉往國內他行之外匯 (D)694外幣互換支出。

( ) **37** 依「銀行業辦理外匯業務管理辦法」規定，承作自然人買賣人民幣業務，每人每次買賣現鈔及每日透過帳戶買賣之金額，均不得逾人民幣多少？ (A)1萬元 (B)2萬元 (C)8萬元 (D)10萬元。

( ) **38** 依「銀行業辦理外匯業務管理辦法」規定，指定銀行受理顧客結購、結售等值一百萬美元以上之新臺幣與外幣間遠期外匯交易，其資料應於何時以電腦連線將資料傳送中央銀行？ (A)應於訂約當日 (B)訂約日之次營業日中午十二時前 (C)交割前二營業日 (D)交割當日。

( ) **39** 依「銀行業辦理外匯業務管理辦法」規定，銀行業辦理一般匯出及匯入匯款（含買賣外幣現鈔及旅行支票業務）之經辦人員，應有外匯業務執照或須有多久以上之相關外匯業務經歷？ (A)一週 (B)一個月 (C)三個月 (D)六個月。

( ) **40** 匯款人持外交部駐外單位所核發之中華民國護照，但未領有國民身分證者，其申報書中申報義務人登記證號之填列，不包括下列何者？ (A)入出境許可證號 (B)國別 (C)證（護）照號碼 (D)出生日期。

( ) **41** 「定居大陸地區榮民之就養給付」之匯款分類為何？ (A)410非居民薪資匯出 (B)510贍家匯款支出 (C)511工作者匯款支出 (D)530移民支出。

( ) **42** 持護照之外國人欲結售匯入匯款2萬美元（當日美元匯率為28.595）時，下列敘述何者錯誤？ (A)請其填寫申報書 (B)指定銀行逕行辦理不必事先經中央銀行核准 (C)結匯性質應為原匯入資金之用途 (D)應計入當年累積結匯金額。

(　　)　**43** 下列哪一種身份的結匯人不可以利用網際網路經由指定銀行向中央銀行申報？　(A)公司　(B)個人　(C)團體　(D)非居住民。

(　　)　**44** 依「銀行業辦理外匯業務管理辦法」規定，每筆交易金額在多少美元以下涉及新臺幣之匯率，應於每營業日上午9:30前在營業場所揭示？　(A)一萬美元　(B)二萬美元　(C)五萬美元　(D)十萬美元。

(　　)　**45** 依「銀行業輔導客戶申報外匯收支或交易應注意事項」規定，銀行業受理駐臺外交機構之新臺幣結匯申報案件，結匯金額限制為何？　(A)五十萬美元　(B)一百萬美元　(C)五百萬美元　(D)無結匯金額限制。

(　　)　**46** 申報義務人申請更改申報書內容，應經由承辦之銀行業向下列何者申請更正？　(A)財政部　(B)中央銀行　(C)金融監督管理委員會　(D)銀行公會。

(　　)　**47** 指定銀行辦理外匯存款業務時，下列敘述何者正確？
(A)不得受理外國公司之開戶
(B)不得承作未滿一個月之外匯定期存款
(C)得設置自動化服務設備
(D)期限及利率一律報中央銀行核准後實施。

(　　)　**48** 國內金融機構得與人民幣清算行簽署人民幣清算協議，以下列何者為限？　(A)證券業　(B)期貨業　(C)保險業　(D)銀行業。

(　　)　**49** 依「銀行業辦理外匯業務管理辦法」規定，經許可辦理外匯業務之銀行業裁撤、終止辦理部分或全部外匯業務時，應於裁撤或終止後多久期限內向中央銀行繳回或換發指定證書或函報備查？
(A)一週　(B)一個月　(C)二個月　(D)六個月。

(　　)　**50** 指定銀行辦理新臺幣匯率選擇權業務，承作對象為何？　(A)國內外自然人、法人均可　(B)國內外自然人為限　(C)國內外法人為限　(D)國外自然人及國內法人為限。

解答與解析 （答案標示為#者，表官方曾公告更正該題答案。）

1 (D)。因客戶之匯出匯款並未以新臺幣結購，故應掣發其他交易憑證。

2 (A)。下列各款所定之人，均視同申報義務人：

一、法定代理人依第六條第二項規定代辦結匯申報者。

二、公司或個人依第八條第一項規定，以自己名義為他人辦理結匯申報者。

三、非居住民法人之中華民國境內代表人或代理人依第九條第二項規定代辦結匯申報者。

四、非居住民之中華民國境內代理人依第九條第三項規定代辦結匯申報者。

五、非前項所定之申報義務人，且不符合得代辦結匯申報之規定而為結匯申報者。

3 (D)。票匯簡稱D/D，信匯簡稱M/T，電匯簡稱T/T。

4 (D)。MT103中之32A欄位為：生效日、幣別代碼、銀行間清算金額。

5 (B)。PKI（Public Key Infrastructure）是SWIFTNet公開金鑰基礎設施，當匯款行收到電匯時，應依雙方交換之PKI確認電文真偽。

6 (D)。紐約銀行公會的交換系統為CHIPS（Clearing House Interbank Payment Systems），其中ABA

No.為四碼，UID No.為六碼。SWIFT須以//CP XXXX或以//CH XXXXXX表示。

7 (B)。53a欄位為發電行之通匯行；54a為收電行之通匯行。

8 (B)。MT202有58a（BENEFICIARY INSTITUTION）欄位，而MT103沒有。

9 (C)。MT110用於票匯業務，係匯款銀行於開發匯票後，同時通知付款行簽發匯票明細之電文。

10 (D)。SHA，share，指費用由雙方各自負擔，故匯出匯款手續費係由匯款人負擔；且如客戶未填寫71A欄位，則默認為SHA。

11 (B)。受款人若欲將外幣款項存入新臺幣帳戶，適用銀行「即期」（因並非領現鈔）「買入」之掛牌匯率，賣出或買入係以銀行角度來看，客戶賣外幣買臺幣，相當於銀行「買外幣」賣臺幣。

12 (C)。受款人提示匯票要求付款時，解款行應查核事項：
(1) 匯票是否背書。
(2) 是否逾期提示。
(3) 內容是否被塗改。

13 (C)。72欄位為發電銀行給收店銀行之訊息，若內容有需徵提Invoice、B/L影本時，宜請匯款行修改刪除後始可做匯款通知。

14 (B)。 受款人的名稱與帳號不符時，應請受款人通知匯款人更正，若為明顯的繕打錯誤、遺漏等小差異，得視客戶往來之信用，憑受款人簽結之切結書予以受理。

15 (D)。
(1) 票匯不需核對押碼
(2) 匯款行簽發以解款行為付款行之匯款支票，一律須由匯款行逕寄受款人，此為電匯。

16 (D)。 匯入匯款（Inward Remittance）是指代理行、海外聯行接受客戶委託，將款項匯入國內銀行並指示其將該筆款項解付給收款人的結算方式，是最方便快捷的出口結算。

17 (A)。 外幣：總值美金一萬元為限，超過應向海關申報登記，未經申報依法沒入。

18 (A)。 旅行支票未經購買人簽名者，應拒絕收兌。

19 (A)。 旅支的日期欄未特別規定須填寫。

20 (D)。 refer to drawer：請與發票人接洽；account closed：本戶已結清；out of date：票已過期；Insufficient funds：存款不足。

21 (C)。 Cash Letter入帳速度快、全額撥付。惟因付款銀行未見票據正本，僅憑影像即付款，故保有該票據之「追索權」。

22 (B)。 過期之票據：國外票據有效期限無特別註明通常為六個月，若有特別註明則依其所註明之期限為準，旅行支票則無提示期限。

23 (C)。
(C)光票（Clean Bill）係指未附隨任何跟單文件之國外付款票據。
(A)付款委託書英文為PAYMENT ORDER。
(B)票匯（Demand Draft, D/D）：銀行收匯款人申請，代匯款人開立以其分行或代理行為解付行的銀行即期匯票（Banker's Demand Draft），支付一定金額給收款人的匯款方式。

24 (C)。 "Cash or Order" cheques require drawer's endorsement：須發票人背書。

25 (C)。 票據審核要項不包含發票人簽章及身分的確認。

26 (C)。 不得結合衍生性商品。

27 (C)。 外匯存款提存準備金相關規定如下：
一、應提存準備金之範圍：外匯活期存款總餘額及外匯定期存款總餘額。
二、提存幣別：美元、歐元及日圓得以原幣提存，其他幣別以美元提存。以美元提存者，美元以外其他幣別之外匯存款，依照計算期當月月底結帳匯率折算為美元後計算其法定準備額。

解答與解析

三、指定銀行實際繳存之外匯存款準備金，得隨時存取，但不予計息。

28 (A)。辦理質借外幣時，幣別限質借外匯定存單之幣別；外匯指定銀行可以接受客戶以本人之外匯存款定存單為擔保品辦理新臺幣授信；質借外幣成數約在八成至九成。

29 (A)。Long Put買一賣權
Short Call賣一買權
Short Put賣一賣權

30 (D)。遠期外匯交易展期時應依當時市場匯率重訂價格，不得依原價格展期。

31 (C)。換匯交易（FX Swap）是一種即期與遠期，或遠期與遠期同時進行、方向相反的外匯交易。僅能規避匯率風險、無法規避利率風險（換匯換利交易即可規避利率風險）。
換匯換利交易（Cross Currency Swap, 簡稱CCS）指雙方約定在期初交換兩種不同的貨幣，而在期中交換所得到貨幣之利息支付，到期末再換回兩種不同的貨幣。

32 (C)。外國投資人可分為境外外國投資人及境內外國投資人兩類別：
(一) 境外外國投資人：含境外華僑及外國自然人與境外外國機構投資人（概分為基金型態投資人及非基金型態投資人），應指定臺灣代理人/保管機構向

臺灣證券交易所辦理身分登記後，洽證券商開立證券交易帳戶買賣有價證券。
(二) 境內外國投資人：含境內華僑及外國自然人及境內外國機構投資人，應洽證券商向臺灣證券交易所辦理身分登記後，開立證券交易帳戶買賣有價證券。

33 (A)。非居住民來台旅行或短期居留（未滿一年）之支出，分為下列各項：131商務收入、132觀光收入、134留學收入、135信用卡收入、136收兌處外幣收入、139其他旅行收入。

34 (A)。銀行業辦理外匯業務管理辦法第7條：
銀行及農業金庫得申請許可辦理第四條第一項所列各款業務之全部或一部。
中華郵政公司得申請許可辦理一般匯出及匯入匯款或買賣外幣現鈔及旅行支票業務。
信用合作社及農（漁）會信用部，得申請許可辦理買賣外幣現鈔及旅行支票業務。

35 (A)。大陸地區人民（非我國國民配偶）依法繼承臺灣地區人民遺產，每人結匯最高金額為新臺幣二百萬元。

36 (C)。匯款性質中編號692至696均屬國內交易，交易國別一律填報為「本國」（國別代碼為TW）。

37 (B)。銀行業辦理外匯業務管理辦法部分條文修正條文第五十條之三：

四、承作自然人買賣人民幣業務，每人每次買賣現鈔及每日透過帳戶買賣之金額，均不得逾人民幣二萬元。

38 (B)。第47條：

指定銀行受理顧客新臺幣與外幣間即期外匯、遠期外匯、換匯交易或換匯換利交易及中華郵政公司受理顧客新臺幣與外幣間即期外匯交易達下列金額時，應依第三十一條及申報辦法第五條規定確認交易相關證明文件無誤後，依下列規定將資料傳送至本行外匯資料處理系統：

一、受理公司、有限合夥、行號結購、結售等值一百萬美元以上（不含跟單方式進、出口貨品結匯），或個人、團體等值五十萬美元以上即期外匯交易，於訂約日立即傳送。

二、受理顧客結購、結售等值一百萬美元以上之新臺幣與外幣間遠期外匯交易，於訂約日之次營業日中午十二時前傳送。

39 (C)。根據銀行業辦理外匯業務管理辦法第11條，指定銀行辦理第四條第一項第一款至第六款各項外匯業務之經辦及覆核人員，應有外匯業務執照或具備下列資格：

一、經辦人員須有三個月以上相關外匯業務經歷。

二、覆核人員須有六個月以上相關外匯業務經歷。

40 (A)。持外交部核發之中華民國護照，但未領有中華民國國民身分證者，其外匯交易之「申報義務人登記證號」申報，申報書應填列國別、護（證）照號碼及出生日期。

41 (B)。510瞻家匯款支出：居民資助國外親友或作為家屬生活費，包括定居大陸地區榮民之就養給付。

42 (D)。指定銀行辦理非居住民投資國內證券結售案件，應附主管機關核准文件，但不記錄其當年累積結匯金額。

43 (D)。年滿20歲領有國民身分證之本國自然人、依我國法令經主管機關核准設立之團體、依我國法令在我國設立或經我國政府認許並登記之公司，可以利用網際網路經由外匯指定銀行向中央銀行申報。

持護照之外國自然人（非居住民）不可以利用網際網路經由外匯指定銀行向中央銀行申報。

44 (A)。第37條：

銀行業與顧客之外匯交易買賣匯率，由各銀行業自行訂定。

每筆交易金額在一萬美元以下涉及新臺幣之匯率，應於每營業日上午九時三十分以前，在營業場所揭示。

45 (D)。銀行業受理駐華外交機構辦理新臺幣結匯案件，不論結匯性質，均無結匯金額限制。

解答與解析

328 Part 3 歷屆試題及解析

46 (B)。外匯收支或交易申報辦法第
12條：
申報義務人於辦理新臺幣結匯申報
後，不得要求更改申報書內容。但
有下列情形之一者，可經由銀行業
向中央銀行申請更正：
申報義務人非故意申報不實，經舉
證並檢具律師、會計師或銀行業出
具無故意申報不實意見書。 (B)因
故意申報不實，已依管理外匯條例
第20條第1項規定處罰。

47 (C)。銀行業辦理外匯業務管理
辦法第35條：指定銀行設置自動
化服務設備，應限制每帳戶每日累
積提領外幣金額，以等值一萬美元
為限。

48 (D)。根據銀行業辦理外匯業務管
理辦法第52條第6款，承作自然人
匯款人民幣至大陸地區業務，其對
象應以領有中華民國國民身分證之
個人為限，並應透過人民幣清算行
或代理行為之；匯款性質應屬經常

項目，且每人每日匯款之金額，不
得逾人民幣八萬元。

49 (A)。銀行業辦理外匯業務管理辦
法第24條：經許可辦理外匯業務之
銀行業裁撤、終止辦理部分或全部
外匯業務時，應於裁撤或終止後一
週內向本行繳回或換發指定證書或
函報備查。

50 (C)。證券業辦理外匯業務管理辦
法第60條，三、新臺幣匯率選擇權
業務：
(一) 承作對象以國內外法人為限。
(二) 到期履約時得以差額或總額交
割，且應於契約中訂明。
(三) 權利金及履約交割之幣別，得
以所承作交易之外幣或新臺幣
為之，且應於契約中訂明。
(四) 僅得辦理陽春型（Plain
Vanilla）選擇權。
(五) 辦理本款業務，應填報「新臺
幣匯率選擇權交易日報表」。

二　進出口外匯業務

(　)　**1** 依UCP600規定，信用狀之定義為何？　(A)通知銀行與申請人之間的約定　(B)開狀銀行與通知銀行之間的約定　(C)押匯銀行對受益人之承諾　(D)開狀銀行對符合提示須予兌付之確定承諾。

(　)　**2** 依2020版國貿條規規定，在信用狀交易，下列何條件規則須提示註明運費待收之運送單據？　(A)FOB　(B)CFR　(C)CIF　(D)CIP。

(　)　**3** 依2020版國貿條規規定，某進口商自日本空運進口水果100箱至台灣，且運保費須付迄，則下列何者為其可能的貿易條件？　(A)FOB TOKYO　(B)CFR TAIPEI　(C)CIP TAIPEI　(D)FAS TOKYO。

(　)　**4** 信用狀在國際貿易中扮演非常重要的角色，主要是因為有下列何者信用的介入？　(A)通知銀行　(B)押匯銀行　(C)補償銀行　(D)開狀銀行。

(　)　**5** 依UCP600規定，信用狀敘明為兌付或讓購之有效期限，視為下列何者？　(A)開狀銀行付款之最後期限　(B)提示之有效期限　(C)補償銀行付款之最後期限　(D)押匯銀行審查單據之最後期限。

(　)　**6** 有關信用狀之通知，下列敘述何者正確？
(A)信用狀的通知銀行必須為開狀銀行的存匯銀行
(B)信用狀的通知銀行必須為與開狀銀行有交換密押或簽樣的通匯銀行
(C)信用狀的通知銀行必須為受益人的往來銀行
(D)信用狀的通知銀行不得拒絕通知信用狀。

(　)　**7** 進口開狀如需提示保險單據時，下列何者為保險條款之「附加條款」？
(A)Institute Cargo Clauses(A)
(B)Institute Cargo Clauses(B)
(C)Institute Cargo Clauses(C)
(D)Institute War Clause（Cargo）。

(　) **8** 依UCP600規定，信用狀受益人對同一修改書內含有多項修改事
項如僅為部分接受者，則對該修改書應作何處理？
(A)視為對該修改書之部分接受，但必須於押匯時告知押匯銀行
(B)視為對該修改書之部分接受，但必須通知開狀銀行
(C)視為對該修改書之部分接受，且不必通知開狀銀行
(D)部分接受不被允許，並將視其為對該修改書拒絕之知會。

(　) **9** 依UCP600規定，倘信用狀未規定提示期限者，銀行將不接受
遲於裝運日後幾日所為包含一份依循第19-25條正本提單之提
示，且提示仍須在信用狀有效期限內？　(A)7曆日　(B)14曆日
(C)21曆日　(D)60曆日。

(　) **10** 下列何者不得為開狀銀行拒付之理由？　(A)慢裝船　(B)單據上之
貨品名稱與信用狀不符　(C)信用狀過期　(D)提示信用狀未規定之
單據。

(　) **11** 有關最遲裝運日期與信用狀有效期限，下列敘述何者錯誤？
(A)最遲裝運日期，得與信用狀有效期限同一日
(B)最遲裝運日期，得在信用狀有效期限前一日之前
(C)最遲裝運日期，必須在信用狀有效期限之前或同日
(D)最遲裝運日期，必須早於信用狀有效期限且不得在同一日。

(　) **12** 信用狀經保兌後，下列敘述何者正確？　(A)開狀銀行不得拒付
(B)保兌銀行不得拒付　(C)押匯銀行不得拒絕押匯　(D)保兌銀行
與開狀銀行之義務係相同且分立的。

(　) **13** 若信用狀有規定補償銀行時，開狀銀行應向其發出下列哪一種電
文指示？　(A)MT710　(B)MT720　(C)MT730　(D)MT740。

(　) **14** 若信用狀未另有規定時，有關信用狀之轉讓、部分裝運，下列敘
述何者正確？
(A)該信用狀可以轉讓且其項下貨物允許部分裝運
(B)該信用狀可以轉讓但其項下貨物不允許部分裝運
(C)該信用狀不可轉讓但其項下貨物允許部分裝運
(D)該信用狀不可轉讓且其項下貨物不允許部分裝運。

(　) **15** 依eUCP規定，下列敘述何者錯誤？
(A)單據應包含電子記錄　(B)簽署等類之用語包含電子簽字
(C)eUCP信用狀須敘明電子記錄之提示地　(D)eUCP信用狀不須表明每一電子記錄之格式。

(　) **16** 有關補償銀行之敘述，下列何者正確？
(A)補償銀行必須負責審核單據
(B)補償銀行即承兌銀行
(C)補償銀行的付款為最終付款（FINAL PAYMENT）
(D)補償銀行之費用倘信用狀未規定係由開狀銀行負擔。

(　) **17** 依UCP600規定，下列何種運送單據須提示運送單據上表明之全套正本？　(A)提單　(B)航空運送單據　(C)快遞收據　(D)投郵證明。

(　) **18** 有關銀行受理客戶辦理擔保提貨之敘述，下列何者正確？
(A)即期信用狀案件應依授信批覆條件徵提擔保品
(B)遠期信用狀案件應收回銀行墊款及利息（如有者）
(C)辦理擔保提貨後，到單時申請人仍得要求向押匯銀行拒付
(D)到單後應以正本提單向船公司辦理擔保責任之解除。

(　) **19** 依UCP600規定，進口貨品如以"kg"為重量單位，除信用狀另有規定外，將允許貨物數量有多少寬容範圍，但動支之總金額以未逾信用狀金額為條件？　(A)加減百分之三　(B)加減百分之五
(C)加減百分之七　(D)加減百分之十。

(　) **20** 下列何者為非單據化條件
（NON-DOCUMENTARY CONDITIONS）？
(A)DRAFTS AT SIGHT
(B)LATEST DATE FOR SHIPMENT:JUN.15, 2022
(C)ALL DOCUMENTS MUST BE INDICATED THIS CREDIT NUMBER
(D)BENEFICIARY MUST SEND ONE SET NON-NEGOTIABLE DOCUMENTS TO APPLICANT BY DHL。

(　) **21** 有關信用狀之敘述，下列何者錯誤？
(A)延期付款信用狀係依信用狀規定承擔延期付款承諾並於到期日為付款
(B)延期付款信用狀性質與一般信用狀無異，受益人提示符合信用狀條款之單據，開狀行立即付款
(C)延期付款信用狀付款時間非即期，但得依信用狀之規定予以計算而得知到期日
(D)延期付款信用狀動用方式與即期付款信用狀相同，兩者均不須提示匯票。

(　) **22** 下列何者為UCP600第19條至25條未規範但與貨物交運有關之單據？ (A)POST RECEIPTS (B)BUYER'S CARGO RECEIPT (C)MARINE BILLS OF LADING (D)CHARTER PARTY BILL OF LADING。

(　) **23** 進口商僅需在遠期匯票上履行承兌後，即可領取貨運單據，憑以報關提貨，俟已承兌匯票到期日始結付貨款，此種付款方式稱為下列何者？ (A)D/A (B)D/P (C)SIGHT L/C (D)O/A。

(　) **24** 依URC522規定，PRINCIPAL係指下列何者？ (A)付款人 (B)代收銀行 (C)預備人 (D)委託人。

(　) **25** 依URC522定義，下列何者不屬於託收之當事人？ (A)委託人 (B)託收銀行 (C)代收銀行 (D)通知銀行。

(　) **26** 辦理下列何種付款方式項下之擔保提貨，銀行必須向進口商收取全部貨款後始予以簽發保證書？ (A)D/A (B)D/P (C)SELLER'S USANCE L/C (D)BUYER'S USANCE L/C。

(　) **27** 依URC522規定，代收銀行對久未辦理承兌或付款之進口託收案件，是否代辦貨物通關、存倉及投保火險等保全措施？ (A)無論如何，一律照辦 (B)倘託收銀行有特別指示則一律照辦 (C)無義務辦理 (D)從中賺取利潤以增加銀行盈收。

(　) **28** 就出口商而言，下列何種付款方式，其所承擔之風險最高？ (A)D/A (B)D/P (C)D/P 30 days (D)L/C。

( ) **29** 依URC522規定，進口代收銀行通常如何處理經進口商承兌後之匯票？ (A)保管於代收銀行 (B)交付進口商保管 (C)交付法院保管 (D)為避免遺失應退還託收銀行。

( ) **30** 有關URC522規定，下列何者錯誤？
(A)光票託收一律不接受部分付款
(B)跟單託收需託收指示書授權始可部分付款
(C)縱得接受部分付款，但單據僅於收妥全部款項後，始得交付付款人
(D)就光票託收而言，託收規則之規定與我國票據法不抵觸時，始能拘束有關各方。

( ) **31** 託收指示書明確敘明利息不得拋棄時，下列敘述何者錯誤？
(A)託收銀行應進一步審核單據，確定該利息是否為單據金額之一部分而決定是否收取
(B)付款人拒絕支付該利息時，代收銀行將不交付單據，且對遲延交付單據之後果不負責任
(C)當付款人拒絕支付利息時，代收銀行須盡速通知所由收受託收指示之銀行
(D)託收指示書應載明利率、計息期間及計算基礎。

( ) **32** 實務上，出口託收匯票之付款人，通常為下列何者？
(A)託收銀行　　　　　　(B)代收銀行
(C)出口商　　　　　　　(D)進口商。

( ) **33** 在D/A 30 DAYS AFTER DATE的付款條件下，匯票簽發日為SEP.18, 20XX（星期三），商業發票簽發日為SEP.17, 20XX，提單裝運日為SEP.14, 20XX，進口商至銀行承兌日為SEP.24, 20XX，則到期日應為何時？
(A)OCT.17, 20XX　　　　(B)OCT.18, 20XX
(C)OCT.14, 20XX　　　　(D)OCT.24, 20XX。

（　　）**34** 依URC522規定，有關託收指示，下列敘述何者錯誤？
(A)託收指示書須敘明適用託收統一規則
(B)銀行毋須審查單據以獲取指示
(C)不論託收指示書另有授權，銀行對所由收受託收之銀行以外銀行之指示須遵照辦理
(D)銀行僅依託收指示及託收規則辦理。

（　　）**35** 依eURC規定，有關電子記錄之敘述，下列何者錯誤？
(A)電子記錄單獨或與紙本單據合併提示之型式（the mode of presentation），須受eURC之規範
(B)eURC託收指示必須表明每一電子記錄之格式（format）
(C)每一電子記錄之格式，須託收銀行與代收銀行或提示銀行間事先議定
(D)所收到電子記錄係未經事先議定者，可能被視為未收到，對此代收銀行或提示銀行須告知託收銀行。

（　　）**36** 有關相對保證，下列敘述何者錯誤？
(A)指示人的往來銀行應為相對保證人（Counter-Guarantor）
(B)通常由相對保證人向保證人簽發「相對保證函」
(C)接受相對保證函之一方可憑以再簽發另一相對保證函
(D)申請人違約時保證人不必履行義務。

（　　）**37** 下列何者非屬外幣保證簽發之型式？　(A)擔保信用狀　(B)跟單信用狀　(C)銀行保證函　(D)相對保證函。

（　　）**38** 開狀銀行受進口商的委託，開發擔保信用狀予出口商，承諾出口商於交貨後一段時間，若進口商未付款，則出口商可逕向開狀銀行索償，一經請求，開狀銀行即須付款，而不論有無涉及違約，此為下列何種保證？　(A)借款保證　(B)商業保證　(C)預付款保證　(D)記帳保證。

（　　）**39** URDG758規定審查單據的時間為何？　(A)三個營業日　(B)五個營業日　(C)七個營業日　(D)沒有規定確定日期。

( ) **40** 以直接保證（即三角關係）方式簽發保證函（BANK GUARANTEE，或LETTER OF GUARANTEE）時，簽發銀行亦稱為下列何者？
(A)指示人 　　　　　　　　(B)受益人
(C)保證人 　　　　　　　　(D)相對保證人。

( ) **41** 依ISP98規定，簽發擔保信用狀時不應使用所謂「永續的」之用語，且除非在本文中賦予其意義外，應不予理會，而「永續的」之英文名稱為何？
(A)continuing 　　　　　　(B)lasting
(C)keeping 　　　　　　　(D)evergreen。

( ) **42** 除即付保證函另有約定，依URDG758規定，下列何單據必須使用與保證函相同之語文不得使用其他任何語文？　A.受益人之兌付請求（demand）B.申請人之證實性證明（supporting statement）C.其他人簽發之單據
(A)A&B 　　　　　　　　(B)B&C
(C)A&C 　　　　　　　　(D)A,B&C。

( ) **43** 依UCP600規定，有關信用狀之定義，不論其名稱或措辭為何，本質上係屬下列何種信用狀？
(A)可撤銷 　　　　　　　(B)可轉讓
(C)不可撤銷 　　　　　　(D)可分割

( ) **44** 依UCP600規定，自由讓購之可轉讓信用狀，係以下列何者為轉讓銀行？
(A)開狀銀行
(B)補償銀行
(C)通知銀行
(D)經信用狀特別授權辦理轉讓且轉讓信用狀之銀行。

(　) **45** 有關SWIFT之敘述，下列何者錯誤？
　　　(A)以SWIFT方式通知信用狀係電傳通知所包含之通知方式之一
　　　(B)由SWIFT系統接收之信用狀MT700，銀行無須另行複核作業
　　　(C)SWIFT擁有專用的通訊網路，自成一嚴密且封閉之系統，因
　　　　此極具安全性
　　　(D)以ＳＷＩＦＴ開發信用狀時，最多可拍發一筆ＭＴ７００加八筆
　　　　MT701電文。

(　) **46** 依UCP600規定，得辦理信用狀款項讓與之前提為何？
　　　(A)信用狀須可轉讓
　　　(B)信用狀須可撤銷
　　　(C)信用狀須經保兌
　　　(D)信用狀無須特別敘明即得依準據法為款項之讓與。

(　) **47** 依UCP600規定，有關信用狀轉讓，下列敘述何者錯誤？
　　　(A)信用狀須規定「Transferable」時，始可轉讓
　　　(B)信用狀所規定之裝運期間得予縮短
　　　(C)第一受益人於辦理轉讓時，無權拒絕轉讓銀行將後續之修改
　　　　書通知第二受益人
　　　(D)信用狀必須為允許部分裝運時，始可轉讓給一個以上之第二
　　　　受益人。

(　) **48** 為確保債權，押匯銀行應如何處理出口押匯拒付案件？
　　　(A)得依「保結書」，請出口商償還
　　　(B)請進口商與出口商自行處理
　　　(C)自行處理，暫勿知會出口商
　　　(D)即訴諸國際法庭解決。

(　) **49** INSPECTION CERTIFICATE係指下列何者？
　　　(A)受益人證明書　　　　　　　(B)檢驗證明書
　　　(C)產地證明書　　　　　　　　(D)保險單據。

( ) **50** 廠商依據國外開狀銀行之信用狀，於輸出貨物後依該信用狀規定開具匯票連同全套貨運單據，在已核准之額度內，向國內往來銀行提示並請求墊付貨款之業務，稱為下列何者？
(A)進口押匯 (B)出口押匯
(C)進口託收 (D)出口託收。

( ) **51** 下列何種貿易條規，原則上提單上不出現"FREIGHT PREPAID"字樣？
(A)CIP (B)CPT
(C)CIF (D)FOB。

( ) **52** 依UCP600規定，所稱「符合之提示」係指提示須符合下列何者之規定？ A.信用狀之條款 B.UCP600 C.國際標準銀行實務
(A)僅AB (B)僅BC
(C)僅AC (D)ABC。

( ) **53** 有關信用狀提單之規定，下列何者應經由託運人（shipper）背書始能流通轉讓，否則持有人不能辦理提貨手續？
(A)B/L made out to order of negotiating bank...
(B)B/L made out to order of shipper and blank endorsed...
(C)B/L made out to order of issuing bank...
(D)B/L consigned to order of buyer...。

( ) **54** 有關空運提單性質之敘述，下列何者錯誤？
(A)具收據性質 (B)具運送契約性質
(C)為物權證書 (D)為直接式單據，不可背書轉讓。

( ) **55** 如信用狀規定"This credit is available with us"，係指該信用狀僅能在下列哪一銀行使用？
(A)開狀銀行 (B)指定銀行
(C)通知銀行 (D)任何銀行。

( ) **56** 依UCP600規定，信用狀金額前若有ABOUT、APPROXIMATELY等用語，解釋為容許不逾該金額多少比率上下之差額？
(A)百分之三 (B)百分之五
(C)百分之七 (D)百分之十。

（　　）**57** 依UCP600規定，有關COMMERCIAL INVOICE之敘述，下列何者錯誤？
(A)若信用狀無特別規定，無需簽署
(B)若信用狀要求COMMERCIAL INVOICE IN DUPLICATE，則僅需提示副本即可
(C)須以信用狀申請人為抬頭人
(D)商業發票須以信用狀同一貨幣表示。

（　　）**58** 依UCP600規定及銀行公會「銀行間辦理出口押匯業務合作要點」，有關出口轉押匯之敘述，下列何者錯誤？
(A)在指定銀行使用之信用狀不得在開狀銀行使用
(B)押匯銀行負責單據之審查
(C)指定銀行負責單據寄送及求償
(D)指定銀行為保兌銀行時，不適用此合作要點。

（　　）**59** 信用狀載明之最遲裝運日為20XX年4月5日，適逢清明節，依UCP600規定，所提示運送單據之裝運日不得遲於何日？
(A)20XX年3月31日　　　　　(B)20XX年4月4日
(C)20XX年4月5日　　　　　(D)20XX年4月7日。

（　　）**60** 有關保險單據，下列何者情況將視為瑕疵？
(A)保險單簽發日期早於提單裝運日期
(B)保險單簽發日期與提單裝運日期為同一日
(C)在信用狀未規定保險應投保金額之情形下，保險金額為發票金額
(D)保險單上貨物之說明係以不與信用狀說明抵觸之統稱敘明。

（　　）**61** 如開狀銀行欲使求償銀行向補償銀行求償以取得應得之補償款項時，開狀銀行應及時向補償銀行提供適當指示或授權，以履行該項補償之請求並敘明補償是否受有效之國際商會何種規範？
(A)UCP　　　　　　　　　　(B)URC
(C)URR　　　　　　　　　　(D)URDG。

( ) **62** 開狀銀行於20XX年5月27日（星期三），收到押匯銀行寄來之單據，如決定拒絕該單據時，則最遲應於下列何時通知押匯銀行？
(A)20XX年6月1日 (B)20XX年6月2日
(C)20XX年6月3日 (D)20XX年6月4日。

( ) **63** 依2020年版國貿條規規定，以DDP條件交易時，在須辦理通關手續時，下列敘述何者錯誤？
(A)出口／過境／進口執照由賣方完成及支付
(B)出口／過境／進口的安全通關由賣方完成及支付
(C)買方不須協助賣方取得由出口／過境／進口通關手續的任何單據及／或資訊
(D)買方須協助賣方取得由出口／過境／進口通關手續之任何其他官方批准書。

( ) **64** 依據UCP600之規定，除信用狀另有規定外，下列何種情況，將不被視為「瑕疵」？
(A)匯票由信用狀受益人以外之第三人簽發
(B)倘貿易條件係貨物說明之一部分，商業發票未敘明該條
(C)受益人提示發貨人（shipper）為受益人以外之第三者之提單
(D)海運提單更改處僅蓋更正戳記，未經做成更正之人員簽字或簡簽。

( ) **65** 如果信用狀要求"MARINE/OCEAN BILLS OF LADING, SHIPMENT FROM KAOHSIUNG TO INCHON" A:PLACE OF RECEIPT B:PORT OF LOADING C:PORT OF DISCHARGE D:PLACE OF DELIVERY 則下列何提單的內容符合信用狀規定？
(A)A:KAOHSIUNG B:KAOHSIUNG C:INCHON D:PUSAN
(B)A:KAOHSIUNG B:KAOHSIUNG C:PUSAN D:INCHON
(C)A:KAOHSIUNG B:KEELUNG C:INCHON D:PUSAN
(D)A:KAOHSIUNG B:KEELUNG C:PUSAN D:INCHON。

( ) **66** 不可轉讓信用狀項下所須提示之匯票，其發票人應為下列何者？
(A)通知銀行 (B)開狀申請人
(C)開狀銀行 (D)信用狀受益人。

（　）**67** 開狀銀行依UCP600第16條規定發出拒付通知後，始有權向下列
何者就其業已取得之補償款項，連同利息主張返還？
(A)補償銀行　　　　　　　　　(B)付款銀行
(C)提示銀行　　　　　　　　　(D)轉讓銀行。

（　）**68** 為規避進口國之國家、政治風險及開狀行到期不付款之信用風險，
出口商可將業經開狀行承兌之匯票或承擔延期付款義務之責，以
無追索權之方式賣斷以取得融資，此種業務稱為下列何者？
(A)Forward Contract　　　　　(B)Forfaiting
(C)Factoring　　　　　　　　　(D)Freight Forwarder。

（　）**69** 下列何者不是辦理遠期信用狀賣斷業務，對出口商的好處？
(A)避免因開狀銀行倒閉，到期無法付款
(B)出口押匯額度可迅速回復
(C)避免長天期融資利率變動風險
(D)買斷行承擔可歸咎於出口商之商業糾紛。

（　）**70** 在辦理應收帳款承購業務之徵信審查時，下列何者不須考量？
(A)買方之信用　　　　　　　　(B)買賣雙方交易行為是否屬實
(C)應收帳款之品質　　　　　　(D)貨物之品質。

（　）**71** 有追索權之應收帳款承購業務，有關其逾期放款之列報，下列何者
正確？　(A)於帳款轉銷時將賣方資料填報聯徵中心建檔並予揭露
供會員查詢　(B)於帳款轉銷時將買方資料填報聯徵中心建檔並予
揭露供會員查詢　(C)於帳款轉銷時將承購商資料填報聯徵中心建
檔並予揭露供會員查詢　(D)比照一般放款，於帳款逾期三個月，
向財團法人金融聯合徵信中心列報為賣方之逾期放款。

（　）**72** 有關國際進、出口應收帳款承購商雙方之權利義務，應受下列何
種規則之規範？　(A)ISBP　(B)UCP　(C)CDCX　(D)GRIF。

（　）**73** 在雙承購商之應收帳款承購業務，有關買方之信用風險，係由下
列何者承擔？
(A)Export Factor　　　　　　　(B)Import Factor
(C)國外徵信機構　　　　　　　(D)國際應收帳款業者協會。

( ) **74** 經中央銀行許可辦理外匯業務之銀行（指定銀行），可辦理下列何種業務？ (A)僅可辦理出口結匯及出口託收業務，不得辦理應收帳款承購業務 (B)僅可辦理出口結匯及應收帳款承購業務，不得辦理出口託收業務 (C)僅可辦理出口託收及應收帳款承購業務，不得辦理出口結匯業務 (D)出口結匯、出口託收及應收帳款承購業務皆可辦理。

( ) **75** 指定銀行開發信用狀保證金收取比率，目前規定為何？
(A)由指定銀行自行決定　　　(B)按開狀金額10%收取
(C)按開狀金額5%收取　　　(D)按開狀金額3%收取。

( ) **76** 依「臺灣地區與大陸地區金融業務往來及投資許可管理辦法」規定辦理之業務，對其使用幣別之限制，下列敘述何者正確？ (A)無限制 (B)僅能使用新臺幣 (C)僅能使用人民幣 (D)除主管機關另有規定外，以台灣地區及大陸地區以外之第三地區發行之貨幣為限。

( ) **77** 依中央銀行規定，憑國外開來的出口主信用狀轉開之國內外幣信用狀，其押匯的交易單證匯款國別為何？ (A)進口國 (B)本國 (C)主信用狀之開狀國 (D)無需填寫。

( ) **78** 國際金融業務分行辦理外匯存款，得否A.收受外幣現金或B.以外匯存款兌換新臺幣提取？ (A)A得B不得 (B)A不得B得 (C)A,B均得 (D) A,B均不得。

( ) **79** 指定銀行對廠商以多筆進出口案件彙總一次辦理進出口外幣貸款，可否憑廠商提供之交易文件清單辦理？
(A)不可憑交易文件清單辦理
(B)可憑交易文件清單辦理，惟銀行須留存相關交易文件
(C)可憑交易文件清單辦理，惟廠商自行留存相關交易文件
(D)可憑交易文件清單辦理，惟須將相關交易文件送外匯局。

( ) **80** 國際金融業務分行應於知悉或事實發生之日起五日內向金管會申報之情事，不包括下列何者？ (A)發生重大訴訟案件 (B)發生或可預見重大虧損情事 (C)變更重大營運政策 (D)發生違反國際金融業務條例之情事。

解答與解析　（答案標示為#者，表官方曾公告更正該題答案。）

1 (D)。信用狀乃是開狀銀行為其本身或依客戶－開狀申請人（在國際貿易上，通常為買方－即進口商）之請求及指示，所開發之一種書面文件或所作之安排，在該書面文件中，開狀銀行對受益人（在國際貿易上，為賣方－即出口商）或其指定人承諾，若受益人履行該書面文件所規定之條款及條件，開狀銀行將予兌付（honour）。

2 (A)。運送單據上應規定運費已付（Freight Prepaid，如CFR，CIP，CIF）或待收（Freight Collect，如FOB，FAS）。

3 (C)。僅CIP為適用空運之國貿條件，其餘皆適用海運及內陸水路運送規則。

4 (D)。信用狀乃是開狀銀行為其本身或依客戶－開狀申請人（在國際貿易上，通常為買方－即進口商）之請求及指示，所開發之一種書面文件或所作之安排，在該書面文件中，開狀銀行對受益人（在國際貿易上，為賣方－即出口商）或其指定人承諾，若受益人履行該書面文件所規定之條款及條件，開狀銀行將予兌付（honour）。

5 (B)。信用狀敘明為兌付或讓購之有效期限，為提示之有效期限。

6 (B)。「通知銀行」：受開狀銀行的委託，通知受益人（出口商）領取信用狀的銀行。一般是出口商所在地的往來銀行，有時也可能是外地的銀行。通知銀行應就信用狀外觀之真實性予以確認，且該通知書正確反映所收到之信用狀或修改書之條款。

故信用狀的通知銀行不一定為受益人的往來銀行；信用狀的通知銀行可以拒絕通知信用狀。

7 (D)。Institute War Clauses（Cargo）：協會貨物保險兵險條款，是保險附加條款，適用常發生戰爭地區。

Institute Cargo Clauses(A)：協會貨物保險條款(A)，簡稱ICC(A)。

Institute Cargo Clauses(B)：協會貨物保險條款(B)，簡稱ICC(B)。

Institute Cargo Clauses(C)：協會貨物保險條款(C)，簡稱ICC(C)。

8 (D)。受益人對同一修改書內若干修改事項僅為部分接受者，則視為全部拒絕。

9 (C)。按信用狀統一慣例第47條a規定，除應規定提示單據之有效期限外，要求運送單據之信用狀並應規定運送單據簽發日後為請求付款、承兌或讓購而提示單據之特定期間。如未就該項期間予以規定，銀行將拒絕遲於運送單據簽發日後二十一日始向其提示之單據，但單據之提示，決不得遲於信用狀之有效期限。

10 (D)。若提示人提示信用狀未規定
之單據，開狀銀行得退回，但不得
以此為拒付理由。

11 (D)。最遲裝運日期不得順延。

12 (D)。不可撤銷信用狀如經開狀銀
行以外之另一銀行（通知銀行或信
用良好之銀行）附加其保證對受益
人所提示的匯票及（或）單據付
款、承擔延期付款義務、承兌或讓
購之承諾，謂之保兌信用狀。
而保兌銀行的義務為不可撤銷的，
且與開狀銀行的義務完全相同且為
獨立的。

13 (D)。MT740（補償授權書電文格
式）。

14 (C)。若信用狀未另有規定時，則
信用狀不可轉讓，但其項下貨物允
許部分裝運。

15 (D)。eUCP信用狀須表明每一電子
記錄之格式，如未表明則得以任何
格式提示。

16 (D)。補償銀行對求償銀行之補償
行為，係屬單純之付款，並不涉及
審核單據是否符合信用狀規定之問
題，若開狀銀行所接獲之單據有瑕
疵時，應直接向求償銀行追回補償
銀行所代為償付之款項。

17 (A)。
(1) 正本提單是指可憑以押匯貨款和
向目的港船公司或其代理提貨的
提單。

(2) 正本提單上有時註明「Original」
字樣，提單上有承運人正式簽字
蓋章並註明簽發日期。正本提單
一般一式三份，也有一式二份、
四份和五份，以便托運人遺失其
中一份時，可憑其他各份提單提
貨，其中一份完成提貨手續後，
其餘各份自動失效。

18 (D)。進口商可於核准額度（條件
內），申請辦理擔保提貨而不徵提
擔保品。如屬即期信用狀又有外幣
墊款者，需由開狀銀行（代收銀
行）收回墊款本息，如屬遠期信用
狀墊款者可暫緩收回；辦理擔保提
貨後，到單時申請人不得拒付。

19 (B)。有關信用狀金額，數量及單
價的寬容範圍：
(1) 詞語「約」或「大概」被使用
在關連信用狀金額或信用狀中
敘述的單價是被解讀如下列寬
容範圍不多於10%或低於10%其
相關的金額，數量或單價。
(2) 寬容範圍不超過5%或低於5%貨
物的數量是被允許，唯如信用
狀未敘述數量的在規定包裝單
位或個別項目數量條件中及動
支總金額不超過信用狀金額。

20 (D)。信用證的單據條款是開證行
在信用狀中列明的受益人必須提交
的種類、份數、簽發條件等內容。
而所謂「非單據化條件」是指信用
狀中要求受益人做到某些條件，但

有某些條件並未敘明需提交與之相符的單據，銀行將認為未列明此條件，而對此不予理會。

選項(D)表示：受益人須在裝船後，立即將一套非議付單據直接送達申請人，單據中隨附表明此結果的「受益人證明」。此類單據必須出具，故不能視為「非單據條件」。

21 **(B)**。延期付款信用狀是遠期信用狀的一種，亦稱無匯票遠期信用狀。延期付款信用狀適用於進出口大型機電成套設備，為了加強競爭條件可採用延期付款、賣方中長期貸款或賒欠出口等措施。但期限較長，出口商不必提示匯票，開證銀行也不承兌匯票，只是於到期日由銀行付款。

22 **(B)**。
(A)MARINE BILL OF LADING海運提單。
(B)MULTIMODAL TRANSPORT DOCUMENT複合運送單據。
(C)AIR TRANSPORT DOCUMENT 航空提單或航空運送單據。
(D)BUYER'S CARGO RECEIPT承運貨物收據，是指承運人出具給託運人的收據，無法做為提單去領貨。

23 **(A)**。承兌交單（Documents against Acceptance，D/A）：國外進口商於承兌遠期商業單據／匯票後，銀行即可將單據交付進口商，進口商須於到期日始付款之方式。

付款交單（Documents against Payment，D/P）：國外進口商須先清償商業單據款項，銀行才將商業單據交付進口商。

即期信用證（Sight Credit）是指開證行或付款行收到符合信用證條款的匯票和單據後，立即履行付款義務的信用證。

24 **(D)**。出口商是委託銀行辦理託收的一方，即為委託人（Principal）。

25 **(D)**。託收常涉及的當事人有委託人（PRINCIPAL）、託收銀行（REMITTING BANK）、提示銀行（PRESENTING BANK）、代收銀行（COLLECTING BANK）、付款人（DRAWEE）。

26 **(B)**。付款交單（Documents against Payment，D/P）：國外進口商須先清償商業單據款項，銀行才將商業單據交付進口商。對出口商而言，此方式風險較D/A低，較信用狀為高。但對進口商而言，此方式卻較信用狀為方便、有利。

27 **(C)**。若代收銀行收到拒絕付款通知時，應做以下處理：
辦理貨物貯存及保險等事宜：如出口商委託代收銀行辦理貨物貯存及保險等事宜，託收銀行得照辦傳達，但代收銀行無義務辦理。

28 **(A)**。承兌交單（Documents against Acceptance，D/A）：國外進口商於承兌遠期商業單據／匯票

後，銀行即可將單據交付進口商，進口商須於到期日始付款之方式。就出口商而言，風險由小至大分別為L/C<D/P<D/A。

29 (A)。進口代收押匯業務流程：

(1) 在進口代收結算方式下，國外出口地託收行收到本國委託人（出口方）的出口單據，經過相應的處理後，將該單據寄送代收銀行。

(2) 國內代收銀行在審核單據後通知進口付款人。

(3) 進口付款人審核單據，確認接受單據，在付匯資金有困難的情況下，填寫《進口代收押匯申請書》，向代收銀行提出要求辦理進口代收押匯。

(4) 代收銀行接受進口付款人（代收押匯申請人）的要求，在與開證申請人示意簽訂《進口代收押匯合同》及《信託收據》後，辦理進口代收押匯，並將進口代收押匯所得款項直接用於向出口地託收銀行（寄單行）付款。

(5) 進口付款人（代收押匯申請人）在進口代收押匯到期後，將款項歸還代收銀行。

30 (A)。光票託收在付款地法律所允許之範圍及條件內，得予接受部分付款。

31 (A)。如託收指示書明確地敘明利息不得拋棄而付款人拒絕支付該利息時，提示銀行不得交付單據。

32 (D)。出口託收（EXPORT COLLECTION）：出口商（委託人）依買賣雙方約定，將貨物裝運出口後，備妥有關之貨運單據及匯票，委託其往來銀行（託收銀行）憑其提交的單據透過進口地銀行（代收銀行）向進口商收款。

33 (B)。AT 30 DAYS AFTER DATE之匯票到期日為匯票簽發日（SEP.18, 20XX）後起算30天，故為OCT.18, 20XX。

34 (C)。除非託收指示書另有授權，銀行對所由收受託收之銀行以外，任何其他銀行之任何指示，將不予理會。

35 (A)。電子信用狀要求提示兩份正本之電子記錄時，僅需須提示一份電子記錄即符合規定。

36 (D)。相對保證：轉開銀行依據保證銀行之保證函，向受益人簽發另一張保證函，並由轉開銀行承擔責任及義務。相對保證係間接保證。

37 (B)。外幣保證業種類：
外幣保證書形式：保函、銀行保函、擔保信用狀。

38 (D)。記帳付款（Open Account，O/A）：賣方出貨後將單據寄予買

方提貨，待雙方約定時間到期時，買方再將貨款匯付給賣方，對出口商而言風險較高。

借款保證：企業以向擔任保證銀行以外的其他金融機構貸款為目的，向保證銀行申請保證者。

39 (B)。URDG758在第20條中明確規定，除非交單時表明審核單據在更晚的時間完成，擔保人應于交單次日起的5個營業日內完成審核。

40 (C)。直接保證
(一) 委任人／申請人：國內客戶（出口商／賣方）。
(二) 受益人：被保證人（進口商，國外買方）。
(三) 保證人／簽發銀行：國內客戶往來的國內銀行。

41 (D)。擔保信用狀：指為保證債務人履行其債務，而以債權人為受益人所開發之信用狀，其主要用途不以清償因商品交易而生之貨款為目的，而係用於投標、履約、借款等之保證者。

42 (A)。
即付保證函統一規則（URDG758）：
(1) 強調保證函之不可撤銷性。
(2) 載明銀行審單責任僅限單據的表面。
(3) 強調保證函之獨立性。
URDG758 A.15（兌付請求之規定，Content of demand）：保證函項下之兌付請求須輔以保證函

規定之其他單據，一份受益人出具之聲明，敘明申請人於哪些方面違反其基礎關係下之義務，此聲明得列載於兌付請求，或列載於伴隨或能辨識該兌付請求之另一份簽署單據中。
URDG758 c.15 -本條A款或B款中有關於證實性證明應予適用，除非保證函或反擔保函明確排除該要求。第15條A,B款中的證實性證明不予適用等類似敘述，即滿足本款要求。

43 (C)。信用狀是開狀銀行（簽發人）對受益人承諾，於收到符合的提示時，對受益人履行付款，屬不可撤銷的兌付承諾。

44 (D)。轉讓銀行（Transferring Bank）指經開狀銀行授權辦理轉讓信用狀的銀行。開狀銀行也可擔任轉讓銀行。

45 (D)。銀行以SWIFT MT700／701開發信用狀，最多可拍發一筆MT700加三筆MT701電文。

46 (D)。信用狀未表示可轉讓，應無礙於受益人將該信用狀項下可得款項讓與他人。

47 (C)。第一受益人於辦理轉讓時，須同時指示轉讓銀行，其拒絕或允許轉讓銀行將後續之修改書通知第二受益人。

48 (A)。保結書係出口商與押匯銀行之協議。

49 (B)。

檢驗證明書（Inspection Certificate）

(A)檢驗證明書須經簽署。

(B)除信用狀特別授權，否則不得對貨品、規格、品質、包裝等做不利敘述。

50 (B)。

(1) 進口押匯（Import Bill Advance）：進出口雙方簽訂買賣合同之後，進口方請求進口地某個銀行（一般為自己的往來銀行）向出口方開立保證付款文件，大多數為信用證。

(2) 出口押匯有三個主要環節：出口押匯申請、審核單據、撥付款項與求償。

(3) 進口託收：進口商與出口商簽訂買賣合約，出口商依據合約要求交貨後，將貨運單據委託其往來銀行收取貨款。

(4) 出口託收：出口商（委託人）依買賣雙方約定，將貨物裝運出口後，備妥有關之貨運單據及匯票，委託其往來銀行（託收銀行）憑其提交的單據透過進口地銀行（代收銀行）向進口商收款。

51 (D)。FOB（Free On Board），運輸費用由買方負擔。

52 (D)。開狀銀行及保兌銀行（若有保兌時）僅對符合之提示有兌付或讓購之義務，且依據UCP600第14條a項之規定，銀行僅以單據為本，審查提示藉以決定單據就表面所示是否構成符合之提示；因此，單據之審查為信用狀作業之重點，亦為銀行是否兌付或讓購之依據。依據UCP600第2條有關「符合之提示」之定義為，依照信用狀條款、UCP相關之規定及國際標準銀行實務所為之提示。

53 (B)。若信用狀規定"Bill of lading must be made out to order of shipper and blankendorsed"，則該提單須由託運人（Shipper）為空白背書，始能流通轉讓。

54 (C)。空運提單是一種收據，並非物權證書，不得據以背書轉讓。

55 (A)。信用狀內容出現「This Credit is available with the advising Bank by negotiation.」，表示該信用狀係限押信用狀。

56 (D)。信用狀金額前若有ABOUT用語，係解釋為容許不逾該金額10%上下之差額。

57 (B)。如果信用狀使用諸如「一式兩份」、「兩張」、「兩份」等術語要求提交多份單據，則可以提交至少一份正本，其餘份數以副本來滿足。但單據本身另有相反指示者除外。

58 (A)。若信用狀皆限制出口商必須在指定的銀行辦理押匯，則很容易造成出口商為辦理每一筆限制押匯的信用狀，而去指定之銀行申請一

個押匯額度與帳戶，實務上會造成許多困擾。

59 (C)。簽發日期或生效日期，不得遲於運送單據之裝運日期。

60 (C)。根據UCP600第28條（f）（ii），信用證對於投保金額為貨物價值、發票金額或類似金額的某一比例的要求，將被視為對最低保額的要求。如果信用證對投保金額未作規定，投保金額須至少為貨物的CIF或CIP價格的110%。如果從單據中不能確定CIF或者CIP價格，投保金額必須基於要求承付或議付的金額，或者基於發票上顯示的貨物總值來計算，兩者之中取金額較高者。

61 (C)。託收之處理一般均遵守《託收統一規則》（URC522）辦理。

62 (C)。開狀銀行於接獲國外押匯銀行寄送之單據後，依信用狀統一慣例規定行最遲應於收到單據之日後五個營業日內決定是否接受或拒絕該等單據，並通知押匯銀行。故20XX年5月27日（星期三）後之5個營業日即20XX年6月3日（星期三）。

63 (C)。DDP（Delivered Duty Paid）完稅後交貨（需指定目的港）意義：賣方於輸入國目的地付訖關稅後，將貨物交付買方。應賣方要求，並由其負擔風險和費用，買方必須給予賣方一切協助，

說明賣方在需要辦理海關手續時取得貨物進口所需的進口許可證或其他官方許可。

64 (C)。常見的單據瑕疵：信用狀過期（Credit Expired）、逾期裝運（Late Shipment）、超過提示期限（Late Presentation）、信用狀金額已用罄（Credit Exhausted）、短裝（Short Shipment）、裝艙面（On deck）貨物、提示的保險單據項下的訂貨數量少於信用狀內規定的數量等情況。

65 (A)。信用狀要求提到BILLS OF LADING,SHIPMENT FROM KAOHSIUNG TO INCHO，
A:PLACE OF RECEIPT：接貨（收貨）地點。
B:PORT OF LOADING：裝運港。
C:PORT OF DISCHARGE：卸貨港。
D:PLACE OF DELIVERY：交貨地點。
故依題目可知裝運在KAOHSIUNG；交貨/卸貨在INCHO。

66 (D)。
不可轉讓信用狀（Non-Transferable Credit）：若信用狀上未特別敘明「可轉讓」（Transferable）字樣者，一概視為不可轉讓信用狀，受益人不可將該信用狀轉讓給其他人使用。

67 (C)。當開狀銀行拒絕兌付或保兌銀行拒絕兌付或讓購並依據本條款

發出通知，提示銀行隨後有權要求退還已償付的款項及利息。

68 **(B)**。　遠期信用狀賣斷（Forfaiting）指出口商將遠期信用狀項下單據轉讓予買斷行，換取資金，且日後倘因開狀行信用風險或國家風險，致屆期而不獲兌付時，買斷行無權向出口商追索。

應收帳款貼現（factoring）：出貨後即可出售應收帳款，取得營運資金，為一財務融通方式。

69 **(D)**。　在辦理遠期信用狀賣斷業務時，出口商需要折價賣出以換取規避交易對手信用風險，故無賺取買斷行回饋之利差。

70 **(D)**。　應收帳款承購商對債務人進行徵信及信用評估。

71 **(D)**。　修正「銀行辦理應收帳款承購業務規範」（金管銀外字第09850003180號）：

有關「有追索權之應收帳款承購業務」其逾期放款之列報，比照一般放款，於帳款逾期三個月，向聯徵中心列報為賣方之逾期放款。

72 **(D)**。　《國際應收帳款承購統一規則》（GRIF, General Rules for International Factoring），本規則訂定了應收帳款債權的讓與、收款、風險等重要作業規定。

73 **(B)**。　雙承購商之應收帳款承購業務，是出口商將債權讓與給出口地應收帳款承購商後，出口地應收帳

款承購商再轉讓給進口地應收帳款承購商。是故，買方之信用風險均由進口地應收帳款承購商（IMPORT FACTOR）負責。

74 **(D)**。　銀行業辦理外匯業務作業規範：

〈出口外匯業務〉

二、經中央銀行（以下簡稱本行）許可辦理外匯業務之銀行辦理出口外匯業務，應依下列規定辦理：

(一) 出口結匯、託收及應收帳款收買業務：

　　1.憑辦文件：應憑國內顧客提供之交易單據辦理。

　　2.掣發單證：出口所得外匯結售為新臺幣者，應掣發出口結匯證實書；其未結售為新臺幣者，應掣發其他交易憑證。

　　3.報送資料：應於承作之次營業日，將交易日報及相關明細資料傳送至本行外匯資料處理系統。

75 **(A)**。　銀行業辦理外匯業務作業規範：

〈進口外匯業務〉

三、指定銀行辦理進口外匯業務，應依下列規定辦理：

(一) 憑辦文件：開發信用狀、辦理託收、匯票之承兌及結匯，應憑國內顧客提供之交易單據辦理。

(二) 開發信用狀保證金之收取比率：由指定銀行自行決定。

76 (D)。依「臺灣地區與大陸地區金融業務往來及投資許可管理辦法」規定辦理之業務，除主管機關另有規定外，以臺灣地區及大陸地區以外之第三地區發行之貨幣為限。

77 (B)。（函釋指定銀行辦理信用狀相關之外幣貸款疑義）
憑國外開來的出口主信用狀轉開之國內外幣信用狀視同主旨所述信用狀，其押匯的交易單證上之匯款國別應填報為「本國」，而其主信用狀之押匯則應以全額掣發交易單證及填報交易日報。

78 (D)。根據國際金融業務條例第7條，國際金融業務分行辦理外匯存款，不得收受外幣現金、亦不得准許以外幣存款兌換為新臺幣來提取。

79 (C)。指定銀行應憑廠商提供交易文件清單辦理多筆進出口案件彙總一次申辦外幣貸款，有關交易文件應由廠商留存備查。

80 (C)。國際金融業務分行管理辦法修正條文第五條：
國際金融業務分行有下列情事之一者，應向金管會申報，並副知中央銀行：
一、開業。
二、變更重大營運政策。
三、發生或可預見重大虧損情事。
四、發生重大訴訟案件。
五、發生違反本條例或主管機關依本條例所發布命令之情事。
前項第一款及第二款事項，應事先申報；第三款至第五款事項，應於知悉或事實發生之日起五日內申報。

第40屆　初階外匯人員專業能力測驗

一　國外匯兌業務

( ) **1** 如果李四想去希臘旅遊，最好攜帶下列哪一種外幣現鈔，在當地可適用而不會有兌換損失？
(A)日圓　　　　　　　　　(B)美金
(C)英鎊　　　　　　　　　(D)歐元。

( ) **2** 有關開立OBU外幣支票，下列敘述何者錯誤？
(A)應劃平行線　　　　　　(B)可委任取款
(C)應記載受款人名稱並禁止背書轉讓
(D)格式載有「支票」（Check）字樣。

( ) **3** 在SWIFT電文中，下列何者為澳洲之資金調撥系統表示法？
(A)//AT　　　　　　　　　(B)//AU
(C)//BL　　　　　　　　　(D)//FW。

( ) **4** 匯款行發送之付款委託書，英文通稱為何？
(A)DEMAND DRAFT　　　　(B)DRAWING ADVICE
(C)MAIL TRANSFER　　　　(D)PAYMENT ORDER。

( ) **5** 下列何種SWIFT MESSAGE TYPE為SINGLE CUSTOMER CREDIT TRANSFER專用？
(A)MT202　　　　　　　　(B)MT199
(C)MT103　　　　　　　　(D)MT400。

( ) **6** 下列何者為MT103之必要欄位？
(A)53a Sender's Correspondent
(B)54a Receiver's Correspondent
(C)57a Account With Institution
(D)59a Beneficiary Customer。

(　　) **7** 下列何種欄位不會出現在MT202之電文格式中？
(A)20欄位（TRANSACTION REFERENCE NUMBER）
(B)32A欄位（VALUE DATE/CURRENCY/AMOUNT）
(C)57a欄位（ACCOUNT WITH INSTITUTION）
(D)59欄位（BENEFICIARY CUSTOMER）。

(　　) **8** 加拿大銀行的清算系統CC code，銀行代號前後共計多少碼？
(A)四碼　　　　　　　　　　(B)六碼
(C)八碼　　　　　　　　　　(D)九碼。

(　　) **9** 某甲因參加國外研習課程需將學費US$6,953連同報名表一併寄送主辦單位，則某甲應選擇之匯款方式為何？
(A)電匯　　　　　　　　　　(B)信匯
(C)票匯　　　　　　　　　　(D)旅行支票。

(　　) **10** 倘MT103中71A欄位（DETAILS OF CHARGES）載明"SHA"時，表示該筆匯出匯款手續費由下列何者負擔？
(A)發電銀行　　　　　　　　(B)收電銀行
(C)匯款人　　　　　　　　　(D)受款人。

(　　) **11** 目前匯往下列哪一個國家之匯款不宜經由美系銀行（包括美國本土及其海外分支機構）清算或轉匯，以免資金遭凍結？
(A)以色列　　　　　　　　　(B)沙烏地阿拉伯
(C)伊朗　　　　　　　　　　(D)泰國。

(　　) **12** 票匯之匯票提示時，解款行除核對該匯票之法定要項外，並應核對其內容與下列何者一致？
(A)MT103　　　　　　　　　(B)MT010
(C)MT110　　　　　　　　　(D)MT011。

(　　) **13** 解款行於111年6月17日收到一筆MT103之匯入匯款電文，其中32A欄位表示220620 USD10,000.，下列敘述何者錯誤？
(A)本筆解款日期有誤請匯款行修改
(B)本筆匯款金額為10,000美元
(C)本筆匯款須等到111年6月20日始得付款
(D)本筆是電匯匯款方式。

( ) **14** 對大陸地區提供服務之收入或接受大陸地區提供服務之支出，且以人民幣結算或清算者，稱之為何？
(A)跨境貨物貿易 　　　　(B)跨境服務貿易
(C)直接投資 　　　　　　(D)間接投資。

( ) **15** 解款行向匯款銀行洽收匯入匯款手續費時，應使用下列何種SWIFT電文？
(A)MT200 　　　　　　　(B)MT202
(C)MT191 　　　　　　　(D)MT103。

( ) **16** 下列何者為票匯的英文簡稱？
(A)T/T 　　　　　　　　(B)M/T
(C)D/T 　　　　　　　　(D)D/D。

( ) **17** 依「銀行同業間加速解付國外匯入款作業要點」規定，「跨行通匯申請書」內收款人帳號，中文戶名與「匯入匯款通知書」之內容，係由下列何者負責核對？
(A)解款銀行 　　　　　　(B)設帳銀行
(C)匯入匯款之通知銀行 　(D)國外匯款銀行。

( ) **18** 有關票匯，下列敘述何者正確？
(A)核對押碼是否相符
(B)匯款行簽發以解款行為付款行之匯款支票，一律須由匯款行逕寄受款人
(C)解款行須郵寄簽發匯款支票之通知書至匯款行
(D)受款人憑匯票向解款行領款。

( ) **19** 解款行處理匯入匯款已解付而受款人拒絕退還款項時，後續由下列何者聯繫解決？
(A)匯款人與解款行 　　　(B)匯款行與受款人
(C)匯款人與受款人 　　　(D)解款行與受款人。

( ) **20** 依洗錢防制物品出入境申報及通報辦法規定，旅客攜帶總價值逾等值多少美元之外幣現鈔，應向海關申報？
(A)一萬美元 　　　　　　(B)二萬美元
(C)五萬美元 　　　　　　(D)十萬美元。

（　）**21** 下列哪一種光票，我國銀行業應予以拒絕買入或託收以防止被
退票？
(A)美國私人支票 　　　　　　(B)旅行支票
(C)日本當地支票 　　　　　　(D)小額匯票。

（　）**22** 託收行對於受理後的票據無論買入或託收均應加蓋擔保背書章，
連同取款指示書一併寄往國外代收行求償票款，萬一在郵寄途中
遺失，應如何因應？
(A)由客戶自行負責損失
(B)可憑票據影本及銀行擔保書請求付款
(C)依我國票據法規定辦理掛失止付
(D)銀行依面額全數賠償。

（　）**23** 託收銀行寄給代收銀行之取款指示書以"CASH LETTER"方式製
作，下列何者為其特點？
(A)問題票可適用 　　　(B)對託收銀行而言風險較小
(C)可全額入帳 　　　　(D)已獲最終付款（FINAL PAYMENT）。

（　）**24** 託收銀行接獲國外代收銀行之退票理由書上註記有"PAYMENT
COUNTERMANDED BY THE DRAWER"，其所代表意義為何？
(A)此票已停止支付 　　　　　(B)非我行付款
(C)此戶已結清 　　　　　　　(D)存款不足。

（　）**25** 下列何種票據不可稱為光票？
(A)銀行支票（Bank's Check）
(B)出口押匯時的匯票（Draft）
(C)銀行匯票（Bank's Draft）
(D)私人或公司行號簽發的匯票（Private Draft）。

（　）**26** 現行美國國庫支票提示時效為多久？
(A)三個月 　　　　　　　　　(B)六個月
(C)一年 　　　　　　　　　　(D)二年。

( ) **27** 存戶甲欲提領外匯存款轉讓並存入同在本行存戶乙之外匯存款，下列敘述何者錯誤？

(A)銀行應掣發予存戶甲其他交易憑證，匯款分類及編號填註695未有資金流動之交易

(B)銀行應掣發予存戶乙其他交易憑證，匯款分類及編號填註695未有資金流動之交易

(C)存戶甲、乙之交易憑證國別欄均填列為本國

(D)外匯轉讓必須辦理結售、結購之申報，不得逕行轉讓。

( ) **28** 依中央銀行規定，辦理外匯存款時，有關種類及期限之敘述，下列何者正確？

(A)得以外匯綜合存款方式為之

(B)不得以可轉讓定期存單方式為之

(C)不得以對帳單代替存摺

(D)不可與客戶約定，辦理指定到期日外匯定期存款。

( ) **29** 有關遠期外匯買賣履約保證，下列何者正確？

(A)一律免收　　　　　　　(B)由承作銀行與顧客議定

(C)一律為10%　　　　　　(D)視預售或預購而定。

( ) **30** 有關無本金交割新臺幣遠期外匯業務，下列敘述何者錯誤？

(A)以國內指定銀行及其本身之海外分行、總（母）行及其分行為限

(B)到期結清一律採實質交割（Physical Delivery）

(C)不得以保證金交易（Margin Trading）槓桿方式處理

(D)非經中央銀行許可，不得與其他衍生性外匯商品組合。

( ) **31** 有關遠期外匯交易其訂約交割或展期均需確認有實際外匯需求者，負責該項確認之單位為下列何者？

(A)中央銀行　　　　　　　(B)財政部

(C)金管會　　　　　　　　(D)指定銀行。

( ) **32** 張三（個人）來行匯出美金二萬元給其在美國之子女作為生活費，銀行除依當日賣出匯率（1：31.94）折收新臺幣價款外，下列何者正確？
(A)不需客戶填申報書，亦無需查詢其累積結匯金額
(B)需客戶填申報書，但無需查詢其累積結匯金額
(C)不需客戶填申報書，但需查詢其累積結匯金額
(D)需客戶填申報書，亦需查詢其累積結匯金額。

( ) **33** 銀行法第72條所稱中期放款及定期存款是否包括外幣放款及外幣存款？
(A)包括外幣放款及外幣存款
(B)不包括外幣放款及外幣存款
(C)包括外幣放款及但不包括外幣存款
(D)包括外幣存款及但不包括外幣放款。

( ) **34** 信用合作社、農漁會信用部可申請辦理之外匯業務包括哪幾種？
(A)辦理買賣外幣現鈔及旅行支票業務
(B)辦理外幣貸款及外幣保證業務
(C)辦理進出口外匯業務
(D)辦理所有外匯業務。

( ) **35** 下列何者非屬匯入匯款第七大項「收取商品貿易之貨款（含國內出貨與國外出貨）」項下？
(A)出口通關的貨款
(B)未經我國出口通關的國外銷貨收入
(C)進口貨款退匯
(D)由國外支付指定國內交貨之貨款。

( ) **36** 指定銀行於下列哪三個原則下，得受理企業匯付大陸地區個人之人民幣跨境貿易？　A.購買保險；B.瞭解你的客戶；C.瞭解你的業務；D.盡職審查
(A)A.B.C　　　　　　　　　(B)A.B.D
(C)A.C.D　　　　　　　　　(D)B.C.D。

( ) **37** 發現外匯收支或交易申報書之金額填寫錯誤時，應如何處理？
(A)重新填寫申報書
(B)由銀行直接更正即可
(C)由申報人修正後簽名即可
(D)申報人更正後由受理銀行證明即可。

( ) **38** 匯出匯款之結匯性質為大陸地區人民合法領受臺灣地區軍公教人員保險死亡給付、撫卹（慰）金、餘額退伍金時，每人結匯金額之限制為何？
(A)不得逾新臺幣一百萬元　　(B)不得逾新臺幣二百萬元
(C)不得逾五十萬美元　　(D)不得逾一百萬美元。

( ) **39** 依銀行業辦理外匯業務管理辦法規定，指定銀行設置外幣提款機，應限制每帳戶每日累積提領外幣金額，以等值多少美元為限？
(A)1萬美元　　(B)2萬美元
(C)5萬美元　　(D)10萬美元。

( ) **40** 指定銀行經許可於非共同營業時間辦理外匯業務，每筆結匯金額以未達多少金額為限？
(A)新臺幣50萬元或等值外幣　　(B)新臺幣100萬元或等值外幣
(C)美金50萬元或等值外幣　　(D)美金100萬元或等值外幣。

( ) **41** 出口商以匯款方式出口，所得外匯自國外匯入匯款存入外匯存款，指定銀行應掣發下列何種單證？
(A)結匯證實書　　(B)買匯水單
(C)其他交易憑證　　(D)交易日報。

( ) **42** 依外匯收支或交易申報辦法規定，下列何者尚不得辦理網路申報？
(A)公司　　(B)團體
(C)個人　　(D)非居住民。

( ) **43** 軍政機關結購進口外匯160萬美元時，下列敘述何者正確？
(A)逐憑申報書辦理
(B)需憑主管機關核准結匯通知書辦理
(C)計入當年累積結匯金額
(D)指定銀行掣發其他交易憑證。

(　) **44** 指定銀行受理公司、行號、團體辦理涉及人民幣跨境貨物貿易、服務貿易及直接投資人民幣買賣，其交易種類不包含下列何者？
(A)即期外匯交易　　　　　　(B)遠期外匯交易
(C)換匯交易　　　　　　　　(D)期貨、選擇權交易。

(　) **45** 個人、團體50萬美元（含）以上之結購、結售即期外匯案件，至遲應於何時將資料傳送中央銀行外匯資料處理系統？
(A)訂約日
(B)訂約日（含）二日內
(C)訂約日之次營業日中午十二時
(D)訂約日之次二營業日中午十二時。

(　) **46** 依「外幣收兌處設置及管理辦法」規定，下列敘述何者錯誤？
(A)執照由中央銀行發給之
(B)外幣收兌處應於每季終了次月十五日前，向臺灣銀行列報該季收兌金額
(C)本辦法正面表列以外行業，申請設置外幣收兌處，應經臺灣銀行轉請中央銀行專案核可
(D)連鎖便利商店或藥妝店若具有收兌外幣需要，並有適當之安全控管機制者，得申請設置外幣收兌處。

(　) **47** 銀行向專業機構投資人及高淨值投資法人以外之客戶，提供非屬結構型商品之衍生性金融商品交易服務，應收取保證金，該保證金不包括下列何者？
(A)銀行授信額度　　　　　　(B)現金
(C)銀行存款　　　　　　　　(D)流動性高之有價證券。

(　) **48** 指定銀行代扣居住民外匯存款利息所得稅，於結售時應填報下列何項匯款分類？
(A)194金融服務收入　　　　 (B)580政府移轉收入
(C)695未有資金流動之交易　 (D)696外匯存款利息收入。

( ) **49** 依銀行業辦理外匯業務管理辦法規定，下列敘述何者錯誤？
(A)銀行業與顧客之外匯交易買賣匯率，由各銀行業自行訂定。每筆交易金額在一萬美元以下涉及新臺幣之匯率，應於每營業日上午九時三十分以前，在營業場所揭示
(B)指定銀行之分行經許可辦理買賣外幣現鈔及旅行支票之經辦人員及覆核人員，應有五個營業日以上之相關外匯業務經歷
(C)指定銀行應將涉及新臺幣之外匯交易按日填報「外匯部位日報表」，於次營業日送中央銀行外匯局
(D)指定銀行以國內自設外匯作業中心處理相關外匯作業時，應於開辦後十日內檢附相關作業要點及作業流程向中央銀行報備。

( ) **50** 有關臺灣地區銀行辦理在臺無住所大陸地區人民不動產擔保放款業務應注意事項，下列何者錯誤？
(A)大陸地區個人申請本放款業務，應親自辦理
(B)本放款業務資金用途限於投資臺灣地區不動產
(C)辦理本放款業務之貸款成數，以擔保品鑑估價值百分之七十為上限
(D)本放款之撥款方式，應直接撥付交易對方指定之新臺幣帳戶。

解答與解析

1 (D)。希臘為歐元區之成員國，故在當地使用歐元不會有兌換損失。

2 (B)。OBU外幣支票禁止委任取款。

3 (B)。//BL德國
//FW美國聯邦政府準備銀行

4 (D)。付款委託書英文為：PAYMENTORDER。

5 (C)。MT103 SINGLE CUSTOMER CREDIT TRANSFER，其為顧客匯款，匯款人或受款人一方、或兩者為非金融機構之匯款電文。

6 (D)。MT103：匯款人或受款人一方，或兩者為非金融機構之匯款電文。
59a Beneficiary Customer受益顧客
53a Sender's Correspondent發訊行之通匯行
54a Receiver's Correspondent收訊行之通匯行
57a Account With Institution設帳銀行

7 (D)。MT202為銀行間之匯款電文，可用於Cover Payment之清算。
59欄位（BENEFICIARY CUSTOMER）出現在MT103電文格式中。

8 (D)。
(1) 加拿大清算號名稱：TRANSIT NO.即CC
(2) 格式：9位數字（4位銀行號＋5位分行號）

9 (C)。票匯（Demand Draft, D/D）：銀行收匯款人申請，代匯款人開立以其分行或代理行為解付行的銀行即期匯票（Banker's Demand Draft），支付一定金額給收款人的匯款方式。

10 (C)。「SHA」，SHA為share之縮寫，即一般的匯款方法，意即費用由雙方各自負擔。匯款人負擔發電銀行（即匯款行）費用，受款人負擔中間轉匯行及解款行之費用。

11 (C)。匯款至受美國經濟制裁或凍結資產國家，如古巴、伊朗、北韓、緬甸、蘇丹等國時，勿透過美系銀行申辦，避免資金遭凍結而無法取回。

12 (C)。MT110用於票匯業務，係匯款銀行於開發匯票後，同時通知付款行簽發匯票明細之電文。

13 (A)。220620 USD10,000表示111年6月17日，僅表示解款日期，不一定要與收文日期相同。

14 (B)。跨境服務貿易指提供以下服務：(1)自締約一方領域向締約他方領域內提供服務；(2)在締約一方領域內由其人員向締約他方之人員提供服務；或(3)締約一方之服務提供者以自然人呈現方式在締約他方領域內提供服務。

15 (C)。MT191是由一金融機構發給另一金融機構，索取手續費費用、利息或其他的費用。

16 (D)。信匯（Mail Transfer, M/T）、電匯（Telegraphic Transfer, T/T）、票匯（Demand Draft, D/D）。

17 (B)。銀行同業間加速解付國外匯入匯款作業要點第六條第(四)項：「匯入匯款通知書」受益人簽章聯須經設帳行背書；另「跨行通匯申請書」內收款人帳號、中文戶名，設帳銀行應負責核對其與「匯入匯款通知書」記載之收款人帳號、戶名相符。凡因該申請書內容不清或錯誤等情事，導致解款銀行遲延、無法匯款或誤匯等，概由受益人或設帳銀行負責，與解款銀行無關。

18 (D)。
(1) 票匯不需核對押碼。
(2) 匯款行簽發以解款行為付款行之匯款支票，一律須由匯款行逕寄受款人，此為電匯。

19 (C)。如國外匯入匯款已解付，遇匯款行要求退匯，而受款人拒絕退還該款項時，解款行應通知匯款銀行，請匯款人與受款人自行聯繫處理。

20 (A)。外幣：總值美金一萬元為限，超過應向海關申報登記，未經申報依法沒入。

21 (C)。光票提供買入與託收服務，其種類分為一般外幣支票、匯票、旅行支票。

22 (B)。 銀行對受理後之票據無論買入或託收應加蓋「擔保背書」章，連同取款指示書一併寄往代收行求償票款。取款指示書有Cash Letter及Collection Letter兩種方式。前者係將票據委由代收行，以票據交換方式取款，後者則係將票據寄往付款行或委由代收行向付款行請求付款。若在郵寄途中遺失，可憑票據影本及銀行擔保書請求付款。

23 (C)。 Cash Letter入帳速度快、全額撥付。惟因付款銀行未見票據正本，僅憑影像即付款，故保有該票據之「追索權」，非最終付款。

24 (A)。
PAYMENT COUNTERMANDED BY THE DRAWER係指此票已停止支付。

25 (B)。 光票（Clean Bill）是指不附帶商業單據的匯票（如貨運等相關單據），而在國外付款的外幣票據。其種類分為：國庫支票、一般外幣支票、小額匯票、旅行支票、銀行簽發以自己為付款人之銀行支票等。

26 (C)。 美國國庫支票票面均有「Void After One Year」字樣，提示期限為一年。

27 (D)。 外匯款款轉讓應經由指定銀行辦理，且受讓人應將其所收外匯存入其在指定銀行之外匯存款戶。

28 (A)。 指定銀行辦理外匯存款業務，應依下列規定辦理：
(一) 承作限制：不得以支票存款之方式辦理。
(二) 外匯存款轉讓：應經由指定銀行辦理，且受讓人應將其所收外匯存入其在指定銀行之外匯存款戶。
(三) 外匯定存質借：得逕憑存戶以其本人之外匯定存質借外幣。
(四) 掣發單證：存入款項以新臺幣結購存入者，掣發賣匯水單；其未以新臺幣結購存入者，掣發其他交易憑證。自外匯存款提出結售為新臺幣者，掣發買匯水單；其未結售為新臺幣者，掣發其他交易憑證。
(五) 報送資料：應於承作之次營業日，將交易日報及相關明細資料、外匯存款日報傳送至本行外匯資料處理系統。

29 (B)。 遠期外匯交易是指交割日超過兩個營業日之外匯交易。客戶與銀行約定在未來某一特定日期或期間，依交易當時議定的金額、幣別、匯率進行交割之交易。

30 (B)。 到期結清時，一律採現金差價交割。

31 (D)。 依央行規定，「新臺幣與外幣間」遠期外匯交易，以客戶有實際外匯收支需要者為限，但同筆外匯收支需要不得重複簽約，並依實

際外匯收支需要訂定期限。客戶與本行訂約及交割時，應提供相關實際外匯收支需要之交易文件，或主管機關核准文件，供銀行查核。

32 (D)。 結匯人每筆結匯金額未達新臺幣五十萬元等值外幣者，免填申報書，且無須計入其當年累積結匯金額。

本題美金二萬元超過等值新臺幣五十萬元，故需請客戶填申報書，亦需計入其當年累積結匯金額，故選項(D)正確。

33 (B)。 銀行法第七十二條所稱之「中期放款」及「定期存款」不包括「外幣放款」及「外匯存款」。（台財融字第822214673號函）

34 (A)。 銀行業辦理外匯業務管理辦法第7條：

信用合作社及農（漁）會信用部，得申請許可辦理買賣外幣現鈔及旅行支票業務。

35 (C)。 進口貨款退匯：包括進口貨款退匯、進口瑕疵理賠及進口貨款折讓等，若係跟單交易之進口貨款退匯或信用狀未用餘額退匯，請列報為原來進口之減項。

進口貨款退匯屬於第六大項其他匯入款－其他國外交易項下。

36 (D)。 大陸地區於2014年6月11日發布之指導意見，開放大陸地區個人辦理跨境貿易人民幣結算業務，指定銀行於「瞭解你的客戶」、「瞭解你的業務」及「盡職審查」三原則下，得受理企業匯付大陸地區個人之人民幣跨境貿易。

37 (A)。 發現外匯收支或交易申報書之金額填寫錯誤時，應重新填寫申報書。

38 (B)。 大陸地區人民（非我國國民配偶）依法繼承臺灣地區人民遺產，每人結匯最高金額為新臺幣二百萬元。

39 (A)。 外幣提款機業務需指定銀行經中央銀行許可辦理，指定銀行設置自動化服務設備，應限制每帳戶每日累積提領外幣金額，以等值一萬美元為限。

40 (A)。 銀行業辦理外匯業務管理辦法第42條：

指定銀行於非共同營業時間辦理外匯業務，應依下列規定辦理：

一、每筆結匯金額以未達新臺幣五十萬元或等值外幣者為限。

二、非共同營業時間辦理之外匯交易，應依其檢送之作業說明或本行之規定，列報於營業當日或次營業日之「交易日報」及「外匯部位日報表」。

41 (C)。 根據外匯收支或交易申報辦法第14條：「申報義務人之外匯收支或交易未辦理新臺幣結匯者，以銀行業掣發之其他交易憑證視同申報書。」本題因客戶之匯出匯款並未以新臺幣結購，故應掣發其他交易憑證。

42 (D)。外匯收支或交易申報辦法第
11條：
下列申報義務人辦理新臺幣結匯申
報，得利用網際網路，經由本行核准
辦理透過電子或通訊設備外匯業務
之銀行業，以電子文件向本行申報：
一、公司、行號或團體。
二、個人。

43 (B)。軍政機關申請結購進口外匯
或匯出匯款時，應按核定之外匯配
額範圍，敘明案情，並檢附相關文
件，報由其主管機關核轉財政部審
核發證。但金額在美金一百萬元以
下者，得比照中央銀行所訂外匯收
支或交易申報辦法之規定，於填妥
外匯收支或交易申報書後，逕行辦
理結購。

44 (D)。交易種類包含即期外匯交易、
遠期外匯交易和換匯交易。

45 (A)。受理個人、團體等值50萬美
元以上即期外匯交易，應於訂約日
立即傳送。

46 (A)。外幣收兌處設置及管理辦法
第6條：外幣收兌處執照由臺灣銀
行發給之，並應於門外或營業場
所明顯處懸掛；其辦理外幣收兌業
務，除本辦法規定者外，應依臺灣
銀行股份有限公司指定外幣收兌處
設置及收兌外幣注意事項、外幣收
兌處防制洗錢及打擊資恐標準作業
程序（以下稱標準作業程序）及有
關規定辦理。

47 (A)。銀行辦理衍生性金融商品業
務內部作業制度及程序管理辦法第
20條第5項：
銀行向專業機構投資人及高淨值投
資法人以外客戶提供非屬結構型商
品之衍生性金融商品交易服務，應
訂定徵提期初保證金機制及追繳保
證金機制。徵提期初保證金之最低
標準，由主管機關另定之。
（金管銀外字第10600064740號令）
二、銀行向客戶收取期初保證金方
式：銀行向客戶收取期初保證金，
以現金、銀行存款及流動性高之有
價證券為限。

48 (C)。194-金融服務收入-居住民
提供國外各種金融業務（如外匯交
易、證券交易、衍生金融商品交
易、資產管理、代客金融操作與證
券保管等服務）所產生的手續費及
佣金收入。
580-政府捐贈收入-我軍政機關來自
非居住民捐贈之移轉收入。若為行
政規費收入，請填報（19G）「軍
政機關其他服務收入」；若為稅款
收入，請依是否與貨物或生產相
關，分別填報（450）「使用自然資
源收入及貨物相關稅款」及（581）
「非貨物相關稅款收入」。
695-未有資金流動之交易-客戶之外
匯資金僅在同一銀行內部（包括聯
行間但不含OBU非居住民帳戶）轉
帳未自他行匯入者，如外匯活存定
存互轉、定存到期展期續存、不同

客戶間外匯轉讓、外幣貸款撥款、應收帳款承購、外幣貸款利息收入、外匯交易保證金撥還、指定銀行與居住民間之外幣手續費、指定銀行代扣居住民之利息所得稅、國內外匯交易盈餘、原結購供保值之外幣結售等，請詳述性質。
696-外匯存款利息收入-顧客收到指定銀行支付之外匯活期存款或外匯定存單利息時列報本項。

49 (D)。銀行業辦理外匯業務管理辦法第18條第3項：
指定銀行以國內自設外匯作業中心處理相關外匯作業時，應於開辦後一週內檢附相關作業要點及作業流程向中央銀行報備。

50 (C)。辦理本放款業務之貸款成數，以擔保品鑑估價值百分之五十為上限。

二 進出口外匯業務

( ) **1** 出口商貨款收取方式如為出口廠商出貨後，將有關貨運單據直接寄
交買方提貨，而將貨款記入賣方帳戶，俟雙方約定之時間到期時，
再將貨款一次清算，由買方將貨款匯給出口廠商，稱之為何？
(A)付現交單（CAD）
(B)寄售（Cosignment）
(C)記帳（O/A）
(D)買方預付貨款（Advance payment）。

( ) **2** 目前政府對於廠商出口所得之貨款，有何限制？
(A)限以外匯存款方式保留
(B)限結售為新臺幣
(C)限支付國外進口貨款
(D)可自由選擇結售為新臺幣，或以外匯存款方式保留。

( ) **3** 信用狀交易所稱之"beneficiary"係指下列何者？
(A)信用狀受益人 　　　　(B)信用狀開狀銀行
(C)信用狀申請人 　　　　(D)可轉讓信用狀之第二受益人。

( ) **4** INCOTERMS之性質為何？
(A)國際仲裁 　　　　(B)國際私法
(C)國際公法 　　　　(D)國貿條規。

( ) **5** SWIFT MT740，71A欄位「補償銀行費用」如表示為"OUR"時，
其補償費用由下列何者負擔？
(A)補償銀行 　　　　(B)求償銀行
(C)受益人 　　　　(D)開狀銀行。

( ) **6** REIMBURSING BANK意指下列何種銀行？
(A)補償銀行 　　　　(B)求償銀行
(C)付款銀行 　　　　(D)保兌銀行。

( )　**7** 指定銀行在授信批覆書中核定客戶申請進口開狀之條件為「融資
期限最長120天」，則下列敘述何者錯誤？
(A)客戶得申請開發90天期BUYER'S USANCE進口信用狀
(B)客戶得申請開發即期進口信用狀
(C)客戶不得申請開發150天期BUYER'S USANCE進口信用狀
(D)客戶仍可申請開發150天期SELLER'S USANCE進口信用狀，
因利息係由賣方負擔，與進口商毫無關係。

( )　**8** 在自由讓購信用狀下，原則上任何銀行均可以辦理讓購，若該信
用狀有修改書時，則其修改書應經下列何者通知？
(A)任何銀行　　　　　　　　(B)原信用狀通知銀行
(C)押匯銀行　　　　　　　　(D)補償銀行。

( )　**9** 有關銀行受理客戶辦理擔保提貨（L/G）、副提單背書（E/D）之
敘述，下列何者正確？
(A)為客戶得以儘早提貨，應全力配合其辦理L/G、E/D
(B)辦理L/G銀行無須對船公司負保證責任
(C)對未經徵信調查之客戶之全額結匯開狀案件，原則上不得辦
理L/G或E/D
(D)空運提單亦得辦理L/G。

( )　**10** 依UCP600規定，開狀銀行拒付處理之原則為何？
(A)以單據為本並以開狀銀行本身之立場主張
(B)應申請人之要求
(C)與申請人協商
(D)經申請人簽章同意。

( )　**11** 開狀銀行受理進口商申請開狀，倘須徵提保險單者，下列敘述何
者正確？
(A)徵提保險單正本與保費收據正本
(B)徵提保險單正本與保費收據副本
(C)徵提保險單副本與保費收據副本
(D)徵提保險單副本與保費收據正本。

( ) **12** 在協會貨物保險條款中,有關竊盜、短交險係指下列何者?
(A)W.A. (B)F.P.A.
(C)T.P.N.D. (D)J.W.O.B.。

( ) **13** 辦理遠期信用狀項下擔保提貨時,應同時辦妥下列何種手續?
(A)第二次結匯
(B)依授信批覆條件徵提相關擔保品或還款本票
(C)申請保證額度
(D)發電徵得押匯銀行同意。

( ) **14** 一般進口信用狀係為進口貨物而開發,因此通常除商業發票外,在以F類型或C類型貿易條件交易時,下列何者原則上為信用狀基本之必需單據?
(A)包裝單 (B)運送單據
(C)檢驗單據 (D)產地證明書。

( ) **15** 開狀申請人要求提示保險單據時,倘除要求「基本保險條款」外,尚包括「附加條款」,請問下列何者為「附加條款」?
(A)INSTITUTE CARGO CLAUSES(A)
(B)INSTITUTE CARGO CLAUSES(B)
(C)INSTITUTE CARGO CLAUSES(Air)
(D)INSTITUTE STRIKE CLAUSES(CARGO)。

( ) **16** 信用狀規定"the country of origin: Taiwan"而未要求提供產地證明書或要求於單據上顯示原產地時,但受益人提供單據載有"the country of origin: Japan",應如何處理?
(A)可不理會非單據化條件,接受該單據
(B)要求受益人提供產地證明書
(C)UCP600並未有相關規定,由銀行決定
(D)單據之資料與信用狀之資料發生牴觸,係單據之瑕疵。

( ) **17** 依UCP600規定,下列何種運送單據須提示運送單據上表明之全套正本?
(A)提單 (B)航空運送單據
(C)快遞收據 (D)投郵證明。

（　）**18** 下列何者係屬電子信用狀統一慣例（e UCP2.0）所規範之問題？
(A)電子開狀
(B)電子信用狀之通知
(C)電子記錄單獨或與紙面單據合併之提示
(D)電子信用狀之保兌。

（　）**19** 依UCP600規定，進口貨品如以"kg"為重量單位，除信用狀另有規定外，將允許貨物數量有多少寬容範圍，但動支之總金額以未逾信用狀金額為條件？
(A)加減百分之三　　　　　　(B)加減百分之五
(C)加減百分之七　　　　　　(D)加減百分之十。

（　）**20** 下列何者為非單據化條件（NON-DOCUMENTARY CONDITIONS）？
(A)DRAFTS AT SIGHT
(B)LATEST DATE FOR SHIPMENT:JUN.15, 2022
(C)ALL DOCUMENTS MUST BE INDICATED THIS CREDIT NUMBER
(D)BENEFICIARY MUST SEND ONE SET NON-NEGOTIABLE DOCUMENTS TO APPLICANT BY DHL。

（　）**21** 開狀銀行須依信用狀規定在受益人無需簽發匯票且在信用狀規定或推定之到期日為付款之信用狀，其使用方式為何？
(A)即期付款　　　　　　　　(B)延期付款
(C)承兌　　　　　　　　　　(D)讓購。

（　）**22** 依UCP600有關正本單據之規定，下列敘述何者錯誤？
(A)除另有表明外，顯示由單據簽發人親手書寫、打字、打孔、或蓋章，即為正本單據
(B)除另有表明外，顯示係製作在單據簽發人的原始用箋上，即為正本單據
(C)敘明其為正本，且該正本性質之聲明須顯示適用於所提示之單據
(D)經銀行傳真機產製的任何單據，銀行認其為正本。

(　) **23** 銀行受理客戶申請付款交單（D/P）項下之擔保提貨或副提單背
書時，下列敘述何者正確？
(A)辦理此項業務之銀行無任何風險
(B)因屬授信行為，故D/P案件比照遠期L/C方式辦理
(C)受理往來績優客戶案件時，可酌情免依授信程序逕行辦理
(D)應俟依徵授信程序核予D/A、D/P擔保提貨/副提單背書額度，
並辦妥有關授信手續後始予承作。

(　) **24** 依URC522規定，出口商未徵得代收銀行事前之同意，逕將貨物
寄往該行，或以該銀行或其指定人為受貨人，期以憑付款或承兌
或依其他條件交付予付款人者，有關代收銀行之責任，下列敘述
何者錯誤？
(A)銀行無提取貨物之義務
(B)風險及責任由發送貨物之一方負擔
(C)須負責貨物之貯存及保險
(D)倘銀行同意採取保全貨物之措施，相關費用由收受託收之一
方負擔。

(　) **25** 依URC522規定，如託收含有未來日期付款之匯票，且託收指示
書表明商業單據應憑付款交付，則單據應於下列何時交付？
(A)承兌後
(B)付款後
(C)收到委託人指示後
(D)收到託收銀行SWIFT電報授權後。

(　) **26** 代收銀行對收到之託收單據，下列敘述何者錯誤？
(A)銀行將照所收到之單據不加進一步之審查而提示
(B)對單據之法律效力不負責任
(C)對單據所表彰貨物之狀況不負責任
(D)對貨物運送人之作為有查證之責任。

(　) **27** 下列何者為URC522所稱之託收銀行？
(A)PRINCIPAL　　　　　　(B)REMITTING BANK
(C)COLLECTING BANK　　(D)PRESENTING BANK。

(　　) **28** 依URC522定義，下列何者錯誤？
(A)商業單據未附隨財務單據者係為「光票託收」
(B)商業單據附隨財務單據屬「跟單託收」
(C)發票、運送單據、物權書證係屬「商業單據」
(D)單據及託收指示書得由託收銀行直接寄交代收銀行或經由其他銀行作為中介。

(　　) **29** 依URC522規定，託收指示書如載明利息或費用待收，且未敘明利息或費用不得拋棄時，倘付款人拒絕支付，則下列敘述何者正確？
(A)託收銀行不得交付單據
(B)託收銀行應認定不得拋棄利息
(C)提示銀行不得交付單據
(D)提示銀行得視情形，憑付款或承兌或依其他條件交單，而不收取該利息或費用。

(　　) **30** 進口託收如有輸入許可證時，應注意之相關日期為何？
(A)提單之裝船日期不得遲於輸入許可證之簽發日期
(B)提單之裝船日期不得遲於輸入許可證之有效日期
(C)商業發票之發票日不得遲於輸入許可證之簽發日期
(D)商業發票之發票日不得遲於輸入許可證之有效日期。

(　　) **31** 依URC522規定，提示銀行依託收指示將單據交付付款人之程序為下列何者？
(A)承兌　　　　　　　　　　(B)提示
(C)催告　　　　　　　　　　(D)代收。

(　　) **32** 下列何種託收匯票之到期日與付款人（進口商）之承兌日有關？
(A)90 days after sight　　　　(B)90 days after date
(C)90 days after B/L date　　(D)90 days after invoice date。

(　　) **33** 依e URC規定，一eURC託收指示已被簽發，但其提示僅由紙面單據組成，適用為何？
(A)URC　　　　　　　　　　(B)eURC
(C)URC及eURC　　　　　　(D)由託收銀行指定。

(　　) **34** 依URC522規定，下列何者為出口託收指示下，單據提示之對象？
(A)DRAWEE　　　　　　　　(B)DRAWER
(C)COLLECTING BANK　　　(D)PRINCIPAL。

(　　) **35** 進口商（買方）辦理D/A託收交易，如何取得商業單據？
(A)付款後
(B)匯票承兌後
(C)承兌時先拿匯票，付清貨款再拿商業單據
(D)作成拒絕證書後。

(　　) **36** 下列何者非屬指定銀行辦理外幣擔保付款之保證業務之承作對象？
(A)依我國法律登記之公司行號
(B)年滿二十歲設有本國戶籍之個人
(C)未在我國登記之外國公司
(D)依我國法律登記之機關團體。

(　　) **37** 當受益人只接受當地銀行所簽發的保證時，則國外指示人須指示
其往來銀行簽發下列何種保證函給受益人當地銀行，再由受益人
當地銀行轉開保證函給受益人？
(A)履約保證　　　　　　　　(B)押標金保證
(C)預付款保證　　　　　　　(D)相對保證。

(　　) **38** 依ISP98規定，簽發擔保信用狀時不應使用所謂「永續的」之用
語，且除非在本文中賦予其意義外，應不予理會，而「永續的」
之英文名稱為何？
(A)continuing　　　　　　　(B)lasting
(C)keeping　　　　　　　　(D)evergreen。

(　　) **39** 依ISP98規定，倘遇不可抗力因素導致銀行不營業，致擔保信用
狀逾期，則除擔保函另有規定外，最後提示日之展延規定為何？
(A)順延至次一營業日
(B)恢復營業後，已失效之擔保函，自動展延30個曆日
(C)自保證函有效期限起算展延30個曆日
(D)不能展延。

（　）**40** 倘擔保信用狀規定"multiple drawings prohibited"，則有關ISP98
提示之次數與兌付金額之敘述，下列何者正確？
(A)僅為一次之提示與兌付，且兌付金額不得少於全部可用金額
(B)僅為一次之提示與兌付，但兌付金額得少於全部可用金額
(C)僅為一次之提示與兌付，且兌付金額得少於或多於全部可用金額
(D)僅為一次之提示與兌付，但兌付金額得多於全部可用金額。

（　）**41** 銀行為客戶簽發BANK GUARANTEE或STANDBY L/C時，下列
哪一種方式對開狀銀行較為有利？
(A)FREELY NEGOTIABLE WITH ANY BANK
(B)AVAILABLE AT THE COUNTER OF THE ISSUING BANK ONLY
(C)TRANSFERABLE AND NEGOTIABLE WITH ANY BANK
(D)AVAILABLE FOR PAYMENT WITH THE ADVISING BANK。

（　）**42** 信用狀通知方式目前以下列何者最為普遍？
(A)SWIFT　　　　　　　　　(B)郵寄
(C)簡電加郵寄證實書　　　　(D)TELEX。

（　）**43** 依UCP600規定，有關辦理信用狀轉讓，下列敘述何者錯誤？
(A)保險投保之百分比得酌予增加以配合信用狀應投保金額之規定
(B)信用狀禁止部分裝運時，仍得辦理部分轉讓給一個以上之第
二受益人
(C)信用狀應特別敘明"transferable"才可辦理轉讓
(D)除非信用狀另有敘明外，受讓信用狀不得經第二受益人之請求，
轉讓予隨後之任何受益人，第一受益人不認係隨後之受益人。

（　）**44** 依UCP600規定，有關受讓信用狀（The transferred credit），下
列敘述何者錯誤？
(A)受讓信用狀意指經轉讓銀行辦理可由第二受益人使用之信用狀
(B)除轉讓當時另有約定外，有關轉讓發生之一切費用，須由第
一受益人支付
(C)若信用狀業經轉讓予一個以上之第二受益人，其中任何第二受益
人拒絕修改書，無礙於任何其他第二受益人對該修改書之接受
(D)任何轉讓請求書不須表明是否在何種條件下，修改書可通知
第二受益人，受讓信用狀亦不須明確顯示該等條件。

(　) **45** 依UCP600規定，有關信用狀之修改，下列敘述何者錯誤？
(A)開狀申請人要求修改信用狀時，開狀銀行有權決定是否接受其申請
(B)開狀銀行自簽發修改書時起，即受該修改書不可撤銷之拘束
(C)通知修改書之銀行對任何接受或拒絕之知會應告知所由收受修改書之銀行
(D)修改書規定除非受益人於特定期間內拒絕，否則修改書即生效意旨者，應予以遵守。

(　) **46** 有關「國內信用狀（LOCAL L/C）」之敘述，下列何者錯誤？
(A)出口商根據國外開來的原始信用狀（MASTER L/C），可至其往來銀行申請開發國內信用狀（LOCAL L/C）
(B)國內信用狀規定的有效期限，得早於原始信用狀規定的有效期限
(C)國內信用狀規定的單價，得低於原始信用狀規定的單價
(D)原始信用狀若係不可轉讓，則出口商不得至其往來銀行申請開發國內信用狀。

(　) **47** 依UCP600有關通知銀行之義務，下列敘述何者錯誤？
(A)通知銀行如選擇不通知信用狀，則應將此意旨儘速告知開狀銀行
(B)通知銀行如無法確信信用狀外觀之真實性時，仍選擇通知，則須告知受益人，其無法確認該信用狀之真實性
(C)通知銀行確信信用狀之真實性後，應儘速通知押匯銀行
(D)開狀銀行利用一銀行為信用狀通知，須使用同一銀行為任何修改書之通知。

(　) **48** 押匯銀行審核出口押匯單據，下列何種情形係屬瑕疵？
(A)部分裝運（PARTIAL SHIPMENT）（信用狀未規定是否允許部分裝運）
(B)提單上表明貨物裝在甲板上（信用狀未規定貨物是否得裝載於甲板上）
(C)商業發票上貨物之說明與信用狀所顯示者相符
(D)商業發票與信用狀幣別均為日圓。

（　）**49** 依UCP600規定，除信用狀另有規定外，下列何種保險單據，銀行將不予接受？

(A)Insurance policy

(B)Insurance certificate under an open cover

(C)Insurance declaration under an open cover

(D)Cover notes。

（　）**50** 如信用狀規定提單之受貨人欄位為「to order」或「to the order of shipper」，則提單須由下列何者背書？

(A)shipper　　　　　　　　(B)consignee

(C)notify party　　　　　　(D)negotiating bank。

（　）**51** 依UCP600規定，如信用狀無特別規定，銀行將就所提示之保險單據予以接受，而對其未保之任何危險，應如何處理？

(A)不予理會　　　　　　　(B)仍須負責

(C)由開狀銀行認定是否負責　(D)由保兌銀行認定是否負責。

（　）**52** 依我國之押匯實務，押匯銀行於出口押匯款項超過相當時日仍無法收妥時，如何處理？

(A)可憑出口押匯申請書及總質權書之約定向出口商追回押匯款項

(B)未收到開狀銀行之拒付通知，不能向出口商追回押匯款項

(C)單據無瑕疵，不能向出口商追回押匯款項

(D)押匯銀行付出款項即無追索權，不能向出口商追回押匯款項。

（　）**53** 有關空運提單性質之敘述，下列何者錯誤？

(A)具收據性質　　　　　　(B)具運送契約性質

(C)為物權證書　　　　　　(D)為直接式單據，不可背書轉讓。

（　）**54** 有關提單之更正及更改處之規定，下列何者正確？

(A)提單之更正及更改不須確認

(B)提單之不可轉讓副本更正須經確認

(C)提單得由未表明係代理何者之任何代理人確認

(D)提單得由任何代理人確認，但須表明其係運送人或船長之代理人。

( ) **55** 如信用狀金額為US ＄15,000.00貨物數量為ABOUT 1,000 Bottles，單價為US ＄15.00/Bottle時，銀行可以接受押匯之最高金額為何？
(A)US ＄14,250.00　　　　　(B)US ＄15,000.00
(C)US ＄15,750.00　　　　　(D)US ＄16,250.00。

( ) **56** 依UCP600規定，有關COMMERCIAL INVOICE之敘述，下列何者錯誤？
(A)若信用狀無特別規定，無需簽署
(B)若信用狀要求COMMERCIAL INVOICE IN DUPLICATE，則僅需提示副本即可
(C)須以信用狀申請人為抬頭人
(D)商業發票須以信用狀同一貨幣表示。

( ) **57** 押匯銀行求償時，如因補償銀行未收到付款授權書而遭其拒絕補償，應作何處理？
(A)應向補償銀行據理力爭
(B)應立即向補償銀行提出單據符合信用狀條款之證明
(C)對因而發生之遲延利息及費用，應請補償銀行負擔
(D)應向開狀銀行要求立即付款，所發生之遲延利息及費用，亦應請其負擔。

( ) **58** 信用狀規定有效期限為20XX.08.31（星期五），裝運日為20XX.07.30，倘信用要求提示CARGO RECEIPT且未規定單據提示期間，則依ISBP規定，銀行將不接受遲於下列何時提示之單據？
(A)20XX.08.16　　　　　(B)20XX.08.17
(C)20XX.08.20　　　　　(D)20XX.08.31。

( ) **59** 依Incoterms 2020，以CPT條件交易，倘至約定目的地之運送全程使用一位以上之運送人，且未約定交貨地時，則貨物之風險在何處移轉？
(A)賣方營業處所　　　　　(B)貨物交付第一運送人
(C)買方之倉庫　　　　　　(D)貨物交付最後一位運送人。

（　　）**60** 依UCP600規定，如信用狀要求提單，除信用狀另有規定外，下
列何者所簽署之提單，銀行將不予接受？
(A)THE CARRIER
(B)THE MASTER OR A NAMED AGENT FOR THE MASTER
(C)THE OWNER
(D)NAMED AGENT FOR OR ON BEHALF OF THE CARRIER。

（　　）**61** 有關保險單據，下列何者情況將視為瑕疵？
(A)保險單簽發日期早於提單裝運日期
(B)保險單簽發日期與提單裝運日期為同一日
(C)在信用狀未規定保險應投保金額之情形下，保險金額為發票金額
(D)保險單上貨物之說明係以不與信用狀說明抵觸之統稱敘明。

（　　）**62** 信用狀規定1/3正本提單由出口商逕寄買方且提單之受貨人為買方
時，下列敘述何者正確？
(A)對出口商而言，其貨物保全能力與全套提單寄交開狀行並無差異
(B)為防止買方提貨之後不償清貨款，所以出口商應向押匯行提
示全套提單
(C)提示2/3正本提單押匯後，如遭開狀行拒付，押匯行可要求開
狀行禁止買方提貨
(D)提示2/3正本提單押匯後，如遭開狀行拒付，押匯行要求退還
單據時，開狀行只須退還2/3正本提單及其他押匯單據。

（　　）**63** 有關銀行公會訂定之「銀行間辦理轉押匯業務合作要點」，下列
敘述何者錯誤？
(A)單據審查由押匯銀行負責
(B)寄單及求償應採指定銀行之意見
(C)拒付時應一律由押匯銀行直接向開狀行交涉
(D)指定銀行兼為保兌銀行時不適用該要點。

（　　）**64** 下列何種單據之日期得遲於運送單據之裝運日期？　(A)保險單
(B)保險證明書　(C)產地證明書　(D)未記載檢驗日期之裝船前檢
驗證明書。

( ) **65** 貿易業者在使用2020版國貿條規之CIP後面所加註之地點為下列
何者？
(A)交貨之地點　　　　　　　(B)風險移轉之地點
(C)運費付訖之地點　　　　　(D)交貨地點與運費付訖之地點。

( ) **66** 依e UCP2.0規定，若依指示而行事之指定銀行、保兌銀行（如有
者）或開狀銀行對包含電子記錄之提示提出拒絕通知，但自拒絕
通知之日起幾個曆日內，未從被發給拒絕通知之一方收到處置電
子記錄之指示時，銀行應將先前未退還之任何紙面單據退還該被
通知之一方？　(A)七　(B)二十一　(C)三十　(D)六十。

( ) **67** 依2020年版國貿條規規定，賣方對買方並無訂立運送契約的義
務。如有約定，賣方須以買方之風險及費用，依據通常條件訂
立運送契約之條件規則為何？　(A)EXW　(B)FCA　(C)CIP
(D)DAP。

( ) **68** 銀行外匯業務中所稱之FORFAITING係指下列何者？
(A)遠期信用狀賣斷　　　　　(B)即期信用狀賣斷
(C)出口應收帳款承購　　　　(D)出口應收帳款承兌。

( ) **69** 有關FORFAITING業務，對出口商之好處，下列敘述何者錯誤？
(A)風險規避，任何原因皆無須還款
(B)銀行之押匯額度迅速回復
(C)可改善公司財務報表
(D)間接達到對開狀銀行之徵信調查。

( ) **70** 得承做Forfaiting之國際貿易付款方式為下列何者？
(A)Sight L/C　　　　　　　　(B)O/A
(C)D/A　　　　　　　　　　(D)Seller's USANCE L/C。

( ) **71** 下列何者不是辦理Forfaiting業務，與買斷行作業流程中所需用到
的文件？
(A)預支價金申請書　　　　　(B)買斷請求書
(C)買斷同意書　　　　　　　(D)信用狀讓渡書。

（　）**72** 有追索權之應收帳款承購業務，有關其逾期放款之列報，下列何者正確？

(A)於帳款轉銷時將賣方資料填報聯徵中心建檔並予揭露供會員查詢

(B)於帳款轉銷時將買方資料填報聯徵中心建檔並予揭露供會員查詢

(C)於帳款轉銷時將承購商資料填報聯徵中心建檔並予揭露供會員查詢

(D)於帳款逾期三個月，向財團法人金融聯合徵信中心列報為賣方之逾期放款。

（　）**73** GRIF為何種規則之英文簡稱？　(A)託收統一規則　(B)信用狀統一慣例　(C)國際擔保函慣例　(D)國際應收帳款承購統一規則。

（　）**74** 有關雙承購商之交易特性，下列敘述何者錯誤？

(A)以D/A或O/A為付款條件之出口貿易

(B)合作承購商負有買方因財務困難而未履行合約之風險

(C)合作承購商不負因賣方過失而產生之商業紛爭而造成之風險

(D)若為買方信用風險導致之不付款，合作承購商對賣方有追索權。

（　）**75** OBU係指下列何者？　(A)外匯業務指定銀行　(B)人民幣清算行　(C)海外分行　(D)國際金融業務分行。

（　）**76** 銀行開發進口信用狀，憑辦文件為何？　(A)應憑國外廠商提供之交易單證辦理　(B)應憑國內顧客提供之交易單證辦理　(C)應憑國外銀行所提供之交易單證辦理　(D)無需提供交易單證。

（　）**77** 指定銀行辦理進口商開發信用狀後，應向中央銀行辦理申報，下列敘述何者正確？

(A)應於每月之十日前，將截至上月底止承作此項業務之總額，列表報送中央銀行外匯局

(B)應於承做之次營業日，將交易日報及相關明細資料傳送中央銀行外匯交易處理系統

(C)應於承做之次日，將辦理本項業務之信用狀副本及結匯證實書，彙報中央銀行外匯局

(D)應於每月之五日前，將上個月辦理本項業務所掣發之單證，隨交易日報送中央銀行外匯局。

(　) **78** 指定銀行辦理國內廠商出口押匯結售為新台幣者，是否應掣發單
證，並列報交易日報送外匯局？
(A)無需掣發單證，亦無需列報交易日報
(B)需掣發出口結匯證實書，並列報交易日報
(C)需掣發水單，並列報交易日報
(D)需掣發其他交易憑證，並列報交易日報。

(　) **79** 依國際金融業務條例規定，國際金融業務分行得否辦理直接投資
或不動產投資業務？
(A)得辦理直接投資但不得辦理不動產投資業務
(B)得辦理不動產投資但不得辦理直接投資業務
(C)得辦理直接投資及不動產投資業務
(D)不得辦理直接投資及不動產投資業務。

(　) **80** OBU辦理外幣授信業務，得否收受境內股票或不動產作為擔保品？
(A)股票可，不動產不可　　　(B)股票不可，不動產可
(C)股票、不動產均可　　　　(D)股票、不動產均不可。

解答與解析

1 (C)。記帳付款（O/A）是指Open
Account，賣方出貨後將單據寄予
買方提貨，待雙方約定時間到期
時，買方再將貨款匯付給賣方，對
出口商而言風險較高。

2 (D)。政府對於廠商出口所得貨款可
自由選擇結售為新臺幣或外匯存款。
且出口所得外匯結售為新臺幣者，應
掣發出口結匯證實書；其未結售為新
臺幣者，應掣發其他交易憑證。

3 (A)。BENEFICIARY，信用證的
受益人，一般為出口商。

4 (D)。國貿條規（INCOTERMS，
International Commercial Terms）

5 (D)。費用全由受款人（開狀銀行）
負擔OUR費用全由匯款人負擔。

6 (A)。補償銀行（Reimbursing
Bank）：應開狀銀行之委託或授
權，在約定的額度內，償付求償銀
行所代付之款項。

7 (D)。利息應由買方負擔。

8 (B)。信用狀修改書之通知銀行，
應為原信用狀通知銀行。

9 (C)。辦理擔保提貨或副提單背書
時，因需對船公司負保證責任，故
應選擇信用良好之客戶方進行承
做；辦理L/G銀行須對船公司負保
證責任；空運提單因有隨機聯，故

不會有貨到單未到之情形，故無需使用擔保提貨。

10 (A)。開狀銀行對其所簽發的信用狀負主債務責任。基於信用狀的法律關係，信用狀具無因性、獨立性，開狀銀行以單據為本，僅就單據的內文予以審查，對符合的提示履行付款，不可持單據以外的事實予以主張。

11 (B)。開狀銀行受理進口商申請開狀，倘須徵提保險單者，應徵提保險單正本與保費收據副本。

12 (C)。竊盜、短交險（theft, piferageand nondelivery,簡稱T.P.N.D.）
偷竊提貨不著險（theft, pifer age and non-delivery, 簡稱T.P.N.D.）

13 (B)。進口商可於核准額度（條件內），申請辦理擔保提貨而不徵提擔保品。如屬即期信用狀又有外幣墊款者，需由開狀銀行（代收銀行）收回墊款本息，如屬遠期信用狀墊款者可暫緩收回；辦理擔保提貨後，到單時申請人不得拒付。

14 (B)。信用狀所需檢附單據：商業發票、保險單據、運送單據、其他單據。

15 (D)。附加條款，包括：
(1) Institute War Clauses（Cargo）協會貨物保險兵險條款，適用常發生戰爭地區。
(2) Institute Strike Clauses（Cargo）協會貨物保險罷工條款。

16 (D)。信用狀規定"the country of origin: Taiwan"，但受益人提供之單據載"the country of origin: Japan"，係屬單據瑕疵。

17 (A)。已辦理擔保提貨者，於正本單據到達時，應直接郵寄一份正本提單予船公司，以換回原先簽發之「擔保提貨書」。

18 (C)。電子信用狀統一慣例（eUCP）
第e1條　適用範圍
a.e UCP之訂定係為補充現行UCP條款有關電子單據單獨提示或併同書面單據提示之效力。
b.當信用狀表明受e UCP約束時，e UCP適用。
c.本版本是2.0版，信用狀必需載明其所適用e UCP之版本，如未載明，則將以信用狀發出日期時有效之版本為準；如果受益人接受的修改受到e UCP的約束，則以該修改之日為準。
d.e UCP信用狀必須表明開狀銀行的實體位址。

19 (B)。有關信用狀金額，數量及單價的寬容範圍：(A)詞語「約」或「大概」被使用在關連信用狀金額或信用狀中敘述的單價是被解讀如下列寬容範圍不多於10%或低於10%其相關的金額，數量或單價。
(B)寬容範圍不超過5%或低於5%貨物的數量是被允許，唯如信用狀未敘述數量的在規定包裝單位或個別

項目數量條件中及動支總金額不超過信用狀金額。

20 (D)。 所謂「非單據化條件」是指信用狀中要求受益人做到某些條件，但有某些條件並未敘明需提交與之相符的單據，銀行將認為未列明此條件，而對此不予理會。
選項(D)表示：受益人須在裝船後，立即將一套非議付單據直接送達申請人，單據中隨附表明此結果的「受益人證明」。此類單據必須出具，故不能視為「非單據條件」。

21 (B)。 延期付款信用狀（Deferred payment credit）：屬於遠期L/C，依規定受益人不須簽發匯票。

22 (D)。 根據UCP600第17條，銀行將視以下單據為正本：i.顯示被由單據簽發人的手書寫，打字，穿孔或蓋章；或ii.顯示被用在單據簽發人的正本信紙；或iii.敘述其是正本。

23 (D)。 當單據到達時進口商因已經提貨，如貨物有瑕疵或買賣雙方有其他糾紛，想拒絕單據時，在已辦「擔保提貨」或「副提單背書」之情形下，開狀銀行無法向國外押匯銀行主張拒付，即便單據本身有瑕疵，亦不能主張。銀行為保障權益，除債信良好或銀行債權可資確保者外，不會輕易辦理其「擔保提貨」或「副提單背書」。

24 (C)。 若代收銀行收到拒絕付款通知時，應做以下處理：辦理貨物貯存及保險等事宜：如出口商委託代收銀行辦理貨物貯存及保險等事宜，託收銀行得照辦傳達，但代收銀行無義務辦理。

25 (B)。 如託收指示書表明憑付款交付商業單據，而含未來日期付款之遠期匯票，銀行僅於付款後才能交付單據。

26 (D)。 代收銀行對收到之託收單據，對貨物運送人之作為無查證之責。

27 (B)。 託收當事人有四個：
(1) 委託人（PRINCIPAL），一般是出口商。
(2) 寄單行（REMITTING BANK）也稱託收行。
(3) 代收行（COLLECTING BANK）是在進口地的代理人。
(4) 付款人（DRAWEE）一般是進口商。

28 (A)。 跟單託收：僅附隨商業單據，而未隨財務單據之託收。

29 (D)。 如果託收指示中規定必須收取利息，但付款人拒付該項利息時，提示行可根據具體情況在不收取利息的情況下憑付款或承兌或其他條款和條件交單，除非適用。

30 (B)。 辦理D/A業務如有輸入許可證時，其提單裝船日不得遲於輸入許可證的有效日期。

31 (B)。 依URC522第5條，就本條款而言，提示是表示銀行按照指示使單據對付款人發生有效用的程序。

32 (A)。at xxx days after sight為「見票後定期付款」，匯票到期日與付款人承兌日有關。

33 (A)。若一e UCP信用狀允許一受益人選擇以書面單據或電子化單據方式提示時，而其選擇祇以書面單據提示，則該信用狀適用UCP條款，若e UCP只允許書面單據提示時，則適用UCP條款。

34 (A)。付款人（Drawee）：通常為開狀銀行，在保兌時則為保兌銀行；信用狀申請人不可以為匯票之付款人。

35 (B)。承兌交單（D/A）係進口商承諾未來會付款的交易方式，承諾付款則應選擇用以收取金錢的類似文書，匯票為財務單據。

36 (C)。根據《銀行業辦理外匯業務》，指定銀行辦理外幣擔保付款之保證業務，其承作對象應以國內顧客為限。

37 (D)。
(1) 相對保證：轉開銀行依據保證銀行之保證函，向受益人簽發另一張保證函，並由轉開銀行承擔責任及義務。相對保證係間接保證。
(2) 預付款還款保證：保證廠商返還預先支領而尚未扣抵之預付款之用。
(3) 履約保證是簽發以進口商為受益人之保證函，以防賣方不如期順利交貨之保證。

(4) 押標金保證：有意投標或承攬工程者，於投標前需按底價繳納若干成之金額做為保證；此項保證金若由招標人委請銀行開發保證函，替代現金繳納者，即所謂押標金保證。

38 (D)。Continuing延續，繼續Lasting持續的、持久的Keeping保持忙碌evergreen不衰的、持久的、常青的。

39 (B)。國際擔保執行條款ISP98（International Standby Practice 1998）是專為擔保信用狀而訂定。依ISP98規定,倘遇不可抗力因素導致銀行不營業,致擔保信用狀逾期,則最後提示日在恢復營業後,已失效之擔保函,自動展延30個曆日。

40 (B)。"multiple drawings prohibited"意思指禁止多次提示與兌付。

41 (B)。擔保信用狀為保障開狀銀行之權益,應以開狀銀行為唯一可使用信用狀的銀行為佳,並且匯票的drawee應為開狀銀行。

42 (A)。SWIFT系統因速度快、安全性高,是目前信用狀最常見的傳遞方式。

43 (B)。不可轉讓信用狀（Non-Transferable Credit）：若信用狀上未特別敘明「可轉讓」（Transferable）字樣者,一概視為不可轉讓信用狀,受益人不可將該信用狀轉讓給其他人使用。

44 (D)。任何轉讓請求必須標明如果及在何條件下修改書得被通知給第二受益人。

45 (D)。除非受益人於特定時間內拒絕，否則修改書即生效意旨，應不予理會。

46 (D)。原始信用狀若為不可轉讓，出口商仍可憑主信用狀向其往來銀行申請開發給另一受益人（供應商），稱為轉開信用狀或背對背信用狀。

47 (C)。通知銀行無法確信外觀真實性時，(1)若選擇「通知」：此時通知銀行必須在信用狀上告知受益人或第二通知銀行，其無法確信信用狀之真實性，然後再通知予受益人或第二通知銀行。(2)若選擇「不通知」：應儘速告知開狀銀行。

48 (B)。運送單據不可已標述貨物是或將被裝載於甲板上。但若標述著「該貨物得被裝載在甲板上」是可接受的。

49 (D)。根據UCP600第28條，投保通知書（Cover Note）不可接受。

50 (A)。若信用狀規定"Bill of lading must be made out to order of shipper and blank endorsed"，則該提單須由託運人（Shipper）為空白背書，始能流通轉讓。

51 (A)。如信用狀無特別規定，銀行將就所提示之保險單據予以接受，而對未保之任何危險不負責任。

52 (A)。出口押匯是有追索權的授信，若押匯款項無法收妥時，押匯銀行得憑出口押匯申請書及總質權書之約定向出口商追回押匯款項。

53 (C)。空運提單是一種收據，並非物權證書，不得據以背書轉讓。

54 (D)。若提單經更正，得由任何代理人確認，惟須表明其係運送人或船長之代理人。

55 (B)。銀行不得接受超過信用狀金額之押匯，故可以接受押匯之最高金額為US$15,000.00。

56 (B)。如果信用狀使用諸如「一式兩份」、「兩張」、「兩份」等術語要求提交多份單據，則可以提交至少一份正本，其餘份數以副本來滿足。但單據本身另有相反指示者除外。

57 (D)。押匯銀行求償時，如因補償銀行未收到付款授權書而遭其拒付，應向開狀銀行要求立即授權付款，所發生之遲延利息及費用，亦應請其負擔。

58 (D)。規定提示貨物收據（cargo receipt）根據UCP600第14條(C)，提示若包含一份或多份按照本慣例第19條、20條、21條、22條、23條、24條或25條出具的正本運輸單據，則必須由受益人或其代表按照相關條款在不遲於裝運日後的二十一個公曆日內提交，但無論如何不得遲於信用證的到期日（20XX.08.31）。

59 (B)。CPT是「賣方支付運費至目的地，但貨物的風險及附加費用則於賣方將貨物交付運送人之處，即由買方負擔」，若貨物由數位運送人運送時，貨物的風險於交給第一位運送人時移轉。

60 (C)。提單是託運人與承運人之間所訂立的運輸契約的證明，應由承運人或其代理人簽發，而選項中"THE OWNER"是指船隻擁有者，並不代表一定參與承運之角色。

61 (C)。根據UCP600第28條(f)(ii)，信用證對於投保金額為貨物價值、發票金額或類似金額的某一比例的要求，將被視為對最低保額的要求。如果信用證對投保金額未作規定，投保金額須至少為貨物的CIF或CIP價格的110%。如果從單據中不能確定CIF或者CIP價格，投保金額必須基於要求承付或議付的金額，或者基於發票上顯示的貨物總值來計算，兩者之中取金額較高者。

62 (D)。採用1／3份正本提單直接寄開證申請人即收貨人做法的最大優點是方便了收貨人在目的港的提貨。採用這種方式收貨人可以提早收到海運提單，避免了由於缺少提單造成的提貨延誤。信用證條款中附加保護性條款：在信用證規定1／3份正本提單直接郵寄給收貨人提貨的同時，規定收貨人只有將全套三份正本提單全部退銀行後方能

拒付貨款。採用此種做法即可以保證發貨人按時收到貨款，同時又可以方便收貨人及時收到貨物。

63 (C)。承兌／拒付之處理：

(1) 指定行於收到承兌／拒付通知後，應立即傳真相關電文予押匯行，同時務必以電話確認押匯行確已收到傳真。

(2) 押匯行應主動提供相關資料（含抗辯意旨或受益人之指示或修改後單據等）及處置指示，俾利指定行向開狀行／補償行辦理交涉事宜。

(3) 押匯行亦得逕向開狀行／補償行交涉，並將交涉事項傳真知會指定行；惟開狀行／補償行如不願以押匯行為交涉對象，則指定行應出面協助處理，並由押匯行主動提供所需資料。

64 (C)。產地證明書日期不早於發票日期，不遲於提單日，得遲於運送單據之裝運日期。

65 (C)。CIP（Carriage and Insurance Paid To）為運保費付訖條件，所指的就是賣方負責將貨品送至買方國內指定的地點並交付給買方，並且需要額外安排保險。在CIP的規範之下，賣方須負責將貨品裝載至船上、運輸至目的國指定的港口或其他地點。在Incoterms 2020的規範之下，CIP的貿易條件讓買方可以要求更高階的保險（Clause A,

B），而非原先預設的最基礎保險（Clause C），以及戰爭險、罷工險等，但必須由買方自行承擔額外的成本。

66 (C)。國際商會之解釋及決議統一信用狀慣例增補電子提示（eUCP）第e7條：拒絕通知如開狀銀行、保兌銀行或指定銀行其中之一對於電子單據提示發出拒絕通知，且在三十日內接獲受益人對於電子單據如何處置時，銀行應退還書面單據給提示人，並任意處理該電子單據而不須對受益人或單據提示人負任何責任。

67 (B)。FCA（Free Carrier）貨交運送人條件規則：(A)交貨地點：交付承運人接管。(B)風險轉移：交貨時。(C)運輸費用：買方負擔。(D)保險費用：買方負擔。

68 (A)。遠期信用狀賣斷（Forfaiting）：係指出口商將遠期信用狀項下單據讓渡予買斷行，以取得資金，日後若因開狀行之信用風險及國家風險，致屆期而不獲兌付時，買斷行無權向出口商追索。

69 (A)。FORFAITING之優點：
(1) 規避買方開狀行信用風險及國家風險。
(2) 不須占用出口押匯額度。
(3) 出口商無須先行支付承保費用。
(4) 如進口國之融資利率遠高於出口國之融資利率時，出口商得

協助進口商減輕融資成本，並可將該項利息成本轉嫁於商品報價成本內，獲得更大利潤。

70 (D)。Forfaiting與對外貿易密切相關，基於出口商品或勞務所產生的遠期應收帳款，由買斷行（通常為銀行）無追索權地從出口商買斷。最大特點在於無追索權融資。基本上，出口商在與進口商簽外貿契約時，付款條件如果是遠期的，就可考慮利用Forfaiting由銀行貼現融資，常見的業務型態：
(1) 以遠期信用狀為支付工具的Forfaiting
　A. 承兌信用狀：買斷行無追索權買入經信用狀開狀銀行承兌之遠期應收款項。
　B. 延期付款信用狀：買斷行無追索權買入經信用狀開狀銀行承擔延期付款義務之遠期應收款項。
(2) D/A（承兌交單）交易經銀行保付時的Forfaiting兌交單項下，買斷行無追索權買入經銀行保付（PER AVAL）或開立擔保函的已承兌商業匯票。
(3) 商簽發以出口商為收款人，經銀行保付或開立擔保函的本票。

71 (A)。遠期信用狀賣斷（Forfaiting）係指出口商將遠期信用狀項下單據讓渡予買斷行，以取得資金，日後若因開狀行之信用風險及國家風

險，致屆期而不獲兌付時，買斷行無權向出口商追索。

其作業方式：

(1) 用狀至銀行並填具「買斷申請書」，向買斷行提出申請。

(2) 行評估同意買斷，出具「買斷同意書」後，銀將買斷條件回覆出口商。

(3) 若同意買斷條件，於貨品裝運出口後，將信用狀及其項下之各項單據併同加蓋原留印鑑之「讓渡書」，向銀行提示。

(4) 儘速將出口文件、出口伴書及「讓渡書」、「買斷同意書」等文件寄送至買斷行。

(5) 行於開狀行承兌後，辦理買斷。銀行於買斷行付款後，即將上述款項撥付出口商帳戶。

72 (D)。修正「銀行辦理應收帳款承購業務規範」（金管銀外字第09850003180號）：

有關「有追索權之應收帳款承購業務」其逾期放款之列報，比照一般放款，於帳款逾期三個月，向聯徵中心列報為賣方之逾期放款。

73 (D)。GRIF（General Rules for International Factoring；國際應收帳款承購統一規則）：

本規則訂定了應收帳款債權的讓與、收款、風險等重要作業規定。

74 (D)。雙應收帳款承購商的應收帳款承購業務（Two Factor Factoring）

中，合作承購商的主要功能是承擔買方的信用風險，是故，有關債務人（即進口商）的未來帳款的收取或催收，均由合作承購商自行承擔。

75 (D)。「OBU」〔Offshore Banking Unit〕：係指銀行依國際金融業務條例，向主管機關申請特許設立之國際金融業務分行。「OBU外幣支票存款」：指立約人簽發銀行所牌告外幣之支票，或利用自動化設備，委託OBU以轉帳方式支付之不計利息存款。

76 (B)。銀行業辦理外匯業務作業規範：指定銀行辦理進口外匯業務，憑辦文件包括開發信用狀、辦理託收、匯票之承兌及結匯，應憑國內顧客提供之交易單據辦理。

77 (B)。銀行業辦理外匯業務作業規範第二條（出口外匯業務）：

報送資料：應於承作之次營業日，將交易日報及相關明細資料傳送至本行外匯資料處理系統。

78 (B)。出口所得外匯結售為新台幣者，應掣發出口結匯證實書；其未結售為新台幣者，應掣發其他交易憑證。單證得以電子文件製作。

列報文件：應於承作之次營業日，依下列規定向本行外匯局檢送交易日報及外匯存款日報：

(1) 以書面檢送交易日報者，應附送臨櫃外匯交易所掣發之單證及網際網路外匯交易所製作之外匯

交易清單與相關媒體資料、申報書、本行或其他主管機關核准文件及其他規定文件。

(2) 以媒體檢送交易日報者,應附送該外匯業務所製作之媒體資料、書面之申報書、本行或其他主管機關核准文件及其他規定文件。

79 (D)。國際金融業務條例第8條:國際金融業務分行,非經中央銀行核准,不得辦理外幣與新臺幣間之交易及匯兌業務。第9條:國際金融業務分行,不得辦理直接投資及不動產投資業務。

80 (C)。OBU辦理外幣授信業務,得收受境內外股票、不動產或其他有關新台幣資產作為擔保品或副擔保,於發生客戶違約未能還款,需處分境內股票、不動產或其他新台幣資產時,所涉及新台幣與外幣間之匯款,得由其本國銀行總行或其外商銀行在台分行依「外匯收支或交易申報辦法」第4條第1項第3款或第6條規定辦理結匯。

解答與解析

第41屆 初階外匯人員專業能力測驗

一 國外匯兌業務

( )　**1** 有關國外匯兌業務依據之主要法規，下列何者非屬之？
(A)管理外匯條例
(B)外幣應收帳款承購業務規定
(C)外匯收支或交易申報辦法
(D)銀行辦理外匯業務管理辦法。

( )　**2** 台灣外匯業務經營採下列何種制度？
(A)申報制
(B)登記制
(C)報備制
(D)許可制。

( )　**3** 財金公司建置RTGS外幣結算平台，尚不包括下列何種幣別？
(A)美元
(B)人民幣
(C)港幣
(D)日圓。

( )　**4** SWIFT MT103之匯出匯款，其中53a欄位是指：
(A)受益顧客
(B)設帳機構
(C)發電銀行之通匯行
(D)收電銀行之通匯行。

( )　**5** HANG SENG BANK, SINGAPORE之CHIPS UID NO.為361568，於SWIFT電文中應如何填寫？
(A)//FW361568
(B)//CP361568
(C)//CH361568
(D)//SC361568。

( )　**6** 依主管機關規定，自然人匯人民幣至大陸地區，於跨境貿易匯款，每人每日透過帳戶買賣金額限制為何？
(A)不得逾新臺幣二萬元
(B)不得逾新臺幣八萬元
(C)不得逾人民幣二萬元
(D)不得逾人民幣八萬元。

( )　**7** 票匯係簽發以匯款行之存匯行或通匯行為付款行之匯款支票，由下列何者逕寄受款人？
(A)匯款人
(B)匯款行
(C)付款行
(D)通匯行。

( ) **8** 匯款行發一通電文MT103直接給受款人之設帳行（須為發電行之通匯行），且拍發另一通MT202給存匯行清算款項，其中MT202之58欄位應為MT103之下列何欄位？
(A)收電行（Receiver）
(B)53欄（Sender's Correspondent）
(C)54欄（Receiver's Correspondent）
(D)56欄（Intermediary Bank）。

( ) **9** SWIFT之付款電文，電文結尾若有PDE，表示為何？ (A)解款後，通知匯款行 (B)避免重覆付款 (C)立刻解款，不得延誤 (D)受益人急需本筆匯款。

( ) **10** 有關匯入匯款種類之敘述，下列何者正確？ (A)票匯簡稱D/D (B)信匯簡稱T/T (C)信匯簡稱D/D (D)電匯簡稱M/T。

( ) **11** 匯入匯款受款人要求解款行將匯入匯款存入新臺幣存款時，應採用下列何種兌換匯率？ (A)現鈔賣出匯率 (B)現鈔買入匯率 (C)即期賣出匯率 (D)即期買入匯率。

( ) **12** MT103匯入匯款電文收到日期為1月27日，32A欄的value date為1月31日，收款人最早哪一天可以領款？ (A)1月27日 (B)1月28日 (C)1月31日 (D)2月1日。

( ) **13** 匯入匯款係無附任何條件之付款委託，電文中不應含下列何種付款指示？ (A)憑受款人I.D.付款 (B)徵提B/L影本 (C)開立支票給受款人 (D)匯款人給受款人之付款明細。

( ) **14** 解款行於匯入匯款解付前，遇匯款行要求退回時，下列敘述何者錯誤？
(A)若通知書尚未通知受款人時，將帳務沖轉後，該筆款項隨即退還匯款行
(B)若通知書已通知受款人時，應通知受款人請其於通知書簽章並註明同意退匯
(C)若通知書已通知受款人時，而受款人不同意退匯，應即通知匯款行
(D)若通知書尚未通知受款人時，應查明該筆款項確實已入帳始可退還款項給匯款行。

(　　) **15** 依「銀行同業間加速解付國外匯入匯款作業要點」規定，有關受益人設帳銀行之敘述，下列何者錯誤？
　　　　(A)須於「匯入匯款通知書」受益人簽章聯上背書
　　　　(B)必須核對「跨行通匯申請書」與「匯入匯款通知書」內容且須相符
　　　　(C)對於「跨行通匯申請書」資料不清或錯誤延誤匯款，概由受益人或設帳銀行負責
　　　　(D)由於「外匯收支或交易申報書」係由解款行辦理，故設帳行不必因「申報書」填報不清或錯誤延誤匯款而負責。

(　　) **16** 作信匯通知時，下列敘述何者正確？
　　　　(A)依PAYMENT ORDER之副本作通知
　　　　(B)依CABLE CONFIRMATION之正本作通知
　　　　(C)委託書之簽章已核對訖，不必確認其款項是否已入帳即作通知
　　　　(D)倘PAYMENT ORDER簽樣不符或走樣時，可拍發電文向匯款行確認。

(　　) **17** 目前匯往下列何國之美元匯款不得經由美系銀行清算或轉匯？
　　　　甲、伊朗；乙、古巴；丙、北韓；丁、捷克
　　　　(A)甲、乙、丙、丁　　　　　　(B)僅甲、乙、丙
　　　　(C)僅甲、丙、丁　　　　　　　(D)僅乙、丙、丁。

(　　) **18** 下列何種SWIFT電文之功能與DRAWING ADVICE相同？
　　　　(A)MT100　　　　　　　　　　(B)MT103
　　　　(C)MT110　　　　　　　　　　(D)MT111。

(　　) **19** 依現行規定，出入境旅客攜帶外幣現鈔逾等值多少美元者，應向海關申報？
　　　　(A)5,000元　　　　　　　　　(B)10,000元
　　　　(C)12,000元　　　　　　　　 (D)15,000元。

(　　) **20** 光票票面上若載有"non convertibles"字樣者，其文意為下列何項？　(A)禁止存入其他帳戶　(B)禁止轉讓他人　(C)票據不得有任何簽章更改　(D)不得轉換其他外幣或匯出國外。

( ) **21** 下列何退票理由為「支票填寫未完整」？
(A)OUT OF DATE　　　　(B)POST DATED
(C)INSUFFICIENT FUNDS　(D)IRREGULARLY DRAWN。

( ) **22** 依據美國統一商法規定，支票背面背書偽造之追索權為多久？
(A)六個月　　　　　　　(B)一年
(C)三年　　　　　　　　(D)五年。

( ) **23** 光票買入與光票託收最主要的區別為何？
(A)前者之票據有跟隨商業文件，後者之票據無跟隨商業文件
(B)前者之票據無跟隨商業文件，後者之票據有跟隨商業文件
(C)前者為融資授信業務，後者非為融資授信業務
(D)前者非為融資授信業務，後者為融資授信業務。

( ) **24** 如果有一張光票抬頭人是Lily care of Mary，則下列敘述何者錯誤？
(A)已表明抬頭人　　　　(B)由Mary轉交Lily，存入Mary帳內
(C)以不收為原則　　　　(D)Lily和Mary都要背書。

( ) **25** 美國地區銀行開出以溫哥華為付款地之票據，金額未註明幣別，
原則上以下列何者為入帳幣別？
(A)加幣　　　　　　　　(B)美元
(C)英鎊　　　　　　　　(D)瑞士法郎。

( ) **26** 於2022年12月15日受理託收一張銀行支票（CASHIER CHECK），
其票面未記載提示期限，下列哪一種發票日記載仍在有效提示期
限內？
(A)14-2-2022 LONDON　　(B)5-5-2022 NEW YORK
(C)5-10-2022 LONDON　　(D)3-8-2022 NEW YORK。

( ) **27** 有關製作取款指示書用Collection Letter方式，下列敘述何者正確？
(A)將光票直寄給付款行請求付款
(B)將光票寄給代收銀行，經清算系統後，撥入託收行專戶
(C)退票時，代收銀行不經由託收銀行同意，擅自在帳戶內扣款
(D)付款行付款後，不是最終入賬，得再以任何理由退票。

（　）**28** 指定銀行（DBU）辦理外匯定期存款業務時，下列敘述何者正確？
(A)不得以可轉讓定期存單方式辦理
(B)不得少於一個月
(C)應依銀行公會核定利率為公告存款利率
(D)未公告存款天期之利率得參酌相近天期之公告利率與客戶議定。

（　）**29** 有關質借外幣，下列敘述何者錯誤？
(A)期限最長不得超過外匯定存單的約定到期日
(B)對象不限外匯定存單本人
(C)質借利率依各銀行規定辦理
(D)質借幣別得為原外匯定存單之幣別。

（　）**30** 有關遠期外匯之交割，下列敘述何者錯誤？
(A)遠期外匯任選交割日者，申請人須於允許之交割期間內一次
　　全額交割
(B)遠期外匯交割日期原則上應確定為銀行營業日
(C)遠期外匯如逾期未交割，銀行得沒收其保證金
(D)遠期外匯契約已履行交割義務者，保證金差額應退還申請人。

（　）**31** 當銀行與客戶進行即期外匯交易之同時，另訂一筆方向相反且金
額相同之遠期交易合約，稱之為下列何者？
(A)遠期外匯交易　　　　　　　(B)換匯換利交易
(C)換匯交易　　　　　　　　　(D)無本金交割遠期外匯交易。

（　）**32** 外匯指定銀行可以辦理新臺幣對外幣遠期外匯交易，可否辦理外
幣與外幣間之遠期外匯？　(A)可以　(B)不可以　(C)沒有規定
(D)須經中央銀行專案核准始可辦理。

（　）**33** 「Short Put」係指下列何者？
(A)買一個買權　　　　　　　　(B)買一個賣權
(C)賣一個買權　　　　　　　　(D)賣一個賣權。

（　）**34** 指定銀行辦理新臺幣與外幣間遠期外匯業務，應否查核實際外匯
收支需要之交易文件？　(A)訂約時需要，交割時不需要　(B)訂
約時不需要，但交割時需要　(C)訂約與交割時均需要　(D)訂約
與交割時均不需要。

（　　）**35** 下列何種身分辦理新臺幣結匯申報，得利用網際網路以電子文件
向中央銀行申報？
(A)未滿十八歲之本國人　　　(B)持護照之外國人
(C)外國法人　　　　　　　　(D)依我國法令登記之公司、行號。

（　　）**36** 依「外匯收支或交易申報辦法」規定，申報義務人委託他人辦理
新臺幣結匯申報時，應由何人就申報事項負其責任？
(A)委託人　　　　　　　　　(B)受託人
(C)委託人與受託人連帶　　　(D)指定銀行。

（　　）**37** 指定銀行於三原則下，得受理企業匯付大陸地區個人之人民幣跨
境貿易，此三原則並不包括下列何者？
(A)瞭解你的客戶　　　　　　(B)瞭解匯款對象（受款人）
(C)瞭解你的業務　　　　　　(D)盡職審查。

（　　）**38** 依中華民國銀行公會銷戶處理程序自律規範，銀行以網路方式受
理個人外幣活期性存款帳戶結清銷戶時，帳戶以不超過少金額
（或等值外幣）為限？
(A)五萬美元　　　　　　　　(B)十萬美元
(C)新臺幣五萬元　　　　　　(D)新臺幣十萬元。

（　　）**39** 辦理非居住民合法繼承台灣地區人民遺產及其孳息之匯出匯款，
其申報性質應屬下列何者？
(A)贍家匯款支出　　　　　　(B)其他移轉支出
(C)捐贈匯款支出　　　　　　(D)探親支出。

（　　）**40** 依中央銀行規定，農（漁）會信用部、信用合作社辦理買賣外幣
現鈔及旅行支票業務時，其外匯賣超部位限額為下列何者？
(A)十萬美元　　　　　　　　(B)五十萬美元
(C)一百萬美元　　　　　　　(D)零。

（　　）**41** 有關外匯收支或交易申報書，下列敘述何者錯誤？
(A)金額不得更改
(B)除金額外，其他項目如經更改，應由申報義務人加蓋印章或
其本人簽字
(C)銀行業得逕行修改申報義務人網路申報資料
(D)結匯性質應詳實填報，不得以匯款分類編號替代。

（　　）**42** 有關公司、行號每年累積結匯金額之計算方式，下列敘述何者正確？
(A)每年結購與結售金額相抵後之淨額未超過5,000萬美元
(B)每年結購與結售金額相加後之金額未超過5,000萬美元
(C)每年結購與結售金額各累積未超過5,000萬美元
(D)每年結購與結售金額各累積未超過500萬美元。

（　　）**43** 依「外幣收兌處設置及管理辦法」規定，下列敘述何者錯誤？
(A)外幣收兌處執照由臺灣銀行發給之
(B)外幣收兌處相關之兌換水單應至少保存十年
(C)外幣收兌處若連續四季收兌總額未達等值五千美元，得予撤銷或廢止核准
(D)寺廟、連鎖便利商店、特產業倘具有收兌外幣需要，得申請設置外幣收兌處。

（　　）**44** 指定銀行辦理涉及新臺幣之匯出匯款案件時，應掣發下列何種單證？
(A)賣匯水單　　　　　　　　(B)其他交易憑證
(C)買匯水單　　　　　　　　(D)進口結匯證實書。

（　　）**45** 下列何匯入匯款未設有細分類？
(A)692外匯存款結售　　　　(B)693由國內他行轉入本行之外匯
(C)694外幣互換兌入　　　　(D)695未有資金流動之交易。

（　　）**46** 居民支付國外有關公關、廣告、市場調查、民意測驗之支出，其匯出匯款性質應為下列何項？
(A)19E視聽支出　　　　　　(B)191文化及休閒支出
(C)19D專業技術事務支出　　(D)19B電腦與資訊支出。

（　　）**47** 大陸地區人民已獲准在國內工作者，指定銀行得憑工作許可證明、居留證（未滿一年）及所得來源證明文件，逕行辦理結購外匯，其每筆結購金額不得超過多少？
(A)新臺幣10萬元之等值外幣　(B)新臺幣50萬元之等值外幣
(C)等值10萬美元　　　　　　(D)等值50萬美元。

( ) **48** 指定銀行設置外幣提款機經中央銀行備查後,若擬增設外幣提款機,應如何處理?

(A)應向中央銀行申請核准後設置

(B)應向金管會申請核准後設置

(C)可逕行設置

(D)僅須備文敘明外幣提款機所隸屬之單位名稱及設置地點,於設置後一週內函知中央銀行。

( ) **49** 依主管機關函釋,銀行業承作非自然人(含公司、行號及團體)買賣人民幣現鈔,有無相關限額?

(A)有,每次不得逾人民幣2萬元

(B)有,每次不得逾人民幣8萬元

(C)有,每次不得逾人民幣10萬元

(D)無相關額度限制。

( ) **50** 依「臺灣地區與大陸地區金融業務往來及投資許可管理辦法」規定,直接或間接被他金融機構持有已發行有表決權股份總數或資本總額超過百分之五十之銀行,屬本辦法所定義之何用詞?

(A)子銀行 (B)參股銀行

(C)大陸地區商業銀行 (D)陸資銀行。

解答與解析

1 (B)。 OBU辦理外幣應收帳款承購業務時,應注意事項:(1)OBU辦理本項業務,須於開辦後十五日內將開辦日期及範圍,函報中央銀行外匯局備查,無須申請換發「中央銀行核准辦理境外國際金融業務銀行證書」。(2)承做對象以境外客戶為限;承做範圍限於外幣應收帳款,並應以外幣收付。

2 (D)。 銀行業辦理外匯業務管理辦法第6條:銀行業有關外匯業務之

經營,除本辦法或本行另有規定者外,應向本行申請許可,並經發給指定證書或許可函後,始得辦理。

3 (C)。 即時總額清算(RTGS,Real-Time Gross Settlement)機制:自102年3月1日正式營運,持續擴增平台功能,除結算幣別自美元擴增至包括人民幣、日圓、歐元及澳幣外,並連結本行「同業資金調撥系統」,建置新臺幣與外幣間及不同外幣間交易之款對款同步收付

（PVP，Payment Versus Payment）機制；更連結集保結算所與國際保管機構Euroclear及Clearstream，提供多幣別、各類外幣有價證券之款券同步交割（DVP，Delivery Versus Payment）機制，可降低參與者之作業成本且符合國際清算準則。

4 (C)。53a欄位Sender's Correspondent為發電行之通匯行。

5 (C)。紐約銀行公會的交換系統為CHIPS（Clearing House Interbank Payment Systems），其中ABANo.為四碼，UID No.為六碼。SWIFT須以//CP XXXX或以//CH XXXXXX表示。

6 (C)。銀行業辦理外匯業務管理辦法第52條第4項：承作自然人買賣人民幣業務，每人每次買賣現鈔及每日透過帳戶買賣之金額，均不得逾人民幣二萬元。

7 (A)。票匯係簽發以匯款行之存匯行或通匯行為付款行之匯款支票，由匯款人逕寄受款人。

8 (A)。MT202電文中有58欄位（受款銀行），而MT103沒有。

9 (B)。Possible Duplicate Emission（PDE）代表可能重複發出電文，因此應避免重複。

10 (A)。票匯簡稱D/D，信匯簡稱M/T，電匯簡稱T/T。

11 (D)。受款人若欲將外幣款項存入新臺幣帳戶，適用銀行「即期」（因並非領現鈔）「買入」之掛牌匯率，賣出或買入係以銀行角度來看，客戶賣外幣買臺幣，相當於銀行「買外幣」賣臺幣。

12 (C)。32A Value Date/Currency/Interbank Settled Amount：生效日、幣別碼、金額、銀行間清算金額。必要欄位32A指定生效日，其日期表示為西元年／月／日，32A欄的value date為1月31日，表示1月31日即可解付款項。

13 (B)。MT103選擇欄位表示發訊行給收訊行之訊息，如L/C號碼等，若內容含有付款時必須徵提Invoice、B/L影本等條件時，宜請匯款行修改刪除後始可做匯款通知。

14 (A)。解款行應註銷通知書、沖銷帳戶、並確認該款項確實入帳後，始可退還款項給匯款行。

15 (D)。「外匯收支或交易申報書」應由受益人據實填報，由解款銀行負責辦理。凡因填報不清或遺漏疏忽等情事，導致解款銀行無法完成查詢電腦工作，而遲延或無法匯款時，概由受益人或設帳銀行負責，與解款銀行無關。

16 (D)。解款行收到信匯付款委託時，應注意的審核事項：
(1) 應注意信匯委託書（Payment Order）之簽章樣式是否相符。
(2) 若Payment Order上有Duplicate Payment Instruction、Cable等字句時，不得視為付款委託書。

17 (B)。 匯款至敘利亞、北韓、伊朗等遭美國經濟制裁的國家時，應避免經由美系銀行清算或轉匯，避免資金遭凍結。

18 (C)。 以票匯方式進行匯入匯款委託，解款行在受理客戶提示匯款行簽發匯票之時，應檢查是否收到MT110電文，或郵寄的匯票委託書/簽發匯票通知書（Advice of Demand Draft /Drawing Advice）。

19 (B)。 依據洗錢防制法及洗錢防制物品出入境申報及通報辦法規定，旅客或隨交通工具服務之人員，攜帶總價值逾等值美元1萬元外幣現鈔出入國境者，應主動向海關申報，未申報者，由海關沒入；申報不實者，其超過部分亦沒入之。

20 (D)。 光票上載有Non-covertible字樣時，其文義為不得轉換為其他外幣或匯出國外。

21 (D)。 (A)OUT OF DATE：支票業已過期。(B)POST DATED：票非即期。(C)INSUFFICIENT FUNDS：存款不足。(D)IRREGULARLY DRAWN支票填寫未完整。

22 (C)。 美國統一商法規定，經變造或偽造之票據，雖經付款銀行付款，仍得自發票人經由付款銀行收回票據之日起一年內，隨時可退票，票據背書之簽名被偽造或係由無權代理人所為者，付款銀行得自付款日起三年之內予以退票。

23 (C)。 光票買入：以國外銀行為付款人之光票經由本行買入兌付，並委託國外聯行或代理行代收入帳者，統稱為買入光票。
光票託收：前述光票未能以買入辦理者得以託收辦理。客戶委託本行向國外付款銀行收取票款，俟收妥票款後，再解付予客戶。

24 (B)。 票據抬頭人若為Lily C/O Mary（C/O為Care Of），即由後者Mary轉交給前者Lily；必須雙方皆背書，最後撥入Lily之帳戶。

25 (A)。 票據金額未註明幣別，以票據付款地為入帳幣別。

26 (C)。 英國是日/月/年，因此(A)14-2-2022 LONDON是2022年2月14日開立的；美國則是月/日/年，因此(B)5-5-2022 NEW YORK是2022年5月5日開立的；因此僅5-10-2022 LONDON在有效提示期限內。

27 (A)。 無論光票買入或光票託收業務，銀行於受理票據後應加蓋「擔保背書」章，並連同取款指示書一齊寄往代收行求償票款。取款指示書分為Cash Letter與Collection Letter兩種方式。前者係將票據委由代收行，以票據交換方式取款，後者則係將票據寄往付款行或委由代收行向付款行請求付款。若在郵寄途中遺失，可憑票據影本及銀行擔保書請求付款。

28 (D)。DBU辦理外匯定期存款業務時，得以可轉讓定期存單方式辦理；期間得以少於一個月；存款利率應依銀行公會核定利率為之。

29 (B)。外匯定存質借：得逕憑存戶以其本人之外匯定存質借外幣。

30 (A)。遠期外匯交易係指客戶約定在交易日後兩個營業日以上的某一特定日期或期間，按事先約定的匯率，以一種貨幣買賣另一種特定金額貨幣之外匯交易。若客戶因訂約之實質交易須延後收付，致未能於約定之交割日或期間內履行交割義務者，應於到期日前檢附證明文件，向銀行申請展延，展期次數不受限制，故不一定要在交割期間內一次全額交割。

31 (C)。換匯交易（FX Swap）是一種即期與遠期，或遠期與遠期同時進行、方向相反的外匯交易。僅能規避匯率風險、無法規避利率風險（換匯換利交易即可規避利率風險）。

32 (A)。外幣間遠期外匯：指交易幣別不涉及新臺幣，且交割日期逾兩個營業日以上之外匯交易，即客戶與銀行約定在未來某一特定日期或期間，依訂約當時所約定之幣別，金額及匯率，進行貨幣買賣之交易稱之。

33 (D)。Long Put買一賣權
Short Call賣一買權
Short Put賣一賣權

34 (C)。根據銀行業辦理外匯業務管理辦法第31條：指定銀行辦理涉及新臺幣匯率之外匯衍生性商品業務，應依下列規定辦理：
一、新臺幣與外幣間遠期外匯交易（DF）：
(一) 以有實際外匯收支需要者為限，同筆外匯收支需要不得重複簽約。
(二) 與顧客訂約及交割時，均應查核其相關實際外匯收支需要之交易文件，或主管機關核准文件。

35 (D)。外匯收支或交易申報辦法第十條（網路申報）：
下列申報義務人辦理新臺幣結匯申報，得利用網際網路，經由本行核准辦理網路外匯業務之銀行業，以電子文件向本行申報：
一、公司、行號或團體。
二、個人。

36 (A)。申報義務人委託他人辦理新臺幣結匯申報時，應出具委託書,檢附委託人及受託人之身分證明文件供銀行業查核，並以委託人名義辦理申報，就申報事項負其責任。

37 (B)。涉及人民幣資金進出大陸地區，及人民幣跨境匯款電文，須符合大陸有關規定及要求，並應告知客戶可能風險。若非屬跨境貨物或服務貿易結算，應盡善良管理人之注意向受款行確認是否受理。

大陸地區於2014年6月11日發布之指導意見，開放大陸地區個人辦理跨境貿易人民幣結算業務，指定銀行於「瞭解你的客戶」、「瞭解你的業務」及「盡職審查」三原則下，得受理企業匯付大陸地區個人之人民幣跨境貿易。

38 (C)。以網路方式受理結清銷戶存戶以網路結清銷戶方式申辦時，活期性存款帳戶（不含支票存款及儲值支付帳戶）餘額以不超過新台幣伍萬元（或等值外幣）為限、支票存款帳戶餘額應為零、剩餘空白票據劃線作廢且已無票據流通在外，銀行應擬具相關配套措施，辦理結清銷戶。

39 (B)。「599其他移轉支出」適用於違約金、補助款、獎學金、彩票獎金、非居住民合法繼承臺灣地區人民遺產等匯出匯款。

40 (D)。根據銀行業辦理外匯業務作業規範，未經本行許可辦理外匯業務之銀行、信用合作社、農（漁）會信用部辦理買賣外幣現鈔及旅行支票業務時，應依下列規定：
(1) 得於指定銀行開設外匯存款戶，但不得與國外銀行構建立通匯往來關係。
(2) 在符合目的事業主管機關規定金融機構外幣風險上限之前提下，得持有之最高外地買超部位以本行核給之額度為限，外匯賣超部位限額為零。

41 (C)。銀行業不得逕行修改申報義務人網路申報資料。

42 (C)。外匯收支或交易申報辦法第4條：下列外匯收支或交易，申報義務人得於填妥申報書後，逕行辦理新臺幣結匯申報。但屬於第五條規定之外匯收支或交易，應經銀行業確認申報書記載事項與該筆外匯收支或交易有關合約、核准函或其他證明文件相符後，始得辦理：三、公司、行號每年累積結購或結售金額超過等值五千萬美元之必要性匯款；團體、個人每年累積結購或結售金額超過等值五百萬美元之必要性匯款。

43 (B)。外幣收兌處辦理收兌業務應有專設帳簿及會計報表等，詳實記錄交易事實，並至少保存十年；相關之外匯水單、申報疑似洗錢紀錄及資恐通報資料等憑證，應自其憑證作成時起，至少保存五年。

44 (A)。掣發單證：存入款項以新臺幣結購存入者，掣發賣匯水單；其未以新臺幣結購存入者，掣發其他交易憑證。自外匯存款提出結售為新臺幣者，掣發買匯水單；其未結售為新臺幣者，掣發其他交易憑證。

45 (C)。694外幣互換兌入兩種不同外幣間之互相轉換，轉換後之外幣列報本項。

46 (C)。19D專業技術事務支出：支付國外有關法律、會計、管理顧

問、公關、廣告、市場調查、民意測驗、商業展覽、公證、檢驗等服務之支出，包括董監事酬勞。

47 (C)。已獲准在國內工作者，得憑工作許可證明、居留證及所得來源證明文件，辦理結購外匯，每筆結購金額不得逾新臺幣十萬元之等值外幣。

48 (D)。指定銀行經本行為前項備查後，若擬增設外幣提款機，僅須備文敘明外幣提款機所隸屬之單位名稱及設置地點，於設置後一週內函知本行。〈電子化交易業務〉

49 (D)。自然人持有人民幣現鈔存入指定銀行人民幣存款帳戶，無須計入透過帳戶買賣每人每日人民幣二萬元之額度。公司、商業（行號）、團體或非居住民法人透過帳戶買賣人民幣，若非跨境貿易項下，無額度限制。惟若涉及新臺幣結匯達等值新臺幣五十萬元，仍應依「外匯收支或交易申報辦法」相關規定辦理。

50 (A)。臺灣地區與大陸地區金融業務往來及投資許可管理辦法第3條：子銀行：指有下列情形之一者：(一)直接或間接被他金融機構持有已發行有表決權股份總數或資本總額超過百分之五十之銀行。(二)被他金融機構控制之銀行。

二 進出口外匯業務

( ) **1** 出口商於出貨後，即將有關貨運單據直接寄交進口商而未經由銀行處理，稱為下列何者？
(A)D/P (B)D/A
(C)O/A (D)L/C。

( ) **2** 依管理外匯條例規定，下列何者屬於中央銀行掌管事項？
(A)軍政機關進口外匯、匯出款項與借款之審核及發證
(B)國庫對外債務之保證、管理及清償之稽催
(C)外匯調度及其收支計劃之擬訂
(D)依管理外匯條例規定，應處罰鍰之裁決及執行。

( ) **3** 有關外匯業務之基本法規，下列敘述何者正確？
(A)「銀行法」不規範外匯業務，僅規範新臺幣業務
(B)「管理外匯條例」規範外匯業務開辦之申請
(C)「銀行業辦理外匯業務管理辦法」係由中央銀行訂定
(D)「管理外匯條例」規定管理外匯之行政主管機關為中央銀行。

( ) **4** 在信用狀作業上，銀行所處理者為下列何者？ (A)訂單 (B)契約 (C)貨物 (D)單據。

( ) **5** CLAIMING BANK意指下列何種銀行？
(A)補償銀行 (B)求償銀行
(C)付款銀行 (D)保兌銀行。

( ) **6** 若L/C規定"This L/C is available with any bank by negotiation"，則下列敘述何者正確？
(A)此信用狀為自由讓購信用狀
(B)任何銀行包括開狀銀行均可為讓購銀行
(C)此信用狀必須以立即墊款買入匯票及/或單據
(D)此信用狀必為直接信用狀。

( ) **7** 依e UCP2.0規定，當信用狀同時適用e UCP與UCP之規定，如兩者所產生之不同結果範圍內，應優先適用何者？ (A)UCP (B)e UCP (C)由押匯銀行決定 (D)由受益人自行決定。

(　　)　**8** 依UCP600規定，信用狀之修改或取消，除第三十八條另有規定外，無須徵得下列何者之同意？
(A)開狀銀行 　　　　　　(B)非保兌銀行之通知銀行
(C)受益人 　　　　　　　(D)保兌銀行（如有保兌時）。

(　　)　**9** 進口開狀第一次結匯之保證金應收成數為下列何者？
(A)一律為10% 　　　　　(B)一律為20%
(C)一律為30% 　　　　　(D)由指定銀行自訂。

(　　)　**10** 有關開發賣方遠期信用狀（seller's usance）之額度與限制（客戶以自備款全額結匯方式除外），下列敘述何者正確？
(A)只要有開狀額度（不論即／遠期）
(B)需要有即期開狀額度
(C)需要有遠期開狀額度，但期限不限
(D)需要有遠期開狀額度，且期限須於開狀額度批覆之短期放款期限內。

(　　)　**11** 2009年協會貨物保險條款中，協會貨物保險罷工條款為何？
(A)INSTITUTE CARGO CLAUSES（AIR）
(B)INSTITUTE WAR CLAUSES（CARGO）
(C)INSTITUTE STRIKES CLAUSES（CARGO）
(D)INSTITUTE CARGO CLAUSES (A)。

(　　)　**12** L/C規定"STALE DOCUMENTS ARE ACCEPTABLE"，則下列敘述何者正確？
(A)UCP600對STALE B/L有明確定義
(B)指遲於L/C有效期限始提示之單據，可接受
(C)指遲於裝運日期後21日始提示之單據，縱已逾L/C有效期間仍可接受
(D)指遲於裝運日期後21日始提示之單據，且提示未逾L/C之有效期限，可接受。

(　　)　**13** 下列何種運送單據兼具收據、運送契約與物權證券之性質？
(A)海運貨單 　　　　　　(B)公路運送單據
(C)空運提單 　　　　　　(D)海運提單。

（　　）**14** 銀行對進口商申請開發以出口商為受益人之信用狀內容，原則可
不予審查之事項為下列何者？
(A)條款是否對銀行不利　　　　(B)受益人之信用狀況
(C)銀行債權確保情形　　　　　(D)內容有無前後矛盾。

（　　）**15** 辦理擔保提貨時，下列何者為銀行向船公司就提領貨物所負確定
之擔保責任？　(A)價值　(B)數量　(C)品質　(D)性能。

（　　）**16** 憑MASTER L/C轉開BACK TO BACK L/C時，兩者間之關係為何？
(A)BACK TO BACK L/C之付款係依附在MASTER L/C之付款
(B)MASTER L/C之付款係依附在BACK TO BACK L/C之付款
(C)MASTER L/C與BACK TO BACK L/C，兩者係屬分立之契約行為
(D)視MASTER L/C可否轉讓而定。

（　　）**17** 倘信用狀申請人已具結辦理擔保提貨，日後開狀銀行接到押匯銀
行提示之瑕疵單據，申請人可否主張拒付？
(A)若申請人債信優良，仍可主張拒付
(B)不得主張拒付
(C)運送單據為海運提單時，仍可主張拒付
(D)五個銀行營業日內可以主張拒付。

（　　）**18** 指定銀行辦理MASTER L/C之押匯時，應如何掣發交易單證？
(A)應以MASTER L/C全額掣發交易單證
(B)應以MASTER L/C與LOCAL L/C之差額掣發交易單證
(C)應以LOCAL L/C金額掣發交易單證
(D)應以MASTER L/C與LOCAL L/C之合計總額掣發交易單證。

（　　）**19** 憑MASTER L/C轉開BACK TO BACK L/C時，申請轉開BACK
TO BACK L/C之中間商為保護其商業機密及作業方便，則銀行
於開發BACK TO BACK L/C時可規定下列何者為提單上託運人
（SHIPPER）？
(A)申請開發BACK TO BACK L/C之中間商
(B)開發BACK TO BACK L/C之開狀銀行
(C)真正供應商
(D)供應商之代理商。

( ) **20** 某公司於202X年6月12日至A銀行申請以全電開發賣方遠期信用狀，有效期限202X.8.31，信用狀金額為美金10,000元，保證金為美金1,000元（以新臺幣結匯），電報費為新臺幣1,000元，手續費率為千分之2.5，賣匯匯率為30.25，結匯應繳交之總金額為新臺幣多少元？
　　(A)31,006元　　　　　　　　(B)31,506元
　　(C)32,006元　　　　　　　　(D)32,506元。

( ) **21** 下列何項單據不能適用UCP600第19條至25條有關運送之條款？
　　(A)Bills of Lading
　　(B)Buyer's Declaration for Transfer
　　(C)Charter Party Bill of Lading
　　(D)Air Transport Document。

( ) **22** 依UCP600規定，下列何種運送單據涵蓋至少兩種不同運送方式？
　　(A)傭船提單　　　　　　　　(B)提單
　　(C)複合運送單據　　　　　　(D)不可轉讓海運貨單。

( ) **23** 若信用狀要求匯票自提單日後算60日付款，而所提示的一份提單載明全部貨物自一船舶卸貨再裝載於另一船舶，並含有一個以上加註日期之裝載註記，且所有裝運港皆為L/C允許之港口範圍，則匯票之到期日如何計算？
　　(A)自最早之裝載日起算
　　(B)自最遲之裝載日起算
　　(C)自提單內日期之平均（或接近平均）日起算
　　(D)自押匯日起算。

( ) **24** 依URC522規定，匯票經承兌後，到期未獲付款且進口商要求展延時，代收銀行應如何處理？
　　(A)代收銀行應代償貨款
　　(B)通知託收銀行逕予結案
　　(C)徵得託收銀行同意展延，匯票可免重新承兌
　　(D)徵得託收銀行同意展延，請進口商於匯票上重新承兌。

( ) **25** 銀行辦理D/A、D/P擔保提貨或副提單背書，下列敘述何者錯誤？
(A)慎選優良客戶核予額度始承作
(B)應依徵授信程序核予額度後始予承作
(C)不論是D/A或D/P，俟國外單據到達後始收取貨款
(D)辦理擔保提貨後，應確實追蹤單據於合理期限內寄達。

( ) **26** 進口託收之外幣幣別如代收銀行未掛牌者，有關匯率風險應由誰承擔？
(A)付款人（進口商）　　　　(B)提示銀行
(C)代收銀行　　　　　　　　(D)託收銀行。

( ) **27** 依URC522規定，若託收統一規則與國家、地方法律或規章有所抵觸者，下列何者敘述正確？
(A)URC522效力優於國家、地方法律或規章
(B)國家、地方法律或規章效力優於URC522
(C)URC522效力與國家、地方法律或規章一樣
(D)URC522效力與國家、地方法律或規章無關。

( ) **28** 某筆進口託收D/A案件，其託收指示書上載明DRAFT MUST BE AVALIZED BY PRESENTING BANK，請問依此指示，下列敘述何者正確？
(A)託收銀行委請提示銀行代收承兌匯票上之印花稅
(B)託收銀行委請提示銀行就不獲付款時作出拒絕證書
(C)提示銀行須於匯票背書保證付款，已不再是單純的託收，宜先去電請其取消該指示再予受理
(D)其中AVALIZED一字誤繕，正確應為AVAILABLE，宜去電請託收銀行更正。

( ) **29** 依URC522規定，如提示銀行未於通知拒絕付款或拒絕承兌後幾日內接獲託收銀行之單據處理指示，得將單據退回所由收受託收指示之銀行？
(A)七日　　　　　　　　　　(B)二十一日
(C)三十日　　　　　　　　　(D)六十日。

(　) **30** 依URC522規定，委託銀行處理託收之一方，稱為下列何者？
　　　　(A)PRINCIPAL　　　　　　　(B)REMITTING BANK
　　　　(C)COLLECTING BANK　　　(D)DRAWEE。

(　) **31** 進口商拒付時，代收銀行依託收銀行之指示做拒絕證書所產生之
　　　　任何費用，最終由誰負擔？
　　　　(A)進口商　　　　　　　　　(B)代收銀行
　　　　(C)出口商　　　　　　　　　(D)託收銀行。

(　) **32** 有關eURC提示之敘述，下列何者錯誤？
　　　　(A)「提示人」意指委託人或代替委託人做成提示之一方
　　　　(B)「重行提示」意指替代或替換已提示之電子記錄
　　　　(C)未能經確認之電子記錄將視為未經提示
　　　　(D)倘銀行收到之電子記錄，外觀上顯示遭受毀損，不得請求重
　　　　　　行提示。

(　) **33** 在未投保輸出入銀行之輸出保險且未涉及授信之出口託收案件，
　　　　當託收銀行接獲國外代收銀行通知，客戶要求將D/P改成D/A
　　　　時，託收銀行應如何處理？
　　　　(A)即時覆電代收銀行表示同意
　　　　(B)即時覆電代收銀行將單據退回
　　　　(C)先徵詢進口商之書面同意後辦理
　　　　(D)先徵詢出口商書面同意後辦理。

(　) **34** 依URC522規定，下列何者正確？
　　　　(A)商業單據未附隨財務單據者係為「光票託收」
　　　　(B)匯票、本票、支票皆屬「商業單據」
　　　　(C)關於跟單託收，部分付款若於託收指示書特別授權時，仍不
　　　　　　得受理
　　　　(D)託收指示憑付款託收交付商業單據者，不應含有未來日期付款
　　　　　　之匯票；但仍包含此等匯票，則單據僅於付款後才能交付。

(　) **35** 依URC522規定，Case-of-Need係指下列何者？
　　　　(A)委託人　　　　　　　　　(B)付款人
　　　　(C)預備人　　　　　　　　　(D)受益人。

（　）**36** 我國甲銀行接受乙公司委託將一筆價值美金參萬元的單據寄交美國丙銀行，請其通知美國的丁公司辦理付款交單，請問丙銀行在本交易中係為下列何者？
(A)託收銀行　　　　　　　(B)提示銀行
(C)押匯銀行　　　　　　　(D)保兌銀行。

（　）**37** 下列哪一種國際規則是專為擔保信用狀而訂定？
(A)URDG（Uniform Rules for Demand Guarantees）
(B)URCG（Uniform Rules for Contract Guarantees）
(C)ISP98 （International Standby Practice 1998）
(D)UCP（Uniform Customs & Practice for Documentary）。

（　）**38** 有關MT760序列B承諾細節第23F欄位（自動展期之期間），下列敘述何者錯誤？
(A)ONEY代表一年後之同一日
(B)期間代號ONEY其細節填列是必要的
(C)DAYS代表最後有效日期後之日曆日數
(D)OTHR代表其他展期條款。

（　）**39** 下列何者非為間接保證中所稱之四角關係之一？
(A)指示人（Instruction party）
(B)受益人（Beneficiary）
(C)相對保證人（Counter-Guarantor）
(D)通知銀行（Advising Bank）。

（　）**40** 1月24日開發借款保證函USD100,000.-，到期日為5月25日，若3月21日收到受益銀行請求兌付USD50,000之單據，當簽發銀行3月23日對外付款履行保證責任時，其本身之會計分錄為何？
(A)無需出帳
(B)借：應收保證款項：USD50,000貸：保證款項：USD50,000
(C)借：保證款項：USD50,000貸：應收保證款項：USD50,000
(D)借：保證款項：USD100,000貸：應收保證款項：USD100,000。

（　）**41** 銀行保證或擔保信用狀以工程招標人為受益人，以備萬一得標人
於簽約後不履行基礎契約，係屬下列何種保證？
(A)預付款保證　　　　　　　　(B)保留款保證
(C)履約保證　　　　　　　　　(D)押標金保證。

（　）**42** 依ISP98規定，審查及拒付之期限，於單據提示後三個營業日發
出之通知應視為非不合理，而超過多久應視為不合理？
(A)五個營業日　　　　　　　　(B)七個營業日
(C)七個曆日　　　　　　　　　(D)三十個曆日。

（　）**43** 有關保證函開發技巧，下列敘述何者錯誤？
(A)金額須確定，受益人名稱須明確
(B)宜規定使用方式係自由讓購（Freely Negotiable）
(C)內容無不合理或相互牴觸之條款及條件
(D)永續（evergreen）之保證函，除非債權十足確保，否則不宜
承作。

（　）**44** 若銀行受託通知信用狀，但選擇不通知信用狀時，則應將此意旨
儘速告知下列何者？
(A)押匯銀行
(B)所由收受信用狀、修改書或通知書之銀行
(C)保兌銀行
(D)求償銀行。

（　）**45** 倘信用狀未另有規定或排除，依UCP600規定，信用狀經轉讓予
第二受益人，其單據提示須向下列何者為之？
(A)開狀銀行　　　　　　　　　(B)償付銀行
(C)清償銀行　　　　　　　　　(D)轉讓銀行。

（　）**46** 依UCP600規定，信用狀款項之讓與，僅係信用狀下可得或將得
款項讓與之權利；因此，未來單據一旦被開狀銀行拒付，應由下
列何者負全責？
(A)開狀申請人　　　　　　　　(B)信用狀受益人
(C)開狀銀行　　　　　　　　　(D)押匯銀行。

(　) **47** 依UCP600規定，有關信用狀之轉讓，下列敘述何者正確？
(A)信用狀未表示可否轉讓者，視為可轉讓
(B)在自由讓購信用狀之情形，任一銀行均得辦理該信用狀之轉讓
(C)可轉讓信用狀僅能轉讓一次，且禁止第二受益人重行轉讓予第一受益人
(D)如部分裝運／動支未禁止，信用狀得部分轉讓予一個以上之第二受益人。

(　) **48** 因台灣生產成本大幅揚升，致使許多廠商紛往大陸地區或東南亞地區設廠，而演變為台灣接單、大陸（或東南亞）出貨的貿易方式，此種貨物非由我國通關出口，貨物逕運買方所在國，但貨款係由我國收取者之貿易方式為下列何者？
(A)多角貿易　　　　　　　(B)二角貿易
(C)三角貿易　　　　　　　(D)四角貿易。

(　) **49** 依UCP600規定，除信用狀另有規定外，保險單據須與信用狀同一貨幣表示，且投保金額至少為貨物之CIF或CIP價額加計多少百分比？　(A)百分之五　(B)百分之十　(C)百分之十五　(D)百分之二十。

(　) **50** 依UCP600規定，可在指定銀行使用之信用狀，亦可在下列何處使用？　(A)開狀銀行　(B)開狀申請人　(C)受益人　(D)進口商。

(　) **51** 依UCP600規定，當信用狀要求提示INVOICE IN 3 COPIES時，下列何種情況將不被接受？
(A)提示3張副本　　　　　(B)提示3張正本
(C)提示2張正本及1張副本　(D)提示1張正本及2張副本。

(　) **52** 倘信用狀規定不得部分裝運，貨物之說明為TOMATO JUICE IN 10,000 CARTONS 而未規定該等貨物不得增加或減少時，則依UCP600規定，商業發票上所記載之貨物數量，下列何者銀行得予接受？
(A)11,000 CARTONS　　　(B)10,500 CARTONS
(C)10,000 CARTONS　　　(D)9,500 CARTONS。

( ) **53** 除信用狀特別授權或另有規定外，出口押匯有關「保險單據」審核應注意事項，下列敘述何者錯誤？
(A)保險單據得包含任何不承保條款之附註
(B)縱保險單據未顯示其承保自不遲於裝運日起生效，其簽發日期得遲於運送單據上裝載日期
(C)保險單據表明簽發之正本超過一份時，所有正本必須提示
(D)由保險經紀人所簽發之投保通知單（COVER NOTES）不可接受。

( ) **54** 有關轉押匯，下列敘述何者係屬錯誤？
(A)信用狀規定"THIS CREDIT IS AVAILABLE WITH ADVISING BANK"若押匯銀行非通知銀行時，需轉押匯至通知銀行
(B)轉押匯案件因有二家銀行參與處理，故其進帳會較快
(C)依據銀行公會訂定之「銀行間辦理轉押匯業務合作要點」，由押匯銀行負責對單據之審查工作
(D)限制押匯信用狀（RESTRICTED L/C）項下，押匯銀行非該指定銀行時需辦理轉押匯。

( ) **55** 單據經由押匯銀行提示後遭開狀銀行拒付時，開狀銀行對該單據之處理方式為何？
(A)留候提示人指示或退還提示人　　(B)逕自退還受益人
(C)逕交付進口商　　　　　　　　　(D)彌封後送入檔案室存查。

( ) **56** 信用狀要求裝運須於ON OR ABOUT 20XX年7月10日為之，則貨物應在下列何段期間內辦理裝運？
(A)7/5~7/15　　　　　　　　　　　(B)7/6~7/14
(C)7/1~7/20　　　　　　　　　　　(D)7/7~7/13。

( ) **57** 開狀銀行依信用狀規定承擔延期付款義務並於到期日為付款之信用狀稱為下列何者？
(A)即期付款信用狀　　　　　　　　(B)延期付款信用狀
(C)遠期承兌信用狀　　　　　　　　(D)讓購信用狀。

( ) **58** 依UCP600規定及ISBP之敘述，有關商業發票之敘述，下列何者
錯誤？
(A)商業發票須以開狀申請人為抬頭人
(B)商業發票須表明與信用狀規定之相同幣別
(C)商業發票得表明信用狀未規定之貨物，因該等貨物敘明為免
費之樣品
(D)若信用狀未另有規定，商業發票無須簽署及加註簽發日期。

( ) **59** 2020年版國貿條規中，包含輸出國所要求實施之裝運前強制性檢
驗費用，歸買方支付之條件規則為下列何者？
(A)EXW   (B)FCA
(C)CPT   (D)DDP。

( ) **60** 信用狀要求提示提單時，而信用狀規定之裝載港及卸貨港分別為
Keelung及Kobe，則下列何種提單上之記載視為瑕疵？
(A)place of taking in charge：Keelung CY port of loading：
Keelung port of discharge：Kobe
(B)port of loading：Keelung port of discharge：Kobe place of
final destination：Osaka
(C)port of loading：Keelung port of discharge：Kobe
(D)place of taking in charge：Taipei port of loading：Keelung
port of discharge：Osaka。

( ) **61** 信用狀規定最遲裝運日為20XX年10月10日，適逢假日，依UCP600
第29條c項規定，所提示運送單據之裝運日不得遲於何時？
(A)10月9日   (B)10月10日
(C)10月11日   (D)10月12日。

( ) **62** 依UCP600及ISBP，有關產地證明書之敘述，下列何者錯誤？
(A)須證明貨物原產地
(B)產地證明書之發貨人一律須為信用狀受益人
(C)倘提單之受貨人（consignee）作成"to order"，則產地證明書
之受貨人可作成申請人
(D)須簽署。

( ) **63** 若信用狀未規定單據係由何人簽發或其資料內容為何，則依 UCP600規定，下列何種單據之內容顯示符合所需單據之功能，且 其他方面亦依照第14條d項之規定，銀行將就所提示者照單接受？
(A)運送單據（Transport document）
(B)保險單據（Insurance document）
(C)商業發票（Commercial invoice）
(D)包裝單（Packing list）。

( ) **64** 依UCP600規定，倘運送單據記載下列何者將視為不潔提單？
(A)The goods may be loaded on deck
(B)The goods has been rusted
(C)Shipper's load and count
(D)Said by Shipper to contain。

( ) **65** 依據ISBP，信用狀中提及之貿易條件FOBH.K.係貨物說明之一部 分，則必須在下列何種單據中敘明，否則銀行有權以其不符合信 用狀條款而拒絕接受該單據？
(A)商業發票 (B)裝箱單
(C)運送單據 (D)保險單據。

( ) **66** 2020版國貿條規中，賣方在指定目的地將尚未辦理輸入通關手 續（倘於需要辦理輸入通關時）亦未從到達之運送工具卸載之 貨物交給買方處置，視為賣方交貨之條件規則為下列何者？
(A)DAP (B)DPU (C)DDP (D)CIP。

( ) **67** 依據ISBP，保險承保範圍之計算，無須超過下列何者？
(A)整數位 (B)小數點一位
(C)小數點兩位 (D)小數點三位。

( ) **68** 有關Forfaiting之敘述，下列何者正確？
(A)買斷行報價後，買斷即生效力
(B)辦理Forfaiting之信用狀須為附加保兌的即期信用狀
(C)一般用於規避買斷銀行之信用風險
(D)出口商可於接單前將可能之開狀銀行、金額及期間等資料提 供轉介行，向買斷行詢價。

( ) **69** 票據持有者，將未來應收之債權轉讓給中長期應收票據收買業者以換取現金，在轉讓完成後，若票據到期不獲兌現，買斷者亦無權向賣出者追索。此類業務稱為：
(A)Factoring　　　　　　　(B)Forward
(C)Forfaiting　　　　　　　(D)Future。

( ) **70** 銀行辦理無追索權之應收帳款承購，其實只承擔買方之信用風險，而買方之信用風險並不包括下列何者？
(A)買方破產或重整　　　　(B)買方主張貨品有瑕疵
(C)買方停止營業　　　　　(D)買方被拒絕往來。

( ) **71** 下列何者非屬Factoring之承購手續費？
(A)申購費　　　　　　　　(B)承購管理費
(C)承購處理費　　　　　　(D)預支價金。

( ) **72** FACTORING業務中有關預支價金，下列敘述何者錯誤？
(A)申請人應填具「預支價金申請書」
(B)申請人得於讓與之應收帳款到期前視需要隨時提出
(C)銀行須確認可動撥預支價金額度餘額後辦理
(D)預支價金之融資係由進口帳款承購商提供。

( ) **73** 依GRIF規定，每一供應商對每一債務人有幾項信用額度？
(A)一項　　　　　　　　　(B)二項
(C)三項　　　　　　　　　(D)無限制。

( ) **74** 指定銀行辦理顧客進口貨物開發信用狀時，憑辦文件為何？
(A)申報書　　　　　　　　(B)買匯水單
(C)進口結匯證實書　　　　(D)國內顧客提供之交易單據。

( ) **75** 指定銀行辦理外幣貸款業務時，下列敘述何者錯誤？
(A)承作對象限為國內顧客
(B)憑顧客提供其與國外交易之文件辦理
(C)出口後之出口外幣貸款，不得兌換為新臺幣
(D)須將月底餘額及承作量，依短期及中長期貸款類別，報送中央銀行外匯局。

(　　) **76** 指定銀行憑國內廠商申請簽發外幣信用狀，其受益人為國內其他
廠商且貨物涉及進口交易，廠商得否申請外幣貸款？
(A)僅申請人得辦理外幣貸款
(B)僅受益人得辦理外幣貸款
(C)申請人及受益人均不得辦理外幣貸款
(D)申請人及受益人均可辦理外幣貸款。

(　　) **77** 依國際金融業務條例規定，國際金融業務分行得否辦理直接投資
及不動產投資業務？
(A)僅得辦理直接投資業務
(B)僅得辦理不動產投資業務
(C)得辦理直接投資及不動產投資業務
(D)不得辦理直接投資及不動產投資業務。

(　　) **78** 「臺灣地區與大陸地區金融業務往來及投資許可管理辦法」所稱
之主管機關為下列何者？
(A)財政部　　　　　　　　　(B)中央銀行
(C)經濟部　　　　　　　　　(D)金管會。

(　　) **79** 依中央銀行規定，指定銀行承作外幣保證業務，應如何列表送中
央銀行外匯局？
(A)每筆保證金額達十萬美元以上者每日逐筆列報
(B)每筆保證金額達五十萬美元以上者每日逐筆列報
(C)每季將保證餘額及保證性質列表報送
(D)每月底將保證餘額及保證性質報送。

(　　) **80** 下列何者非屬「民營事業中長期外債要點」所稱外幣債務？
(A)中華民國境內國際金融業務分行之借款
(B)國外供應商提供分期付款進口之融資
(C)國外母公司之貸款
(D)發行海外公司債。

解答與解析

1 (C)。記帳付款（O/A）是指Open Account，賣方出貨後將單據寄予買方提貨，待雙方約定時間到期時，買方再將貨款匯付給賣方，對出口商而言風險較高。

2 (C)。依管理外匯條例第3條：(A)(B)(D)皆屬金管會掌管事項。

3 (C)。
(1) 銀行法亦有規範外匯業務，「銀行業辦理外匯業務管理辦法」即是依銀行法第35條第2項規定訂定之。
(2) 「管理外匯條例」是為平衡國際收支，穩定金融，實施外匯管理，特制定本條例。
(3) 「外匯收支或交易申報辦法」中規定指定銀行辦理外匯業務必須輔導申報義務人依法向中央銀行申報。「管理外匯條例」之主管機關為金管會。

4 (D)。在信用狀作業上，有關各方所處理者為單據，而非與該等單據可能有關的貨物、勞務或其他履約行為，但申請人開狀的目的係在進口貨物，並以自有資金或銀行的進口融資贖取單據，憑以領貨；因此，信用狀對單據、貨物的說明、貨物所有權等及其相關之規定應審慎架構，否則極易滋生糾紛。

5 (B)。押匯銀行（Negotiation Bank）：又稱讓購銀行，如係向補償銀行請求付款之押匯銀行稱之求償銀行（Claiming Bank）。

6 (A)。開狀銀行不得為可讓購銀行；信用狀可以是即期信用狀，也可是遠期信用狀；本信用狀為讓購信用狀，概念與直接信用狀相反。

7 (B)。當適用eURC時，在與其適用URC所產生之不同結果範圍內，應優先適用eURC。

8 (B)。根據UCP600第10條第a項：Except as otherwise provided by article 38, a credit can neither be amended nor cancelled without the agreement of the issuing bank, the confirming bank, if any, and the beneficiary.（中譯：a.除本慣例第38條另有規定外，凡未經開證行、保兌行（如有）以及受益人同意，信用證既不能修改也不能撤銷。）

9 (D)。繳交保證金結匯金額：應收之成數依各銀行視其授信批覆之條件而定，可分為全額保證金、部分保證金或免保證金。開發信用狀時，保證金之收取成數由外匯指定銀行自行決定，惟目前多數銀行對平常往來之客戶則按開狀金額之10%徵提。

10 (D)。開發賣方遠期信用狀時，須佔用遠期開狀額度，且其期限須於批覆之期限內。

11 (C)。(A)INSTITUTE CARGO CLAUSES（AIR）協會航空貨物險條款。(B)INSTITUTE WAR CLAUSES（CARGO）協會貨物保險兵險條款，適用常發生戰爭地區。(C)INSTITUTE STRIKE CLAUSES（CARGO）協會貨物保險罷工條款。(D)INSTITUTE CARGO CLAUSES (A)，簡稱I.C.C. (A)，承保範圍最廣。除了包括所有B條款的承保範圍外，還包括海上劫掠及貨物的偷竊、短少、未送達、破損、擦損、污損、凹損、折損等部份損失。

12 (D)。如未就該項期間予以規定，銀行將拒絕遲於運送單據簽發日後二十一日始向其提示之單據，但單據之提示，決不得遲於信用狀之有效期限。

13 (D)。海運提單（Ocean Bill of Lading）是承運人收到貨物後出具的貨物收據，也是承運人所簽署的運輸契約的證明，亦代表所載貨物的所有權，是具有物權特性的憑證。

14 (B)。開狀申請書之審查注意事項：
(1) 申請人或受益人之名稱、地址應與輸入許可證或交易文件上相符。
(2) 通知銀行原則由開狀申請人指定，未指定時才由開狀行指定，惟若申請人指定之通知銀行非開狀行之通匯行時，仍須由開狀行指定距離受益人地址較近之通匯行。
(3) 信用狀之金額不得超過輸入許可證或交易文件之金額。
(4) 對客戶進口之貨品應注意是否與客戶之營業項目相關，進口數量有無異常情形。
(5) 客戶申請開狀之內容是否對銀行不利？銀行債權是否可以確保？
(6) 對客戶開發可轉讓信用狀，為避免產生爭議，應加上「僅可在受益人之國家內轉讓」或「可轉讓信用狀之轉讓及受讓人，須經開狀銀行之事前同意」或類似措辭，以為防範。
(7) 信用狀須要求受益人提示運送單據，除非係全額結匯或預付，否則運送單據須以開狀行為受貨人。
(8) 遠期信用狀開具匯票之期限，不得超過授信條件所批覆之期限，且要註明利息由誰負擔。

15 (B)。辦理擔保提貨時，數量為銀行向船公司就提領貨物所負確定之擔保責任。

16 (C)。轉開信用狀與MASTER L/C是兩張獨立的信用狀，故不得以提示單據不符合MASTER L/C為理由而主張拒付。

17 (B)。押匯銀行將單據遞送到開狀銀行，開狀銀行對符合的提示予以付款；對不符合的提示，有裁量權

接受瑕疵單據而付款或對瑕疵的單
據發出拒付通知。

18 (A)。憑國外開來的出口主信用狀
轉開之國內外幣信用狀，其主信用
狀之押匯則應以全額掣發交易單證
及填報交易日報。

19 (A)。在三角貿易中，為了要確保
貨款的收取和清償，以及防止商業
機密的外洩，中間商使用的付款方
式一般為轉讓信用狀或轉開信用狀
居多。轉讓信用狀是中間商把從國
外開來的信用狀轉給出口國的供應
商，貨物出口後，由供應商押匯。
轉開信用狀是中間商根據國外的信
用狀，重新以自己的名義開一張新
的信用狀給供應商。銀行於開發
BACK TO BACK L/C時，可規定申
請開發轉開信用狀的中間商為提單
上託運人（SHIPPER）。

20 (C)。
結匯金額=USD10,000×30.25×10%
=30,250
手續費=min[[USD10,000×30.25×
（0.25%＋0.125%）]，400]
電報費=TWD1,000
保兌費=min[[USD10,000×30.25×
（0.25%＋0.125%）]，1,000]
總計：32,650

21 (B)。
(1) Bills of Lading提單。
(2) BUYER'S CARGO RECEIPT承
運貨物收據，是指承運人出具

給託運人的收據，無法做為提
單去領貨。
(3) Charter Party Bill of Lading傭船
提單。
(4) AIR TRANSPORT DOCUMENT
航空提單或航空運送單據。

22 (C)。複合運送單據上須表明接管
地，該接管地得不同於裝載港、機
場或裝載地；運送單據亦須表明最
終目的地，該最終目的地得不同於
卸貨港、機場或卸貨地。

23 (A)。若同一張匯票項下提示一套
以上之提單，匯票的到期日應自最
遲之提單裝運日起算。

24 (D)。匯票經承兌後，到期未獲付款
時，若徵得國外銀行同意展延的函電
後，可由進口商在匯票上重新承兌。

25 (C)。D/P應先結清或款，方可辦理
擔保提貨或副提單背書；D/A則於
到單後辦理承兌。

26 (A)。進口託收之外幣幣別如代收
銀行未掛牌者，有關匯率風險應由
進口商承擔。

27 (B)。若URC522（託收統一規
則）與國家、地方法律或規章抵觸
時，國家、地方法律或規章效力優
於URC522。

28 (C)。代收銀行僅付「收款」義
務，若託收指示中有加註若進口商
到期不付款，則代收銀行保證付
款，應請託收銀行取消該指示後，
才辦理該項託收為宜。

29 (D)。如提示銀行未於通知拒絕付款或拒絕承兌後30日內接獲託收銀行之單據處理指示，得將單據退回所由收受託收指示之銀行。

30 (A)。出口商是委託銀行辦理託收的一方，即為委託人（Principal）。

31 (C)。代收銀行依託收銀行之指示做拒絕證書所產生之任何費用，由出口商負擔。

32 (D)。銀行收到電子紀錄若遭毀損，可請提示人重行提示，此時審查時間暫時中止計算；若未於30個曆日內重行提示，視為未提示，截止期限則不予展延。

33 (D)。應請出口商出具書面同意書，且至少將折價部分之貨款歸還予押匯銀行方可墊付開狀銀行，以保障押匯銀行之權利，應該折價部分貨款之後並無法像開狀銀行要求償還。

34 (D)。
(1) 商業單據未附隨財務單據者係為「跟單託收」。
(2) 匯票、本票、支票為票據。
(3) 國際商會《URC 522》第19條第6款規定：跟單託收時，部分付款只有在託收指示特別授權時才被接受。

35 (C)。預備人（Case-of-Need, C/need）：指委託人在進口地預先安排的代表。於託收發生拒絕承兌或拒付時，被授權代理委託人出面處理事務者。

36 (B)。丙銀行為向付款人丁公司直接辦理提示的代收銀行，即為提示銀行。

37 (C)。
(1) 請求統一保證規定（URDG）係處理相關既定與一致性之保證問題。
(2) 國際擔保函慣例（ISP98）（International Standby Practice 1998）是專為擔保信用狀而訂定。
(3)「信用狀統一慣例（UCP）」係國際商會（ICC）制定之信用狀交易實務慣例。

38 (B)。

39 (D)。間接保證四角關係之當事人為申請人、受益人、相對保證人、保證人。

40 (C)。3月21日收到受益銀行請求兌付USD50,000之單據，當簽發銀行3月23日對外付款履行保證責任，故會計分錄為借：保證款項：USD50,000貸：應收保證款項：USD50,000。

41 (C)。
(1) 預付款還款保證：保證廠商返還預先支領而尚未扣抵之預付款之用。
(2) 保留款保證亦稱預留金保證或留滯金保證，對契約價款中尾欠部分款項的提前支取行為所作出的歸還承諾擔保。

(3) 履約保證是簽發以進口商為受
益人之保證函，以防賣方不如
期順利交貨之保證。

(4) 押標金保證：有意投標或承攬
工程者，於投標前需按底價繳
納若干成之金額做為保證；此
項保證金若由招標人委請銀行
開發保證函，替代現金繳納
者，即所謂押標金保證。

42 (B)。 3個營業日為銀行審查單據最
無爭議的安全期，超過7個營業日
視為不合理。

43 (B)。 保證函／擔保信用狀的開發
不應採通案處理，而依個別案件狀
況審慎承作之；又或宜規定於開證
銀行的櫃台使用available payment
at our counter。

44 (B)。 通知銀行如選擇不通知信用
狀或修改書，則其應將此意旨儘速
告知所由收受信用狀、修改書或通
知書之銀行。

45 (D)。 轉讓行（transferring bank）
是指可轉讓信用證的受益人（第一受
益人）授權付款、承擔延期付款責任、
承兌或議付給第二受益人的銀行。

46 (B)。 若信用狀未表示可轉讓，但
是受益人還是依據法律擁有信用狀
下的權益。

47 (D)。
(1) 凡可轉讓信用狀必須註明「可
轉讓」字樣，如未註明則視為
不可轉讓信用狀。

(2) 在自由讓購信用狀之情形，經
信用狀特別授權為轉讓銀行之
銀行辦理。

(3) 唯有開證行在信用證註明「可轉
讓」，信用證才可轉讓。此證只
能轉讓一次，即只能由第一受益
人轉讓給第二受益人，第二受益
人不得要求將信用證。

48 (C)。 在國際貿易中，有時並非進
口商與貨品製造商直接往來，而是
透過中間商介入，把進出口業務聯
繫在一起，其從中謀取利潤。這種
貿易方式稱「三角貿易」，交易三
方（進口商、中間商、出口商）共
簽訂兩份契約。

49 (B)。 依UCP600第37條規定：
除信用狀另有規定外，保險單據所
須顯示之保險最低金額為貨物之
CIF（成本、保險費及運費〔標名
目的港名稱〕）或CIP（運費、運
送費及保險費付至……價〔名目的
地點名稱〕）價值加計百分之十。
但如銀行對貨物之CIF或CIP價值無
從由單據之表面認定時，銀行將就
信用狀下所要求辦理付款、承兌或
讓購之金額或商業發票之金額，以
較高者認定為最低保額。

50 (A)。 在指定銀行使用之信用狀，
亦可在開狀銀行使用。

51 (A)。 依UCP600第17條e項，當信
用狀使用copies或fold的時候，至少
要一正本，其餘可以為副本。

52 (C)。信用狀適用百分之五的條件有三個：
(1) 未規定該等貨物不得增加或減少。
(2) 動支之金額不得逾信用狀金額。
(3) 數量之單位不得為包裝單位或個別件數。
本題單位為是CARTONS箱，無法適用百分之五的規定。

53 (B)。保險單據的日期必須是不晚於裝運日期，除非它自該保險單據顯示著該承保生效起自日不遲晚於裝運日。

54 (B)。轉押匯因處理需透過第二押匯行，手續較繁複、收款較慢，故會向出口商收千分之二之押匯手續費及酌收7至21天不等（各銀行收取天數不同）之轉押匯利息。

55 (A)。如果開狀銀行受到單證，認為其表面所顯示著，與信用狀所規定的條件不符，而決定拒絕兌付時，應履行下列幾項義務：
(1) 必須向寄單銀行說明不符之點有那些。不符點應一次說清楚，不能在對方已將不符點更正後，又另提出其他不符之點。
(2) 必須在合理時間內，向寄單銀行說明單證已寄回或暫時代為保管，聽候指示處理辦法。或者在表示拒付的同時，說明正與進口商聯繫，俟有結果再通知。

56 (A)。信用狀規定"ON OR ABOUT"，即是指包含起訖日期計算在內，指定日期的前後五個曆日之間裝運。

57 (B)。延期付款信用狀是遠期信用狀的一種，亦稱無匯票遠期信用狀。延期付款信用狀適用於進出口大型機電成套設備，為了加強競爭條件可採用延期付款、賣方中長期貸款或賒欠出口等措施。但期限較長，出口商不必提示匯票，開證銀行也不承兌匯票，只是於到期日由銀行付款。

58 (C)。商業發票不得表明：
(1) 溢裝（UCP600第30條b項規定的除外）
(2) 信用證未要求的貨物（包括樣品、廣告材料等）即使註明免費。

59 (A)。EXW（Ex Works）工廠交貨：在賣方工廠交貨，且運費及保費皆由買方負擔，故賣方所負擔之義務最小。
(1) 交貨地點：賣方工廠或其他指定地（工廠、倉庫等）。
(2) 風險轉移：交貨時。
(3) 運輸費用：買方負擔。
(4) 保險費用：買方負擔。

60 (D)。提單上未記載Taipei,Osaka

61 (B)。簽發日期或生效日期，不得遲於運送單據之裝運日期。

62 (B)。 產地證明書之發貨人一律須為信用狀受益人，倘提單之受貨人（consignee）作成to order，則產地證明書之受貨人可作成申請人須簽署。

63 (D)。 根據UCP600第14條，除運送單據、保險單據、商業發票外，若信用狀要求提示單據但未規定簽發人者，銀行得就所提示者照單接受。

64 (B)。 不潔提單，即提單上有附註條款宣稱貨物或包裝不當情況者。The goods has been rusted該貨品已損壞。

65 (A)。
(1) ISBP中，其對商業發票的貨物、服務或履約行為的描述必須與信用證規定的一致，但並不要求如同鏡子反射那樣一致。例如，貨物細節可以在發票中的若干地方表示，當合併在一起時與信用證規定一致即可。
(2) 若貿易條件係信用狀上貨物說明之一部分，必須載入商業發票中貨物之說明。

66 (A)。 DAP（Delivered at Terminal）目的地交貨
(1) 交貨地點：目的港或目的地的指定終點站，無須卸貨。
(2) 風險轉移：交貨時。
(3) 運輸費用：賣方負擔。
(4) 保險費用：賣方負擔。
(5) 賣方需要辦理貨物的輸出通關，但無須辦理輸入通關的義務。

67 (C)。 保險承保範圍之計算，無須超過小數點兩位。

68 (D)。 Forfaiting指信用狀賣斷業務，出口商將手中的應收債權，賣給買斷行（forfeiter）以換取現金；若日後買斷行遇到這些債權無法兌現，亦無權向出口商追索；故為一種「無追索權」（without recourse）票據之貼現。

69 (C)。 遠期信用狀賣斷（Forfaiting）：指出口商將遠期信用狀項下單據轉讓予買斷行，換取資金，且日後倘因開狀行信用風險或國家風險，致屆期而不獲兌付時，買斷行無權向出口商追索。應收帳款貼現（factoring）：出貨後即可出售應收帳款，取得營運資金，為一財務融通方式。

70 (B)。 應收帳款承購商辦理無追索權的承購業務時，僅承擔買方信用方顯，而商業糾紛（如買方主張貨品瑕疵）則由申請人承擔。

71 (D)。 應收帳款承購業務，係指銀行承購企業因銷售貨物或提供勞務而產生對交易相對人之應收帳款債權，並為賣方提供應收債權之帳務管理、收款等服務（產生手續費收入）。銀行辦理此業務，並得以預支價金方式（產生利息收入），提供賣方資金融通。

72 (D)。 國際應收帳款承購（Factoring），係指銀行承購企業因銷售貨物或提供勞務而產生對交易相對人之應收帳款債權，並為賣方提供應收債權之帳務管理、收款等服務（產生手續費收入）。銀行辦理此業務，並得以預支價金方式（產生利息收入），提供賣方資金融通。

73 (A)。 同一買方之所有應收帳款應轉讓給同一FACTOR為原則。

74 (D)。 憑辦文件：開發信用狀、辦理託收、匯票之承兌及結匯，應憑國內顧客提供之交易單據辦理。

75 (C)。 外幣貸款不得兌換為新臺幣，但出口後之出口外幣貸款，不在此限。

76 (D)。 指定銀行憑國內廠商申請開發之外幣信用狀，其受益人為國內另一廠商而且貨物輸入國與輸出國至少有一方為外國或大陸地區時，該信用狀受益人及申請人可申請辦理外幣貸款，其貨款結匯無須填寫申報書且不計入每年累積結匯金額。

77 (D)。 國際金融業務條例第8條：國際金融業務分行，非經中央銀行核准，不得辦理外幣與新臺幣間之交易及匯兌業務。

78 (D)。 臺灣地區與大陸地區金融業務往來及投資許可管理辦法所稱主管機關為行政院金融監督管理委員會。

79 (D)。 應將月底餘額及其保證性質，列表報送央行外匯局。

80 (A)。 民營事業中長期外債申報要點第2條：本要點所稱民營事業中長期外債，係指在中華民國境內依法設立登記之民營事業，其還款期限超過一年之下列各款外幣債務：
(一) 國外金融機構（不包括中華民國境內國際金融業務分行）之借款。
(二) 國外供應商提供分期付款進口之融資。
(三) 國外母公司之貸款。
(四) 發行海外公司債。
(五) 其他外幣債務。

一 國外匯兌業務

( ) **1** 銀行辦理客戶匯入款結售為新臺幣，如結匯人每筆金額未達新臺幣五十萬元等值外幣者，是否要填寫申報書及計入其當年累積結匯金額？
(A)要填申報書但不計入其當年累積結匯金額
(B)免填申報書且不計入其當年累積結匯金額
(C)免填申報書但計入其當年累積結匯金額
(D)要填申報書且計入其當年累積結匯金額。

( ) **2** 依主管機關規定，領有我國身分證之個人於經常項目匯款，每人每日匯款至大陸地區人民幣不得逾多少元？
(A)人民幣2萬元 (B)人民幣5萬元
(C)人民幣8萬元 (D)人民幣10萬元。

( ) **3** 電文MT1××代表意義為何？
(A)託收與買入 (B)銀行間之匯款
(C)旅行支票 (D)客戶之間匯款與支票。

( ) **4** 匯往北韓一百萬美金之匯款，可選擇下列何者銀行作為轉匯銀行？
(A)CITIUS33 (B)DEUTUS33
(C)GBCBUS6L (D)BOTKJPJT。

( ) **5** 下列何者由於郵寄容易失誤，銀行人員簽章有被偽造的風險，故某些歐美地區銀行並不接受？
(A)T/T (B)M/T
(C)D/D (D)T/T、M/T、D/D三者皆是。

( ) **6** 下列何者可視為付款之委託？
(A)Payment Order (B)Duplicate Payment Instruction
(C)Cable Confirmation (D)Advise of Check Issued。

(　) **7** 加拿大銀行的清算系統 CC code，銀行代號前後共計多少碼？
(A)四碼 　　　　　　　　　(B)六碼
(C)八碼 　　　　　　　　　(D)九碼。

(　) **8** 大額匯款案件之「大額結匯款資料表」應由下列何者填寫？
(A)匯款申請人 　　　　　　(B)指定銀行
(C)中央銀行 　　　　　　　(D)受款人。

(　) **9** 在MT103電文中，下列何者為必填欄位？
(A)70：REMITTANCE INFORMATION
(B)71A：DETAILS OF CHARGES
(C)52a：ORDERING INSTITUTION
(D)57a：ACCOUNT WITH INSTITUTION。

(　) **10** 匯出匯款MT103電文其中部分內容為RECEIVER：CITIUS33、
23B：CEED、32A：050822USD15,000、56A：SOGEUS33、
57A：SOGEHKHH，請問本筆匯款係用何種方式匯出？
(A)SERIAL PAYMENT 　　　(B)COVER PAYMENT
(C)DEFERRED PAYMENT 　　(D)DOWN PAYMENT。

(　) **11** 匯入匯款解付後，當解款行接獲匯款行之退匯（Refund）要求
時，下列敘述何者正確？
(A)受益人必須退還款項不得拒絕
(B)因已解付故匯款行之要求不予理會
(C)經受款人同意後並收到退回款後才予以退匯
(D)受款人不同意退還則由解款行退還。

(　) **12** SWIFT MT103電文71欄位"SHA"代表何種意義？
(A)費用請向受款人扣收
(B)費用請向匯款人收取
(C)表示該筆匯出匯款手續費由匯款人負擔、匯入匯款手續費則
　由受款人負擔
(D)請全額入帳。

(　) **13** 匯入匯款MT103電文結尾，下列何者用語係提醒解款行避免重複？
(A)TELE　　　　　　　　　(B)CHECK
(C)PDE　　　　　　　　　(D)CHK。

(　) **14** 解款行受理匯票提示請求付款時，應查核之要項，下列敘述何者錯誤？
(A)內容不得塗改　　　　　(B)簽樣須相符
(C)匯票不得背書　　　　　(D)不得逾期提示。

(　) **15** 有關匯入匯款，下列敘述何者錯誤？
(A)Value Date可能在通知日之後
(B)電文內容應包含徵提B/L影本
(C)以電話通知受款人
(D)憑受款人身分證付款。

(　) **16** 凡解款行依匯款行無附任何條件之付款委託，將外幣款項解付予其所指定之受款人，稱之為何？
(A)匯入匯款　　　　　　　(B)光票託收
(C)匯出匯款　　　　　　　(D)買入匯款。

(　) **17** IRBC（Inward Remittance Bill of Collection）係將匯款行簽發之匯票先由下列何者背書，收妥款項後再掣發通知書通知受益人？
(A)匯款行　　　　　　　　(B)解款行
(C)中間銀行　　　　　　　(D)受款客戶。

(　) **18** 依「銀行同業間加速解付國外匯入匯款作業要點」規定，「匯入匯款通知書」受益人簽章聯須經下列何者背書？
(A)設帳銀行　　　　　　　(B)解款銀行
(C)匯款申請人　　　　　　(D)國外通匯銀行。

(　) **19** 依「洗錢防制物品出入境申報及通報辦法」規定，旅客出境攜帶有價證　總面額逾等值多少美元者，應向海關申報？
(A)五千　　　　　　　　　(B)一萬
(C)二萬　　　　　　　　　(D)十萬。

( ) **20** 銀行不宜受理抬頭人欄位空白的光票,否則會遭付款銀行以下列何種理由退票?
(A)非我行付款 (B)須發票人背書
(C)票據記載不完整 (D)請與發票人接洽。

( ) **21** 美加地區的國庫支票,政府為保有追索權,除破損與過期外,原則上以下列何種取款指示書代收?
(A)COLLECTION LETTER (B)CASH LETTER
(C)CREDIT LETTER (D)CONFIRMING LETTER。

( ) **22** 依據美國統一商法U.C.C規定,支票正面偽造之追索權的期限為何?
(A)半年 (B)一年
(C)二年 (D)三年。

( ) **23** 下列何者非「禁止背書轉讓」之表示?
(A)NON-NEGOTIABLE (B)A/C PAYEE ONLY
(C)WITHOUT RECOURSE (D)PAYEE'S A/C ONLY。

( ) **24** 下列何者為光票取款指示書CASH LETTER之特點?
(A)有條件性入帳且全額撥付
(B)入帳係最終付款且全額撥付
(C)有條件性入帳但非全額撥付
(D)入帳係最終付款但非全額撥付。

( ) **25** 美國財政部所簽發的國庫支票(Treasury Check),其提示期限是多久?
(A)3個月 (B)6個月
(C)一年 (D)二年。

( ) **26** 有關客戶欲在DBU申請開立美元支票存款業務,下列敘述何者正確?
(A)限臺灣銀行始得辦理 (B)須外匯活期存款六個月後辦理
(C)外匯指定銀行皆可辦理 (D)一律不得辦理該項業務。

( ) **27** 依主管機關規定,外匯存款準備金之提存,下列敘述何者正確?
(A)存款準備率為0% (B)不得隨時提取
(C)得以外幣提存 (D)繳存之準備金有計息。

( ) 28 有關外匯存款代扣利息所得稅之單證及結匯性質，下列敘述何者錯誤？
(A)居住民國別：本國
(B)非居住民國別：依其護照所載國別
(C)單證：買匯水單，以銀行名義
(D)居住民性質：695未有資金流動之交易（代扣利息所得稅）。

( ) 29 有關遠期外匯之敘述，下列何者錯誤？
(A)是以即期匯價為基礎，再根據換匯點調整後為銀行掛牌價
(B)價格會隨著即期匯率與換匯點的變化而改變
(C)不得訂定任選交割日之契約
(D)買賣依交割幣別不同，可區分為新臺幣與外幣間及外幣與外
幣間之遠期外匯。

( ) 30 甲公司為一電腦出口商，為規避外匯匯率變動之風險，可到銀行
辦理下列何種業務？
(A)預繳遠期外匯　　　　　(B)預售遠期外匯
(C)預付遠期外匯　　　　　(D)預購遠期外匯。

( ) 31 指定銀行辦理預購遠期外匯展期時，應依下列何種匯率重新訂定
展期價格並注意風險管理？
(A)依原訂契約價格辦理
(B)依展期日市場匯率重訂展期價格
(C)依展期日銀行掛牌之買入遠期匯率重新訂定
(D)依展期日銀行掛牌之賣出即期匯率重新訂定。

( ) 32 依「銀行業辦理衍生性金融商品業務內部作業制度及程序管理辦法」
規定，銀行向客戶提供結構型商品服務時，得否以存款名義為之？
(A)不得
(B)僅得對一般客戶為之
(C)僅得對專業機構投資人為之
(D)僅得對高淨值投資法人為之。

(　　) **33** 依主管機關規定，指定銀行得於營業廳揭示貨幣之存款利率，不包括下列何者？
(A)美金　　　　　　　　　　(B)比特幣
(C)歐元　　　　　　　　　　(D)日圓。

(　　) **34** 下列何種業務承作對象以國內指定銀行及指定銀行本身之海外分行、總（母）行及其分行為限？
(A)新臺幣與外幣間遠期外匯業務
(B)新臺幣與外幣間換匯交易業務
(C)無本金交割新臺幣遠期外匯業務
(D)新臺幣與外幣間換匯換利交易業務。

(　　) **35** 居民委託國外加工後，貨品未經我國通關，直接在國外銷售之貨款收入，其匯入匯款之分類為何？
(A)70A收款人已自行辦理出口通關的貨款
(B)701尚未出口之預收貨款
(C)710委外加工貿易收入
(D)711商仲貿易收入。

(　　) **36** 依「銀行業辦理外匯業務管理辦法」規定，指定銀行辦理出口外匯業務、進口外匯業務等各項外匯業務之覆核人員，其資格條件為何？
(A)曾任經辦人員三個月以上
(B)限具有外匯業務執照
(C)應有外匯業務執照或三個月以上相關外匯業務經歷
(D)應有外匯業務執照或六個月以上相關外匯業務經歷。

(　　) **37** 依「銀行業辦理外匯業務管理辦法」規定，公司行號之結匯案件，每筆金額達多少以上（不含跟單方式進、出口貨品結匯）時，指定銀行應辦理大額交易通報？
(A)五十萬美元或等值外幣　　(B)一百萬美元或等值外幣
(C)五百萬美元或等值外幣　　(D)一千萬美元或等值外幣。

(　) **38** 依「外幣收兌處設置及管理辦法」規定，旅館、百貨公司、特產業，如有收兌外幣需要，並有適當的之安全控管機制者，得向下列何機構申請設置外幣收兌處？
(A)財政部　　　　　　　　(B)觀光局
(C)臺灣銀行　　　　　　　(D)金管會。

(　) **39** 依「臺灣地區與大陸地區金融業務往來及投資許可管理辦法」規定，依第三地區法規組織登記之銀行，有大陸地區人民、法人、團體、其他機構直接或間接持有其已發行有表決權股份總數或資本總額超過多少比率，即為陸資銀行？
(A)25%　　　　　　　　　(B)30%
(C)40%　　　　　　　　　(D)50%。

(　) **40** 銀行業受理大陸地區匯入匯款案件，如匯款項目為大陸地區人民來臺投資－股本投資，其受款人不包括下列何者？
(A)投資人（限自然人）
(B)投資事業
(C)經濟部核准之國內代理人
(D)大陸地區營利事業在臺分公司。

(　) **41** 申報人於填妥「外匯收支或交易申報書」完成申報後，可否向承辦銀行申請更正金額或內容？
(A)金額不可、內容可　　　(B)金額可、內容不可
(C)金額及內容均可　　　　(D)金額及內容均不可。

(　) **42** 依「銀行業辦理外匯業務作業規範」規定，非指定銀行辦理買賣外幣現鈔及旅行支票業務時，下列敘述何者錯誤？
(A)得於指定銀行開設外匯存款戶
(B)得與國外銀行建立通匯往來關係
(C)外匯賣超部位限額為零
(D)所需外匯資金，得依申報辦法逕向指定銀行結購（售）。

(　) **43** 依主管機關規定，公司籌備期間得以下列何種方式結匯進口機器
設備？
(A)以負責人名義代為結匯
(B)憑有關主管機關核准該籌備處進口文件，經由指定銀行向中
央銀行申請核准後辦理
(C)憑有關主管機關核准該籌備處進口文件，由指定銀行直接辦理
(D)俟公司營運後方得辦理。

(　) **44** 經許可辦理買賣外幣現鈔及旅行支票之信用合作社，其所需外匯
營運資金有何限制？
(A)全年累積結購外匯金額以10萬美元為限
(B)全年累積結購外匯金額以100萬美元為限
(C)全年累積結購外匯金額以500萬美元為限
(D)全年累積結購外匯金額無限制。

(　) **45** 未滿十八歲之本國自然人結購旅行支出或旅行剩餘退匯未達多少
金額者，指定銀行得於查驗結匯人身分及相關證明文件後，逕行
辦理結匯？
(A)新臺幣五十萬元等值外幣　　(B)五萬美元或等值外幣
(C)十萬美元或等值外幣　　　　(D)五十萬美元或等值外幣。

(　) **46** 有關我國國民在國際機場分行簡化結匯手續之規定，下列何者為
錯誤？
(A)每筆限等值美金一萬元
(B)需出示出、入境證照
(C)免填身分證統一編號或護照號碼
(D)不必申報國別及結匯性質。

(　) **47** 有關外匯收支或交易申報書中申報義務人登記證號之填報，下列
何者填報於非居住民項下？
(A)領有中華民國身分證者
(B)外僑居留證證載有效期限一年以上者
(C)持臺灣地區永久居留證者
(D)無居留身分之大陸地區人民。

( ) **48** 自國內其他銀行之國際金融業務分行匯入結售為新臺幣者，申報
書匯款地區國別應填報下列何者？
(A)本國 　　　　　　　　(B)香港
(C)英屬維京群島 　　　　(D)本國國際金融業務分行。

( ) **49** 依「銀行業辦理外匯業務管理辦法」規定，指定銀行欲以其他方
式委託代為處理相關外匯後勤作業時，應檢附委外作業計畫書向
中央銀行申請，於送達中央銀行之次日起幾天內，中央銀行無不
同意之表示者，可逕行辦理？
(A)10天 　　　　　　　　(B)15天
(C)30天 　　　　　　　　(D)45天。

( ) **50** 依主管機關規定，銀行法第七十二條中所稱中期放款及定期存款
是否包含外幣部分？
(A)中期放款包含外幣放款，定期存款不包含外幣存款
(B)中期放款不包含外幣放款，定期存款包含外幣存款
(C)中期放款包含外幣放款，定期存款包含外幣存款
(D)中期放款不包含外幣放款，定期存款不包含外幣存款。

解答與解析

1 (B)。 結匯人每筆結匯金額未達新
臺幣五十萬元等值外幣者，免填申報
書，且無須計入其當年累積結匯金
額。銀行業應注意並預防結匯人將
大額匯款化整為零，以規避應辦理之
申報及當年累積結匯金額之查詢。

2 (C)。 承作自然人匯款人民幣至大
陸地區業務，其對象應以領有中華
民國國民身分證之個人為限，並應
透過人民幣清算行或代理行為之；匯
款性質應屬經常項目，且每人每日匯
款之金額，不得逾人民幣八萬元。

3 (D)。 電文MT1××代表客戶之間
匯款與支票。

4 (D)。 古巴、北韓、伊朗皆遭美國
進行經濟制裁，若透過美系銀行辦
理清算或轉匯，資金恐遭凍結而無
法取回。

5 (B)。 信匯（Mail Transfer, M/T）：
信匯是指匯款人向當地銀行交付本
國貨幣，由銀行開具付款委託書，
以郵寄交付國外分行或代理行，辦
理付出外匯業務。

6 (A)。解款行收到信匯付款委託時，應注意的審核事項：(1)應注意信匯委託書（Payment Order）之簽章樣式是否相符。(2)若Payment Order上有Duplicate Payment Instruction、Cable等字句時，不得視為付款委託書。

7 (D)。澳洲的收款銀行清算號為BSB/AU清算號，6位數字；加拿大的收款銀行清算號為CC清算號，9位數字。

8 (B)。指定銀行自104年9月起辦理大額結匯款應立即將填妥之「大額結匯款資料表」，連同外匯收支或交易申報書及外匯水單電傳本局，惟查有部份指定銀行漏報或晚報或漏傳份文件之情形。

9 (B)。71A：DETAILS OF CHARGES費用明細
MT103中，僅欄位20、23、32、50、59、71為必填欄位。

10 (A)。Serial Payment（僅發1通電報，MT103）流程：匯款銀行發MT103電報給匯款銀行的存匯行→匯款銀行的存匯行再發出訊息給解款銀行的存匯行→解款銀行的存匯行再發出訊息給解款行→完成匯款程序。

11 (C)。若受款人同意退匯，解款行於收到退回之款項後，將款項退回匯款行。若受款人拒絕退匯，解款行應通知匯款行該筆款項已解付，並告知受款人不同意退匯之狀況。

12 (C)。SHA，share，指費用由雙方各自負擔，故匯出匯款手續費係由匯款人負擔；且如客戶未填寫71A欄位，則默認為SHA。

13 (C)。匯入匯款電匯特色如下：
(1)為無條件之付款委託。
(2)解款行與付款行得為不同之銀行。
(3)電文結尾若有PDE或PDM字句時，應查詢並注意避免重複。

14 (C)。內容不得塗改、簽樣須相符、不得逾期提示，為解款行受理票區解付時應查核之要項。

15 (B)。收到指定存入國內其他銀行同業受款人帳戶之匯入匯款電文，收電銀行應寄送受款人之文件，不包括交易憑證。

16 (A)。匯入匯款電匯特色如下：
(1)為無條件之付款委託。
(2)解款行與付款行得為不同之銀行。
(C)電文結尾若有PDE或PDM字句時，應查詢並注意避免重複。

17 (B)。IRBC是票匯的一種，是將匯款行簽發之匯票先由解款行背書，收妥款項後再掣發通知書通知受益人。

18 (A)。「匯入匯款通知書」受益人簽章聯須經設帳行背書；另「跨行通匯申請書」內收款人帳號、中文戶名，設帳銀行應負責核對其與「匯入匯款通知書」記載之收款人帳號、戶名相符。凡因該申請書內容不清或錯誤等情事，導致解款銀

行遲延、無法匯款或誤匯等，概由受益人或設帳銀行負責，與解款銀行無關。

19 (B)。 旅客或隨交通工具服務之人員出入境，同一人於同日單一航（班）次攜帶下列物品，應依第四條規定向海關申報；海關受理申報後，應依第五條規定向法務部調查局通報：總價值逾等值一萬美元之外幣、香港或澳門發行之貨幣現鈔。總價值逾新臺幣十萬元之新臺幣現鈔。總面額逾等值一萬美元之有價證券。總價值逾等值二萬美元之黃金。總價值逾等值新臺幣五十萬元，且有被利用進行洗錢之虞之物品。

20 (C)。 票據如抬頭人（PAYEE）空白，視為票據記載不完整以不受理為原則。

21 (B)。 美、加地區之國庫支票，政府為保有追索權規定，只能以Cash Letter方式代收。唯有破損或過期之美、加地區國庫支票可用Collection Letter方式處理。

22 (B)。 依美國統一商事法（UCC）規定，支票正面偽造之追索權為1年；背面為3年。

23 (C)。 無追索權信用狀（without recourse）：當匯票遭開狀行拒付時，被背書人不得向背書人請求償還票款。

24 (A)。 光票託收只是書有兩種形式：(1)Cash Letter：有條件入帳且全額撥付；(2)Collection Letter：最終付款，但非全額撥付。

25 (C)。 美國國庫支票票面均有「Void After One Year」字樣，提示期限為一年。

26 (D)。 DBU不得以支票存款的方式辦理外匯存款；OBU得辦理外幣支票存款業務。

27 (C)。 指定銀行辦理外匯存得開辦電話轉帳服務、以對帳單代替存摺；外匯存款準備金雖不予計息，但可隨時存取。

28 (B)。 居住民及非居住民均為「本國」。

29 (C)。 遠期外匯可以訂定任選交割日。

30 (B)。 出口商若擔心本國貨幣升值（外匯貶值），可以先預售遠期外匯，鎖定成本。

31 (B)。 遠期外匯交易辦理展期時，應依「當時市場匯率」重新簽約，不得依原定匯率展期。

32 (A)。 銀行辦理衍生性金融商品業務內部作業制度及程序管理辦法第28條：銀行向客戶提供結構型商品交易服務時，不得以存款之名義為之。

33 (B)。 外匯指定銀行應於營業場所揭示至少美金、日圓、歐元、英鎊及瑞士法郎等五種貨幣之存款利率。

34 (C)。銀行業辦理外匯業務管理辦法第31條第三項：無本金交割新臺幣遠期外匯交易（NDF）

(一) 承作對象以國內指定銀行及指定銀行本身之海外分行、總（母）行及其分行為限。

(二) 契約形式、內容及帳務處理應與遠期外匯交易有所區隔。

(三) 承作本項交易不得展期、不得提前解約。

(四) 到期結清時，一律採現金差價交割。

(五) 不得以保證金交易（Margin Trading）槓桿方式為之。

(六) 非經本行許可，不得與其他衍生性商品、新臺幣或外幣本金或其他業務、產品組合。

(七) 無本金交割新臺幣遠期外匯交易，每筆金額達五百萬美元以上者，應立即電告本行外匯局。

35 (C)。70A 收款人已自行辦理出口通關的貨款--貨品已由收款人辦理出口通關的貨款。

710 委外加工貿易收入--居民委託國外加工後，貨品未經我國通關，直接在國外銷售的貨款收入。

711 商仲貿易收入--居民購買貨品（包括原料、半成品及成品）後，不經加工直接在國外銷售，且過程中均未經我國通關，但由我國收取之貨款。

36 (D)。第11條：指定銀行辦理第四條第一項第一款至第六款各項外匯

業務時，其經辦人員及覆核人員，應有外匯業務執照或具備下列資格：一、經辦人員須有三個月以上相關外匯業務經歷。二、覆核人員須有六個月以上相關外匯業務經歷。

37 (B)。銀行業辦理外匯業務管理辦法第47條：指定銀行受理顧客新臺幣與外幣間即期外匯、遠期外匯、換匯交易或換匯換利交易及中華郵政公司受理顧客新臺幣與外幣間即期外匯交易達下列金額時，應依第三十一條及申報辦法第五條規定確認交易相關證明文件無誤後，依下列規定將資料傳送至本行外匯資料處理系統：一、受理公司、有限合夥、行號結購、結售等值一百萬美元以上（不含跟單方式進、出口貨品結匯），或個人、團體等值五十萬美元以上即期外匯交易，於訂約日立即傳送。二、受理顧客結購、結售等值一百萬美元以上之新臺幣與外幣間遠期外匯交易，於訂約日之次營業日中午十二時前傳送。

38 (C)。外幣收兌處設置及管理辦法第5條第1項：下列行業，具有收兌外幣需要，並有適當之安全控管機制者，得向臺灣銀行申請設置外幣收兌處：一、旅館及旅遊業、百貨公司、手工藝品及特產業、金銀及珠寶業（俗稱銀樓業）、鐘錶業、連鎖便利商店或藥妝店、車站、寺廟、宗教或慈善團體、市集自理組

織、博物館、遊樂園或藝文中心等行業。二、從事國外來臺旅客服務之國家風景區管理處、遊客中心等機構團體，或位處偏遠地區且屬重要觀光景點之商家。

39 **(B)**。根據臺灣地區與大陸地區金融業務往來及投資許可管理辦法第3條，有關陸資銀行定義如下：指依第三地區法規組織登記之銀行，且有下列情形之一者：

(1) 大陸地區人民、法人、團體、其他機構直接或間接持有其已發行有表決權股份總數或資本總額超過百分之三十。

(2) 大陸地區人民、法人、團體、其他機構對其具有控制能力。

40 **(D)**。投資人（限自然人）、投資事業（或籌備處）、經濟部核准之國內代理人、轉讓股權國內人士。

41 **(A)**。外匯收支或交易申報辦法第13條第1項：申報義務人於辦理新臺幣結匯申報後，不得要求更改申報書內容。但有下列情形之一者，可經由銀行業向本行申請更正：

一、申報義務人非故意申報不實，經舉證並檢具律師、會計師或銀行業出具無故意申報不實意見書。

二、因故意申報不實，已依本條例第二十條第一項規定處罰。

42 **(B)**。根據銀行業辦理外匯業務作業規範，未經本行許可辦理外匯業

務之銀行、信用合作社、農（漁）會信用部辦理買賣外幣現鈔及旅行支票業務時，應依下列規定：

(1) 得於指定銀行開設外匯存款戶，但不得與國外銀行構建立通匯往來關係。

(2) 在符合目的事業主管機關規定金融機構外幣風險上限之前提下，得持有之最高外地買超部位以本行核給之額度為限，外匯賣超部位限額為零。

(3) 辦理本項業務所需外匯資金，得依申報辦法逕向指定銀行結購（售），結匯金額毋須查詢且不計入業者當年累積結匯金額，惟應於申報書註明該項業務名稱及本行許可函文號。

(4) 報送資料：應於承作之次營業日，將交易日報及相關明細資料傳送至金融資料網路申報系統。

43 **(B)**。公司籌備期間結匯進口機器設備，為憑有關主管機關核准該籌備處進口文件，經由指定銀行向中央銀行申請核准後辦理。

44 **(D)**。（買賣外幣現鈔及旅行支票業務）

十四、銀行業辦理買賣外幣現鈔及旅行支票業務，應依下列規定辦理：

(一) 受理顧客結購（售）外幣現鈔及旅行支票之申請時，應掣發賣（買）匯水單；顧客結購（售）金額達新臺幣五十萬元以

上者，應填具申報書辦理結匯。

(二) 未經央行許可辦理外匯業務之銀行（以下簡稱非指定銀行）、信用合作社、農漁會信用部辦理買賣外幣現鈔及旅行支票業務時，並應依下列規定辦理。

(1) 得於外匯指定銀行開設外匯存款戶，但不得與國外銀行等金融機構建立通匯往來關係。

(2) 在符合其目的事業主管機關規定金融機構外幣風險上限之前提下，得持有之最高外匯買超部位以央行核給之額度為限，外匯賣超部位限額為零。

(3) 所需外匯營運資金，得依申報辦法逕向外匯指定銀行結購（售），全年累積金額不受限制，惟應於申報書註明該業務，並加註央行許可辦理該業務之文號。

45 (A)。 未滿十八歲自然人結匯金額未達新台幣五十萬元等值外幣者，身分證件同上。

46 (A)。 依據台央外捌字第0400288號

函，因近年觀光蓬勃，迭有銀行設置臨時兌換點，因應臨時性眾多旅客兌換需求，對於經許可於機場或其他臨時設置之兌換點兌換每筆未逾等值五千美元之業者，經報央行備查後，得簡化結匯及申報手續。

47 (D)。 無居留身分之大陸地區人民在填寫外匯收支或交易申報書時，其申報義務人登記證號應填非居住民。

48 (D)。 客戶結售國內國際金融業務分行匯入款時，於申報書匯款地區國別欄應填寫本國國際金融業務分行。

49 (B)。 「銀行業辦理外匯業務管理辦法」第18條，指定銀行以國內自設外匯作業中心處理相關外匯後勤作業時，應於開辦後一週內檢附相關作業要點及作業流程向本行報備；以其他方式委託代為處理相關外匯後勤作業時，應檢附委外作業計畫書向本行申請，於申請書件送達本行之次日起十五日內，本行無不同意之表示者，即可逕行辦理。

50 (D)。 （台財融字第822214673號函）銀行法第七十二條所稱之「中期放款」及「定期存款」不包括「外幣放款」及「外匯存款」。

二 進出口外匯業務

( ) **1** 調節外匯供需，以維持有秩序之外匯市場，係下列何者執掌？
(A)財政部 　　　　　　　(B)中央銀行
(C)經濟部 　　　　　　　(D)金管會。

( ) **2** 2020版國貿條規中，下列何種貿易條件規則，賣方需承擔將貨物運至指定目的地且完成貨物卸載之一切風險？
(A)CIP 　　　　　　　(B)DAP
(C)DPU 　　　　　　　(D)DDP。

( ) **3** 外匯業務的信用風險包括下列何者？
(A)開狀銀行倒閉
(B)開狀銀行所在國外匯短缺
(C)貨物損害或遺失
(D)出口國因戰爭等因素無法依約出口。

( ) **4** 保兌銀行係受下列何者之委託或授權，對不可撤銷信用狀加諸其保兌責任？
(A)押匯銀行 　　　　　　　(B)開狀銀行
(C)轉讓銀行 　　　　　　　(D)通知銀行。

( ) **5** 在UCP600的定義中，「可在其處使用信用狀之銀行」稱為下列何者？
(A)押匯銀行 　　　　　　　(B)開狀銀行
(C)通知銀行 　　　　　　　(D)指定銀行。

( ) **6** 依ISBP745所敘明之實務，下列何者承擔其有關簽發或修改信用狀之指示因任何不明確而導致的風險？
(A)beneficiary 　　　　　　　(B)applicant
(C)advising bank 　　　　　　　(D)negotiating bank。

( ) **7** 在Buyer's Usance信用狀項下，受益人提示單據時，開狀銀行係以即期方式補償，而到期還款之利息部分由下列何者負擔？
(A)進口商 　　　　　　　(B)出口商
(C)進口商的開狀行負擔 　　　　　　　(D)出口商的提示行負擔。

(　　) **8** 依UCP600規定，下列何者非屬構成符合提示之依據？
(A)信用狀之條款　　　　　　　(B)UCP600 之規定
(C)國際標準銀行實務　　　　　(D)客戶信用及其交易習慣。

(　　) **9** 依2009年協會貨物保險條款，倘已投保Institute Cargo Clauses(A)
協會貨物保險條款(A)時，尚可附加下何種條款？
(A)Institute War Clauses（CARGO）協會貨物保險兵險條款
(B)Institute Cargo Clauses（AIR）協會貨物保險條款（航空險）
(C)Institute Cargo Clauses (C)協會貨物保險條款(C)
(D)Institute Cargo Clauses (B)協會貨物保險條款(B)。

(　　) **10** 如信用狀未有其他規定，則有關運送單據之記載，下列何者視為
瑕疵？
(A)以受益人以外之第三者為發貨人
(B)運送單據上敘明貨物裝載於甲板上
(C)運送單據載有「託運人自行裝貨點數」
(D)運送單據之受貨人為開狀銀行，而產地證明書之受貨人為開
狀申請人。

(　　) **11** 依e UCP2.0規定，多種電子紀錄之提示方式為何？
(A)須同時提示
(B)得為個別提示，提示人須向銀行提供提示完成之通知
(C)得由申請人自行決定
(D)得由指定銀行決定。

(　　) **12** 實務上，國內指定銀行開狀手續費通常以幾個月為一期？
(A)三個月　　　　　　　　　　(B)六個月
(C)九個月　　　　　　　　　　(D)十二個月。

(　　) **13** 銀行對已辦理擔保提貨之進口案件，當接獲國外押匯銀行寄送之
正本提單時，實務上應如何處理？
(A)將其中一份正本提單交予開狀人
(B)將全數正本提單留置於信用狀檔案內，以備未來舉證之用
(C)將全數正本提單郵寄船公司，以換回擔保提貨書
(D)將其中一份正本提單郵寄船公司，以換回擔保提貨書。

(　) **14** 依UCP600規定，倘開狀銀行決定提示係屬不符，且主張拒付，
則須於提示日之次日起第幾個營業日終了之前發出拒付通知？
(A)三個銀行營業日 　　　　　　(B)五個銀行營業日
(C)七個銀行營業日 　　　　　　(D)十個銀行營業日。

(　) **15** 開狀銀行授權補償銀行在押匯銀行求償時自其帳戶扣帳，應拍發
下列何種格式之電文？
(A)MT740 　　　　　　　　　　(B)MT742
(C)MT750 　　　　　　　　　　(D)MT752。

(　) **16** 依e UCP2.0規定，如電子信用狀要求提示一份正本及兩份副本之
電子記錄時，則受益人應提示幾份電子記錄為已足？
(A)一份 　　　　　　　　　　　(B)二份
(C)三份 　　　　　　　　　　　(D)四份。

(　) **17** 原信用狀係以CIF條件交易，在辦理信用狀修改，擬將貨物運送
方式由海運改為空運且修改起訖地點，其餘條件不變，則原信用
狀各項規定中，下列何者不須修改？
(A)運送單據 　　　　　　　　　(B)最遲裝運日
(C)起運地點及目的地 　　　　　(D)保險條款。

(　) **18** SWIFT MT700/701為下列何種電文？
(A)信用狀修改 　　　　　　　　(B)信用狀開發之預告
(C)授權付款 　　　　　　　　　(D)信用狀之開發。

(　) **19** 銀行受理客戶憑MASTER L/C辦理三角貿易轉開BACK TO BACK
L/C時，下列敘述何者正確？
(A)若提示有保險單據，應注意投保金額比率
(B)最後提示期限應與 MASTER L/C 所規定者一致
(C)單據之提示地宜限制在MASTER L/C開狀銀行所在地櫃台
(D)倘轉開BACK TO BACK L/C項下單據無瑕疵，轉開銀行仍得
以單據不符MASTER L/C之規定為由主張拒付。

(　　) **20** 進口貨物以航空運送者，進口商得向銀行申請辦理下列何種手續提貨？　(A)擔保提貨　(B)擔保背書　(C)副提單背書　(D)第三聯正本空運提單背書轉讓。

(　　) **21** 倘開狀銀行請求通知銀行對信用狀附加保兌，則SWIFT MT700之49欄位應填列下列何種代號？
(A)WITHOUT　　　　　　　(B)MAY ADD
(C)CONFIRM　　　　　　　(D)AUTHOR。

(　　) **22** 以出具保結書方式，押匯之瑕疵單據，與未出具保結書方式押匯之瑕疵單據，開狀銀行在辦理二者拒付之作業程序時，下列何者為正確？
(A)前者可以拒付，後者不可以拒付
(B)前者不可以拒付，後者可以拒付
(C)前者拒付之相當期間酌予延長，後者不可以
(D)二者之拒付程序皆相同。

(　　) **23** 進口託收因買賣雙方信用程度及資力等不同，交單方式隨之有異，而利用下列何種方式進口時，進口商僅需在遠期匯票上承兌後，即可向提示銀行領取貨運單據憑以報關提貨？
(A)D/A　　　　　　　　　(B)D/P
(C)Usance D/P　　　　　　(D)O/A。

(　　) **24** 下列何種託收適用URC522？　A.跟單託收；B.光票託收；C.直接託收（direct collection）
(A)僅AB　　　　　　　　(B)僅BC
(C)僅AC　　　　　　　　(D)ABC。

(　　) **25** 倘進口託收指示中，加註"PLEASE HAVE THE DRAFT AVALIZED BY YOUR GOOD BANK"且代收銀行與進口商無任何授信往來，代收銀行應如何處置較妥適？
(A)進口商承兌後交單
(B)進口商承兌並保證付款後交單
(C)代收銀行承兌後交單
(D)先請託收銀行取消該指示，始予承作。

( ) **26** 依URC522規定，如託收指示書中載明利息待收且不得拋棄，而付款人拒絕支付該利息時，則下列敘述何者正確？
(A)為免影響提貨遲延，提示銀行得憑付款或承兌交單而不收取該利息
(B)提示銀行應作成拒絕證書
(C)提示銀行將不交付單據，且對任何遲延交付單據所致之後果不負責任
(D)提示銀行需進一步審查單據以確定得否拋棄該利息。

( ) **27** 目前國內銀行於收到國外託收銀行寄來之進口託收單據時，如進口商要求轉予他行辦理，下列敘述何者正確？
(A)不得受理
(B)得交予進口商持往他行辦理，並請他行通知國外託收銀行
(C)收取三分之一手續費後轉寄他行，並通知國外託收銀行
(D)收取二分之一手續費後轉寄他行，並通知國外託收銀行。

( ) **28** 依URC522規定，代收銀行處理託收指示與單據時應注意之事項，下列敘述何者錯誤？
(A)依託收指示書點數單據種類及份數
(B)應將託收指示書上應辦之特別指示載明於通知書上
(C)應嚴格審核各項單據內容
(D)匯票與託收指示書上之金額應一致。

( ) **29** 依URC522規定，collecting bank係指下列何者？
(A)委託銀行 　　　　　(B)代收銀行
(C)提示銀行 　　　　　(D)託收銀行。

( ) **30** 利用D/A方式進口時，一般由下列何者在遠期匯票上承兌後，即可領取貨運單據憑以報關提貨？
(A)drawee 　　　　　(B)drawer
(C)principal 　　　　　(D)endorser。

(　) **31** 在一切情形下，進口商拒付時，代收銀行將被拒付之單據或匯票寄回國外銀行時，代收銀行有權向下列何者收取代收銀行與該筆託收有關之支出及費用？
(A)進口商　　　　　　　　(B)出口商
(C)託收銀行　　　　　　　(D)補償銀行。

(　) **32** 依URC522之定義，「當事人」不包括下列何者？
(A)PRINCIPAL　　　　　　(B)DRAWEE
(C)COLLECTING BANK　　(D)PRESENTING BANK 。

(　) **33** 依URC522規定，銀行辦理託收業務時，promissory notes係屬於下列何者？　(A)商業單據　(B)財務單據　(C)中性單據　(D)會計單據。

(　) **34** 依URC522規定，下列何者為委託人指定一代表於拒絕承兌或拒絕付款時擔任預備人，且託收指示應清楚而完整表明其權限？
(A)DRAWEE　　　　　　　(B)DRAWER
(C)PRINCIPAL　　　　　　(D)CASE-OF-NEED。

(　) **35** 託收指示書上如載明「未獲付款時，須作成拒絕證書（PROTEST）」者，依我國票據法規定，如承兌匯票經過第三者背書或保證者，應於作成拒絕證書後幾日內，通知背書人或保證人？　(A)二日　(B)四日　(C)五日　(D)七日。

(　) **36** 簽發外幣保證應注意事項，下列敘述何者錯誤？
(A)保證金額必須確定
(B)不得加註逾期自動失效之文字
(C)保證函或擔保信用狀之使用宜規定在開狀銀行
(D)保證函應明確載明所適用之國際規則或慣例。

(　) **37** 依ISP98規定，受益人提示符合擔保函條款之單據請求付款時，該擔保函簽發人應如何處理？
(A)就表面顯示符合擔保函條款之提示為兌付
(B)尚待法院判決以確立賠償責任
(C)開狀申請人已結束營業，拒絕付款
(D)申請人費用未付，簽發效力未定。

（　）**38** 依 UCP600 或 ISP98 之規定，外幣保證乃國內銀行應客戶之請求
而簽發予外國受益人憑符合條款之單據提示而為外幣兌付的承諾
書，該承諾書性質為何？
(A)不可撤銷且獨立於基礎契約
(B)可撤銷但不獨立於基礎契約
(C)可撤銷但獨立於基礎契約
(D)不可撤銷且不獨立於基礎契約。

（　）**39** 下列何種保證係於以 O/A 付款方式交易進口商到期未付款時，保
證銀行即應付款或履行承諾義務？
(A)預付款保證 　　　　　(B)保險保證
(C)記帳保證 　　　　　　(D)借款保證。

（　）**40** 下列敘述何者正確？
(A)契約保證函統一規則（URCG）強調保證函的獨立性
(B)國際擔保函慣例（ISP98）於1999年1月1日起正式實施
(C)「擔保信用狀」首次納入UCP係於1993年修訂UCP500時開始
(D)即付保證統一規則（URDG）內規範受益人請求付款時，必
須提示受益人聲明書、法院判決書及仲裁判斷書等。

（　）**41** 如銀行保證函上未載明準據法則或國際規則時，則可推定為適用
之法律為何？
(A)受益人國家的法律
(B)簽發銀行國家的法律
(C)聯合國獨立保證及擔保信用狀公約
(D)美國統一商法。

（　）**42** 於外幣保證的簽發架構中，間接保證四角關係之當事人為何？
(A)申請人、受益人、補償銀行、保證人
(B)申請人、受益人、保兌人、保證人
(C)申請人、受益人、相對保證人、保證人
(D)申請人、受益人、押匯銀行、保證人。

(　) **43** UCP600、URDG758與ISP98彼此間共同點甚多,下列何者為其
最大差異處?
(A)強調不可撤銷性
(B)因國定假日之期限展延
(C)因例假日不營業之期限展延
(D)因不可抗力因素致營業中斷之期限展延。

(　) **44** 信用狀拼字或打字錯誤而未影響單字之意義或其於句中時該句之意
義,不構成瑕疵。但下列何項貨物說明顯示,被認定資料牴觸?
(A)"mashine"而非"machine"
(B)"fountan pen"而非"fountain pen"
(C)"modle"而非"model"
(D)"model 123"而非"model 321"。

(　) **45** 依UCP600規定,銀行得否以信用狀未規定之單據,作為拒付之
依據?
(A)視單據內容而定　　　　　(B)不得
(C)視金額而定　　　　　　　(D)由提示人決定。

(　) **46** 依UCP600規定,若銀行經開狀銀行之授權或委託對信用狀保
兌,但卻無意照辦者,須儘速告知下列何者?
(A)開狀銀行　　　　　　　　(B)押匯銀行
(C)補償銀行　　　　　　　　(D)通知銀行。

(　) **47** 信用狀已分別轉讓予甲、乙二者,對於轉讓後之修改書,如甲拒
絕修改書,但乙接受修改書,則該受讓信用狀是否已修改?
(A)對於甲屬未修改,乙屬已修改
(B)對於甲屬已修改,乙屬未修改
(C)對甲、乙而言皆未修改
(D)對甲、乙而言皆為已修改。

(　) **48** 依UCP600規定,除於轉讓當時另有約定外,有關轉讓所發生之
一切費用應由下列何者負擔?
(A)第一受益人　　　　　　　(B)第二受益人
(C)轉讓銀行　　　　　　　　(D)開狀銀行。

(　) **49** 依UCP600及ISBP，有關商業發票之敘述，下列何者錯誤？
(A)商業發票必須表明裝運貨物之價額
(B)信用狀未規定時，商業發票前可冠以 PRO-FORMA 字樣
(C)除信用狀另有規定外，商業發票須以開狀申請人為抬頭人
(D)商業發票不得表明信用狀未要求之貨物（包括樣品、廣告材料等）。

(　) **50** 依據ISBP745（paragraph A19），若信用狀規定"stale documents acceptable"（陳舊單據可以接受），係指遲於裝運日後幾曆日始提示之單據，係可接受，但以提示不遲於信用狀敘明提示之有效期限為要件？
(A)5 曆日　　　　　　　　　　(B)7 曆日
(C)15 曆日　　　　　　　　　 (D)21 曆日。

(　) **51** 依UCP600規定及ISBP745之實務補充，運送單據及保險單據均須簽署，但即使信用狀未敘明，下列何種單據依其性質毋須簽署？
(A)匯票（draft）
(B)商業發票（commercial invoice）
(C)證明書（Certificate）
(D)聲明書（Declaration）。

(　) **52** 出口押匯單據因瑕疵而經開狀銀行通知拒付後，受益人可否以補正之單據替換之？
(A)不可以
(B)可以，但應在信用狀規定之單據提示期間及有效期限前
(C)可以，但須經押匯銀行同意
(D)可以，但須經開狀銀行／保兌銀行同意。

(　) **53** 若L/C規定SHIPMENT MUST BE EFFECTED ON OR ABOUT JUL.14, 20XX，則下列裝船日期何者不符規定？
(A)JUL.10, 20XX　　　　　　 (B)JUL.12, 20XX
(C)JUL.19, 20XX　　　　　　 (D)JUL.24, 20XX。

（　）**54** 假如信用狀規定為"500 CRATES（簍、籃或板條箱）OF DRIED COTTON AND PARTIAL SHIPMENT FORBIDDEN"，則可裝運之最高數量將解釋為何？
(A)PLUS OR MINUS 3% ON 500 CRATES
(B)PLUS OR MINUS 5% ON 500 CRATES
(C)POSITIVE OR NEGATIVE 10% ON 500 CRATES
(D)500 CRATES ONLY。

（　）**55** 信用狀規定"Available with us by acceptance, Drafts drawn at 60 days after sight"並表明"We will pay at maturity, acceptance commissions and discount charges for Beneficiary's account"，該筆出口押匯應計收幾天利息？（該筆出口押匯無瑕疵）
(A)7天　　　　　　　　　　(B)15天
(C)30天　　　　　　　　　 (D)60天。

（　）**56** 依據ISBP745，倘信用狀要求"Packing List"，則下列何者單據不可接受？
(A)"Packing List" with packing details
(B)"Packing List" without packing information
(C)"Packing Note" with packing details
(D)An untitled documents with packing details。

（　）**57** 假設某客戶於20XX年5月6日（星期一）持信用狀及全套單據來行辦理押匯，提單顯示之ON BOARD DATE為5月1日，匯票期限為at 90 days after the date of shipment，則開狀銀行應於何時付款？
(A)7月29日　　　　　　　　(B)7月30日
(C)8月4日　　　　　　　　 (D)8月5日。

（　）**58** 保結押匯的保結書係出口商與下列何者之約定？
(A)開狀銀行　　　　　　　　(B)押匯銀行
(C)保兌銀行　　　　　　　　(D)託收銀行。

(　) **59** 依UCP600規定，縱信用狀禁止轉運，銀行仍將接受表明將轉運
或得轉運且以運送全程係由同一運送單據涵蓋者之運送單據為下
列何者？
(A)航空運送單據　　　　　(B)海運提單
(C)不可轉讓海運貨單　　　(D)傭船提單。

(　) **60** 依UCP600規定，有關保險單據之敘述，下列何者錯誤？
(A)如保險單據簽發發行之正本超過一份時，僅提示一份正本為
已足
(B)如被保險人非保兌銀行、開狀銀行或買方時，被保險人須於
保單背面空白背書
(C)保險單據得包含任何不承保條款之附註
(D)保險單據須表明所承保之危險至少涵蓋信用狀所規定之接管
地或裝運地與卸貨地或最終目的地之範圍。

(　) **61** 依「銀行間辦理轉押匯業務合作要點」規定，下列敘述何者正確？
(A)指定行不得拒絕押匯行之提示
(B)指定行對押匯單據負審查責任
(C)應押匯行要求，指定行應協助向開狀行催詢付款事項
(D)指定行兼為保兌銀行時亦適用本要點。

(　) **62** 信用狀未規定單據簽發人，則依實務，下列何種單據中不得顯現
出口商之簽署？
(A)Inspection Certificate　　(B)Neutral Packing List
(C)Weight Certificate　　　(D)Signed Commercial Invoice　。

(　) **63** 依UCP600規定，倘信用狀未規定，下列何種情況將被視為瑕疵？
(A)提示以受益人以外之第三者為託運人之提單
(B)提示簡示或背面空白之提單
(C)保險單據未顯示承保何時生效，且日期遲於裝運日期
(D)提單載有敘明運送人保留轉運權利之條款。

（　）**64** UCP600 對下列何種運送單據無「轉運（Transport）」之規定？
(A)提單（bill of lading）
(B)傭船提單（charter party B/L）
(C)複合運送提單（Multimodal transport B/L）
(D)航空提單（Air Waybill）。

（　）**65** 辦理出口押匯時，可轉讓且係TO ORDER之提單，應由何者背書後，再轉交開狀行？
(A)押匯銀行
(B)託運人（SHIPPER）
(C)運送人
(D)受貨人。

（　）**66** 若信用狀金額為USD8,000,L/C僅規定INSURANCE CERTIFICATE IS REQUIRED受益人提示之COMMERCIAL INVOICE顯示總貨款USD10,000，扣除已以T/T付款USD2,000後，INVOICE VALUE為USD8,000，則下列保險單據何者可被接受？
(A)COVER NOTES ISSUED AND SIGNED BY BROKERS FOR USD11,000
(B)INSURANCE CERTIFICATE ISSUED AND SIGNED BY AGENT OF UNDERWRITERS FOR USD11,000
(C)INSURANCE CERTIFICATE ISSUED AND SIGNED BY AGENT OF UNDERWRITERS FOR USD8,800
(D)INSURANCE POLICY ISSUED AND SIGNED BY AGENT OF INSURANCE CO. FOR USD8,800。

（　）**67** 依UCP600及ISBP745，在信用狀作業，除信用狀另有規定外，有關匯票之敘述，下列何者錯誤？
(A)除受讓信用狀（transferred credit）外，匯票之發票人應為信用狀受益人
(B)信用狀之簽發不可要求以開狀申請人為匯票之付款人
(C)匯票上資料之任何更正皆不得接受，縱經受益人以加註簽字或簡簽之方式確認
(D)匯票之期限須依據信用狀規定。

（　）**68** 有關FORFAITING作業流程中，出口商須提供下列何種單據給轉
介行向買斷銀行洽詢是否買斷？
(A)BILL OF LADING　　　　　(B)INSURANCE POLICY
(C)CERTIFICATE OF ORIGIN　(D)LETTER OF CREDIT。

（　）**69** 下列何種情形，不適合辦理 Forfaiting 業務？
(A)遠期信用狀之開狀銀行係位於債信不佳之國家
(B)D/P或O/A交易
(C)出口押匯額度長期被遠期信用狀占用者
(D)未經保兌之信用狀。

（　）**70** 有關國際進、出口應收帳款承購商雙方之權利與義務，應依循下列
何種規則？　(A)UCP600　(B)URC522　(C)GRIF　(D)ISP98。

（　）**71** 若銀行只擔任賣方之承購商，而委由合作承購商對買方辦理徵信
及核給額度，稱之為何？
(A)Single-Factor Factoring　　(B)Two-Factor Factoring
(C)Single-Factor Forfating　　(D)Two-Factor Forfaiting。

（　）**72** 下列何者非屬Factor之功能？　(A)開狀　(B)融資　(C)債權管理
(D)催收。

（　）**73** 指定銀行經主管機關核准者，得與大陸地區人民、法人、團體、
其他機構及其在大陸地區以外國家或地區設立之分支機構為外匯
業務往來，其範圍包含下列何者？　A.出口外匯業務；B.進口外
匯業務；C.外幣貸款業務
(A)僅AB　　　　　　　　　　(B)僅AC
(C)僅BC　　　　　　　　　　(D)ABC。

（　）**74** 依「銀行業辦理外匯業務作業規範」規定，指定銀行辦理外幣保
證業務時，送報資料為何？
(A)僅月底餘額
(B)月底餘額及其保證性質
(C)月底餘額及承作量
(D)月底餘額及承作量，依短期及中長期類別。

（　）**75** 有關指定銀行辦理外幣貸款業務之規定，下列敘述何者正確？
(A)應憑國內顧客提供其與國外交易之文件辦理，且不得兌換為新臺幣，但出口後之外幣貸款，不在此限
(B)應憑國內、外顧客提供之交易文件辦理，且不得兌換為新臺幣
(C)應憑國內顧客提供其與國外交易之文件辦理，且不論出口前或出口後之外幣貸款，均得兌換為新臺幣
(D)應憑國內顧客提供其與國外交易之文件辦理，且出口前之外幣貸款得兌換為新臺幣，但出口後之外幣貸款，不得兌換為新臺幣。

（　）**76** 「銀行業辦理外匯業務作業規範」係由下列何單位公布施行？
(A)中央銀行　　　　　　　(B)金管會
(C)財政部　　　　　　　　(D)經建會。

（　）**77** 指定銀行辦理進口相關結匯案件時，應於何時將交易日報傳送至中央銀行外匯局？
(A)承作之當日　　　　　　(B)承作之次營業日
(C)承作之當月底　　　　　(D)無相關規定。

（　）**78** 指定銀行辦理出口信用狀通知及保兌業務，應憑辦文件為何？
(A)國外同業委託之文件　　(B)國外出口商委託之文件
(C)國外進口商委託之文件　(D)國內出口商委託之文件。

（　）**79** A公司自美國進口貨物，美國出口商指示將貨款300,000美元支付其在台代理商B公司，下列敘述何者正確？
(A)銀行可應A公司之申請開外幣信用狀給B公司，但不可對A公司辦理進口融資
(B)銀行不可開外幣信用狀給B公司，但可對A公司辦理外幣融資
(C)銀行不可對前述交易辦理開狀或融資
(D)銀行可應A公司之申請開外幣信用狀給B公司，亦可對A公司辦理進口融資。

（　）**80** DBU辦理外幣授信，得否以授信戶持有他人存於境內聯行或他行之新臺幣或外幣定存單等作為擔保品？
(A)不得　　　　　　　　　(B)聯行新臺幣定存單可
(C)聯行新臺幣或外幣定存單可　(D)聯行或他行外幣定存單可。

解答與解析

1 **(B)**。中央銀行法第34條：央行得調節外匯供需，以維持有秩序之外匯市場。中央銀行法第35條第1項第6款：央行得為外國貨幣、票據及有價證券之買賣。上述規定，對於央行持有外匯存底之運用，並未禁止用於國內市場。

2 **(C)**。DPU表示在卸貨地點交貨，賣方承擔貨物卸貨前的損壞風險。只有當貨物在選定的地點卸貨時，風險才會轉移給客戶。DPU要求賣方從到達的運輸工具上卸下貨物的唯一規則。

3 **(A)**。外匯信用風險也稱結算風險，是指交易對方不履行或不按期履行外匯交易合約所產生的外匯風險，從而給銀行造成損失的可能性。

4 **(B)**。如被要求要辦理保兌的銀行不願意接受保兌責任時，必須立刻通知開狀銀行。

5 **(D)**。在UCP600的定義中，「可在其處使用信用狀之銀行」稱為指定銀行。

6 **(B)**。Applicant係指用狀開狀申請人。
受益人（Beneficiary）：有權使用信用狀利益之人，通常為出口商。
通知銀行（Advising Bank）：應開狀銀行委託，將信用狀通知受益人的銀行。

押匯銀行（Negotiating Bank）：應受益人之請求，讓購或貼現信用狀項上匯票及單據之銀行。如係向補償銀行請求付款之押匯銀行，稱之求償銀行（Claiming Bank）。

7 **(A)**。出口廠商或受益信用狀上規定，應開具即期匯票請款。受益人提示該即期匯票或交付貨運單據時，開狀銀行應立即全額付款贖單，進口商亦應立即向開狀銀行繳款贖回貨運單據。

8 **(D)**。客戶信用及其交易習慣非屬構成符合提示之依據。

9 **(A)**。1. Institute War Clauses（Cargo）協會貨物保險兵險條款，適用常發生戰爭地區。

10 **(B)**。依據UCP600第26條a項：「運送單據不可表明貨物裝載或將裝載於甲板上。但運送單據上敘明或貨物可能裝載於甲板上之條款，可以接受」。

11 **(B)**。電子記錄得為個別提示。

12 **(A)**。開狀手續費開狀手續費依開狀金額，第一期0.25%，第二期起每期加收0.125%（每三個月為一期，不足三個月者仍按一期計收）每筆最低NT$400。

13 **(D)**。擔保提貨：係指在海運場合，貨物已運抵進口港，但憑以領貨之單據尚未寄達，而先以銀行簽

發之擔保提貨書代替正本提單換發
小憑單領貨，等正本提單寄達，再
寄船公司解除擔保責任之業務。

14 (B)。拒付時間：開狀銀行收到押
匯銀行單據，次日起5個營業日內
作成拒付通知。

15 (A)。MT740（補償授權書電文格式）

16 (A)。電子信用狀要求提示兩份正
本之電子記錄時，僅需須提示一份
電子記錄即符合規定。

17 (B)。信用狀有效期限、提示期
限、最遲裝運日遇到天災、人禍不
能順延。

18 (D)。MT700/MT701：用於開立跟
單信用狀。

19 (A)。BACK TO BACK L/C的最
後提示期限應早於MASTER L/C；
BACK TO BACK L/C單據之提示
地移在轉開背對背信用狀銀行之
所在地；BACK TO BACK L/C與
MASTER L/C是分開獨立的，故不
得以單據不符MASTER L/C之規定
為由主張拒付。

20 (C)。信用狀上可規定，出口商在
出貨後須將一份正本運送單據及一
套信用狀規定之單據，先行寄送給
進口商。進口商向開狀銀行申請副
提單背書後，憑以向船公司辦理提
貨手續。此種由開狀銀行在進口商
先行收到的那一份正本運送單據上
背書，以便進口商辦理提貨之程序
稱為「副提單背書」。「副提單背

書」中之「副」字意義，並非指影
本、副本，而是指進口商先行收到
的那份正本運送單據。

21 (C)。MAY ADD表經授權後得保
兌；WITHOUT表示不需加保兌；
CONFIRM表委託保兌，而49欄不
會出現AUTHOR。

22 (D)。二者之拒付程序皆相同。

23 (A)。承兌交單（Documents against
Acceptance，D/A）：國外進口商於承
兌遠期商業單據/匯票後，銀行即可
將單據交付進口商，進口商須於到期
日始付款之方式。

24 (D)。URC522是《託收統一規則》，
是與跟單信用狀（Documentary
Credits）有關的法規，不適用於
擔保信用狀或商業信用狀交易。
URC522所規範者包括：跟單託收
（Documentary collection）、光票
託收（Clean collection）、直接託
收（Direct collection）、票據託收
（Cheque collection）。

25 (D)。代收銀行僅付「收款」義
務，若託收指示中有加註「Please
have the draft avalized by your good
bank」之條款，表示若進口商到期
不付款，則代收銀行保證付款，因
此對代收銀行造成風險，應請託收
銀行取消該指示後，才辦理該項託
收為宜。（avalized為拉丁語，保
證之意。）

26 (C)。如果託收指示中明確指明手續費和（或）費用不得放棄而付款人又拒付該項費用時，提示行將不交付單據，並對由此所引起的延誤所產生的後果不承擔責任。當該項費用已被拒付時，提示行必須以電信，當不可能時可用其他便捷的方式，通知向其發出託收指示的銀行，不得延誤。

27 (D)。國內銀行於收到國外託收銀行寄來之進口託收單據時，如進口商要求轉予他行辦理時，則收取二分之一手續費後轉寄他行，並通知國外託收銀行。

28 (C)。所有託收單據必須伴隨託收指示，註明受《522號託收規則》的約束。銀行應根據託收指示和《522號託收規則》辦理；銀行不審核單據；銀行除非另有授權，不理會託收以外的任何當事人或銀行的指示。

29 (B)。代收行（COLLECTING BANK）是在進口地的代理人。

30 (A)。以D/A方式進口時，進口商（DRAWEE）僅需在遠期匯票上承兌後，即可向提示銀行領取貨運單據憑以報關提貨。

31 (C)。倘遇進口商拒付款項或拒絕承兌之情況，代收銀行應依付款地所在之地放法院公證處，請求作成拒絕證書。

32 (B)。託收統一規則條文文字中出現「當事人」一詞時，可能是：委託人（PRINCIPAL）、託收銀行（REMITTING BANK）、代收銀行（COLLECTING BANK）、提示銀行（PRESENTING BANK）。

33 (B)。promissory notes是本票，為用以收取金錢之文書，屬於財務單據。

34 (D)。預備人（Case-of-Need, C/need）：指委託人在進口地預先安排的代表。於託收發生拒絕承兌或拒付時，被授權代理委託人出面處理事務者。

35 (B)。票據法第89條：執票人應於拒絕證書作成後四日內，對於背書人、發票人及其他匯票上債務人，將拒絕事由通知之。

36 (B)。（外幣擔保付款之保證業務）
八、指定銀行辦理外幣擔保付款之保證業務，應依下列規定辦理：
(一) 承作對象：以國內顧客為限。
(二) 憑辦文件：應憑國內顧客提供有外幣保證實際需求之證明文件辦理。
(三) 擔保信用狀開發：指定銀行為國內顧客簽發擔保信用狀，以直接或間接方式，擔保國內廠商之海外子公司（含大陸地區）向境外金融機，款應就被擔保之海外公司財務狀況、業務經營情形及其還款財源詳加評估。

解答與解析

37 (A)。受益人提示符合擔保函條款之單據請求付款時，該擔保函簽發人應就表面顯示符合擔保函條款之提示為兌付。

38 (A)。外幣保證業務，對銀行而言多無對價或對等交易、期間及空間既廣且長，授信品質難掌控、業務風險高，故應嚴格限縮承作方式，如保證函/擔保信用狀的開發不應採通案處理，而依個別案件狀況審慎承作之；又或宜規定於開證銀行的櫃台使用available payment at our counter。

外幣保證不可撤銷，且獨立於基礎契約，除除保證函或擔保信用狀另有約定外，皆為一經請求即須付款。

39 (C)。記帳付款（Open Account，O/A）：賣方出貨後將單據寄予買方提貨，待雙方約定時間到期時，買方再將貨款匯付給賣方，對出口商而言風險較高。

借款保證：企業以向擔任保證銀行以外的其他金融機構貸款為目的，向保證銀行申請保證者。

40 (B)。

(1) URDG458強調獨立性。

(2)「擔保信用狀」首次納入UCP係於1993年修訂UCP600時開始。「信用狀統一慣例（UCP）」係國際商會（ICC）制定之信用狀交易實務慣例，自1933年首次頒布以來，目前已成為全世界公認遵行之信用狀標準處理方針。

(3) 見索即付保函統一規則（URDG）適用於任何明確表明適用本規則的見索即付保函或反擔保函。

41 (B)。若銀行保證或擔保信用狀尚未明適用之準據法，則推定適用簽發銀行國家的法律。

42 (C)。間接保證四角關係之當事人為申請人、受益人、相對保證人、保證人。

43 (D)。如欲不可抗力因素致營業中斷，UCP600仍不得展延期限，但URDG758與ISP98則可以展延。

44 (D)。信用狀拼字或打字錯誤而未影響單字之意義或其於句中時該句之意義，不構成瑕疵。但「model 123」而非「model 321」貨物説明顯示不同模組的貨物，會被認定資料牴觸。

45 (B)。基於信用狀之無因性及確保信用狀在國際貿易上擔當付款之功能，開狀銀行不得以單據以外之理由拒絕付款。但在開狀銀行於付款前明知單據本身有偽造、變造情事，則開狀銀行仍得以單據不符之理由拒絕付款。

46 (A)。如銀行經開狀銀行之授權或委託，對其信用狀附加保兌而無意照辦者，須將此意旨儘速通知開狀銀行。在此情形，除開狀銀行於其保兌授權或委託另有規定外，通知銀行將逕就該信用狀通知受益人而不加保兌。

47 (A)。根據UCP600第10條第e項：對修改書的部分接受不被允許，且將被視為拒絕修改書。轉讓一個以上的受益人時，其中任何第二受益人若拒絕修改書，並無礙其他第二受益人之接受修改書。

48 (A)。除非轉讓時另有約定，所有因辦理轉讓而產生的費用，諸如佣金、手續費、成本或開支必須由第一受益人支付。

49 (B)。表明為"provisional"（臨時）、"pro-forma"（預估）或其他類似用語之發票會被認定為瑕疵。PROFORMA INVOICE為形式的發票，是出口商尚未出口時，將擬好的價格及數量給進口商，好讓進口商向本國當局申請進口允許證，若有相關詞彙為"provisional"（臨時）、"proforma"（預估）等較不正式的發票，除了信用狀有特別授權外，銀行不能接受。

50 (D)。若信用狀規定"stale documents acceptable"（陳舊單據可以接受），係指遲於裝運日後21曆日始提示之單據，可以接受，但以提示不遲於信用狀敘明提示之有效期限為限。

51 (B)。即使信用狀未敘明，商業發票亦無需簽署。

52 (B)。單據因瑕疵遭開狀銀行拒絕後，若受益人能補正或替換該瑕疵單據，並將該補正或替換後的單據於提示期限內（即信用狀有效期限內及信用狀規定的提示期間內），向開狀銀行或指定銀行再提示或重行提示（Representation），且該行提示的單據已符合信用狀條款，則開狀銀行仍有義務為兌付或對讓購銀行為補償。

53 (D)。如信用狀規定"ON OR ABOUT"，即是指包含起訖日期計算在內，指定日期的前後五個曆日之間裝運。例如信用狀規定裝運日期為7月14日，則裝運須於7月9日至7月19日期間完成裝運。

54 (D)。因題目中敘述之數量單位為包裝單位，故不得增減，必須是500 CRATES ONLY。

55 (D)。根據信用狀敘述，該筆出口押匯應計收60天利息。

56 (B)。"Packing List" without packing information將構成瑕疵，銀行不得接受。

57 (B)。提單顯示之ON BOARD DATE為5月1日，匯票期限為at 90 days after the date of shipment（1個半月），開狀銀行應於何時付款
5/1裝船，5/6持信用狀辦理出口押匯，匯票到期日規定最遲裝運日為90天（最後裝船日），故最後裝船日為5/1的90天後，為7/15。
一般信用狀規定交單期為裝運後15天之內，且必須在信用狀有效期之內交單，故必須在7/15的15天內付款。

58 (B)。所謂「保結書」指的是：受益人（出口商）向押匯銀行請求在單據有瑕疵的情形下仍予墊款，萬一開狀銀行仍因此等瑕疵而主張拒付，受益人保證「一經請求、二話不說」立即歸還所墊款項，並償付相關費用及利息損失。

59 (A)。即使信用狀禁止轉運，銀行仍將接受表明將轉運或得轉運且以運送全程係由同一運送單據涵蓋者之航空運送單據。

60 (A)。當保險單據標明著它已簽發超過一份正本，所有正本均須被提示。

61 (C)。
(1) 倘指定行不願受理押匯行之提示並予退件，則應立即通知押匯行拒絕受理之原因，並立即以SWIFT通知開狀行不接受其指定，有關之單據將由押匯行直接向開狀行提示。
(2) 押匯行對押匯單據負審查責任，惟指定行亦得對單據之審查結果提供書面意見。
(3) 指定行兼為保兌銀行時，應依據「信用狀統一慣例規定」處理保兌信用狀項下單據，不適用本合作要點。

62 (B)。中性包裝（Neutral Packing）是指買賣雙方，商定不註明生產國別，地名，製造廠，商標名的一種出口包裝。

63 (C)。保單日期遲於裝運日期，將被視為有瑕疵而不予接受。

64 (B)。UCP600中未對傭船提單載轉運之規定。

65 (B)。託運人指示提單：在收貨人欄內只填記"指示-TO ORDER"字樣，由託運人背書後轉讓，又稱空白抬頭提單。這種提單在託運人未指定收貨人或受讓人之前，貨物所有權仍屬於賣方，在跟單信用證支付方式下，託運人就是以議付銀行或收貨人為受讓人，通過轉讓提單而取得議付貨款的。

66 (B)。受益人提示符合擔保函條款之單據請求付款時，該擔保函簽發人應就表面顯示符合擔保函條款之提示為兌付。

67 (C)。銀行承兌匯票被背書人寫錯了不能隨便更改，劃線更正該銀行承兌匯票持票人請其前手背書人用紅顏色筆劃線更正被背書人名稱，並在更正後的被背書人名稱上重新簽章（財務章加名章）。除劃線更正外，還要請被你寫錯名稱的被背書人的前手背書人更正或出證明，以便維護自己的正當票據權利。

68 (D)。出口信用狀買斷（forfaiting）：係指出口商將遠期信用狀項下單據讓渡予買斷行，以取得資金，日後若因開狀行之信用風險及國家風險，致屆期而不獲兌付時，買斷行無權向出口商追索。

69 (B)。 出口信用狀買斷（forfaiting）：
係指出口商將遠期信用狀項下單據
讓渡予買斷行，以取得資金，日後
若因開狀行之信用風險及國家風
險，致屆期而不獲兌付時，買斷行
無權向出口商追索。Forfaiting須待
開狀銀行承兌後方撥付款項，若客
戶持有即期信用狀較不適合承作，
因時效上並無優勢。
D/P（Documents against pay）付款
交單：出貨後將單據送到銀行，買家付
款後銀行將單據交給買家清關提貨，
簡單來説就是一手交錢一手交貨。
D/A（Documents against acceptance）
承兌交單：出口商於貨物裝運後，
備妥有關單據，並簽發以進口商為
付款人之遠期匯票，一併委請本地
「託收銀行」寄往進口地之「代收
銀行」，代向進口商提示，經進口
商在匯票上承兌（署名表示承諾到
期時將付清票款）後，即將有關單
據交予進口商憑以辦理提貨事宜。

70 (C)。 GRIF（General Rules for
International Factoring；國際應收
帳款承購統一規則）：
本規則訂定了應收帳款債權的讓
與、收款、風險等重要作業規定。

71 (B)。 雙應收帳款承購商的應收帳
款承購業務（Two Factor Factoring）
中，合作承購商的主要功能是承擔
買方的信用風險，是故，有關債務人
（即進口商）的未來帳款的收取或
催收，均由合作承購商自行承擔。

72 (A)。 應收帳款承購（Factoring）
係銷售商（Seller）將其因銷
貨、提供勞務等而取得的應收
帳款（Account Receivables）債
權，全部轉讓予應收帳款管理商
（Factor），即銀行。由銀行承擔
買方（Buyer）倒帳之信用風險，
並提供帳款管理、催收及資金融通
等多元的服務。

73 (D)。 根據臺灣地區與大陸地區金
融業務往來及投資許可管理辦法第
13條，臺灣地區經中央銀行指定
辦理外匯業務之銀行（以下簡稱指
定銀行）及中華郵政股份有限公司
經主管機關許可，得與大陸地區
人民、法人、團體、其他機構及
其在大陸地區以外國家或地區設立
之分支機構為外匯業務往來；其範
圍比照指定銀行得辦理外匯業務之
範圍，並應依中央銀行相關規定辦
理。但匯出及匯入款業務不包括未
經許可之直接投資、有價證券投資
匯款及其他未經法令許可事項為目
的之匯出及匯入款。

74 (B)。 （外幣擔保付款之保證業務）
八、指定銀行辦理外幣擔保付款之
保證業務，應依下列規定辦理：
(一) 承作對象：以國內顧客為限。
(二) 憑辦文件：應憑國內顧客提供
有外幣保證實際需求之證明文
件辦理。
(三) 擔保信用狀開發：指定銀行為
國內顧客簽發擔保信用狀，以

直接或間接方式，擔保國內廠商之海外子公司（含大陸地區）向境外金融機構借款，應就被擔保之海外公司財務狀況、業務經營情形及其還款財源詳加評估。

(四) 保證債務履行：應由顧客依申報辦法規定辦理。

(五) 列報文件：應將月底餘額及其保證性質，列表報送央行外匯局。

75 (A)。指定銀行辦理外幣貸款業務，應依下列規定辦理：

(一) 承作對象：以國內顧客為限。

(二) 憑辦文件：應憑顧客之國外交易文件、本行之核准文件或其他本行規定之文件辦理。

(三) 兌換限制：外幣貸款不得兌換為新臺幣。但出口後之出口外幣貸款，不在此限。

(四) 報送資料：外幣貸款之撥款及償還，應參考「指定銀行承作短期及中長期外幣貸款資料填報說明」填報交易日報及相關明細資料；並將月底餘額及承作量，依短期及中長期貸款類別，報送本行外匯局。

76 (A)。「銀行業辦理外匯業務作業規範」由中央銀行公布，係於92年8月6日訂定，歷經9次修正。為利銀行提供客戶多元服務，並配合開放票券金融公司及證券業得向指定銀行申辦外幣貸款，爰修正本作業規範，並自111年1月19日生效。

77 (B)。根據「銀行業辦理外匯業務」，指定銀行辦理進口外匯業務，應依下列規定第四條辦理：

四、報送資料：應於承作之次營業日，將交易日報及相關明細資料傳送至本行外匯資料處理系統。

78 (A)。銀行業辦理外匯業務作業規範（出口外匯業務）

(一) 出口結匯、託收及應收帳款收買業務。

(二) 出口信用狀通知及保兌業務：憑辦文件：應憑國外同業委託之文件辦理。

79 (D)。進口商以外幣支付國內代理商時，得向指定銀行辦理外幣融資，支付給國內代理商B公司。

80 (A)。（金管銀外字第10250000340號）DBU辦理外幣授信，不得以授信戶持有他人存放於境內聯行或他行之新臺幣或外幣定存單等作為擔保品。

一　國外匯兌業務

( )　**1** 下列何者尚不得承作無本金交割新臺幣遠期外匯業務？　(A)國內指定銀行間　(B)外商銀行在台分行對其國外聯行　(C)本國銀行總行對其海外分行　(D)本國指定銀行對國內法人。

( )　**2** 依中央銀行規定，下列金融機構中，目前可以辦理國際匯出入匯款的有哪些？　A.外匯指定銀行；B.中華郵政公司；C.農漁會信用部；D.信用合作社　(A)僅A、C、D　(B)僅A、B　(C)A、B、C、D　(D)僅A、B、D。

( )　**3** 以新臺幣結購外匯辦理匯出，銀行需掣發下列何者？　(A)買匯水單　(B)賣匯水單　(C)其他交易憑證　(D)結匯證實書。

( )　**4** 紐約銀行公會的交換系統CHIPS 其ABA NO.為四碼，SWIFT如何表示？　(A)//FC XXXX　(B)//CH XXXX　(C)//CC XXXX　(D)//CP XXXX。

( )　**5** COVER PAYMENT 是指匯款行直接拍發MT103給受款人之設帳銀行，另拍發MT202(或MT202COV)給下列何者？　(A)匯款行之存匯行　(B)中介銀行　(C)受款人設帳行之存匯行　(D)中介銀行之存匯行。

( )　**6** 下列何者為MT202電文格式中之欄位而MT103沒有？　(A)50欄（匯款人）　(B)58欄（受款銀行）　(C)59欄（受款人）　(D)71欄（費用明細）。

( )　**7** 在SWIFT電文中，下列何者為英國之資金調撥制度表示法？　(A)//CC123456789　(B)//CH123456　(C)//BL12345678　(D)//SC123456。

(　) 　**8** 依「銀行業辦理外匯業務管理辦法」規定，有關承作自然人匯款人民幣至大陸地區業務，下列敘述何者錯誤？　(A)對象限領有中華民國國民身分證之個人　(B)應透過人民幣清算行或代理行為之　(C)匯款性質應屬經常項目　(D)每人每日匯款之金額不得逾新臺幣八萬元。

(　) 　**9** 有關SWIFT MT103之電文內容，下列敘述何者錯誤？
(A)50欄位為匯款人名稱
(B)53欄位為匯款行之存匯行
(C)54欄位為解款行之存匯行
(D)57欄位為受款人的帳號及戶名。

(　) **10** 美國聯邦政府準備銀行的交換系統為FEDWIRE其ABA NO.為多少碼？　(A)6碼　(B)7碼　(C)8碼　(D)9碼。

(　) **11** 在繕製匯入匯款通知書時，下列敘述何者錯誤？
(A)繕打時幣別與金額大小寫應一致
(B)受款人之名稱、住址應繕打清楚完整
(C)若電文內容不明或不全，應向匯款人查明
(D)如有匯款用途應轉列於通知書上。

(　) **12** 解款行收到匯款行簽發之書面 DRAWING ADVICE 後，客戶提示匯票時解款行應查核之事項，下列何者錯誤？　(A)內容是否與 DRAWING ADVICE 一致　(B)匯票是否止付　(C)受款人是否背書　(D)核對押碼是否相符。

(　) **13** 有關匯入匯款處理流程，下列順序何者正確？　A.辨別付款委託真偽　B.掣發通知書　C.受款人蓋章洽領　D.銀行依指示付款
(A)A、B、C、D　　　　　　　(B)A、B、D、C
(C)A、C、B、D　　　　　　　(D)B、A、C、D。

(　) **14** 匯款行要求退匯時，若匯入款尚未解付且尚未通知受款人，解款行應注意事項，下列敘述何者正確？　(A)受款人必須同意退匯　(B)確定該款項已入帳，始可辦理　(C)得不予理會　(D)請匯款人與受款人自行聯繫解決。

( ) **15** 解款行於20XX年6月9日收到一筆MT103承作匯入匯款，其中指定付款日（VALUE DATE）為32A：XX0602USD10,000，下列何者正確？ (A)本筆匯款僅限20XX年6月2日才能解款 (B)先查明20XX年6月2日以後是否已承作過匯入匯款，避免重覆 (C)受款人可向解款行要求20XX年6月2日至20XX年6月9日的利息 (D)請匯款行修改指定付款日。

( ) **16** 依「銀行同業間加速解付國外匯入匯款作業要點」規定，匯入匯款通知書之受益人簽章聯須經下列何者背書？
(A)匯款銀行　　　　　　　　(B)解款銀行
(C)設帳銀行　　　　　　　　(D)匯款人。

( ) **17** 匯入匯款受款人之名稱與帳號不符或錯誤時，應請受款人通知下列何者辦理更正手續？ (A)匯款行 (B)匯款人 (C)存匯行 (D)解款行。

( ) **18** 匯款行簽發以解款行為付款行之匯票，匯款行應郵寄簽發匯票之通知書（Drawing Advice）或發送下列何種電文至解款行，受款人憑票向解款行領款？
(A)MT191　　　　　　　　　(B)MT199
(C)MT110　　　　　　　　　(D)MT299。

( ) **19** 依大陸地區發行之貨幣進出入臺灣地區許可辦法規定，下列敘述何者錯誤？ (A)旅客攜帶人民幣進出臺灣地區之限額為人民幣二萬元 (B)旅客攜帶人民幣進出臺灣地區超過限額者，應自動向海關申報 (C)旅客攜帶人民幣進出臺灣地區之限額係與其他外幣併計 (D)違反規定經相關機關查獲者，其人民幣移請海關沒入之。

( ) **20** 張三持乙張付款行為BANK OF BOSTON的票據，其面額為美金2,100元，並載有「not Exceed $1,500」字樣，向銀行申請買入，則銀行應如何辦理？ (A)以美金2,100元之金額承做光票買入 (B)以美金1,500元之金額承做光票買入 (C)以美金1,500元之金額承做光票買入，以美金600元之金額承做光票託收 (D)拒絕承做。

( ) **21** 國外票據有效期限若無特別記載，大部分為多久？ (A)3個月 (B)6個月 (C)1年 (D)3年。

( ) **22** 退票理由為post dated，其意思為下列何者？ (A)已過期 (B)未接郵局通知 (C)票非即期 (D)此戶已結清。

( ) **23** 有關光票之定義，下列敘述何者錯誤？ (A)無跟單的票據 (B)是指美金的票據 (C)沒有任何條件及文件的票據 (D)付款地在國外的票據。

( ) **24** 有關國外票據審核要點，下列敘述何者正確？ (A)抬頭人未署名空白時，由持票人背書 (B)未註明幣別時，原則上視為美金，以台幣支付 (C)若有Payment Countermanded by the d rawer 表示，此票已停止支付 (D)全世界都一樣，金額大小寫不符合時，應以大寫金額受理。

( ) **25** 依據美國統一商法 UCC規定，提示行受理經背書轉讓之票據，須在票據背面加蓋擔保背書章，其對託收銀行意義為何？ (A)確認發票人的身分及簽章 (B)保證存入抬頭人帳戶 (C)對於背書有認定的責任 (D)告知代收行。

( ) **26** 指定銀行得以原幣提存之外匯存款準備金之幣別，不包括下列何者？ (A)歐元 (B)人民幣 (C)澳幣 (D)日圓。

( ) **27** 外匯指定銀行接受客戶以外匯定存單為擔保品辦理新臺幣授信，若屆期未獲清償需處分擔保品時，其相關結匯額度之計算，應依下列何種規定辦理？ (A)應依「外匯收支或交易申報辦法」辦理 (B)應依「國際金融業務條例」辦理 (C)應依「銀行法」之規定辦理 (D)應依「洗錢防制法」之規定辦理。

( ) **28** 依中央銀行規定，辦理外匯存款時，有關種類及期限之敘述，下列何者正確？ (A)得以外匯綜合存款方式為之 (B)不得以可轉讓定期存單方式為之 (C)不得以對帳單代替存摺 (D)不可與客戶約定，辦理指定到期日外匯定期存款。

(　) **29** 有關遠期外匯買賣交易，下列敘述何者錯誤？　(A)以即期匯價為基礎，再根據換匯點調整後的匯價為銀行掛牌價　(B)可以預售方式來規避出口商應收帳款業務之匯率風險　(C)可以預購方式來規避進口商應付帳款業務之匯率風險　(D)承作期限原則上最長以六個月為限，必要時得展期至一年。

(　) **30** 下列何種處理程序非屬指定銀行辦理遠期外匯業務之作業程序？　(A)訂約　(B)交割　(C)展期　(D)轉讓。

(　) **31** 經主管機關核准投資國內證券之外國專業投資機構，其匯入本金時，可否辦理下列交易？　(A)換匯交易及遠期外匯交易均不可辦理　(B)換匯交易及遠期外匯交易均可辦理　(C)換匯交易可辦理，但遠期外匯交易不可辦理　(D)換匯交易不可辦理，但遠期外匯交易可以辦理。

(　) **32** 下列何者非屬匯入匯款－移轉收入項下？　(A)贍家匯款收入　(B)工作者匯款收入　(C)旅行剩餘退匯　(D)捐贈匯款收入。

(　) **33** 依「外幣收兌處設置及管理辦法」規定，下列敘述何者正確？　(A)外幣收兌處辦理外幣收兌業務，每筆收兌金額以等值二萬美元為限　(B)便利商店具收兌外幣需要，得向中央銀行申請設置外幣收兌處　(C)外幣收兌處應於每月十日前，向臺灣銀行列報上個月之收兌金額　(D)外幣收兌處相關之兌換水單及申報疑似洗錢紀錄等憑證須至少保存五年。

(　) **34** 下列何種情形之結售應將匯款地國別填寫為「本國」？　(A)國外匯入款直接結售　(B)國際金融業務分行匯入直接結售　(C)外匯存款提出結售　(D)旅行剩餘退匯。

(　) **35** 客戶自國外匯入出口貨款存入外匯存款，嗣後自外匯存款提出結售新臺幣時，買匯水單及申報書上的匯款地國別應填寫為何？　(A)本國　(B)貨物目的地國別　(C)原國外匯行國別　(D)不必填寫。

(　) **36** 下列何種性質於超過新臺幣五十萬元時，申報義務人得於填妥申報書後不須列記當年累積結匯金額？　(A)經主管機關核准之僑外直接投資　(B)個人勞務支出　(C)投資國外不動產　(D)贍家匯款。

(　　) **37** 指定銀行處理居民每筆結匯金額新臺幣十萬元之案件，下列敘述何者錯誤？　(A)結匯人免填申報書　(B)該筆結匯案件免計入當年累積結匯金額　(C)銀行免查驗結匯人身分證明文件　(D)應注意及預防結匯人將大額匯款化整為零。

(　　) **38** 指定銀行受理公司、行號一百萬美元以上或等值外幣（不含跟單方式進出口貨品結匯）之結購、結售外匯，應於何時傳送相關資料至中央銀行外匯資料處理系統？　(A)無須傳送　(B)訂約日　(C)交割日　(D)訂約之次營業日中午前。

(　　) **39** 有關銀行業受理對大陸地區匯出匯款及匯入匯款申報案件，下列何者非屬大陸地區人民來臺投資匯入之匯款項目？　(A)股本投資　(B)貸款投資　(C)股利盈餘　(D)專撥在臺營運資金。

(　　) **40** 指定銀行受理境外外國金融機構辦理結匯時，下列何者錯誤？　(A)結購外匯時，應授權國內金融機構為申報義務人　(B)不得以匯入款辦理結售　(C)每筆結購金額不超過十萬美元者，得授權境內金融機構申報後逕行辦理結匯　(D)每筆結匯金額不得超過等值新臺幣五十萬元。

(　　) **41** 依客戶申報之匯款性質填寫匯款分類及編號時，下列敘述何者錯誤？　(A)匯款分類區分為：(1)字頭勞務；(2)字頭本國資金；(3)字頭外國資金；(4)字頭所得；(5)字頭出進口貨款；(6)字頭其他；(7)字頭移轉　(B)經辦匯入匯款時，本國人應依其外匯資金之來源申報匯款性質，外國人應依其匯入資金之用途申報匯款性質　(C)經辦匯出匯款時，本國人應依其匯出資金之用途申報匯款性質，外國人應依其匯出資金之來源申報匯款性質　(D)692-696屬國內交易，國別一律為本國。

(　　) **42** 依「外匯收支或交易申報辦法」規定，受理網路申報，申報義務人以電子訊息所為之外匯收支或交易申報紀錄及提供之書面、傳真或影像掃描文件，其保存期限至少應為幾年？　(A)三年　(B)四年　(C)五年　(D)十年。

（　）**43** 指定銀行辦理外匯存款業務時，下列敘述何者正確？　(A)不得受理外國公司之開戶　(B)不得承作未滿一個月之外匯定期存款　(C)得設置自動化服務設備　(D)期限及利率一律報中央銀行核准後實施。

（　）**44** 申報義務人利用網際網路辦理新臺幣結匯申報，經查獲有申報不實情形者，下列何者正確？　(A)日後不得辦理新臺幣結匯申報事宜　(B)俟補正後，始可辦理新臺幣結匯申報事宜　(C)日後辦理新臺幣結匯申報事宜，應至銀行櫃檯辦理　(D)須重新申請網際網路辦理新臺幣結匯申報後，始可辦理。

（　）**45** 指定銀行得不經申請逕行辦理外匯衍生性商品業務，不包括下列何者？　(A)換匯交易　(B)涉及新臺幣匯率之外匯衍生性商品　(C)遠期外匯交易（不含無本金交割新臺幣遠期外匯交易）　(D)國內指定銀行間及其與國外銀行間辦理未涉及新臺幣匯率之外匯衍生性商品。

（　）**46** 倘確認大陸地區某受款行可受理臺灣匯入的跨境人民幣匯款，則該受款行是否可接受下列人民幣跨境匯款？　A.企業匯付個人；B.個人匯付企業　(A)A可、B不可　(B)A不可、B可　(C)A、B皆可　(D)A、B皆不可。

（　）**47** 中華郵政股份有限公司所屬郵局得申請辦理下列何種外匯業務？　(A)僅得申請辦理買賣外幣現鈔業務　(B)僅得申請辦理買賣外幣現鈔及旅行支票業務　(C)僅得申請辦理國際匯兌與買賣外幣現鈔及旅行支票業務　(D)與銀行及農業金庫相同，得申請辦理外幣貸款等各項外匯業務。

（　）**48** 持有台灣地區居留證證載有效期限不滿一年者，下列規定何者正確？　(A)其每年累積結匯金額比照非居住民，無需輸入電腦查詢當年累積結匯金額　(B)其每年累積結匯金額比照居住民，需輸入電腦查詢當年累積結匯金額　(C)其每年累積結匯金額比照非居住民，但需輸入電腦查詢當年累積結匯金額　(D)其每年累積結匯金額比照居住民，但無需輸入電腦查詢當年累積結匯金額。

( ) **49** 有關新臺幣匯率選擇權業務，下列敘述何者錯誤？ (A)承作對象以有實際外匯收支需要者為限 (B)到期履約時得以差額或總額交割，且應於契約中訂明 (C)權利金及履約交割幣別，得以所承作交易之外幣或新臺幣為之，且應於契約中訂明 (D)僅得辦理陽春型（Plain Vanilla）選擇權。

( ) **50** 下列何項非屬私立就業服務業代外籍移工辦理薪資結匯匯款時，銀行應確認之文件？ (A)勞動部核發並在許可有效期間內之私立就業服務機構許可證 (B)最近一次「私立就業服務機構跨國人力仲介服務品質評鑑」之證明文件 (C)外籍移工薪資結匯委託書 (D)代理外籍移工匯出在臺薪資結匯清單。

解答與解析

1 (D)。無本金交割新臺幣遠期外匯交易（NDF）：承作對象以國內指定銀行及指定銀行本身之海外分行、總（母）行及其分行為限。

2 (B)。銀行業辦理外匯業務作業規範（一般匯出及匯入匯款業務）四、指定銀行及中華郵政股份有限公司所屬郵局辦理一般匯出及匯入匯款業務，應依下列規定辦理：
匯出匯款業務：

(1)憑辦文件：應憑公司、行號、團體或個人填具有關文件及查驗身分文件或基本登記資料後辦理；其中公司部分，應查驗公司設立登記表或最近之公司變更登記表影本，並上網查詢公司基本登記資料。另以新臺幣結購者，應依「外匯收支或

交易申報辦法」（以下簡稱申報辦法）辦理，並確實輔導申報義務人詳實申報。

(2)掣發單證：匯出款項以新臺幣結購者，應掣發賣匯水單；其未以新臺幣結購者，應掣發其他交易憑證。上述單證得以電子文件製作。

(3)發送電文：應將匯款者全名、帳號或身分證件號碼、地址顯示於匯款電文中。

3 (B)。客戶以新臺幣換外幣辦理匯出換款，故客戶是賣新臺幣買外幣，相對而言銀行是買新臺幣賣外幣，站在銀行觀點其是「賣匯」，故應掣發賣匯水單。

4 (D)。紐約銀行公會的交換系統為CHIPS（Clearing House Interbank

Payment Systems），其中ABANo.為四碼，UID No.為六碼。SWIFT須以//CP XXXX或以//CH XXXXXX表示。

5 (A)。COVERPAYMENT是指匯款行直接拍發MT103給受款人之設帳銀行，另拍發MT202給匯款行之存匯行。

6 (B)。MT202電文中有58欄位（受款銀行），而MT103沒有。

7 (D)。英國資金調撥制度：sort code為六碼，SWIFT電文上以//SCxxxxxx表示。

8 (D)。人民幣八萬。

9 (D)。57a欄位為「設帳銀行」。

10 (D)。匯往美國之格式為9位數字。

11 (C)。若電文內容不明或不全，應向匯款行查明。

12 (D)。匯款行簽發以解款行為付款銀行之匯票，由匯款人逕寄受款人。受款人憑匯票向解款行領款，解款行應核對其簽章無誤並經受款人背書，始得付款。

13 (A)。匯入匯款業務：

(1) 憑辦文件：應憑公司、行號、團體或個人提供之匯入匯款通知書、外幣票據或外幣現鈔及查驗身分文件或基本登記資料後辦理；其中公司部分，應上網查詢公司基本登記資料。另結售為新臺幣且每筆結售金額達新臺幣五十萬元等值外幣者，應依申報辦法及應注意事項辦理，並確實輔導申報義務人詳實申報。

(2) 掣發單證：匯入款項結售為新臺幣者，應掣發買匯水單；其未結售為新臺幣者，應掣發其他交易憑證。上述單證得以電子文件製作。

(3) 對國外匯入款提供匯款人資訊（匯款人全名、帳號、住址）不足者，應訂定風險管理程序。

(4) 列報文件：應於承作之次營業日，依下列規定向本行外匯局檢送交易日報：

A. 以書面檢送交易日報者，應附送臨櫃外匯交易所掣發之單證及網際網路外匯交易所製作之外匯交易清單與相關媒體資料、申報書、本行或其他主管機關核准文件及其他規定文件。

B. 以媒體檢送交易日報者，應附送該外匯業務所製作之媒體資料、書面之申報書、本行或其他主管機關核准文件及其他規定文件。

14 (B)。註銷匯入匯款通知書，並且沖轉匯入匯款的帳務即可，最重要的是，要再次確認該筆款項已入解款銀行的存同帳，才可將款項退還匯款銀行。

15 (B)。因Value Date（6/2）比通知日
　　（6/9）早數日，故應先查明20XX年6
　　月2日以後是否已繕製匯款通知書，
　　避免重複付款。

16 (C)。「匯入匯款通知書」受益人
　　簽章聯須經設帳行背書；另「跨行
　　通匯申請書」內收款人帳號、中文戶
　　名，設帳銀行應負責核對其與「匯入
　　匯款通知書」記載之收款人帳號、戶
　　名相符。凡因該申請書內容不清或
　　錯誤等情事，導致解款銀行遲延、無
　　法匯款或誤匯等，概由受益人或設
　　帳銀行負責，與解款銀行無關。

17 (B)。受款人的名稱與帳號不符
　　時，應請受款人通知匯款人更正，
　　若為明顯的繕打錯誤、遺漏等小差
　　異，得視客戶往來之信用，憑受款
　　人簽結之切結書予以受理。

18 (C)。看到題目關鍵字「匯票」選
　　MT110，因其為匯款銀行開發匯票後，
　　通知付款行簽發匯票明細之電文。

19 (C)。旅客攜帶人民幣進出臺灣地
　　區之限額係不得計入其他外幣之額
　　度內。

20 (D)。not Exceed不得超過張三持乙
　　張付款行為BANK OF BOSTON的
　　票據，其面額為美金2,100元，其超
　　過$1,500，故銀行拒絕承做。

21 (B)。過期之票據：國外票據有效
　　期限無特別註明通常為六個月，若
　　有特別註明則依其所註明之期限為
　　準，旅行支票則無提示期限。

22 (C)。Post dated：票非即期。

23 (B)。光票所載付款貨幣不侷限於
　　美金。

24 (C)。PAYMENT COUNTERMANDED
　　BY THE DRAWER係指此票已停止
　　支付。

25 (C)。依據國外票據法規定，經背書
　　轉讓之票據，提示行須蓋擔保背書章
　　（ALL PRIOR ENDORSEMENTS
　　GUARANTEED），是對於背書有認
　　定責任。

26 (C)。外匯存款提存準備金相關規
　　定如下：一、應提存準備金之範
　　圍：外匯活期存款總餘額及外匯定
　　期存款總餘額。二、提存幣別：美
　　元、歐元及日圓得以原幣提存，
　　其他幣別以美元提存。以美元提存
　　者，美元以外其他幣別之外匯存
　　款，依照計算期當月月底結帳匯率
　　折算為美元後計算其法定準備額。

27 (A)。依據金融機構如非外匯指
　　定銀行得否接受客戶以外匯存款
　　定存單為擔保品辦理新臺幣授信
　　釋義（發文字號：中央銀行外匯局
　　85.6.21.(85)臺央外柒字第1286號
　　函中華票券金融公司）：「查財政
　　部八十四年十一月十日臺財融第
　　八四七八一六七九號函已訂有相關
　　規定，貴公司如能符合規定承做而
　　屆期未獲客戶清償，需處分擔保品結
　　售外匯定存單時，本局同意得依「外
　　匯收支或交易申報辦法」之規定，先

計用客戶之結匯額度，如客戶額度已罄，則再計用貴公司之額度。」

28 (A)。指定銀行辦理外匯存款業務，應依下列規定辦理：

(1) 承作限制：不得以支票存款之方式辦理。

(2) 外匯存款轉讓：應經由指定銀行辦理，且受讓人應將其所收外匯存入其在指定銀行之外匯存款戶。

(3) 外匯定存質借：得逕憑存戶以其本人之外匯定存質借外幣。

(4) 掣發單證：存入款項以新臺幣結購存入者，掣發賣匯水單；其未以新臺幣結購存入者，掣發其他交易憑證。自外匯存款提出結售為新臺幣者，掣發買匯水單；其未結售為新臺幣者，掣發其他交易憑證。

(5) 報送資料：應於承作之次營業日，將交易日報及相關明細資料、外匯存款日報傳送至本行外匯資料處理系統。

29 (D)。主管機關對於遠期外匯交易並無最長期限之規定。

30 (D)。指定銀行辦理遠期外匯業務之相關規定：

(1) 遠期外匯交易以商品進出口之交易金額為限。訂約時廠商應提出足以證明進出口交易之文件，且同筆交易不得在其他銀行重複簽約。

(2) 凡交易金額逾十萬美元（含十萬美元）或等值外幣者，貴行應填製「大額遠期外匯日報」一份於次營業日中午十二時以前彙報本局供事後稽核之用。

(3) **訂約**時，應以新台幣收取不低於訂約金額百分之七之履約保證金。

(4) 期限以180天為限，但得展期一次。

(5) 訂約時，契約書號碼之編列應置本行規定之英文字軌於前，字軌後之數字，不得超過六碼。展期時，應援用原契約書號碼，惟另須於該號碼後加列「A」字，以資區別。

(6) 交割時，應於結匯證實書或水單上加註「遠期外匯交割」字樣及契約書號碼。

31 (B)。外國專業投資機構應依本辦法及相關法令運用經許可匯入之投資資金投資國內證券，除證券主管機關另有規定外，並應遵守下列規定：

一、不得從事證券信用交易。

二、不得賣出尚未持有之證券。

三、不得為放款或提供擔保。

四、不得委託保管機構或證券集中保管事業以外之法人或個人代為保管證券。

32 (C)。匯入匯款－移轉收入項下包括：贍家匯款收入、工作者匯款收入、捐贈匯款收入、出售自然資源

與非研發成果資產收入、政府移轉收入、其他移轉收入。

33 (D)。外幣收兌處每筆收兌金額以等值3千美元為限;商店具收兌外幣需要時,得向臺灣銀行申請;外幣收兌處應於每季終了次月十五日前,向臺灣銀行列報。

34 (C)。「匯款地區國別」之填報:請依實際外匯資金之匯入地區國別填報,惟:
(1)自國內之外匯存款或他行匯入款結售為新臺幣者,匯款地區國別請填報為「本國」。
(2)自國內國際金融業務分行(OBU)匯入款結售為新臺幣者,匯款地區國別請填報為「本國國際金融業務分行」。

35 (A)。自外匯存款提出結售為新台幣者,掣發買匯水單;其未結售為新台幣者,掣發其他交易憑證。

36 (A)。對外及僑外直接投資結匯案件之確認:對外直接投資有主管機關核准函:不計入每年累積結匯金額(個人仍應計入其當年累積結匯金額)。

37 (C)。涉及新臺幣兌換之外幣資金進出,每筆結匯金額達等值新臺幣50萬元以上之外匯收支或交易,應依「外匯收支或交易申報辦法」及其相關規定辦理。本題因結匯金額只有新臺幣十萬元,故銀行免查驗結匯人身分證明文件。

38 (B)。根據「銀行業辦理外匯業務管理辦法」第47條第1項第1款,指定銀行受理顧客新臺幣與外幣間即期外匯、遠期外匯、換匯交易或換匯換利交易及中華郵政公司受理顧客新臺幣與外幣間即期外匯交易達下列金額時,應依第三十一條及申報辦法第五條規定確認交易相關證明文件無誤後,依下列規定將資料傳送至本行外匯資料處理系統:一、受理公司、有限合夥、行號結購、結售等值一百萬美元以上(不含跟單方式進、出口貨品結匯),或個人、團體等值五十萬美元以上即期外匯交易,於訂約日立即傳送。

39 (C)。銀行業受理對大陸地區匯出匯款、匯入匯款案件,應確認文件之規定辦理,並應注意:對大陸地區直接投資之新臺幣結匯案件;匯出股本投資、營運資金;除個人應計入其當年累積結匯金額外,公司、行號及團體均無須計入其當年累積結匯金額。

40 (D)。指定銀行涉及新臺幣兌換之外幣資金進出,每筆結匯金額達等值新臺幣50萬元以上之外匯收支或交易,應依「外匯收支或交易申報辦法」及其相關規定辦理。

41 (A)。
(1)服務支出:分為運輸、保險、旅行及其他四大項。
(2)本國資金流出。

(3) 外國資金流出。

(4) 所得支出：分為薪資支出及外資投資所得支出兩大項。

(5) 移轉支出：無償性或無相對報酬性之支出。

(6) 其他匯出款。

(7) 支付商品貿易之貨款（含非居民於國內供貨及國外供貨）。

(8) 其他貨款。

42 (C)。 對申報義務人以電子訊息所為之外匯收支或交易申報紀錄及提供之書面、傳真或影像掃描文件，應妥善保存備供稽核、查詢及列印，其保存期限至少為五年。

43 (C)。 銀行業辦理外匯業務管理辦法第35條：指定銀行設置自動化服務設備，應限制每帳戶每日累積提領外幣金額，以等值一萬美元為限。

44 (C)。 申報義務人利用網際網路辦理新臺幣結匯申報，經查獲有申報不實情形者，日後辦理新臺幣結匯申報事宜，應至銀行櫃檯辦理。

45 (B)。 指定銀行經本行許可辦理外匯衍生性商品業務後，得不經申請逕行辦理下列外匯衍生性商品：一、遠期外匯交易（不含無本金交割新臺幣遠期外匯交易）。二、換匯交易。三、依規定已得辦理未涉及新臺幣匯率之外匯衍生性商品，連結同一風險標的，透過相同交易契約之再行組合，但不含對專業機構投資人及高淨值投資法。

人以外之客戶辦理涉及外匯之複雜性高風險商品。四、國內指定銀行間及其與國外銀行間辦理未涉及新臺幣匯率之外匯衍生性商品。五、以期貨交易人身分辦理未涉及新臺幣匯率之國內外期貨交易契約。

46 (C)。 大陸地區於2014年6月11日發布之指導意見，開放大陸地區個人辦理跨境貿易人民幣結算業務，指定銀行於「瞭解你的客戶」、「瞭解你的業務」及「盡職審查」三原則下，得受理企業匯付大陸地區個人之人民幣跨境貿易。

47 (C)。 郵局可辦理外匯業務句含：

(1) 匯出匯款。

(2) 匯入匯款。

(3) 國際郵政匯票。

(4) 外幣現鈔買賣。

(5) 美金旅行支票(僅受理買回業務)。

但不是每家郵局都可辦理外匯業務，只有經中央銀行核准辦理之指定郵局才可辦理。同一身分證號於當日結購或結售交易金額分別彙計不得超過新臺幣50萬元（不含50萬元）。

48 (A)。 銀行業輔導客戶申報外匯收支或交易應注意事項第2條第2項：銀行業受理依申報辦法第四條第一項第三款規定辦理新臺幣結匯時，須輸入電腦查詢額度，並應注意：(二)對持有居留證證載有效期限不滿一年者，其結匯金額比照非居住民辦理，無須輸入電腦查詢額度。

49 (A)。證券業辦理外匯業務管理辦法第60條，……三、新臺幣匯率選擇權業務：承作對象以國內外法人為限。

50 (B)。銀行業受理私立就業服務機構代外籍勞工辦理薪資結匯申報，應注意依下列規定辦理：

確認下列文件無誤後，始得受理：

(1) 行政院勞工委員會核發，並在許可有效期間內之私立就業服務機構許可證。

(2) 最近一次「私立就業服務機構從事跨國人力仲介服務品質評鑑」之證明文件。

(3) 外籍勞工薪資結匯申報委託書。

(4) 代理外籍勞工匯出在台薪資結匯清單。

二　進出口外匯業務

(　) 1 若信用狀要求提示港至港的海運提單，且須表明運費已付，但不須提示保險單據之情形，則下列2020版國貿條規中，何者最能正確反映交易之性質？　(A)EXW　(B)FOB　(C)CFR　(D)CIF。

(　) 2 就出口商而言，下列何種付款方式須承擔較大的風險？　(A)O/A　(B)L/C　(C)D/P　(D)Advance of Payment。

(　) 3 有關跟單託收之敘述，下列何者錯誤？　(A)出口商簽發以進口商為付款人的匯票　(B)跟單託收可分為付款交單及承兌交單兩種　(C)付款交單時，進口商必須付清貨款才能自代收銀行處取得相關單據憑以提貨　(D)承兌交單時，代收銀行不論付款人（進口商）是否已承兌，得逕將相關單據交付進口商提貨，進口商於匯票到期時再行付款。

(　) 4 依UCP600或URR725規定，有關信用狀業務之敘述，下列何者錯誤？　(A)除信用狀另有規定外，補償銀行之費用應由開狀銀行負擔　(B)保兌信用狀項下之單據須先向保兌銀行提示　(C)非保兌銀行之通知銀行須表示其確信信用狀外觀的真實性，但對信用狀不負任何兌付或讓購之義務　(D)我國銀行實務上所稱「押匯」一辭即是UCP600的NEGOTIATION，兩者意義相同，都是讓購的意思。

(　) 5 有關acceptance L/C與deferred payment L/C的異同點，下列何者正確？　(A)前者利息由買方負擔，後者利息由賣方負擔　(B)兩者受益人均須簽發匯票　(C)兩者於到單時信用狀申請人無須即期付款　(D)兩者的使用均只能在開狀銀行為之。

(　) 6 依UCP600之解釋，款項之讓與（Assignment of Proceeds）跟「轉讓」之不同在前者：　(A)僅涉及信用狀下可得或將得款項之讓與，與信用狀項下權利行使之讓與無關　(B)涉及款項之讓與，且與信用狀項下權利行使之讓與有關　(C)不涉及款項之讓與，亦與信用狀項下權利行使之讓與無關　(D)不涉及款項之讓與，但與信用狀項下權利行使之讓與有關。

(　)　**7** 有關信用狀之敘述，下列何者錯誤？　(A)延期付款信用狀係依信用狀規定承擔延期付款承諾並於到期日為付款　(B)延期付款信用狀性質與一般信用狀無異，受益人提示符合信用狀條款之單據，開狀行立即付款　(C)延期付款信用狀付款時間非即期，但得依信用狀之規定予以計算而得知到期日　(D)延期付款信用狀動用方式與即期付款信用狀相同，兩者均不須提示匯票。

(　)　**8** 依UCP600規定，對於下列何者以外之單據，信用狀應規定其簽發人及其措辭或其資料內容，如信用狀對此未有規定，銀行將就所提示者照單接受，但以其資料內容顯示符合所需單據之功能且與所提示之任何其他規定單據彼此不相牴觸為條件？　(A)商業發票、運送單據、保險單據　(B)商業發票、檢驗證明書、運送單據　(C)運送單據、保險單據、原產地證明書　(D)保險單據、檢驗證明書、原產地證明書。

(　)　**9** 通知銀行收到國外開狀銀行以SWIFT MT700型式開立之信用狀，其49欄位保兌指示（Confirmation instruction）載明「MAY ADD」，則通知銀行有關是否保兌之作為，下列何者正確？ (A)一律須加保兌後再通知受益人　(B)不予理會　(C)僅於受益人要求保兌且通知銀行同意加保兌後，保兌始生效　(D)倘受益人要求保兌但通知銀行不同意加保兌，得逕予通知信用狀，而不須知會開狀銀行。

(　)　**10** 依UCP600規定，開狀銀行決定是否接受單據或主張拒付之原則，下列敘述何者為錯誤？　(A)須以單據為本據以審查　(B)不得以單據以外之理由主張拒付　(C)須以開狀銀行之立場主張拒付　(D)可應申請人之請求而主張拒付。

(　)　**11** 有關憑MASTER L/C開發之三角貿易信用狀，下列敘述何者錯誤？　(A)憑MASTER L/C轉開BACK TO BACK L/C應避免重覆融資　(B)MASTER L/C之單據不符時，可對BACK TO BACK L/C主張拒付　(C)倘中間商不替換提單，BACK TO BACK L/C可以規定中間商為託運人（Shipper）　(D)BACK TO BACK L/C之有效期限及提示期間應較 MASTER L/C規定者縮短。

（　　）**12** 下列何者屬於進口外匯業務？　(A)光票買入　(B)信用狀通知　(C)預售遠匯　(D)副提單背書。

（　　）**13** 若信用狀未另有規定時，有關信用狀之轉讓、部分裝運，下列敘述何者正確？　(A)該信用狀可以轉讓且其項下貨物允許部分裝運　(B)該信用狀可以轉讓但其項下貨物不允許部分裝運　(C)該信用狀不可轉讓但其項下貨物允許部分裝運　(D)該信用狀不可轉讓且其項下貨物不允許部分裝運。

（　　）**14** 依eUCP有關正本及副本、運送等之規定，下列敘述何者錯誤？　(A)如證明運送之電子記錄未表明裝運或發送日期，則其簽發日期將視為裝運或發送日期　(B)電子信用狀要求提示兩份正本之電子記錄時，則須提示兩份電子記錄始符合規定　(C)如電子記錄載有證明裝運或發送日期之註記，則該註記日期將視為裝運或發送日期　(D)表明附加資料內容之註記無須另外簽署或另以其他方式確認。

（　　）**15** 依據SWIFT使用者手冊，信用狀之修改、取消原則上應以何種電文格式拍發？　(A)皆使用MT700　(B)修改使用MT707/708，取消使用MT707　(C)修改使用MT707，取消使用MT700　(D)修改使用MT700，取消使用MT707。

（　　）**16** 請問SELLER'S USANCE信用狀，利息由下列何者負擔？　(A)受益人　(B)申請人　(C)開狀銀行　(D)補償銀行。

（　　）**17** 依UCP600規定，倘信用狀未另有規定，有關運送單據簽發人之敘述，下列何者錯誤？　(A)代理人代替船長簽署時，不須表明船長名稱　(B)代理人代替運送人簽署時，運送單據不須表明運送人名稱　(C)代理人代替船東簽署時，須表明船東名稱　(D)代理人代替傭船人簽署時，須表明傭船人名稱。

（　　）**18** 一信用狀，其使用為「AVAILABLE WITH ANY BANK」，且規定通知費用由受益人負擔並須自押匯款扣除，倘受益人於通知銀行以外之銀行辦理押匯致通知銀行無法扣取通知費用時，依UCP600規定，該費用如何收取？　(A)仍應向受益人收取　(B)向押匯銀行收取　(C)向開狀銀行收取　(D)通知銀行喪失收取費用之權利。

（　）**19** 依eUCP規定，對電子記錄提示後之毀損及重新提示，下列敘述何者錯誤？　(A)銀行不得請求重行提示　(B)要求重行提示時，審查時間暫時中止，並於提示人重行提示電子記錄時恢復　(C)如相同之電子記錄未於30個曆日內重行提示，視為未提示　(D)任何截止期限不予展延。

（　）**20** 如果裝運港為「NEW YORK」，目的港為「KAOHSIUNG」，依據Incoterms 2020下列何種貿易條件之標示錯誤？　(A)FAS NEW YORK　(B)FOB NEW YORK　(C)CFR NEW YORK　(D)CIF KAOHSIUNG。

（　）**21** 有關「信用狀修改」之敘述，下列何者錯誤？　(A)倘修改信用狀之金額超過授信額度，則須先申請變更授信條件，獲核准後，始得修改信用狀　(B)倘某一條款之修改涉及其他項目時，應同時修改　(C)MT707電文之21欄位倘無資料時，可免填列　(D)對於修改書之部分接受不被允許且將視為拒絕修改書之知會。

（　）**22** 有關「進口開狀」的敘述，下列何者錯誤？　(A)除非進口商已全額結匯，開狀銀行為確保債權，運送單據須以開狀銀行為受貨人　(B)對於異常大額之信用狀，開狀銀行可洽請開狀申請人於信用狀規定須提示由指名之公證公司出具之驗貨報告　(C)2009年協會貨物保險條款之基本條款，並不包含INSTITUTE CARGO CLAUSES　(D)除非信用狀特別要求，商業發票不須簽署。

（　）**23** 依URC522規定，下列何者為依託收指示，提示之對象？　(A)委託人　(B)預備人　(C)付款人　(D)提示銀行。

（　）**24** 依URC522規定，代收銀行辦理以外國貨幣付款之付款交單（D/P）時，雖自進口商取得貨款，卻因該國外匯短缺而無法將款項匯付託收銀行，則代收銀行是否仍可將單據交付進口商？　(A)依D/P條件均為付款後即可交單　(B)以當地貨幣支付者即可交單　(C)以外國貨幣支付不論能否匯出即可交單　(D)除非託收指示書另有指示，憑能立即匯出之外國貨幣付款，始得交單。

( ) **25** 代收銀行辦理進口託收（D/A、D/P）項下之擔保提貨，下列敘述何者正確？ (A)不需換回擔保提貨書 (B)逾期時不必請進口商催國外出口商速寄單據 (C)不必追蹤單據於合理期限寄達 (D)代收銀行承擔對船公司無確定範圍之保證責任。

( ) **26** 有關eURC託收指示（eURC collection instruction），下列敘述何者正確？ (A)不適用URC (B)須表明適用 URC，否則不適用 (C)適用eURC之託收指示同時適用 URC (D)視情況而定。

( ) **27** 依URC522規定，下列敘述何者正確？ (A)託收指示中無作成拒絕證書之特別指示，代收銀行無義務為之 (B)拒絕證書只有於拒絕付款時為之，拒絕承兌時不適用 (C)拒絕證書作成之有關任何費用由代收銀行負擔 (D)拒絕證書作成之有關任何費用由進口商負擔。

( ) **28** 有關進口託收適用之國際規則或慣例，下列敘述何者正確？ (A)託收之處理一般均遵守國際商會之《UNIFORM CUSTOMS AND PRACTICE FOR DOCUMENTARY CREDITS, 2007 REVISION》辦理 (B)URR725係適用於進口託收 (C)一般均遵守國際商會之《UNIFORM RULES FOR COLLECTIONS, URC522》辦理 (D)ISP98亦適用於進口託收。

( ) **29** 依 URC522 規定，託收統一規則條文文字中出現「當事人」一詞時，並不包括下列何者？ (A)委託人 (B)託收銀行 (C)代收銀行 (D)付款人。

( ) **30** 依URC522規定，若DOCUMENTS AGAINST PAYMENT且附有未來日期付款之遠期匯票者，則單據應於下列何種情況下交付？ (A)承兌後交付 (B)付款後交付 (C)待國外銀行通知後交付 (D)待出口商通知後交付。

( ) **31** 進口託收匯票經承兌後，到期未獲付款時，其處理方式下列何者正確？ (A)倘進口商要求展延到期日，在徵得國外銀行同意展延的函電後，由進口商在匯票上重新承兌 (B)逕行將文件退回出口商 (C)縱使託收指示書未指示須作成拒絕證書，銀行亦應立即作成拒絕證書 (D)立即通知船公司，將貨物退回出口商。

(　) **32** 依URC522規定，銀行對託收之單據應如何處理？　(A)需逐一審查單據內容　(B)僅需審查匯票與提單　(C)僅需審查匯票與商業發票　(D)就所收受之單據外觀上決定是否與託收指示書所列載皆相符，但毋需審查單據之內容。

(　) **33** 如出口託收申請書表未載明託收方式為D/A或D/P且未隨附匯票時，銀行應如何處理？　(A)以D/A方式處理　(B)以D/P方式處理　(C)請申請人書面表示託收方式　(D)隨銀行意思自行處理。

(　) **34** 依URC522規定，有關託收作業之敘述，下列何者正確？　(A)代收銀行有義務對拒絕付款之貨物辦理保全措施　(B)託收指示書載明預備人者，對預備人之任何指示，銀行均將接受　(C)付款人拒絕付款時，銀行應設法查明其理由，並據以儘速通知所由收受託收指示之銀行　(D)對於拒絕付款，託收指示書未明示通知方法者，代收銀行須洽託收銀行請求指示，不得自行選擇。

(　) **35** 依URC522規定，有關出口託收之敘述，下列何者錯誤？　(A)匯票應以國外代收銀行為付款人　(B)代收銀行並無義務辦理有關貨物保險事宜　(C)銀行對其所傳送之指示未獲執行者，不負義務或責任，縱該等其他銀行係其主動選定者亦然　(D)未經銀行事先之同意，貨物不得直接向該銀行之地址發送。

(　) **36** 以直接保證（即三角關係）方式簽發保證函（BANK GUARANTEE，或LETTER OF GUARANTEE）時，簽發銀行亦稱為下列何者？　(A)指示人　(B)受益人　(C)保證人　(D)相對保證人。

(　) **37** 招標之業主為避免得標者拒絕簽約，通常要求參與投標者於投標時，須依招標規定繳交保證金，倘得標者拒絕簽約時，該保證金將被沒入，而代替此項參與投標者所須繳交之保證金之保證函，即屬下列何種保證？　(A)投標保證　(B)履約保證　(C)相對保證　(D)財務保證。

(　) **38** 有關URDG758與ISP98之共通性，下列敘述何者錯誤？　(A)具有獨立性　(B)須明示transferable始可轉讓　(C)有效期限適逢因不可抗力而不營業，皆為自恢復營業後，展延30個曆日　(D)有效期限之末日適逢國定假日或例假日之不營業，展延至次一營業日。

( ) **39** "This standby letter of credit is issued as installment guarantee given in……"表示下列何者保證？ (A)履約保證 (B)保留款保證 (C)分期付款保證 (D)保險保證。

( ) **40** 對保證函所適用之規則各具特色，下列敘述何者正確？ (A)ISP98係專為保證業務量身製作 (B)擔保信用狀不得載明適用UCP (C)ISP98主要為進出口貿易之跟單信用狀設計，涉及貿易較多，保證較少 (D)URDG即付保證函統一規則，適用於即付保證函，但不能適用相對保證函。

( ) **41** 擔保信用狀簽發之依據，可選擇下列何者？ A.ISP98；B. UCP600；C. URDG758 (A)僅A (B)僅B (C)僅AB (D)ABC。

( ) **42** 有關SWIFT之敘述，下列何者錯誤？ (A)以SWIFT方式通知信用狀係電傳通知所包含之通知方式之一 (B)由SWIFT系統接收之信用狀MT700，銀行無須另行複核作業 (C)SWIFT擁有專用的通訊網路，自成一嚴密且封閉之系統，因此極具安全性 (D)以SWIFT開發信用狀時，最多可拍發一筆MT700加八筆MT701電文。

( ) **43** 依UCP600規定，通知銀行或第二通知銀行若無法確信該信用狀外觀之真實性時，下列敘述何者正確？ (A)逕予退還開狀銀行，不須敘明原因 (B)逕予歸檔，不做任何處置 (C)得選擇通知信用狀，但須將此項意旨告知所由收受指示之銀行、受益人或第二通知銀行 (D)得選擇通知信用狀，而不須告知任何人此項無法確認真實性之情事。

( ) **44** 依UCP600規定，有關信用狀修改書之敘述，下列何者錯誤？ (A)通知修改書之銀行，對任何接受或拒絕之知會，應告知所由收受修改書之銀行 (B)信用狀經開狀銀行同意後，即可修改或取消，不須知會受益人 (C)修改書中規定除非受益人於特定時間內拒絕，否則修改書即生效意旨者，應不予理會 (D)經確認之電傳修改書，將視為可憑使用之修改書，且任何隨後之郵寄證實書應不予理會。

(　) **45** 目前在我國進口開狀應憑下列何種文件辦理？　(A)一律憑輸入許可證　(B)一律憑交易證明文件　(C)除進口大陸物品外一律憑交易證明文件　(D)除國貿局限制輸入貨品表之貨品外，得憑交易證明文件。

(　) **46** 依UCP600規定，下列何者僅能依原信用狀所規定之條款辦理轉讓而不得減少或縮短？　(A)信用狀之金額　(B)信用狀有效期限　(C)裝運期間　(D)信用狀所載貨物數量。

(　) **47** 有關可轉讓信用狀之敘述，下列何者錯誤？　(A)開狀銀行得為轉讓銀行　(B)如信用狀業經轉讓予一個以上之第二受益人，其中任何一個第二受益人拒絕接受修改書之內容時，則視同其他第二受益人對該修改書均拒絕接受　(C)縱轉讓銀行同意轉讓信用狀，在受益人未支付有關轉讓之費用前，轉讓銀行應無義務辦理該項轉讓　(D)信用狀轉讓時，第一受益人之名稱得取代申請人之名稱。

(　) **48** 有關出口押匯之敘述，下列何者正確？
(A)出口押匯徵提之保結書亦可拘束開狀銀行
(B)出口商於銀行辦理出口押匯，其押匯款一律須結售成新臺幣
(C)銀行承作出口押匯，因有信用狀作為十足擔保，故無風險可言
(D)銀行承作出口押匯業務，無論出口商將押匯款兌換為新臺幣或存入外匯存款，均須填報「出口及匯入匯款交易日報表」。

(　) **49** 若信用狀無特別規定，有關保險單據之敘述，下列何者錯誤？
(A)保險金額之幣別應以美元表示　(B)得表明承保範圍適用免賠額　(C)得包含任何不承保條款之附註　(D)保險單據必要時，須經得索賠之一方背書。

(　) **50** 依UCP600規定，信用狀金額為US$5,000.00，貨物數量為1,000 TONS，單價為US$5.00/TON，且受益人所交付之貨物為1,050 TONS時，則銀行可以接受押匯之最高金額為下列何者？
(A)US$4,500.00　　　　　　　　(B)US$5,000.00
(C)US$5,250.00　　　　　　　　(D)US$5,500.00。

(　) **51** 出口信用狀以保結書辦理保結押匯應注意事項，下列敘述何者錯誤？　(A)應注意出口商信用狀況　(B)信用狀未規定不得保結押匯　(C)保結書係出口商對開狀銀行之協議　(D)辦理出口押匯後，應注意保結責任之解除。

(　) **52** 依UCP600規定，下列敘述何者錯誤？　(A)信用狀須敘明提示之有效期限　(B)最遲裝運日不因信用狀有效期限之展延而順延　(C)除信用狀另有規定外，銀行將不接受遲於裝運日後二十一個曆日始向其提示包含正本提單之單據　(D)信用狀有效期限之末日適逢銀行因天災、暴動、內亂……等不可抗力事由而休業，該末日應順延至該銀行次一營業日。

(　) **53** 某客戶辦理出口押匯日期為20XX年3月6日（星期三），提單裝運日期為20XX年3月1日（星期五），信用狀規定之匯票期限若為60 DAYS AFTER THE DATE OF SHIPMENT，開狀銀行收到單據為20XX年3月12日（星期二），則該信用狀之到期付款日應為下列何者？　(A)20XX年4月30日　(B)20XX年5月5日　(C)20XX年5月6日　(D)20XX年5月13日。

(　) **54** 依UCP600規定，下列運送單據何者未規定須表明運送人名稱？　(A)提單　(B)複合運送單據　(C)傭船提單　(D)航空運送單據。

(　) **55** 依UCP600規定，有關信用狀轉讓之敘述，下列何者錯誤？　(A)經信用狀特別授權為轉讓銀行之銀行，得為信用狀之轉讓　(B)轉讓銀行除依該行明示同意之範圍及方式外，無義務轉讓信用狀　(C)若信用狀未禁止部分裝運，則可轉讓信用狀各部分可分別轉讓予一個以上之第二受益人　(D)除信用狀另有敘明外，第二受益人不得將信用狀重行轉讓予第一受益人。

(　) **56** 甲公司113年7月16日提示單據向A銀行申辦出口押匯，該信用狀為Seller's usance credit，匯票到期日規定為90 days after Shipment date，提示之運送單據 issue date為113/7/9，on board date為113/7/10，則A銀行應收取幾天之利息？　(A)83天　(B)84天　(C)90天　(D)102天。

（　）**57** 信用狀載明之最遲裝運日為20XX年4月5日，適逢清明節，依UCP600規定，所提示運送單據之裝運日不得遲於何日？
(A)20XX年3月31日　　　　　　(B)20XX年4月4日
(C)20XX年4月5日　　　　　　(D)20XX年4月7日。

（　）**58** 下列何者為跟單信用狀（Documentary Credits）之用途？　(A)貨款支付　(B)投標保證　(C)履約保證　(D)借款保證。

（　）**59** 依UCP600規定及銀行公會「銀行間辦理出口押匯業務合作要點」，有關出口轉押匯之敘述，下列何者錯誤？　(A)在指定銀行使用之信用狀不得在開狀銀行使用　(B)押匯銀行負責單據之審查　(C)指定銀行負責單據寄送及求償　(D)指定銀行為保兌銀行時，不適用此合作要點。

（　）**60** 以CIP條規交易時，倘買賣契約未約定保險承保之範圍，則依2020年版國貿條規規定，保險至少應涵蓋之範圍為何？　(A)賣方之倉庫至買方之倉庫　(B)約定之交貨地點至買方之倉庫　(C)裝載港至卸貨港　(D)約定之交貨地點至指定之目的地。

（　）**61** 依UCP600規定，下列單據中，何項單據其貨物之說明須與信用狀說明相符合，不得使用與信用狀說明牴觸之統稱？　(A)裝箱單　(B)商業發票　(C)運送單據　(D)保險單據。

（　）**62** 有關航空運送單據，下列敘述何者正確？　(A)具代表貨物所有權之權利證明　(B)不具收據及契約憑證之作用　(C)具流通性　(D)除信用狀另有規定外，銀行將不接受未表明貨物業已接受待運之航空運送單據。

（　）**63** 依UCP600規定，如補償銀行未能於一經請求即予補償，則求償銀行之任何利息損失，應由下列何者負擔？　(A)補償銀行　(B)開狀銀行　(C)付款銀行　(D)押匯銀行。

（　）**64** 除信用狀另有規定外，依UCP600規定，運送單據表面載有下列何種註記者，銀行仍可接受？
(A)goods are loaded on deck　(B)3 cartons broken
(C)said by shipper to contain　(D)drums slightly rusty。

(　) **65** 依 UCP600 規定，若信用狀要求單據之提示而未規定該單據係由何人簽發或其內容，則銀行將就所提示者照單接受。下列何者係屬此等單據？　(A)運送單據　(B)保險單據　(C)商業發票　(D)檢驗證明。

(　) **66** 貿易條規為CIF時，賣方（出口商）須負責訂定運送契約，但貨物在裝運港裝載於船舶後貨品毀損之風險承擔，應為下列何者？　(A)出口商（賣方）　(B)進口商（買方）　(C)押匯銀行　(D)通知銀行。

(　) **67** 依UCP600規定，如信用狀訂有條件而未規定應提出符合該條件之單據時，銀行將視該條件為何？　(A)要項不全而拒絕信用狀　(B)未敘明而不予理會　(C)信用狀瑕疵　(D)信用狀無效。

(　) **68** 有關辦理FORFAITING業務，提供之信用狀本身應具備之基本條件，下列敘述何者錯誤？　(A)應為開狀銀行到期補償或兌付之遠期信用狀　(B)信用狀無須保兌，但不可限制押匯　(C)信用狀之幣別以美元為限　(D)須開狀銀行承兌或授權讓購後，買斷始生效。

(　) **69** 出口商辦理遠期信用狀賣斷，仍無法規避下列何種風險？　(A)開狀行到期不付款之信用風險　(B)進、出口商間之商業糾紛　(C)進口商所在國之國家風險　(D)進口商所在國之政治風險。

(　) **70** 為規避進口國之國家、政治風險及開狀行到期不付款之信用風險，出口商可將業經開狀行承兌之匯票或承擔延期付款義務之責，以無追索權之方式賣斷以取得融資，此種業務稱為下列何者？
(A)Forward Contract　　　　　　(B)Forfaiting
(C)Factoring　　　　　　　　　　(D)Freight Forwarder。

(　) **71** 有關辦理FACTORING業務，下列何者非Single-Factor之當事人？　(A)供應商（賣方）　(B)債務人（買方）　(C)出口帳款承購商　(D)進口帳款承購商。

(　) **72** 依主管機關規定，無追索權之應收帳款由應收帳款承購商或保險公司保證者，俟應收帳款承購商或保險公司確定不理賠之日起幾個月內，列報逾期放款？　(A)一個月　(B)三個月　(C)六個月　(D)九個月。

(　　) **73** 無追索權之應收帳款承購,如因國外買方之原因造成逾期,下列
處理方式何者正確? (A)於帳款轉銷時將買方資料填報聯徵中
心建檔並予揭露供會員查詢 (B)於帳款轉銷時將賣方資料填報
聯徵中心建檔並予揭露供會員查詢 (C)於帳款轉銷時將承購商
資料填報聯徵中心建檔並予揭露供會員查詢 (D)於帳款轉銷時
列報為賣方之逾期放款。

(　　) **74** 出口外匯業務中,所謂的Factoring係指下列何者? (A)信用狀
款項讓與 (B)遠期信用狀賣斷 (C)應收帳款承購 (D)輔助生產
事業出口融資基金。

(　　) **75** 依國際金融業務條例規定,有關國際金融業務分行之敘述,下列
何者錯誤? (A)不得收受外幣現金 (B)得准許以外匯存款兌
換為新臺幣提取 (C)國際金融業務分行之存款免提存款準備金
(D)不得辦理直接投資及不動產投資業務。

(　　) **76** 客戶自外匯存款提取外匯,用以支付進口開狀貨款時,指定銀行
應掣發何種單證? (A)買匯水單 (B)進口結匯證實書 (C)賣匯
水單 (D)其他交易憑證。

(　　) **77** 廠商委託指定銀行開發進口信用狀,贖單時以新臺幣結匯者,指
定銀行應掣發下列何種單證? (A)賣匯水單 (B)其他交易憑證
(C)進口結匯證實書 (D)出口結匯證實書。

(　　) **78** 指定銀行憑國內廠商申請開發之外幣信用狀,其受益人為國內另
一廠商而且貨物輸入國與輸出國至少有一方為外國,則該信用
狀可否辦理外幣融資? (A)受益人不得辦理外幣融資 (B)僅得
辦理新臺幣融資 (C)申請人得辦理外幣融資 (D)買方需自籌外
匯,以外匯存款轉存方式交付賣方。

(　　) **79** 依中央銀行規定,憑國外開來的出口主信用狀轉開之國內外幣信
用狀,其押匯的交易單證匯款國別為何? (A)進口國 (B)本國
(C)主信用狀之開狀國 (D)無需填寫。

(　　) **80** 指定銀行的海外分行欲辦理兩岸金融往來業務,應由下列何者向
主管機關申請許可? (A)海外分行 (B)總行 (C)總行及海外分
行皆可 (D)海外分行不得辦理此項業務。

解答與解析

1 (C)。CFR（Cost and Freight）：賣方須承擔成本以及運費，負責將貨品運到指定港口（目的港）／車站，這裡的成本則是國內提貨、報關、裝船等成本，再加上運輸。在CFR的規範之下，賣方需要負責主要運輸，即跨國運輸（海運、空運、跨國陸運等），承擔絕大多數的風險。

2 (A)。記帳付款（O/A）是指Open Account，賣方出貨後將單據寄予買方提貨，待雙方約定時間到期時，買方再將貨款匯付給賣方，對出口商而言風險較高。

3 (D)。承兌交單是代收行在進口商承兌遠期匯票後，向其交付單據的一種方式。出口方發運貨物後開具遠期匯票，連同貨運單據委託銀行理託收，並明確指示銀行，進口人在匯票上承兌後，即可領取全套貨運單據，待匯票到期日再付清貨款。

4 (D)。UCP600的Negotiation是對單據（匯票）的一種買入行為，是對受益人的融資-預付或承諾預付。而銀行實務上的押匯是指在買賣雙方成交後，賣方持有相關憑證或匯票向銀行貼現或由銀行承兌的過程。此多指出口押匯，即出口商將信用狀及附帶的單據文件（如提單、保險單、匯票、貨運單據等）押給銀行，由銀行承購或貼現，支付出口商貨款。

5 (C)。
(1) Acceptance L/C承兌信用狀：表示承擔到期時付款責任。
(2) Deferred Payment L/C延期付款信用狀：規定在受益人提交單證後的未來一定日期，由開狀銀行或指定銀行付款者稱之。

6 (A)。依UCP600之解釋，款項之讓與（Assignment of Proceeds）跟「轉讓」之不同在前者第一受益人移轉其（部分或全部）領取信用狀下可得或將得款項之權利。

7 (B)。延期付款信用狀是遠期信用狀的一種，亦稱無匯票遠期信用狀。延期付款信用狀適用於進出口大型機電成套設備，為了加強競爭條件可採用延期付款、賣方中長期貸款或賒欠出口等措施。但期限較長，出口商不必提示匯票，開證銀行也不承兌匯票，只是於到期日由銀行付款。

8 (A)。單據間等之資料不須完全一致，惟彼此不得牴觸。

9 (C)。若為MAYADD，則表示經受益人要求、且「通知銀行同意」後，保兌方生效。

10 (D)。拒付通知應包含拒付的所有瑕疵，故每次提示僅有一次拒付；開狀銀行必須依自身判斷、不應依申請人之請求而主張拒付。

11 (B)。應注意憑Master L/C轉開Back-to-Back L/C，兩者係屬分立的契約行為，倘轉開Back-to-Back

486 **Part 3** 歷屆試題及解析

L/C的信用狀項下單據無瑕疵，開狀銀行不得以單據不符Master L/C之規定為由主張拒付。

12 **(D)**。副提單背書提貨：以信用狀進口貨物時，若因貨物之航程較短，為配合進口商之即時提貨，可在信用狀上規定，只要出口商將一份正本提單及一套信用狀項下規定之單據於出貨後，立即寄給進口廠商，而進口商收到該單據後，可填「副提單背書申請書」向開狀銀行申請副提單背書後，憑以向船公司提貨，其應行注意事項比照擔保提貨。

13 **(C)**。若信用狀未另有規定時，則信用狀不可轉讓，但其項下貨物允許部分裝運。

14 **(B)**。電子信用狀要求提示兩份正本之電子記錄時，僅需須提示一份電子記錄即符合規定。

15 **(B)**。信用狀之修改使用MT707、取消使用MT700。

16 **(A)**。賣方遠期信用狀（Seller's Usance L/C）：即出口廠商給予進口廠商延期付款，即賣方所開出之遠期匯票由銀行先行承兌，票據到期時才由進口廠商付款。其利息通常由賣方負擔，與進口商毫無關係。

17 **(B)**。運送單據尚須表明運送人之名稱。

18 **(C)**。依UCP600第37條，被指示方行為之免責規定，應由押匯申請人

支付的費用，若無法收取時，應由開狀銀行付責支付。

19 **(A)**。根據eUCP第11條，若一電子單據為開狀銀行、保兌銀行或其他指示銀行所受時已毀損，則該等銀行得通知前手且得要求重新提示。

20 **(C)**。根據Incoterms 2020，CFR運費在內條件規則：(A)交貨地點：將貨物運送至指定目的港放置買方所指定之船舶上。(B)風險轉移：交貨時。(C)運輸費用：賣方負擔。(D)保險費用：買方負擔。
因此，(C)選項有誤，應標示為「CFR KAOHSIUNG」。

21 **(C)**。倘MT707電文之21欄位無資料時，仍須填列NON REF或類似用語，不得留空。

22 **(C)**。2009年協會貨物保險條款之基本條款，包含INSTITUTE CARGO CLAUSES。

23 **(C)**。付款人為依託收指示提示之對象。

24 **(D)**。除非託收指示書另有指示，未收到款項前，代收銀行不得交單。

25 **(D)**。D/P（Documents against pay）付款交單：即進口商支付貨款後，即可取得國外賣方提供之單據辦理提貨。
D/A（Documents against acceptance）承兌交單：即進口商來行辦理遠期匯票承兌後，即可取得國外賣方提供之單據辦理提貨，並於匯票到期時支付貨款。

D/P與D/A同屬商業信用付款方式，在國內法上為「委任」關係，銀行只負責代收款項，並不提供付款擔保，亦無一般信用狀需詳細審核單據之義務，只須依託收指示函（Collection Order）核對其所附單據有無缺失，匯票與發票的託收金額是否一致即可，故萬一買方對匯票不承兌或不付款收贖單，則風險完全由賣方承擔。

26 (C)。 根據國際商會託收統一規則關於電子交單的附則第e3條第a項，eURC託收指示也受URC約束，而無須將URC明確納入託收指示。

27 (A)。 (A)如託收指示中無明確指示，則銀行無義務作成拒絕證書；若銀託收指示書有指示，則與託收有關之銀行有義務作成拒絕證書。(B)拒絕證書(Protest)於付款人拒絕付款或拒絕承兌時作成。

28 (C)。 (A)託收之處理一般均遵守《託收統一規則》（URC522）辦理。(B)URR725係適用於信用狀項下銀行間補償統一規則。(C)ISP98係適用於國際擔保函慣例。

29 (D)。 託收統一規則條文文字中出現「當事人」一詞時，可能是：委託人、託收銀行、代收銀行、提示銀行。

30 (B)。 Documents against payment且附有未來日期付款之遠期匯票者，則單據應於付款後交付。

31 (A)。 匯票經承兌後，到期未獲付款時，若徵得國外銀行同意展延的函電後，可由進口商在匯票上重新承兌。

32 (D)。 有關託收業務，代收銀行僅需就所收受之單據外觀上判斷是否完整，但審查單據內容之義務。

33 (C)。 付款交單D/P：出口商將出口文件委託銀行代收貨款，代收銀行於進口商付清匯票票款後，即將單據交付進口商辦理提貨。
承兌交單D/A：代收銀行於進口商完成遠期匯票承兌手續後，即將單據交付進口商辦理提貨，進口商於遠期匯票到期日始行付款。

34 (C)。 銀行辦理託收業務，係基於代理人之地位，應遵照外匯管理法令、委託人指示及國際商會制訂第522號「託收統一規則」（Uniform Rules for Collection，簡稱URC522）。(A)代收銀行無義務辦理有關貨物貯存及保險等事宜。(B)依託收統一規則（URC522）之規定，託收提示書上載有預備人，而未表明該預備人權限者，銀行將不接受該預備人之指示。(D)依URC522規定，如提示銀行未於通知拒絕付款或拒絕承兌後60日內接獲託收銀行之指示，得將單據退回所由收受託收指示之銀行。

35 (A)。 出口託收匯票的付款人，原則上以進口商為限。

36 (C)。
(1)委任人／申請人：國內客戶（出口商／賣方）。
(2)受益人：被保證人（進口商，國外買方）。
(3)保證人／簽發銀行：國內客戶往來的國內銀行。

37 (A)。
(1)投標保證為有意投標或承攬工程者，於投標前按底價繳納若干成之金額做為保證。
(2)履約保證是簽發以進口商為受益人之保證函，以防賣方不如期順利交貨之保證。
(3)相對保證：轉開銀行依據保證銀行之保證函，向受益人簽發另一張保證函，並由轉開銀行承擔責任及義務。相對保證係間接保證。

38 (C)。
(1)URDG758第26條第b項：如果由於不可抗力導致保函項下的交單或付款無法履行，在此期間保函失效，則：i.保函及擔保函均應自其本應失效日起展期30個曆日，擔保人在行的情況下立即通知指示方，或者反擔保函情況下的反擔保人，有關不可抗力及展期的情況，反擔保人也應同樣通知指示方；ii.不可抗力發生前已經交單但尚未審核的，第20條規定的審核時間

的計算應予中止，直至擔保人恢復營業；以及iii.保函項下的相符索賠在不可抗力生前已經提交但由於不可抗力尚未付款的，則不可抗力結束之後應予付款，即使該保函已經失效，在此情況下擔保人有在不可抗力結束之後30個曆日之內在反擔保函項下提交索賠，即使該反擔保函已經失效。
(2)依ISP98規定，倘遇不可抗力因素導致銀行停業，致擔保信用狀逾期，則恢復營業後，自動展延30個曆日。

39 (C)。Installment Guarantee：分期付款保證。

40 (A)。國際擔保執行條款（ISP98）係針對信用狀統一慣例（UCP500）中有關於擔保信用狀之規定為補充，為擔保信用狀之執行規範。請求統一保證規定（URDG），則係處理相關既定與一致性之保證問題。

41 (D)。2010年7月施行新版即付保證函統一規則（URDG758）。在實務作業上，外幣保證簽發者有銀行保證函及擔保信用狀，依國際商會頒訂適用的慣例或規則有UCP600、ISP98及最新修訂URDG758。

42 (D)。銀行以SWIFT MT700/701開發信用狀，最多可拍發一筆MT700加三筆MT701電文。

43 (C)。通知銀行無法確信外觀真實
性時，(1)若選擇「通知」：此時通
知銀行必須在信用狀上告知受益人
或第二通知銀行，其無法確信信用
狀之真實性，然後再通知予受益人
或第二通知銀行。(2)若選擇「不通
知」：應儘速告知開狀銀行。

44 (B)。非經開狀銀行，保兌銀行及
受益人之同意，不得修改或取消。
對同一修改通知書內諸修改事項為
部分接受者，非經上述所有當事人
同意，不生效力。

45 (D)。除國貿局限制輸入貨品外，
進口開狀應憑交易證明文件辦理。

46 (D)。信用狀之金額、單價、提示
期間、信用狀有效期限、裝運期
間，可以全部減少或縮短，其餘須
按原信用狀所規定。

47 (B)。如信用狀業經轉讓予一個以
上之第二受益人，其中任何一個第
二受益人拒絕接受修改書之內容
時，並不妨礙其他第二受益人對其
修改書之接受拒絕。

48 (D)。銀行承做出口押匯業務，無
論出口商將押匯款兌換為新臺幣或
存入外匯存款，均須填報「出口及
匯入匯款交易日報表」。

49 (A)。商業發票須以信用狀同一貨
幣表示。

50 (B)。銀行不得接受超過信用狀金
額US$5,000.00之押匯。

51 (C)。保結書係出口商與押匯銀行
之協議。

52 (D)。信用狀有效期限、提示期
限、最遲裝運日遇到天災、人禍不
能順延。

53 (A)。DATE OF SHIPMENT＝裝運
日，裝運日後30天為4/30。

54 (C)。UCP600中未對傭船提單載轉
運之規定。

55 (D)

56 (B)。7/10裝船，甲公司7/16辦理
押匯，有6天的落差，故銀行應收
去90天－6天＝84天的利息。

57 (C)。簽發日期或生效日期，不得
遲於運送單據之裝運日期。

58 (A)。跟單信用證(Documentary
Credit)是指憑附帶貨運單據的匯票
或僅憑貨運單據付款的信用證，在
國際貿易中，跟單信用狀能夠保護
買方的利益，故國際貿易結算中使
用的大部分是跟單信用證。

59 (A)。若信用狀皆限制出口商必須
在指定的銀行辦理押匯，則很容易
造成出口商為辦理每一筆限制押匯
的信用狀，而去指定之銀行申請一
個押匯額度與帳戶，實務上會造成
許多困擾。

60 (D)。CIP(Carriage and Insurance
Paid to)運、保費付訖條件，交貨地
點：貨物送至指定地點交付第一運
送人接管，故CIP保險至少涵蓋交
貨地點至指定之目的地。

解答與解析

61 (B)。 信用狀統一慣例第41條(C)：
對貨物之說明，商業發票所載者須
與信用狀所載者相符，至其他一切
單據上，貨物得以與信用狀上貨物
說明相當之一般用語說明之。

62 (D)。 航空運送單據是一種收據及
契約憑證，不是權利憑證，也沒有
流通性。

63 (B)。 求償銀行未能自信用狀指定
之補償銀行取得補償款項時，開狀
銀行不能免除其任何補償之義務。

64 (C)。 裝於艙面（GOODS ARE
LOADED ON DECK）、傭船提單
（Charter Party B/L）、貨物毀損
（BROKEN）等不潔提單，銀行將
不予接受。

65 (D)。 根據UCP600第14條，若信用
狀要求單據之提示而未規定該單據
係由何人簽發或其內容，則銀行將
就所提示者照單接受。檢驗證明屬
此等單據。

66 (B)。 CIF貿易條件下，貨物在裝運
港裝載於船舶後貨品毀損之風險，
應由進口商（買方）承擔。

67 (B)。 依據UCP600第14條h項，若
信用狀訂有條件而未規定用以表明
為符合該條件之單據時，銀行將視
該條件為未敘明而不予理會；因
此，開狀銀行在開發信用狀時，應
注意所規定條件之單據化，即信用
狀須規定提示一單據，證實該條件
已符合。

68 (C)。 信用狀之幣別以主要流通貨
幣為主，並無以美元為限。

69 (B)。 已獲賣斷之遠期信用狀肇因
出口商之商業糾紛或詐欺行為，致
使開狀行遭所屬法院下達禁止支付
命令（INJUNCTION）不予付款時，
所產生之損失仍由出口商負擔。

70 (B)。 遠期信用狀賣斷（Forfaiting）
指出口商將遠期信用狀項下單據轉
讓予買斷行，換取資金，且日後倘
因開狀行信用風險或國家風險，致
屆期而不獲兌付時，買斷行無權向
出口商追索。

71 (D)。 參與雙承購商國際應收帳
款承購交易之當事人有：(1)供應商
（Supplier，通常亦被稱為委託人或
賣方）；(2)債務人（Debtor，通常為
買方）；(3)出口帳款承購商（Export
Factor）；(4)進口帳款承購商（Import
Factor）。

72 (B)。 有關「有追索權之應收帳款
承購業務」其逾期放款之列報，比
照一般放款，於帳款逾期三個月，向
聯徵中心列報為賣方之逾期放款。

73 (A)。 無應收帳款承購商或保險公
司保證之無追索權應收帳款，如係
因買方之原因造成逾期，於帳款轉
銷時將買方資料填報聯徵中心建檔
並予揭露供會員金融機構查詢，如
因賣方之原因造成逾期，則於帳款
轉銷時列報為賣方之逾期放款。

74 (C)。
(1) 國際應收帳款承購（Factoring），係指銀行承購企業因銷售貨物或提供勞務而產生對交易相對人之應收帳款債權，並為賣方提供應收債權之帳務管理、收款等服務（產生手續費收入）。銀行辦理此業務，並得以預支價金方式（產生利息收入），提供賣方資金融通。

(2) 遠期信用狀賣斷（Forfaiting）：係指出口商將遠期信用狀項下單據讓渡予買斷行，以取得資金，日後若因開狀行之信用風險及國家風險，致屆期而不獲兌付時，買斷行無權向出口商追索。

75 (B)。國際金融業務分行，辦理外匯存款，不得有下列行為：一、收受外幣現金。二、准許以外匯存款兌換為新臺幣提取。

76 (D)。根據「銀行業辦理外匯業務」，指定銀行辦理進口外匯業務，應依下列規定辦理：
(1) 憑辦文件：開發信用狀、辦理託收、匯票之承兌及結匯，應憑國內顧客提供之交易單據辦理。

(2) 開發信用狀保證金之收取比率：由指定銀行自行決定。

(3) 掣發單證：進口所需外匯以新臺幣結購者，應掣發進口結匯證實書；其未以新臺幣結購者，應掣發其他交易憑證。上述單證得以電子文件製作。……

77 (C)。進口所需外匯以新臺幣結購者，應掣發進口結匯證實書；其未以新臺幣結購者，應掣發其他交易憑證。

78 (C)。指定銀行憑國內廠商申請開發之外幣信用狀，其受益人為國內另一廠商而且貨物輸入國與輸出國至少有一方為外國或大陸地區時，該信用狀受益人及申請人可申請辦理外幣貸款，其貨款結匯無須填寫申報書且不計入每年累積結匯金額。

79 (B)。憑國外開來的出口主信用狀轉開之國內外幣信用狀，其主信用狀之押匯則應以全額掣發交易單證及填報交易日報。

80 (B)。指定銀行的海外分行欲辦理兩岸金融往來業務，應由總行向主管機關申請許可。

解答與解析

信託業務│銀行內控│初階授信│初階外匯│理財規劃│保險人員推薦用書

暢銷上榜好書

2F021141	初階外匯人員專業測驗重點整理+模擬試題	蘇育群	530元
2F031111	債權委外催收人員專業能力測驗重點整理+模擬試題 👑 榮登金石堂暢銷榜	王文宏 邱雯瑄	470元
2F041101	外幣保單證照 7日速成	陳宣仲	430元
2F051131	無形資產評價管理師(初級、中級)能力鑑定速成(含無形資產評價概論、智慧財產概論及評價職業道德) 👑 榮登博客來、金石堂暢銷榜	陳善	550元
2F061131	證券商高級業務員(重點整理+試題演練)	蘇育群	670元
2F071121	證券商業務員(重點整理+試題演練) 👑 榮登金石堂暢銷榜	金永瑩	590元
2F081101	金融科技力知識檢定(重點整理+模擬試題)	李宗翰	390元
2F091121	風險管理基本能力測驗一次過關	金善英	470元
2F101131	理財規劃人員專業證照10日速成	楊昊軒	390元
2F111101	外匯交易專業能力測驗一次過關	蘇育群	390元

2F141121	防制洗錢與打擊資恐(重點整理+試題演練)	成琳	630元
2F151131	金融科技力知識檢定主題式題庫(含歷年試題解析) 👑 榮登博客來、金石堂暢銷榜	黃秋樺	470元
2F161121	防制洗錢與打擊資恐7日速成　　👑 榮登金石堂暢銷榜	艾辰	550元
2F171131	14堂人身保險業務員資格測驗課 👑 榮登博客來、金石堂暢銷榜	陳宣仲 李元富	490元
2F181111	證券交易相關法規與實務	尹安	590元
2F191121	投資學與財務分析　　　　👑 榮登金石堂暢銷榜	王志成	570元
2F201121	證券投資與財務分析	王志成	460元
2F211121	高齡金融規劃顧問師資格測驗一次過關 👑 榮登博客來暢銷榜	黃素慧	450元
2F621131	信託業務專業測驗考前猜題及歷屆試題 👑 榮登金石堂暢銷榜	龍田	590元
2F791131	圖解式金融市場常識與職業道德 👑 榮登博客來、金石堂暢銷榜	金融編輯小組	530元
2F811131	銀行內部控制與內部稽核測驗焦點速成+歷屆試題 👑 榮登金石堂暢銷榜	薛常湧	590元
2F851121	信託業務人員專業測驗一次過關	蔡季霖	670元
2F861121	衍生性金融商品銷售人員資格測驗一次過關 👑 榮登金石堂暢銷榜	可樂	470元
2F881121	理財規劃人員專業能力測驗一次過關 👑 榮登金石堂暢銷榜	可樂	600元
2F901131	初階授信人員專業能力測驗重點整理+歷年試題解析 二合一過關寶典　　　　👑 榮登金石堂暢銷榜	艾帕斯	590元
2F911131	投信投顧相關法規(含自律規範)重點統整+歷年試題 解析二合一過關寶典	陳怡如	480元
2F951131	財產保險業務員資格測驗(重點整理+試題演練)	楊昊軒	530元
2F121121	投資型保險商品第一科7日速成	葉佳洺	590元
2F131121	投資型保險商品第二科7日速成	葉佳洺	570元
2F991081	企業內部控制基本能力測驗(重點統整+歷年試題) 👑 榮登金石堂暢銷榜	高瀅	450元

千華數位文化股份有限公司

■新北市中和區中山路三段136巷10弄17號　　■千華公職資訊網 http://www.chienhua.com.tw
■TEL: 02-22289070　FAX: 02-22289076

學習方法 系列

如何有效率地準備並順利上榜，學習方法正是關鍵！

榮登金石堂暢銷排行榜

—— 連三金榜 黃禕 ——

翻轉思考 破解道聽塗說	適合的最好 調整習慣來應考	一定學得會 萬用邏輯訓練

三次上榜的國考達人經驗分享！
運用邏輯記憶訓練，教你背得有效率！
記得快也記得牢，從方法變成心法！

作者線上分享

網路書店

作者在投入國考的初期也曾遭遇過書中所提到類似的問題，因此在第一次上榜後積極投入記憶術的研究，並自創一套完整且適用於國考的記憶術架構，此後憑藉這套記憶術架構，在不被看好的情況下先後考取司法特考監所管理員及移民特考三等，印證這套記憶術的實用性。期待透過此書，能幫助同樣面臨記憶困擾的國考生早日金榜題名。

最強校長 謝龍卿

榮登博客來暢銷榜

經驗分享＋考題破解
帶你讀懂考題的know-how！

作者線上分享

open your mind！
讓大腦全面啟動，做你的防彈少年！

108課綱是什麼？考題怎麼出？試要怎麼考？書中針對學測、統測、分科測驗做統整與歸納。並包括大學入學管道介紹、課內外學習資源應用、專題研究技巧、自主學習方法，以及學習歷程檔案製作等。書籍內容編寫的目的主要是幫助中學階段後期的學生與家長，涵蓋普高、技高、綜高與單高。也非常適合國中學生超前學習、五專學生自修之用，或是學校老師與社會賢達了解中學階段學習內容與政策變化的參考。

棒學校 Bonding

最棒的線上學習平台

棒學校讓你24小時享受名師線上教學，隨時隨處無限次觀看，
並擁有專屬的個人學習紀錄，也可透過線上測驗，立即檢視自己的學習成效！
棒學校精心打造數位學習生活圈，超過百門的數位課程，等你的加入！

立即成為
棒學員

線上學習
零距離

專屬的
學習紀錄

不限載具
移動支持

線上論壇
交流零阻礙

線上題庫
隨時隨測

公益開放課程　　0元

【國文】

將國考的國文科試題範圍，**以縱向系統化的整理**方式呈現，每個單元就是一條繩子，把相關內容全部串在一起，包含**淺顯又清晰的內容講解**，快速而正確的作答技巧，將有效幫助每個考生。

免費上課

【公民】

▶ YouTube百萬點閱公民講師 / 公民叮

沒有咬文嚼字的複雜觀念，僅有**脈絡化、邏輯化的重點整理**，讓您看過一次就記起來，輕鬆應考無負擔！！就讓公民叮成為您**學習中的光明燈**，點亮您的學習之路吧！

免費上課

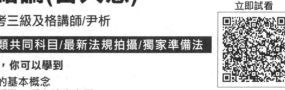

頂尖名師精編紙本教材

超強編審團隊特邀頂尖名師編撰，
最適合學生自修、教師教學選用！

千華影音課程

超高畫質，清晰音效環
繞猶如教師親臨！

TTQS 銅牌獎

多元教育培訓
數位創新

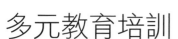

現在考生們可以在「Line」、「Facebook」
粉絲團、「YouTube」三大平台上，搜尋【千
華數位文化】。即可獲得最新考訊、書
籍、電子書及線上線下課程。千華數位
文化精心打造數位學習生活圈，與考生
一同為備考加油！

實戰面授課程

不定期規劃辦理各類超完美
考前衝刺班、密集班與猜題
班，完整的培訓系統，提供
多種好康講座陪您應戰！

遍布全國的經銷網絡

實體書店：全國各大書店通路

電子書城：

Google play、 Hami 書城 …
P Pube 電子書城

網路書店：

千華網路書店、 博客來
MOMO 網路書店…

書籍及數位內容委製
服務方案

課程製作顧問服務、局部委外製
作、全課程委外製作，為單位與教
師打造最適切的課程樣貌，共創
1+1＝無限大的合作曝光機會！

多元服務專屬社群 @ f YouTube

千華官方網站、FB 公職證照粉絲團、Line@ 專屬服務、YouTube、
考情資訊、新書簡介、課程預覽，隨觸可及！

千華會員享有最值優惠!

立即加入會員

會員等級	一般會員	VIP 會員	上榜考生
條件	免費加入	1. 直接付費 1500 元 2. 單筆購物滿 5000 元	提供國考、證照相關考試上榜及教材使用證明
折價券	200 元	500 元	
購物折扣	·平時購書 9 折 ·新書 79 折 (兩周)	·書籍 75 折　·函授 5 折	
生日驚喜		●	●
任選書籍三本		●	●
學習診斷測驗(5科)		●	●
電子書(1本)		●	
名師面對面		●	

國家圖書館出版品預行編目(CIP)資料

(金融證照) 初階外匯人員專業測驗 重點整理+模擬試題
/蘇育群編著. -- 第五版. -- 新北市：千華數位文化股
份有限公司, 2024.06

　　面 ；　　公分

ISBN 978-626-380-543-9 (平裝)

1.CST: 外匯　2.CST: 匯兌

563.23　　　　　　　　　　113009319

初階外匯人員專業測驗

[金融證照] 　重點整理＋模擬試題

編　著　者：蘇　育　群

發　行　人：廖　雪　鳳
登　記　證：行政院新聞局局版台業字第 3388 號
出　版　者：千華數位文化股份有限公司
　　　　　　地址：新北市中和區中山路三段 136 巷 10 弄 17 號
　　　　　　電話：(02)2228-9070　　傳真：(02)2228-9076
　　　　　　客服信箱：chienhua@chienhua.com.tw

法律顧問：永然聯合法律事務所
編輯經理：甯開遠
主　　編：甯開遠
執行編輯：尤家瑋
校　　對：千華資深編輯群
設計主任：陳春花
編排設計：翁以倢

千華官網
／購書

千華蝦皮

出版日期：2024 年 6 月 30 日　　第五版／第一刷

本書如有勘誤或其他補充資料，
將刊於千華官網，歡迎前往下載。